国家神道形成過程の研究

国家神道形成過程の研究

阪本是丸　著

岩　波　書　店

目　次

第III部　国家神道の形成と展開

序説　国家神道研究の現状と課題

一　国家神道研究の現状

戦後の国家神道研究に先鞭をつけたのは藤谷俊雄氏の「国家神道の成立」であった(『日本宗教史講座　第一巻　国家と宗教』所収、三一書房、一九五九年)。このなかで氏は、「天皇の祖先神を中心とし、天皇が祭主として祭祀をおこない、全国に多数の神社を抱えた」体制を国家神道と呼んでいる(同書、二一五頁)。そして氏は、そのような国家神道の「成立の事情について、近世封建社会における権力と神道との結合の伝統を探り、また民衆のなかに発展しつつあった宗教思想の新しい動向を検討し、これらがどのようなからみ合いによって、全く世界にも類がないといわれる近代日本の国家神道をつくりあげたかにメスをいれてみよう」(同書、二一六頁)と考え、この論文を作成したのである。

この藤谷論文で注目すべきは、「国家神道を構成する重要な部分」として「神社制度」「宮中祭祀」をあげていること、また「天皇の「神聖」「万世一系」の承認や神社やその祭神に対する「崇敬」は「臣民タルノ義務」であり、従ってこれを否定することは「安寧秩序ヲ妨ゲ」るものとされた」こと自体を国家神道、あるいは「天皇教」としていることである。もはや、明らかなように、この藤谷氏の国家神道についての基本的枠組は、①神社制度、②宮中祭祀、そして③天皇制イデオロギーの三本柱を中心にして構成されている。その構図は、まさに戦後の国家神道研究の代表的存在である村上重良氏にそのまま継承されている。その意味で、この藤谷氏の論文は戦後の国家神道研究史上における通説的視点を提供したという点で無視できない研究史的意義を持っているといえよう。

この藤谷氏の国家神道研究の視点を基本的に継承しつつ、さらに詳細に国家神道の成立・展開の過程を論じたのが村上重良氏であった(1)。村上氏は昭和四十五(一九七〇)年に『国家神道』(岩波書店)というそのものずばりの一般向け概説書を公刊して以来、戦後の国家神道研究の第一人者とみなされた。氏は「明治維新から太平洋戦争の敗戦にいたる約八〇年間、国家神道は、日本の宗教はもとより、国民の生活意識のすみずみにいたるまで、広く深い影響を及ぼした。日本の近代は、こと思想、宗教にかんするかぎり、国家神道によって基本的に方向づけられてきたといっても過言ではない」と述べ(同書「まえがき」)、その国家神道の「八〇年の歩み」を、(一)形成期「明治維新(一八六八年)〜明治二十年代初頭(一八八〇年代末) 近代天皇制国家成立期の国家神道」、(二)教義的完成期「帝国憲法発布(一八八九年)〜日露戦争(一九〇五年) 近代天皇制確立期の国家神道」、(三)制度的完成期「明治三十年代末(一九〇〇年代後半)〜昭和初期(一九三〇年代初頭) 日本資本主義が帝国主義化した時期の国家神道」、(四)ファシズム的国教期「満州事変(一九三一年)〜太平洋戦争敗戦(一九四五年) 天皇制ファシズムの時期の国家神道」のそれぞれ四つの時期に区分している。(2)

このように村上氏は国家神道を四段階に区分しているが、さらに「村上説は、皇室神道と神社神道を国家神道と呼ぶだけでなく、それに公認宗教としての教派神道・仏教・キリスト教、また教育勅語もあわせた複合体を「国家神道体制」と称し、これを広義の国家神道」としているとされる(安丸良夫『近代天皇像の形成』一九四頁)。この村上氏の国家神道四段階説や国家神道の定義・概念規定は現代においても国家神道研究の通説的位置を占めており、大型の日本史辞典としては最も権威あるものとして定評のある『国史大辞典』の「国家神道」の項目でも国家神道は「明治維新から、第二次世界大戦の敗戦に至るまで、国家のイデオロギー的基礎となった宗教。事実上の、日本の国教」と説明されている。(3) しかし、近年、国家神道研究における通説的位置を占めるこの村上説に対する疑問や批判も見られるようになった。たとえば安丸良夫氏は、

このような見解は、十五年戦争の超国家主義と神道強制を主要な時代経験の場としてふり返るさいにはそれなりの説得性をもつだろうし、近代日本では、さまざまな変容にもかかわらず、天皇と国家の権威という大枠の支配が貫徹していたという意味では、妥当ともいえる。しかし、この見解では、「国家神道体制」なるもので近代日

本の宗教史を覆ってしまう結果となり、多様な宗教現象を一つの檻のなかに追いたてるような性急さが感じられる。国家神道が国教でありながらも、教義を欠いた祭祀として成立したというのは、考えてみればたいへん奇妙なことであり、私は、なぜそのような結果となったのかを追究していくことで、村上説は乗りこえられるべきものだと思う(4)。

と述べて、村上説を「天皇と国家の権威の支配が貫徹していたという意味」ではその妥当性を認めつつも、国家神道が「国教」でありながらも、なぜ「教義を欠いた祭祀」として成立する結果をもたらしたのか、その原因・背景を追究することの必要性を指摘している。そして安丸氏は、「明治初年の祭政一致や神道国教主義と、十五年戦争期の超国家主義や神道の強制という二つの時期のあいだに、固有の近代日本があったと考えると、別な構図が浮かびあがってくる」と述べ、この「構図」によって村上説を乗りこえることができる可能性を示唆している(5)。

この安丸氏の指摘・提案は、氏も述べているように中島三千男氏や赤澤史朗氏の業績に既に見られており(6)、また本書もこの「構図」を基本的には踏襲している。さらにより若手の研究者に属する新田均氏や山口輝臣氏も、基本的にはこの「構図」に則した研究を発表している。新田氏は神社制度の国家からの分離を意図した明治十年代末の「神社改正之件」の分析・検討を踏まえて、「従来の研究では帝国憲法や教育勅語の成立を以て「国家神道」の一応の確立と見る見解が一般的であった(もっとも、その時期を日清・日露戦争の後に設定する見解もあるが。中島「前掲論文」参照)。ところが、憲法制定・国会開設を前提とした官制改革の一環として提示された「神社改正之件」が示している構想は、「国家神道」などという用語から連想される巨大なイメージとは程遠いものである」と、従来の村上説に疑問を呈している(7)。

また山口氏も明治憲法体制下での神祇官設置問題と政教関係を分析・検討した結果を踏まえて、

近代日本の政教関係を考えるとき避けて通れない語に「国家神道」というものがある。この語の意味するところは論者により異なるが、大胆に分類すれば二種類になろう。第一は村上重良氏の「〈祭政一致〉をかかげて近代天皇制国家が政策的につくりあげた国家宗教で、神社神道を再編成して皇室神道に結び付けた祭祀中心の宗教」という用法に代表される。宮中祭祀と神社神道との結合に「国家神道」の中心を見る見解である。と述べつつも、第二の見解として①神祇官設置運動こそが両者の結合を企てた運動であること、②それは政府の政策への批判として行われていること、③さらに政府はむしろ天皇親祭論に立っており両者の結合を志向していないこと、の三点をあげて村上説を批判している。

さらに山口氏は、神社非宗教論を中心にして「神社の事実上の国教的扱い」と「神社崇奉敬戴の義務」とを区別して「国家神道」概念の組み立てをおこなっている平野武氏の所論(註(9)論文)に対しても、①神社崇奉敬戴の義務は、帝国憲法制定前後および以後の一〇年間には存在しなかったこと、②事実上の神社の国教的扱いも「神社改正之件」を慎重に検討しないかぎり、すぐには断定できないこと、の二点をあげ、いずれにせよ「神社非宗教論がすぐに国教や神社崇奉敬戴には行き着くものではない」と結論づけている。(8)

こうした新田氏や山口氏の、村上説、あるいは神社非宗教論による国家神道成立説(平野氏、宮地正人氏等(9))に対する批判は、現在の段階では研究対象としては時期的にも事象的にも限定されており、部分的批判であることは否めない。その意味からも明治二十年前後の「神社改正之件」等の分析・検討のみを以て通説を全面的に覆すことには限界があろう。しかし、安丸氏の問題提起を真剣に考慮した国家神道研究が必要とされていることは明白であり、そのためにも明治維新以降の国家と神社・神道、そして宗教との関係をめぐる個別事象・政策・行政の緻密な実証的研究とその歴史的位置づけを総合的に分析・把握する作業が必要である。とりわけ、山口氏が指摘している天皇親祭論の立場に固執していた政府側と、それに対して宮中祭祀と神社神道との結合を図ろうとした神祇官興復運動との関係の分析・検討作業がより一層期待される。

二　本書の研究方法と課題

本書の課題は、国家神道がいかなる契機と過程によって形成され、その成立と展開を遂げたのかをとりあえず歴史的に忠実に跡づけることであり、その目的とするところは究極的には国家神道そのものの実態をより詳細・明確に解明することにある。むろん、この目的に接近するにはさまざまな方法が可能であるが、大別すれば国家神道を研究する視点・接近方法としては次の三つが考えられよう。

一つは、国家神道を主として神社神道と皇室神道とが結合されて成立したものとする視点に立つものであるが、当然その目的遂行のためには、近代のみならず古代からの神社神道の本質とその思想的制度的展開を視野に入れねばならず、近代の神社神道と前近代の神社神道との同質性や異質性などを詳細・精緻に検討しなければならない。これは皇室神道(皇室祭祀)も同様であることはいうまでもない。

もう一つの接近方法として、国家神道を近代天皇制イデオロギーおよびその装置として捉える立場がある。しかし簡単に近代天皇制といっても、その形成過程は複雑であり、その本質を規定したイデオロギーやイデオロギー装置を「国家神道」の一言で表現できるのかどうか。いうまでもなく近代天皇制を形成し、それを支えた思想やイデオロギーは、なにも神道の思想や教義だけではなかったし、伝統的な仏教・儒教はいうまでもなく、新顔のキリスト教や新宗教、あるいは近世以来の通俗的道徳思想、さらには西洋流の専制的啓蒙・合理主義思想も近代天皇制国家には厳として存在し、それぞれに有力なイデオロギーやその装置として機能していた。

もちろんそれらのイデオロギーを根底から規定し、規制していたのが国家神道という理解も可能であるが、これでは同義反復になりかねないし、また歴史的現実的にも仏教や儒教を信奉する多くの者はそうは意識していなかったであろう。鎮護国家は日本仏教の伝統であったし、忠孝・忠君愛国は日本儒教の十八番であったことは周知の事実である。こう考えるならば、国家神道とは近代天皇制イデオロギーおよびその装置そのもの、といった立場からの国家神道研究は、とりもなおさず神道はもとより、日本的仏教・儒教、あるいは他のさまざまな外来思想や宗教をも国家神道を構成する対象として研究しなければならなくなる。

いま一つは、この二つの研究方法を総合しなければ、本質的な国家神道研究にはならないという立場である。むろん、これまでの多くの国家神道研究はこの研究方法によってなされてきたのであり、筆者も基本的にはこの立場であるが(10)、ややもすれば実証的な神社制度や皇室祭祀の歴史的分析・検討が疎かにされ、国家神道なるものを恣意的に解釈して、神道のみならずおよそ天皇や天皇制、あるいは国家主義、国粋主義に関係するイデオロギーやイデオロギー装置ならばすべて国家神道に総括・包含してしまう危険性を孕んでいる。むろん、これはこれで意味のある作業であり、研究であろうが、研究対象そのものである国家神道の定義・概念を曖昧にしたまま、あるいはそのつど定義・概念を変えて国家神道を論じたならば、これでは葦津珍彦氏がいうように、国家神道をめぐる「対立者との間の理論的コミュニケイションは不可能」であろう(11)。

そこで筆者が注目するのは昭和二十年十二月十五日に発令された神道指令(12)である。周知のように神道指令はあらゆる国家と神道(実際は神道のみに限定されていないが)との関係を清算・分離することを命じているが、その一方では当の神道指令自身が国家神道の用語を厳密に規定するために、

本指令ノ中ニテ意味スル国家神道ナル用語ハ日本政府ノ法令ニ拠ツテ宗派神道或ハ教派神道ト区別セラレタル神道ノ一派即チ国家神道乃至神社神道トシテ一般ニ知ラレタル非宗教的ナル国家祭祀トシテ類別セラレタル神道ノ一派(国家神道或ハ神社神道)ヲ指スモノデアル。

というように、わざわざ国家神道とは「政府ノ法令ニヨツテ教派神道トハ区別サレタ神道ノ一派」と定義している。

この意味するところについては、もう少し慎重な検討がなされてしかるべきであるが、これは他日の課題として指摘しておくにとどめる(13)。ここではとりあえず、神道指令には国家神道の定義が明確になされていることを確認すれば十分である。まずはこの神道指令にある国家神道の定義に則して、国家神道の形成過程と成立、そして展開を歴史的に検証することが必要なのではないだろうか。本書はこの定義にもとづいて、国家神道の形成過程やその成立と展開を歴史的に跡づけようとするものである。

本書が直接目指す研究の目的は、国家神道と呼ばれる「神道」がなにを契機に、どのような形成過程をへて成立したのか、およびその成立した国家神道が成立以降にたどった歴史的展開の実態はいかなるものであったのか、について、個々の現象や事例・時期を対象にして検証することにある。そして、その検証の対象となるのは主として神道指令にいう、国家神道を他の宗派神道(教派神道)と区別した「法令」であり、行政である。それゆえ、本書では国家神道のもう一方の重要な検討課題である思想的・イデオロギー的側面についてはは主たる検証対象とはしていないことを予めお断りしておく。

そこで問題となるのが、この指令にいう「法令」である。いったい、国家神道を国家神道たらしめた、すなわち教派神道と国家神道とを区別せしめた「法令」とはなにを指すのであろうか。だれもがすぐに想起するのが、明治十五年一月に出された神官教導職の分離に関する達であろう。この達は「自今神官は教導職の兼補を廃し葬儀に関係せさるものとす……但府県社以下神官は当分従前之通」というもので、これを契機として神社と教派神道とが区別されるようになった(それ以前の明治九年にも既に教派神道の一派たる神道黒住派、神道修成派が特立を許可されている)。そしてこの達によって、少なくとも伊勢の神宮および官国幣社の神官は宗教布教者たる教導職の身分を離脱することを余儀なくされ、宗教と関係の深い人生儀礼である葬儀には一切関与できなくなったのである。

こうしていわゆる神社非宗教論が勢いを強め、国家神道の成立を促す大きな契機となったのであるが、その成立に至るまでの過程にはさまざまな紆余曲折があったのであり、この神官教導職分離を契機としてすぐさま直線的に国家神道体制が成立したわけではなかった。つまりこの神官教導職の分離は、国家神道の成立を促す重要な契機ではあったが、あくまでも単なる一省の一達であり、その規制力は流動的であり、決して絶対的なものではなかったのである。

神官教導職分離に対する本書の基本的立場は、それが国家神道の成立にとって大きな契機となったことは認めるものの、それと同時に、この神官教導職分離が当時仏教勢力を中心にして有力になっていた神社非宗教論を背景にした政治的色彩のきわめて大きな措置であることにも大きな関心をもっている。すなわち、この神官教導職分離を国家神道成立の一大跳躍台と把握する以前に、なぜこうした行政的措置が採用されたのかについての歴史的背景こそまず視野に入れて分析・研究する必要があるのではないか、というのが本書の基本的視点である。

そのためにも、第一段階として、㈠神社非宗教論の前提になった明治初期の「国家の宗祀」としての神社制度や祭祀制度の整備と変遷、そして㈡教部省時代および明治十年代前半の祭政一致論や信教自由・政教分離論について検討を加えることが必須の作業となろう。本書の主たる研究目的もここにあり、その意味では本書の研究の大半はいわば国家神道成立前史を扱ったものであり、ここでもその研究・分析の対象となるのは主に国家の法令や行政である。とりわけ、近代の神社制度の根幹となった明治四年の社格制度をめぐる政府部内の神社行政に対するさまざまな対立や軋轢、あるいは国民と神社を法的に結びつけた同年制定の郷社定則をめぐる問題についてはより詳細な研究が要請されよう。

また国家神道の成立にきわめて大きな思想的影響と意味をもった神社非宗教論については、それが明治初期から中期にかけて起こった祭政一致論や信教自由・政教分離論を基盤・背景にしてはじめて生じた論であることに注目し、当時の政府内部および民間の祭政一致論や政教分離論を改めて緻密に研究する必要があると考えている。(14)

かかる研究をもとに、はじめて第二段階として神官教導職分離以降の政府の神社・宗教に対する政策・行政の変遷、展開を考察することができるというのが本書の立場である。特に、明治二十年の官国幣社保存金制度の導入に象徴される当時の政府の対神社政策は、官社までをも「国家の宗祀」から除外しようというきわめて重大な路線変更であり、この措置が一方では明治五年の神祇省廃止以後の神祇官再興運動に拍車をかける結果を惹起したことはもっと注目されてよい。神社界、神道家はもとより政府の高官から、神社を名実ともに「国家の宗祀」に復するためのさまざまな要求・建言がなされ、その象徴としての神祇官再興運動がかつてない盛りあがりを見せた。(15)

しかし政府はこの要求を長年にわたり退けつづけ、ようやく明治三十三年になって事務上の都合から内務省社寺局を廃して神社局を新設したにすぎなかった。また国家と神社との関係を象徴する神社に対する国費支出に関しても、政府は保存金制度を撤廃しようとはせず、ましてや府県社以下神社の神饌幣帛料供進制度の導入については終始消極的な姿勢を取りつづけた。政府が保存金制度を撤廃し、官社への国庫供進金制度を導入したのも、府県社以下神社への神饌幣帛料供進金制度を導入したのもいずれも明治三十九年のことであった。国家神道の成立の前提となった十五年の神官教導職分離から実に二四年目のことである。これを短いと考えるか、長いと感じるかは人によって異なるだろうが、約四半世紀といえば常識的には決して短い歳月ではない。

この期間における国家神道の形成過程には日清・日露という近代日本がはじめて経験した大戦争があり、明治立憲体制の成立と展開という近代日本国家の統治機構・制度上のもっとも重要な画期が存在する。そしてさらには近代日本最大のイデオロギーともいうべき教育勅語の制定とその国民への普及という思想的道徳的な重要問題も存在する。こうした近代日本における画期的な軍事・政治・教育上の出来事が、まさにこの国家神道の成立過程において展開されていたのである。これらが国家神道の形成・成立にどのような影響を与えたのか。これを考察することが、国家神道研究にとって非常に重要な意味をもっていることはいうまでもない。

しかしその重要性を強調するあまり、この時期にあたかも国家神道体制の根幹をなす神社制度が完全に制度的に確立され、機能したかのように解釈することには疑問の余地がある。というのも、国家神道は確かに明治末期には成立したが、それはあくまで成立したのであって、それがそのまま制度的にも完全であり、機能的にも順調な維持・運営が約束されたわけではなかったからである。いわばそれはある物事の誕生を告げるにすぎず、それがどう成長し、どう完全な姿に変容していくかはあくまで「誕生後の課題」であったのである。そしてその「誕生後の課題」は緊急を要する課題であった。神社界はさらなる神社の「国家の宗祀」化を要求し、議会にもこれを支援する声が有力になり、政府の対神社政策・行政の不備、消極性を批判するようになる。(16)

こうした議会、民間の声に押されて政府は神社制度や神社が抱える問題を検討する調査会を設置する姿勢を示すようになる。しかし、その都度さまざまな政治的社会的事件・出来事によって本格的論議もできないまま大正期も終わり、ついに昭和初期に突入することになる。そして昭和四(一九二九)年十二月、政府は神社制度調査会を設置し、神社制度の抜本的見直しに着手する。これこそ国家神道がきわめて不安定なものであったことを政府自身が認めた結果である。この経緯の考察こそ、国家神道の実態を解明するための重要な研究対象とならねばならないはずである。しかし、従来、この時期を対象とする国家神道研究は全く手薄であった。なにゆえに国家神道が成立してから二十数年の後に、まさに国家神道の制度を調査・検討する政府の調査会が設置されねばならなかったのか。この理由・背景の解明こそ、国家神道研究の掛け値なしの究極の課題であり、目的であろう。むろん、本書の研究はこの解明に向けたささやかな一歩であるにすぎず、「究極の課題」の解明にはほど遠いものであることはいうまでもない。しかしながら、本書は、これまでなかば自明のこととしてほとんど検討されてこなかった、国家神道とは「宮中祭祀」と「神社神道」との「結合」である、という理解そのものの再検討を企図したものであり、これなくして解明への第一歩は踏み出せないと確信している。そのことは、「神社神道」と「宮中祭祀」との関係をどう調整するかについて、昭和十五年の神祇院設立時点でさえも政府には確固たる方針がなかったことからも知られよう(本書三二八頁参照)。

三　本書の構成と概要

本書は三部十章および三本の補論からなっている。第Ⅰ部「近代神社制度と国家祭祀の再編」では、前節で触れた国家神道研究の第一段階の(一)明治初期の神社制度を扱っている。

まず第一章では、国家神道の最も重要な構成要素である神社制度が明治維新以降どのようにして再編成されていったのかについて概観する。この過程があってはじめて本書第三章で触れる明治四年五月の太政官布告を基点とする近代的神社制度整備へ向けての政府の動きが正確に把握されるのである。

第二章では、古代における最大の国家的神社祭祀である祈年祭の復興や個別神社の固有祭祀(例祭)を軸にして、その担い手たる古来の名社・大社がいかにして近代的官社となったのかについて考察する。国家神道体制の基盤となった神社制度のなかでも、明治維新以降の近代日本において名実ともに「国家の宗祀」として神社を代表した官社(官国幣社)の制度がどのようにして成立し、そしてその制度にふさわしい国家的神社祭祀はどのようにして形成・制度化されたのかが主たる考察の対象である。

第三章では、第一章および第二章を踏まえて、官社制度のみならず、すべての神社が「国家の宗祀」とされた明治四年五月の社格制度制定の経緯や、その制度をめぐる政府部内のさまざまな動きに焦点を当て、この社格制度制定前後において政府が必ずしも総体としての統一的な神社行政についての方針を有していなかったことを検証する。この社格制度が近代の神社制度、ひいては国家神道の基盤・中核となったことはいうまでもないが、だからといってそれを不動の制度と解釈することはできない。不動の制度ではありえなかったからこそ、国家は「国家の宗祀」たる神社の行政に苦慮し、試行錯誤を繰り返したのである。その点に注意を喚起したのが本章である。

第四章では、明治四年の社格制度のなかで諸社として府(藩)県社の次に位置づけられた郷社およびその郷社に課せられた機能である氏子調の意義について考察する。従来、郷社を戸籍区の中核的宗教施設とし、その中心的機能を「神道国教化政策」である氏子調に求める見解が有力だった。しかし、高木宏夫氏の研究に示唆されて、氏子調は郷社定則でなくむしろ戸籍法と密接な関連をもっており、その導入は近代的戸籍制度確立のための予備的措置ではないかと仮定するようになった。本章はその仮定を検証するとともに、もう一方の郷社定則は氏子調の中止とは無関係に近代氏子制度を規定する制度的機能をはたしたことを論証しようとしたものである。

第II部「国家神道形成期の政教問題」では国家神道研究の第一段階である前節で示した(二)明治初・中期の祭政一致論と政教分離論を主たる考察対象にしている。

第五章では、島地黙雷ら東西本願寺を中心とする明治初期の政教分離運動の直接のきっかけとなった教部省の設置とその政策を概観し、教部省に拠る薩摩派官僚の神道重視主義が、島地ら真宗教団の危機感と近代的政教分離論を呼び起こした背景について触れている。後の神社非宗教論の原型となった神道非宗教論もこの過程において台頭してくるのであり、その意味でこの教部省時代は国家神道の形成過程を考えるうえでもっと注目されてしかるべきであろう。なおこの時期の教部省政策のより詳細な実態については別稿を参照されたい(「日本型政教関係の形成過程」井上順孝・阪本編『日本型政教関係の誕生』第一書房、昭和六十二年)。

第六章では、第五章と同じく、教部省時代に盛んになった神祇官再興論や祭政一致論について触れている。教部省政策の当事者である教部省はもちろん、同省の設置や政策に深く係わった左院にとって、島地黙雷らの信教自由・政教分離論とともに神道界からの祭政一致論・神祇官再興論も、天皇制国家の根幹を揺るがす問題として無視できないものであった。本書では、特に左院の動向に焦点を当て、左院が信教自由・政教分離に理解を示すとともに、その前提として神宮の宮中遷座を中心とする祭政一致体制の構築に終始熱意をもっていることを明らかにしようとした。

第七章では、明治五年のキリスト教禁制の高札撤去問題に端を発する新政府の対キリスト教政策、特に井上毅や法制局のキリスト教解禁を視野に入れた政教関係をめぐる構想を前半で紹介し、ついで信教自由・政教分離を不可避と認識する内務省および井上毅による教部省政策の転換と新たな政教関係の模索について触れている。ここで検討されている課題は、国家による宗教の直接統制を保障した教導職制が廃止され、以後国家は宗教を間接的に統治するという政策に転換した背景およびその意義についてである。本章は安丸良夫氏のいう日本型政教分離という概念から大きな示唆を受けているが、この新たな政教関係が国家神道の形成と無関係でないことは常識的にも明らかであるが、それが国家神道の形成にどのような具体的影響を与えたのかについては十分には触れられていない。その点の考察は他日を期したい。

第Ⅲ部「国家神道の形成と展開」では明治十年代から大正・昭和期までの非常に長期にわたる国家神道の形成および成立過程、そしてその後の展開が概観されている。やや具体的にいうならば、①明治十年代の試行錯誤に充ちた神社行政の帰結である国家からの「神社切り捨て策」(明治二十年の官国幣社保存金制度の導入)に至る過程と、それを撤回させ、すべての神社を「国家の宗祀」として待遇することを求める神社界や一部の政府高官あるいは議会人の動きの紹介、②その運動の結果、ようやく明治三十三年の神社局設置、三十九年の官国幣社経費の国庫供進および府県社以下神社への神饌幣帛料供進制度の採用となって国家神道が成立したこと、そして③国家神道が成立したといってもなおその体制は不安定であり、神社界やそれを支援する議会人は執拗に政府に神社制度の抜本的改革を迫り、ついには神社制度調査会の設置、同調査会の答申による神祇院設立へと政府を促した事情、等が考察されている。

第八章では、明治十年に教部省の廃止を受けて設置された内務省社寺局による教部省時代の神社政策の修正・転換、神官教導職分離の背景、国家からの神社切り捨て策ともいうべき「神社改正之件」が扱われているが、本章の特徴はこれらの政策・行政に「明治国家の設計者」たる井上毅がどのような役割をはたしたのかについて多少の考察を加えたことである。

第九章では、明治末期の国家神道の成立から昭和十五年の神祇院設立までの、文字通り国家神道時代の歴史を概観している。本章で特に留意したのは、独立した神祇官衙の設置や神社制度の改革を要求する明治後半から大正期にかけての議会の動きについてであり、この動きを追うことによって国家神道の成立過程やその成立以後の展開がいかに不安定であったかを検証しようとした。

第十章は本書の結論ともいうべき章で、第九章で述べた国家神道体制の不安定さがどこに由来しているのかを検討しようとした。本章では、その不安定さの原因を解明する鍵は神社制度調査会の設置事情に潜んでいると考え、第九章でも若干触れた神社制度調査会の設置に至る過程をやや詳細に考察した。国家神道体制が不安定であったのは、宮中祭祀と神社祭祀との関係調整の不備にかえて、神社制度全般を規定する統一的な神社法規が存在せず、明治初年以来の単行法令によって神社行政が試行錯誤的に遂行されてきたからである。しかし、神社制度調査会は統一的な神社法制定による神社制度の抜本的改革を目指して設置されたものではなく、当初から個々の神社制度の整備・改善を目的として設置されたものであった。神社制度調査会は長期間にわたり数多くの審議を重ねたが、結果的には神社供進金制度と招魂社制度の整備・改善に見るべき成果をあげたのみで、国家神道体制の不安定さを抜本的に改革する能力も意欲もなかった。ゆえに皇紀二六〇〇年を期して神祇院が設立されても、国家神道が内包する脆弱性は一向に解消されることはなかったのである。以上が本章の梗概であり、本書の結論に相当する章でもある。

なお補論として1「近代の神社神道と経済問題」、2「靖国神社の創建と招魂社の整備」、3「神葬祭の普及と火葬禁止問題」の三本を収録してある。1は明治維新以降の国家と神社経済の関係を中心に考察したもので、近代の神社は一般的に思われているほど国家から経済的には優遇されていなかったことを歴史的に検証したものである。

2は現在においては、国家神道といえば必ず想起される神社といってよい靖国神社(東京招魂社)や同時期に創建された地方招魂社の創建の経緯・背景、そして当時正式な神社として認知されていなかった東京招魂社がいかにして別格官幣社靖国神社として列格・改称されたのかを考察したものである。本稿の目的は、従来さかんにいわれてきた「靖国神社は国家神道の重要な支柱として創建された」とか、あるいは地方招魂社の整備は明治七年の佐賀の乱にはじまり西南戦争に終わる一連の不平士族の乱の鎮圧を目的とした軍事的・政治的方策であった、という所論を、創建当初の時点に限定して検証することにある。

3は教部省時代の神道重視政策の代表である国家による神葬祭の普及政策を取りあげ、その展開過程およびそれがもたらした副次的影響(火葬禁止、墓地・埋葬制度、戸籍制度と宗旨記載等)について考察したものである。いずれの補論も国家神道の形成を考えるに際して重要な課題を扱ったものであるが、より一層の個別的研究の進展が必要であり、またその研究を国家神道形成史のうえにどう位置づけるかという問題が残されているため、あえて章として立てず、補論として読者の参考に供したものである。

(1) 村上重良氏の国家神道関係の研究としては『国家神道』の他に以下のものがある。『慰霊と招魂——靖国の思想——』(岩波書店、一九七四年)、『天皇の祭祀』(岩波書店、一九七七年)、『国家神道と民衆宗教』(吉川弘文館、昭和五十七年)、『天皇制国家と宗教』(日本評論社、一九八六年)など。

(2) 『国家神道』七八—八〇頁。

(3) 柳川啓一稿「国家神道」(『国史大辞典』第五巻、吉川弘文館、昭和六十年)。

(4) 『近代天皇像の形成』(岩波書店、一九九二年)一九四頁。なお安丸氏の明治期における天皇・国家と宗教との関係についての詳論は「近代転換期における宗教と国家」(日本近代思想大系5『宗教と国家』所収、岩波書店、一九八八年)を参照されたい。

(5) 安丸前掲書、一九四—一九六頁、参照。

(6) 中島「明治国家と宗教——井上毅の宗教観・宗教政策の分析——」(『歴史学研究』四一三)、同「大日本帝国憲法第二

八条「信仰自由」規定成立の前史――政府官僚層の憲法草案を中心に――」(『日本史研究』一六八)、同「『明治憲法体制』の確立と国家のイデオロギー政策――国家神道体制の確立過程――」(『日本史研究』一七六)、赤澤『近代日本の思想動員と宗教統制』(校倉書房、一九八五年)。

(7) 新田「「神社改正之件」に関する史料の翻刻と解説」(『明治聖徳記念学会紀要』復刊二)。

(8) 山口「明治憲法下の神祇官設置問題――政教関係に関する一考察――」(『史学雑誌』一〇二―二)。

(9) 平野「明治憲法下の政教関係」(『公法研究』五三)、宮地『天皇制の政治史的研究』(校倉書房、一九八一年)、同「国家神道形成過程の問題点」(前掲『宗教と国家』所収)、同「国家神道の確立過程」(國學院大學日本文化研究所編『近代天皇制と宗教的権威』同朋舎出版、一九九二年)など参照。

(10) たとえば大江志乃夫氏の『靖国神社』(岩波書店、一九八四年)での国家神道理解も基本的にはこの視点に立脚している。

(11) 葦津珍彦著・阪本是丸註『国家神道とは何だったのか』(神社新報社、昭和六十二年)の「序」参照。ちなみに、原武史氏は「復古神道における〈出雲〉(下)」(『思想』八一〇)で、「阪本是丸「近代の皇室祭儀と国家神道」も指摘するように、「国家神道」なる概念はきわめて曖昧なものである。ここでは、明治三十三年に内務省社寺局が神社局と宗教局に分割された際、神社局所轄となる神社神道を指すことにする」と述べている。

(12) 神道指令に関しては、神社新報政教研究室編『神道指令と戦後の神道』(神社新報社、一九七一年)、竹前栄治『日本占領―GHQ高官の証言』(中央公論社、昭和六十三年)、ウイリアム・P・ウッダード著、阿部美哉訳『天皇と神道――GHQの宗教政策』(サイマル出版会、一九八八年)、大原康男『神道指令の研究』(原書房、平成五年)など参照。

(13) 神道指令にいう国家神道の定義を踏まえた国家神道の概略については拙稿「国家神道についての覚え書」(『現代のエスプリ』二八〇)参照。また近代の神社神道と皇室祭祀との関係についての概説は拙稿「近代の皇室祭儀と国家神道」、大原康男・百地章・阪本是丸『国家と宗教の間――政教分離の思想と現実――』(日本教文社、平成元年)を参照。

(14) この点に関しては、佐々木聖史氏に以下のような一連のきわめて詳細な論考がある。「山田顕義と祭神論争」(『日本大学精神文化研究所・教育制度研究所紀要』一五)、「神道非宗教より神社非宗教へ――神官・教導職の分離をめぐって――」(同一六)、「明治二十三年神祇官設置運動と山田顕義」(同一八)。

(15) 前掲、山口論文はかかる視点から当時の「政教関係」を考察したものであるが、筆者もすでに『国家神道とは何だったのか』における註や前掲「近代の皇室祭儀と国家神道」、あるいは本書第八章、補論3等で簡単ではあるが指摘しているところである。

(16) この点に関しては、塙瑞比古『神祇官復興運動』(笠間稲荷神社、昭和十六年)、小室徳『神道復興史』(神祇官興復同志会、昭和十八年)など参照。

第Ⅰ部　近代神社制度と国家祭祀の再編

第一章　明治初年の神社改正問題

一　はじめに

国家神道の形成が、近代的神社制度の整備過程と密接・不離の関係を有していることはいうまでもない。明治四年五月十四日(一八七一年七月一日)に太政官が布告した「神社ハ国家ノ宗祀」というテーゼこそ国家神道体制の根幹であり、そのテーゼをいかにして国家体制に組み込んでいくか、その過程こそが国家神道形成過程の中核そのものであった。むろん、この過程にはさまざまな紆余曲折があり、このテーゼがすんなりと明治国家にビルト・インされたわけではなく、本書第三章および補論1でも指摘した通り、すべての神社(官社・諸社)を名実ともに「国家ノ宗祀」として国家が遇することを意味するものではなかった。むしろ当初の意図は「神官世襲廃止」を強調するための修飾としての用語程度のものであったともいえよう。ともあれ、それがビルト・インされ、定着するためには、明治後期から大正初期にかけての、神社局設置(明治三十三〈一九〇〇〉年)、官国幣社国庫供進金制度および府県社以下神社神饌幣帛料供進制度の導入(同三十九〈一九〇六〉年)、官国幣社以下神社祭祀令(大正三〈一九一四〉年)など一連の神社行政や神社制度の整備を経なければならなかった(本書第九章および第十章参照)。

とはいうものの、この明治四年の太政官布告がなかったならば、近代日本における国家と神社との関係は現実とはよほど相違していたものとなっていたであろうし、またそもそも国家神道と呼ばれる体制が形成されたかどうかも疑問である。その意味で、この太政官布告はその後の国家神道形成の最大の法的根拠であり、また精神的基盤であったといえよう(この太政官布告が発布後も一貫して有効であったことは、この布告の廃止が昭和二十一(一九四六)年二月二日の勅令第七一号によってであることからも知られる)。

このように、「神社ハ国家ノ宗祀」と規定した明治四年の太政官布告が国家神道の形成にとって重要な法的精神的意味を有しているにもかかわらず、従来、この布告発布に至るまでの維新政府の神社制度整備政策・行政に関する研究は貧弱であったが、近年、田中秀和氏や幡鎌一成氏によって神仏分離政策をも視点に入れた地域的な近代神社制度の整備・成立過程の詳細な研究がなされるようになった。(1)ところで本章が、田中氏が指摘する「神仏分離政策を含みこんだ明治初期の宗教制度の成立の中で」明治初年の神社制度の整備過程を論じていないことは認めざるを得ないが、神仏分離政策と絡んだ地方の個別的神社制度の整備過程を論ずるにしても、その前提として、中央政府レベルでの神社改革・整備の政策立案とその実施過程の歴史的跡づけが正確になされなければならないことはいうまでもなかろう。本章はあくまでもその「前提」を提示することに力点を置いているのであり、決して神仏分離政策を度外視して、「自己完結的」に近代の神社制度の整備を考察することを意図して論述したわけではないことだけは強調しておきたい。

前記したように、明治四年五月十四日、太政官布告第二三四(なお、この布告番号は『法令全書』に拠るものであり、発布当時に付されたものではない。以下同じ)が発布され、「神社ノ儀ハ国家ノ宗祀ニテ一人一家ノ私有ニスヘキニ非サルハ勿論ノ事ニ候処」云々として、神社の一人一家の私有のごとき旧来のあり方は「祭政一致ノ御政体ニ相悖リ其弊害不尠」と決めつけたのである。そしてかかる積習・弊害を除去するために「今般御改正被為在伊勢両宮世襲ノ神官ヲ始メ天下大小ノ神官社家ニ至ル迄精撰補任可致旨」を布告したのであった。(2)

さらに同日、太政官布告第二三五として官社以下定額、神官職制等が公布され、官国幣大中小社、府藩県社、郷社の定額を制定、また神官に対しては戸籍面からの統制として従来の叙爵廃止、本籍の編籍が令されたのである。(3)ここにおいて旧来の大小神社神官はすべて解任、新たに精撰補任されることとなった。ついで同年七月四日には郷社定則の公布によって氏神社・産土神社といった人民大衆に最も密接な関係を有する社の国家的位置づけ、再編成が発足し、(4)さらに十二日には太政官御沙汰第三四六として神宮改革に関する諸件が達せられた。これら一連の国家による神社政策によって、一応の近代神社制度が整備されたのである(5)(社寺領上知令や収納分六ヶ年平均高取調、神社禄制制定取調等も経済的側面からこれを補完するものであったことはいうまでもない)。

しかし、である。この神社改正によって当の神祇官はいかなる立場に自らを置くことになったのか、という重要な問題が生ずる。はたして何故に結果的に「神祇官の神社行政は、官幣社の官祭への奉幣、官国幣社の上級神職の人事権、官国幣社への祭式職制の下付に限定されることになった(6)」のであろうか。矢野玄道らのごとく全国神社の神祇官直支配を理想とする人間も存したであろうが、むしろ神祇官は中央の神祇行政の方針が地方(殊に藩)にそのまま円滑に達せられ、貫徹されることをより強く望んでいたのではなかったか。そのことは必ずしも神祇官の直接支配を意味しないのである。すでに明治三年八月段階において神祇官首脳部が神祇・太政の形式的な祭政一致的二官制の限界を鋭く悟っていた事実はもっと重視されて然るべきではないか。神祇官が地方の神社改正に熱心であったことは、単に神祇行政の頂点にあったからというだけではなく、地方大小藩制の不統一是正、藩(地方レベル)の平準化を第一眼目としたからに他ならない。三年五月の集議院開設に際しての藩制改革に対する神祇官上答もこれを示すものといえよう。矢野玄道や常世長胤にとってみれば、神祇官の神祇省への改組(太政官被管)は〝格下げ〟としか考えられなかったであろうが、神社改正による神祇制度の全国的統一化は、少なくとも祭政一致の祭のレベルでの地方統一、中央集権化をもたらしたのである。神祇官は既に主要な任務を終えていた。その後での〝格下げ〟であることの意味を十分分析すべきである。

神祇官に課せられた任務は、いかにして祭政一致・三治一定のための神社規則を施行するか、であった。「凡御一新以来未天下諸神社及神官之規則不相立依之其方向ヲ失ヒ候上追追地方改革ニ付テハ一一差支頻ニ地方之処置方伺出等有之候得共一定ノ規則無ニ付双方迷惑不少又祭政一致之御趣意地方末末ニ至迄神社之定則無之候テハ更ニ其詮無之」(7)との神祇官上申(三年十一月)が、当時の神祇官の根本認識だったのである。そして、神社の一般規則が立たない限り「本教宣布」の事業もままならない、ということになる。この神社規則を成立させ、神社改正を成就することによって神祇官はその任を終え、やがて神祇省へと改組される。「朝廷に深き思召ありての事なれば、少も憂ふべき事なし、かへりて斯道は盛になるべき」(8)と語った神祇大輔福羽美静の言が、常世長胤(9)クラスの人間に理解不能であったことは想像に難くない。福羽の主亀井茲監は逸早く廃藩を申し出ていたのであり、神祇行政の最高首脳たる福羽が全国家的次元で神祇政策・行政を勘案したであろうことは十分に推察できよう。

神祇官を太政官より上位にあったとし、あたかも神祇・宗教行政が神祇官だけで専行できたかのように考える研究者からすれば、簡単に「神祇省への格下げ」と述べるであろうが、その政策・行政が議政官・弁官(10)を通さねば何一つ実施できない組織になっていた事実の見落し、軽視がかかる認識を生む(11)。神社規則すら太政官の公布がなければ実現不可能であった事実を重視すべきであろう。太政官にいかに己れの方針を認めさせるか、に神祇官はその存在意義を賭したのである。そして、明治三年十二月、その非力さに落胆しそうになったが故に神祇伯兼宣教長官の中山忠能は辞職伺いすら呈するに至った(12)。以後、神祇官は猛烈に神社改正(その第一に着手すべきは神宮であった)に向けて力を注いだ。

二　大小神社取調と神社規則

慶応四(明治元)年五月九日、維新政府は伊勢両宮ならびに大社・勅祭神社以外の神社社家は神祇官支配とせず、府藩県支配とした。これは、同年三月十三日に諸家執奏を止め(13)、神祇官再興の節には「天下之諸神社神主禰宜祝神部ニ至迄」その附属とし、追々諸社取調べを行なうとの令を出したものの、性急には事を運べなかったので、取り敢えず神祇官支配社を限定し、その掌握に全力を注ぐことを優先したからであろう。ついで同年十二月二十日、各府藩県に令して神祇官直支配社以外の式内大小神社および式外大社、府藩県崇敬神社の取調べを命じた。さらに翌二年六月十日にも神職継目や主要神社調査を達したが、さほど調査が進展したとは考えられない。殊に神職継目の意味や式外大社などという言葉を理解しなかった藩もあったらしく、松江藩は継目に文例があり、かつ官銀を差出す必要があるか否か、継目とは狩衣等の免許のことか、さらに式外大社とはどのような社柄のものか、等について伺い出ている(14)(二年三月五日)。まさに矢野玄道がいうように「神典不案内之府藩県官吏(15)」の実態が表われている。こうした「不案内」を解消するためにも統一的な神社規則が必要とされたのである。ましてや明治三年三月段階に至っても神祇官直支配社の社名すら把握していない県が存在していたのであるから、なおさら急務のことであったろう(それも神宮を擁する度会県からの伺いであった(16))。

神社・祭典調査はその数の多さや府藩県のとまどいによって遅々として進まなかったようであり、このため政府も神祇官が直接掌握できる諸大社の改正から着手することにしたのである。三年二月九日には神祇官へ「別紙二十九社奉幣祭典御再興ニ付式目委細取調候様　御沙汰候事」との太政官御沙汰があった。すなわち大奉幣が出雲大社、熱田、宇佐、鹿島、香取の五社、大祭が賀茂下上、氷川、石清水、春日の五社、中奉幣が香椎、宗像、日吉、三輪、大和の五社、中祭が八阪、北野両社、小奉幣が大宰府、広瀬、石上、広田、住吉の五社、小祭が松尾、大原野、吉田、平野、稲荷、梅宮、貴船の諸社であった(17)。基本的には中世の二十二社制を踏襲したものである。ついで神祇官は三年二月二十一日、「別紙式社并式外ニテモ大社ノ分取調ノ事件且諸国大小ノ神社神職等許状願ノ事件御評議ノ上御布告ニ相成候様致度依テ此段申進候也」と上申、太政官は二十九日、差し当って官幣神社を九月までに調査し、神祇官へ届け出ること、さらに神職継目等は従前神祇官へ願い出するようにしていたが、一定の規則が出来るまで地方官が処理するよう布告した。

同年十月十七日神祇官は「此節ニ至リ従来ノ通ニテハ不相済候ニ付別紙ノ件々至急取掛申度就テハ今般ノ改正弘世ノ規模モ相成不軽儀ニ付御評議ノ上ハ別紙ノ趣御沙汰書ヲ以被　仰出候様有之度此段申進候也(18)」と太政官に上申。そして左の御沙汰案を付した。

一官社以下大小神社席順定額ノ事

一祭典式并祭政一致三治一定ノ事

一神祇職制并叙位ノ事

右永世ノ規模更ニ取調被　仰出候事

これを承けて太政官は同二十五日、官社以下大小神社の順序定額、祭政一致のために祭典式を府藩県一定とする事、神官の職制・叙任の事、の三ケ条について「永世之規則」を立てるよう神祇官に取調べを沙汰した。同時にこの取調べのため正親町三条大納言（嵯峨実愛）と坊城大弁（俊政《タダ》）の両名が御用掛を命ぜられた(19)。ついで閏十月二十五日神祇官は弁官に宛てて左のように上申、布告案を添えた。

別紙箇条書ノ通リ至急府藩県へ御布告ニ相成候様致シ度候依テ申進候也

一官社以下大小神社順序定額ノ事

一祭政一致ノ意ニ基ツキ祭典式府藩県一定ノ事

一神官職制并叙任ノ事

右永世ノ規則更ニ取調神祇官へ被　仰出候間別紙箇条書至急取調当十二月限リ差出可申事

但右期限マテ取調行届兼候分ハ明細取調ノ上重テ可届出事

太政官

（別紙箇条書は略す）

この神祇官上申と布告案を承けて太政官は閏十月二十八日、

今般国内大小神社之規則御定ニ相成候条於府藩県左之箇条委詳取調当十二月限可差出事

と布告、大小神社の総合的調査を各府藩県に命じた。しかしこの布告には肝心の「神社之規則」の標準たる上記の三ケ条が全く触れられていない。恐らくこれは、当時すでに神祇官には神宮官員改革案や官幣・国幣社の候補神社、格社・郷社の創設ならびに各社格の神官職制・禄制などについておおよその素案が出来ていたから、敢えて表に出す必要もなかったからであろう。すなわち神祇官は同年十一月、

官社定額及御規則一定ニ付而ハ第一神宮従来之弊風御改正可有之処先達青山少祐同地へ出張為致粗取調之書類ニ付凡概之見込モ御座候へ共第一神官任選御改革無之候而者凡而之次第相立不申ニ付荒増別冊之通見込差出申候条此余之手順御評議有之度候也

と上申、「何分一般之規則廟議御一定ノ上先大綱ヲ施行」することが重要であり、「追追各地ノ難易ヲ察漸漸改革」すべきことを強調している。しかしながらこの神祇官案にはいまだ復古的要素が残存している。神宮改革を最重要視したはずの当の神祇官が、祭主は中臣姓かさもなくば藤原氏を大中臣氏に復姓させて任用すべきとか、あるいは内宮五禰宜以上は荒木田姓以外は任用すべきでない等の案にはそれが表われていよう。（ちなみに、十二月二十二日付で弁官に上申した神祇四姓――王氏・中臣氏・忌部氏・卜部氏――の取立てもかかる復古的側面の一つとも見られる。ただ、これは神祇官員が一般事務のみならず祭典等の特殊任務――他の官衙官員から見れば――の二つを兼行せねばならず、「官中ノ執務区別相立」つようにすべきとの意から出たものである。さらにこの時は神部の必要も訴えている。このことは後の大中少掌典、神部の設置による祭祀と一般事務、宣教事業の区分に通ずるものであり、神祇官が既に当時から祭と教の分離を指向し始めていたことを示すものである。ただしこの時、太政官がいかなる指令を出したか

は不詳である。）

復古的云々はともかくとしても、神祇官はすこぶる詳細な案を作成しており、官幣社三九社（大三一社、中七社、小一社）、国幣社六三社（大なし、中四六社、小一六社）および一応未定の札幌神社（国幣小社）を加えて一〇三社の官社が列記されている。またこれら官社以外の社を格社（府藩県崇敬之社）、郷社（郷邑産土神）の二等に分け、「右以外一村一社ノ産土神及村落ノ小祠都テ郷社ニ合併ス可シ其合併ノ法則氏子調ノ定則ト共ニ是ヲ立ツ可シ」としている。この案の時点においては、神祇官は一村一社制よりも一郷一社制を念頭においていたものと見え、またその制には氏子調べが不可分の要素として認識されていた。[20] さらに「規則案」として官幣官社、国幣官社、格社郷社それぞれの管知、祭典式、神官職制・補任方法、官禄・食禄等について詳細な規定を設けている。殊に国幣社にあっては、宮司は権大参事か少参事が兼任すべきとしており（これは四年五月十四日の太政官布告も同じ）、政府の祭政一致策の具現化とも見られよう。

この神祇官案は大筋において太政官の承認を得たのであろう。すなわち翌四年一月二十七日、左のように掛合っている。

旧臘御決議相済候官社以下定額並神官職制等早々御発表相成度ニ付則御布告案大々取揃差出候間尚御取捨ノ上御布告有之度事

但祭典式取調中ニ御坐候処此件一時ニハ御布告難相成子細モ有之候ニ付追々取調ノ上御評議伺候様致度都合ニ御座候事

一今般御布告ニ付テハ　神宮御改革第一ノ儀ニ付祭主任撰至急可被　仰出候事

一氷川社差続候社柄ニ付同社大《ママ》小宮司任撰是又至急可被　仰出候事

右件々至急　御沙汰有之度候也

この時に出された神祇官の太政官布告案は左のごときものである。

辛未正月廿七日　　　　　　　　　　　　神祇官

弁官御中

一天下諸神社官社以下ノ順序及神宮職員御改革御規則別紙ノ通被　仰出候ニ付官社有之地方ハ追テ夫々御達可有之府藩県郷社ノ分ハ昨年御布告有之候明細書上ケヲ以テ神祇官取調区別ノ上差図ニ可及其節凡テノ定則万端処置振同官ヘ打合可致候事

一官社以下府藩県社郷社神官悉皆地方貫属士族卒ニ編籍可致事

但御改正新補ノ調ニ付職任ニ不堪或ハ於一社冗員タルノ輩士卒農三籍従前ノ身柄相当地方適宜ニ従テ編籍可致事

一従前白川吉田及諸家執奏ノ神官叙爵悉皆返上可致旨可申達事

太政官

そしてさらにこれに付して「神宮職員」、「官幣官社」、「国幣官社」、「府藩県社ならびに郷社」、「職員」、「規則」についで記している。この四年一月案(B案とする)と三年十一月案(A案とする)との異同について少しく見てみよう(神宮改革については次節で触れるので本節では省く)。まず㈠A案では格社となっていた府藩県崇敬之社が府社・藩社・県社と明記された。㈡官幣大社のうちA「生国魂神社」がBでは「生国幸国魂神社」と変更。㈢「京畿」「東京」「諸道」等の区別をB案では付さず、畿内から起して東国(武蔵)から西国へと配列している。㈣香取、鹿島をBでは神宮と改称。㈤A「宇佐宮三社」とあったのをB「宇佐神宮」とした。㈥Aでは中社の白峯宮をBでは大社とした。㈦Aでは「鎌倉社」をBでは「宮」とした。㈧Aの国幣中社苅田嶺神社(岩城国)を削り、Bでは陸奥国として一社分を設けた(未定)。㈨Aでは「官幣　神祇官管知」「国幣　地方官祭之」とあったがBでは「神祇官所祭為官幣官社」「地方官所祭為国幣官社」とした。㈡Aにあった産土神・小祠の郷社への合併を削除、氏子調べ云々は記されていない。

以上が四年一月案と三年十一月案の主なる差異であるが、官社は一応の取調べも済んでいたであろうから、次で神祇官が府藩県社郷社に意を用いるようになったことは推察に難くない。特に郷社の位置づけは直接に戸籍区の編成に関わるものであったし、四年四月四日の戸籍法公布に向けての諸準備の上からもその取扱いはゆるがせにできないものであったろう。しかし、この府藩県社郷社の調査はなかなか順調には進まなかったと思われる。五月十四日の布告にも「尤府藩県社郷社ノ分ハ先達テ差出候明細書ヲ以テ取調区別ノ上追テ神祇官ヨリ差図ニ可及候条其節万端処置ノ儀同官へ可相伺事」として、同年一月の神祇官布告案と大略同じである。わずか百ほどの官社の調査と十数万を数える諸社では、その調査能力には自ら限界があって然るべきであろう。

前述したように明治四年五月十四日、太政官布告第二三四が公布され、官社以下定額ならびに神官職員規則が別紙にて明示された。この別紙において一月案の生国幸国魂神社は生国魂神社、神宮号のあった香取・鹿島・熱田・宇佐は神社とされた。また杵築大社は出雲大社と改称、中社と小社に予定されていた白峯宮、鎌倉宮を削除した。また国幣社では岩代国と陸奥国を空け、さらに札幌神社を小社に正式列格し、既定六二社とした。職員に関しては定員、位階は一月案と同じであったが、職掌の明記は削除されている。また「規則」においても神祇官の支配色が薄れており、官幣国幣の区別も従前より薄くなっている。すなわち神祇官案では官幣官社(大中小社とも)長官のみ上京叙任であり、国幣社長官は神祇官の判授とされていたが、布告では官幣・国幣とも大社の長官は上京叙任とされ、中小社長官が神祇官判任とされた。このことは神祇官の官幣社重視策への反動であろうが、当の神祇官の首脳であった福羽美静の後年の述懐によれば、元来官幣・国幣の区別は便宜的なものであり、いずれすべて官幣になるはずであったという。[21] この回顧談はかなり信頼できるもので、官幣社・国幣社の差別は漸次解消に向っている。[22] かくしていわゆる官社は徐々に整備されていくのであるが、神社の頂点をなす神宮と底辺ともいうべき郷社の扱いには神祇官も政府もかなり苦慮したものと思われる。しかしながら四年六月中旬までには神祇官も郷社の位置づけに対しては成案があったらしく、六月十九日弁官に宛てて左のように上申している。

郷社ノ儀ニ付別紙布告案御廻シ申候間至急御評議有之候様存候仍テ申進候也

この神祇官の布告案は首書が「先般被　仰出候御布告面ノ内郷社ノ儀別紙ノ通相心得取調可致候事　太政官」となっている他は、別紙文案はそのまま七月四日に出された「郷社定則」(太政官布告第三二一)と同じである。しかし弁官はこの案が官社以外の神社取調べの結果としては不完全であると思ったようで、六月二十三日神祇官に宛てて「神社総数区別等至急取調御申出有之度此段御掛合及候也」と照会している。だが現実には神祇官としても官社以外の諸社の取調べは進んでいなかったので同二十八日、「神社総数区別等取調可申出旨御掛合有之候処官幣国幣ノ外未タ取調不行届ニ付即今難及御答候此段申進候也」と回答せざるを得なかった。かくして太政官も四月四日の戸籍法発布のこともあり、この神祇官布告案である程度満足せざるを得なかったのであろう。七月四日、戸籍編成に最も関係の深い「郷社定則」「大小神社氏子取調規則」「大小神社神官守札差出方心得」をそれぞれ発布、戸籍法の補完として郷社制度を利用せんとしたのであった。[23] 無論、この「郷社定則」は法令としては他に比してすこぶる具体的であったが、やはり地方には混乱を生じさせる代物であり、郷社と村社の祠官、祠掌の関係や戸籍・氏子区域の問題などに課題を残した。[24] かかる官社以外の府県社郷社の取扱いや位置づけ、実態把握に関しては政府部内にさえその正確な実情把握・知識はなかったのである。たとえば五年二月五日には大蔵省が、㈠府県社の定額、㈡府県社年中祭資および営繕費の出処、㈢郷社以下の祭資および営繕費等の民費課出の全国一定化の有無、等について神祇省に問合せている。[25] また同年八月十九日には史官から教部省に官社以下神社の総数について問合せがあったが、教部省は官社についても未定五社(国中四、国小一)を挙げ、府県社に至っては東京の三社と大阪の一社を挙げているに過ぎない。[26] まして郷社以下の諸社の把握は到底不可能な状態であったといえよう。「郷社定則」と密接な関係にある「大小神社氏子取調規則」が周知のようにうまく進展しなかったのも当然であったといえる。神社を核として、それのみで人心を捉えようとする神祇官(教部省も同じ)の姿勢が現状に合致しないことはもはや明瞭になったのである。

しかしながら神祇官の神道国教化政策は失敗したかも知れないが、国家・政府はそのものが全体として神道国教化政策を唯一の民心把握の術と心得ていたわけではない。神祇官や教部省の方針・意向をそのまま国家のそれと同一視しては、国家の論理は正確には理解されえないであろう。神祇官は神社制度の基礎を形成さえすればよかったのである。余のことは行政官に任せて然るべきであり、また実際そうである他なかったのである。(27)

三　神宮改革問題

明治初年における一連の神宮改革については既に詳細な研究が残されている。(28) しかし、神宮改革はそれだけでも巨大な事業であり、ましてや神社改正策の最重要の一環としてなされたものであることに注意するならば、当然従前の研究のみで事足りる問題ではなかろう。殊に、神宮改革に最も尽力した浦田長民を大きく評価してきたのがこれまでの研究の特徴であり、それは一応もっともなことではある。だが、神宮改革は決して神宮のみのために企てられたものではない。神宮の改革の成功いかんが、すべての神社改正策の成否を占うものであったことは充分留意さるべきであろう。有体にいって、浦田長民一個人を特別に重要視することは決して不可とはいわないが、その過大評価は、国家の政策を個人レベルに引下げて理解するという危険に陥りやすい(浦田を大宮司にしないで、浦田の最も嫌う薩摩出身の田中頼庸を大宮司に据えさせた政治力は、もはや個人の過去の功績評価で神宮を論ずる次元を越えている。これは福羽美静の場合も同じであり、さらにいうならば神祇官の〝格下げ〟も同様である。〝改革〟の推進者は必ずしも〝改革後〟の中枢たりえない。それは、個人のいかなる意見・努力も「組織の論理」によって始めて展開されるからに他ならない。福羽はこのことを冷徹に見透していた)。本節ではかかる〝危険〟に留意しつつ、明治初年の神宮改革が国家的次元でいかに推進されていったかについて多少なりとも触れてみたい。

浦田長民が神宮改革に尽力したことは前述した。藤井貞文氏も「神宮の改革に就ては浦田長民の活動を無視することは出来ない(29)」とし、長民が元年七月二十七日橋本実梁度会府知事に提出した意見書を紹介されている。これは三木正太郎氏も抄出ながら紹介されているが、全一五ケ条に及ぶ長大な意見書である。さらに長民は八月にも神宮改革に関する建言書を橋本知事に提出している。かく長民は二つの意見書(建言)を橋本知事・度会府に提出したのであるが、それは実際どのように扱われたのであろうか。三木氏も「浦田長民の上申したこれらの建策は、どの程度実際の施策に反映されたのであろうか(30)」と疑問を呈されているが、結局、明治四年の神宮改革断行に現われた施策にその影響が認められる旨を記されているに止まる。ここで参考とすべきは、阪本健一が「神宮の御改革は…神祇官員のみならず、橋本度会府知事をはじめとして、元田・河田・浦田等その幕僚が非常な苦心を払ったところであった(31)」と述べている点である。この指摘は正当であり、上記の浦田建言も橋本知事によって弁官に上申され、「右ハ神祇事件ニ付於当県《ママ》施行可致儀ニ無之朝廷ヨリ其筋へ御達相成度依テ別紙写差出候間急速御沙汰被為在度候也(32)」として、この浦田建言を神祇官が採用、実施するよう促したのであった。また、元田直、河田精之丞(景福)も元年九月二十五日、かねて上申していた神宮改革のため福羽美静を度会府に駐在させるよう願い出ている(33)。そしてさらに「政権一途ニ出不申候テハ万端不都合ノ儀可有之候間神祇官ノ権ヲ度会府ニ為御授被成下候様奉存候」として、度会府が神祇行政の権限を持つことを希望している。これは浦田建言の「祭政一致ノ御旨趣ニテ、今般当政府御開被遊候へ共、神事祭祀等御管轄無之テハ祭政一ニ出ルノ場ニ至ル間敷奉存候、…知事公ヲ以テ即祭主ニ被為在」云々という構想と一致するものであろう。結局、福羽の度会府派遣は神祇官の人手不足のために実現しなかったが、なおも度会府は、府としての祭政一致策の実現に固執しているようであり、十月十五日にも再度、「神祇官ノ権当府へ御分ケノ儀ハ是非共御差図相成度左無之候テハ祭政一致ノ目途無之種々当惑ノ事件差起リ候間何卒急速　御沙汰被下候様存候也」と願い出ている。

このように度会府が祭政一致、神祇行政権の移譲に異常ともいうべきこだわりを示したのは、いまだ神宮では旧来の祭主の権限が強大であり、かつそれを神祇官が支援していたと考えたからである。たとえば度会府は、神宮の権禰宜は重代・地下を問わず一体のものとしようとしていたのであるが、「重代権禰宜ト地下権禰宜家格差別此迄通相守混雑無之様可相心得事　辰十一月」との達を神祇官からの達と思ったのである。また弁官も「祭主家へ相達候通可相心得事」と指令したのであるが、これは十一月二十七日付の神祇官回答によれば「右ノ差図ハ藤波ヨリ申達候由ニ有之候」であった。だが、この時点においては神祇官は急速な神宮改革は望んでおらず、十一月五日付で弁官事に、混雑を来す恐れがあるので従前の通りでよいと答えている。恐らく神祇官は神祇官独自の神宮改革を考えていたのであり(無論、権限移譲を公然と要求する度会府に好感を有しているはずはない)、度会府の急進的な神宮改革の独断専行に対しては少しく批判的であったろう。この間の事情は、たとえば度会府が「禰宜格式度会府ト藤波家トニ迄ニ相成不可然何レハ御規定有之度奉存候事」としたのに対し、神祇官は「大宮司以下神職進退ノ儀ハ祭主家可為差図歟右ノ外於度会府取計可有之歟」と、あくまで度会府を排除しようとしていることに如実に示されている。もっとも、弁官は権禰宜格式進退等について、神祇官の確定した答を求めていたのであるが。以上見てきたように、少なくとも明治元年の時点では、神宮改革に際しての神祇官と度会府の方針は、かなり隔りがあったと見て大過あるまい(34)。

ところで、およそすべての改革に当って重要な位置を占めるのが経済的問題であろう。財政の裏づけなしにはいかなる改革も成功することはないといってもよい。神宮改革の場合も例外ではない。神宮の経済的窮乏は久しいものであったが、維新後もその状態は変らなかった(35)。山田奉行に替って、特別に度会府が設置されたのであるが、府にとって最重要なことは府経費ならびに神宮費の確保であった。度会府の窮状を知った行政官は十月、神宮改革の実施を条件に正米一万石を元年九月から二年九月までの分として下付したのであるが、あくまでこれは「当分」の処置であった。しかし度会府はこの正米を庁舎移転費用として使いたい旨を伺い出たので、弁官は十二月十三日この処置は「不都合」であり、「猶改正ノ次第委細可被申立候此段相違候」として度会府にきちっとした神宮財政の再建計画を立てるよう命じたのである。しかし、「知府事以下月給ヲ弁スルニ足ラス」というような度会府当局にあっては、この一万石をすべて神宮費として使用することは不可能であった(事実、この正米一万石は直接神宮費として神宮に渡されたものではなく、「被属其府」たのであるから、府がまず自己の強化費として使用せんとしたのも無理はない)。いずれにせよ、度会府・神宮ともどもその経済は破綻寸前であったのが実情であろう。この窮乏は明治三年十一月に至って極に達し、橋本度会県知事は神官の職禄の窮乏を訴え、その救済を求めたのであった。(36) さすがの神祇官もこれを憂慮したらしく、左のように弁官に上申している。

両宮神領ノ儀方今取調ニハ候ヘ共当冬中ニ御発表ニ相成可申哉其程難計候ニ付先当年ノ処ハ度会県知事申出ノ通何レヨリ成トモ被下米有之候様仕度存候也

庚午十一月九日　　　　　　　　神祇官

弁官御中

この神祇官上申に対し、早速弁官は大蔵省へ照会、大蔵省は次の通り上申した。

大宮司以下職給之儀見込ノ趣取調申進候処来春改正確定被　仰付候趣ヲ以猶御達ノ次第モ有之候ニ付テハ去ル辰年御附属米一万石ノ内三千石臨時手当トシテ度会県備米イタシ置遣払候残千九百二十八石七斗七升五合ノ内ヲ以テ千九百五石御下ケ渡ノ程同県ヘ御沙汰相成可然ト存候此段申進候也

庚午十一月十四日　　　　　　　大蔵省

弁官御中

すなわち大蔵省は四年春に神宮改革がなされるものとして臨時出費に同意したのである。しかし大蔵省がかかる不確定な官費支出を好ましく思っていなかったことは確かであり、十二月二日付の弁官に宛てた下付米の明細を付した回答書には「本年又々因襲姑息ノ御処分相成候テハ際限モ無之不可然儀ニ付追テ職給御確定次第御渡可相成筈神祇官へ御沙汰御坐候様存候因テ御付箋按取調及御回答候也」と、神祇官に早々の取調べを行なわせ、神宮費を確定させるよう弁官に迫っている。

以上見てきた通り、明治元年から三年にかけて、度会府(県)官員は神宮改革には意欲を見せたのであるが、近世末以来の神宮領の疲弊にともなう神宮そのものの経済的窮乏や祭主藤波氏の存在による旧風温存等によってその改革は遅々として進まなかった。もはや神祇官のみの(もちろん度会県も同じ)神宮改革には限界があった。太政官の権力によって、あるいは太政官を動かすことによってしか神宮改革―それは全国の神社改正の成否を左右する―は成しえないと神祇官は判断したのである。神祇官が神社改正―官社定額ならびに規則一定―を行なうに当っては、まず神宮の改革が第一になされる必要があると考えたことは、三年十一月の前記「神祇官上申」によって明らかである。このように、神祇官は神宮をも含めた官社改正には、まず神官任選の改革がなされなくてはいかなる改革もその手順が立たないと考えたのであった。しかし、この神宮の改革案(神宮官員改革案)も前述したようにさほど人材登庸主義的ではなく、祭主を中臣氏とするか、又は藤原氏を大中臣氏に復姓させて任用すべき、など未だ浦田のいう「流例」を打破し切っていない(因みにこの藤原氏の大中臣復姓は、浦田が元年九月の建言で「若流例ニテ不相叶儀ニ候ハバ、御勤職中大中臣氏賜姓被為在候様仕度奉存候事」を承けたものと思われる)。官員任選案で新味があるのは大少宮司二員だけで、大宮司は「改革ノ重事アリ妙選ニアラサレハ治ム可カラス」とし、少宮司は「大宮司補助無ンハアル可ラス最精選ニアリ華族士族ヲ論セサル可キ歟」としている。禰宜以下は定員削減をしているものの従来の祠官を任用する姿勢を取っている。恐らく神祇官としては祭主を祭り上げ、精鋭の大少宮司によって徐々に人事改革を行なおうとしたのではなかろうか。こう考えるならば〝復古的〟云々と述べたのはいささか表面的すぎる見方かも知れない。しかし、この神祇官の神宮官員改革案は、翌四年一月二十七日に出された「神宮職員」によって改正されており、祭主以下の官位相当と員数、職掌のみを記すに止まり、前案の〝復古色〟は一掃されている。そしてこの案が出された二日後の一月二十九日には従来神祇大副・祭主を任とした藤波氏(教忠)が祭主を免ぜられ、代って神祇大副の近衛忠房が兼任祭主となった。藤波教忠は三年九月「自今　両神宮神域内住居被　仰付候事」と太政官から命ぜられ、京都を引払って伊勢に居住することになるが、その間藤波がいかなる役割を果たしたかは筆者は知らない(教忠は九月の神嘗祭に参向した時、内宮三禰宜藤波氏命に「御一報」の世情について愚痴めいたことをこぼしている。そして「御時節を相待つより外無レ之」と語ったということからも、彼が政府の改革を進んで受入れたとは思われない)。

政府・神祇官はこの藤波解任によって一挙に神宮改革に着手しようとしたと思われる。まず神祇官は「神宮御改正至急御手ヲ可被附候間左ノ運可然哉」として、

一両宮正権禰宜ノ中人躰見立ニテ一人宛度会県大少参事ノ中神宮社中心得ノ者一人右至急御呼立可有之
一右御呼立ノ上一社任用ノ人躰其外神宮情実聞取ノ上神祇官祐一人出張可被　仰付
一神祇官神宮出張ノ上任撰ノ人躰弥見立ノ上姓名注進可致ニ付其人躰御呼立補任可被　仰付
一大宮司新任御呼立ノ間本官勢州出張中京都ニテ加茂《ママ》男山両社改正ノ手ヲ付可申事
一大宮司拝任ノ上祭主祭主《ママ》勢州出張被　仰付序ニ御改正ノ為臨時奉幣可有之　勅使并弁官出張双方立会神宮御改正可有之
一神領一切ノ取調并家禄分配等ノ儀地方官ヘ御委任可有之候哉

という六ケ条からなる神宮改革案を提示。同時に上下賀茂社、氷川神社、男山八幡宮を改革し、これに成功したあとで「官社一同相運候方可然候哉」と述べ、神祇官が伊勢両宮とこの四社の改革を強く望んでいたことを窮わせる。

四月三十日、神祇官は弁官に、「神宮御改正御用ニ付度会県大小《ママ》参事ノ中ニテ両宮神官人躰心附ノ者一人至急御呼立

ノ儀御達給度此段申進候也」と上申、度会県大参事河田景福が上京することになった。また皇大神宮からは禰宜薗田守宣（五月二十七日着）、豊受大神宮から檜垣貞董（同二十九日着）が神祇官に出頭、約四十日余り滞在して七月十一日に東京を発ち、帰途についた。両名が滞京中いかなる御用を勤めたかは明らかではないが、当初三十日間の「神宮御改正御用掛」の予定であったのが、約十日間延びていることからして相当具体的な改革案がこの両名の実情報告を基に練られたのではなかろうか。それは、両名が帰勢する直前の七月五日には神祇大祐北小路随光が神宮少宮司に任ぜられ、さらに同日付で祭主近衛忠房、神祇少祐青山景通、同藤堂高泰が神宮改正の御用掛として至急伊勢に出張を命ぜられていることからも推察できよう。ついで七月八日付で度会県大参事河田景福が神宮御改正御用を仰せ付けられ、同十二日度会県へ太政官からこの旨通達、「知事ニ於テ此旨相心得諸事打合不都合無之様取計可致事」と注意した。また河田が御用掛に任ぜられた八日、先に任ぜられた近衛ら幹部以外の神祇官員もそれぞれ約二十日間出張して神宮改革の任に当ることとなった（官員は少史望月充武、史生村瀬元直の他使部、附属小者各一名）。かくしていよいよ神宮改革は時間の問題となってきたのであるが、この改革にこぎつけるまでには前記阪本健一が挙げた人々が深く関与していた。神祇官当局、浦田長民がそれに際して重大な役割を担ったことはいうまでもないが、さらに元田、河田、浦田らの直接の上司としての橋本実梁の存在も無視さるべきではない。橋本は六月三日付で三条実美、岩倉具視に宛てて書翰を認めているが(37)、その中で実梁は「当地ノ弊ハ師職ヲ業ト致シ候ヨリ生シ候」と述べて、河田大参事に託した別紙二策のうち第一策の師職廃止策を採用するよう訴えている。この第一策は「師職之儀ニ付見込」と題されており、浦田長民の師職についての考えを十分参考にしたものと思われる。しかし、これは浦田のそれよりも激しく、まさに七月十二日に出された神宮改革に関する御沙汰にある「師職並ニ諸国檀家ト唱ヘ御麻配分致シ候等之儀一切被停止候事」に直結する案と見てよい。以下、全文を紹介する。

宇治山田ニ於テ私ニ師職ト称候者凡五百軒余其内正員禰宜以下神職並非職ノ者及近来株ヲ買受商業兼帯ノ師職有

之師職ノ業ハ孰モ同一ニテ諸国ヘ大麻ヲ配与シ参詣ノ雑人ヲ止宿致サセ取扱候事柄一トシテ神宮ノ御名分ニ拘サルハ無之候

但正員禰宜ハ辰年以後給禄ヲ多クシ雑人止宿ハ差止申シ候依之今度御改正ニ付テハ師職ト称シ候者共ハ断然御廃止姑ク元ノ門地ニ依リ士族卒農三等ニ帰シ且又門地ニ候乇帰農ヲ願フ者ハ其意ニ任セ候様致度存候今日ノ御政体ニ於テ門地ヲ論ジ候ハ実ニ頑固ノ事ニテ恐ヘキノ至ニ候ヘ共門閥論ノ最甚シキ土地ユヘ不得之候ナリ御含容ヲ乞フ尤士族卒ト相成候者共ヘハ御扶持米可被下筈ニ候得共多人数ノ事ニテ迚モ御行届難相成存候間夫々一時生活ノ為禄ニ代ルノ資金ヲ賜リ神路山島路山前山其他所々ノ荒地ヲ割渡シ開拓地味相応ノ品ヲ植付サセ後々ハ自力ヲ以糊口出来候様被成遣度存候尤初ヨリ帰農スヘキ身分ノ者モ右ニ准シ御処置有之度右ノ通ニ相成候上諸国ヘ大麻頒布ノ儀ハ政府ヨリ御布告ニ相成諸府県藩管轄ノ戸数ニ照シ大宮司ヨリ府藩県庁ヘ大麻ヲ分付シ其庁ヨリ府藩県社郷社等ノ祠官ヲ役シ管下一同ヘ頒賜候様相成候ハヽ名分条理相立海内一般弥　神徳ヲ仰キ異教ヲ防ヘキ一術ニ可有之存候

右ノ通大宮司ヨリ府藩県庁ヘ大麻分付致シ候様相成候ヘハ其入費償方ハ大麻拝戴ノ者ヨリ出ス所ノ初穂料ヲ管轄庁ヘ取纏メ大宮司ヘ差送ラセ右ヲ以費用ニ相備候ハヽ可然歟ニ存候

○当地方風俗不淳廉恥心地ヲ掃テ無之ハ師職ト云者有之配札ノ初穂参詣人ノ旅籠銭ヲ仰クノ外活計無之故ニテ既ニ去辰年東国戦争ノ節ハ配札ニ出行キ難キハ勿論参詣人モ従テ稀少ニ付一年ニシテ殆ト活路ヲ失ントスル者アルニ至リ候是師職ト云者恒産アルニ似テ無之故ナリ其上大家ノ師職ハ自身配札ニ出行者無之檀廻手代ト唱ル者ヲ使役シ自分ハ遊情ニ日ヲ送候者不少夫ヨリシテ農迄モ其風ニ押移リ游手徒食ノ者三分ノ二ニ御座候大略右ノ情態ニ付一ケ年米穀諸色高価参詣人稀少ニ候ヘハ立所ニ窮迫シ平素ノ怠惰ヲ思ハスシテ動モスレハ救ヲ県庁ニ仰キ又ハ窮資ニ類シタル所業アルニ至ル是恒産ナキ者ハ必恒心無ノ致ス処ニシテ地方ノ悪弊ヲ生スル根源ニ御座候仮令今般神職ヲ御改正有之候トモ第一ニ弊ノ由テ生スル源ヲ塞カスシテハ御改正ノ実効果シテ立ヤ如何ト

懸念致候事ニ御座候固之本文ニ申陳候如ク断然御廃止有之資金ノ儀ハ当年ヨリ御収納ニ相成ヘキ元無税地ノ税ヲ当未年来申年ト二ケ年御収納之レナキ積ニ相成右税ヲ以夫々御給与ニ相成候ヘハ大蔵省ニ於テ別段ノ御出方ニ相成候ト申訳ニモ無之夫ヨリ追々荒地空地ノ地味ニ応シ桑茶楮等ヲ植付サセ候ハヽ第一游民ヲ減シ物産ヲ興シ其上後年相当ノ税ヲモ御収納相成ヘク一挙三全ノ儀ト相考候

○右ノ通御処置相成候ヘハ地方ハ一時少々ノ沸騰怨望モ可有之歟ナレ圧一時ノ沸騰怨望ヲ厭ヒ後年迄積弊御改正ノ目途之ナキ儀ヲ一身ノ在職中サヘ地方人民ノ怨嗟ヲ受スハ夫ニテ足レリトスルハ姑息因循ノ最甚シキ儀ト覚知致候ニ付前文申上候事ニ候右ニ御改正相成候ヘハ一時怨望スル者モ終ニハ其業ニ安シ成程前々寒暑トナク諸国ニ奔走シ活計ヲ営ムヨリハ仮令其身ヲ労働ストモ勉強次第衣食ニ安スル事ト初テ悦ヒ候者モ出来候ハント存候乍去前文ノ見込不都合ノ筋ニテ御採用難相成候ハヽ別紙ニ第二案ヲ申述差上候併此第二案ハ極テ止ヲ得サル最下ノ策ニ候ユヘ可相成ハ前文ノ見込御採用ヲ仰キ候以上

辛未六月　　　　　　実梁

以上、橋本実梁の師職廃止論を紹介したが、これを見てもいかに橋本が師職廃止に熱心であったかが自ら分明となろう。この案は神祇官の首脳たる福羽、門脇重綾神祇少副も披見しており、七月九日には弁官に「神宮御改正ノ儀ニ付度会県知事見込書一綴并同御改革ニ付云々ノ一綴御廻申候至急御評決有之度此段二綴相副申進候也」と上申している。太政官においていかなる評議がなされたかは不明であるが、この上申から三日後の十二日には神宮改革に関する御沙汰が出ていることからするならば、神祇官上申以前に廟議は決定していたことも考えられる。いずれにせよ師職廃止に関しては、橋本実梁の存在を無視してそれを語ることはできないだろう。

かくして明治四年七月十二日、太政官御沙汰第三四六により、㈠皇太神宮、豊受太神宮の差等あるべき事、㈡大内人以下物忌父等の諸職はすべて主典、格主典等が分課する事、㈢従前の大宮司附属職掌、諸郡司神宮司等は一切廃止する事、㈣神宮職掌は職員令に基づく事、㈤荒木田、度会の両姓による両宮別々の奉仕を止む事、㈥両姓は由緒あるも進退等は自今臨機の処置がある事、㈦一代権禰宜は本姓に復すべき事、㈧師職は廃止さるべき事、の八ケ条が達せられた。ここに至って神宮は、かつてない国家の手による大改革を加えられたのであるが、無論かかる発令だけで実際に改革が成就されるわけではない。殊に大麻頒布に関連する師職の廃止は、従前の御師大麻を通しての人民と神宮の結びつきを弱め、神宮崇敬が薄れるのではないか、そして廃された師職の今後をどう処理するか、という重大な問題を残していた。[38] 故に、あえていうならばこの七月十二日の神宮改革に関する達は神宮改革の第一歩であって、爾後多くの関係者の尽力を俟つより手はなかった。その先頭に立ったのが浦田長民であったことはいうまでもない。以後の詳細は前掲三木正太郎氏の論考に譲りたい。

四　むすび

以上、明治初年の神祇官による神社改正(改革)を通観してきたが、一体当の神祇官はこれによって何を求めたのであろうか。確かに「神祇官は当初、府藩県に神祇曹を設置することで、全国の神社・祭祀・教化の掌握を意図していた」[39]であろうが、それはあくまでも全国の神社・祭祀を統一するためである。神祇官の全国神社支配とは、神祇官がすべての事柄について直接神社・神職等を支配するという事ではない。[40] そのようなことは太政官でも不可能であろう。太政官の配下の地方官と同じように、神祇官の配下の神祇曹を望んだまでのことである。かの「神社規則」一定に神祇官があれほどこだわったのも、祭の側面で中央集権の実を挙げるためであったことはいうまでもなかろう。だからこそ大社のみならず、小社をも取調べたのであり、府藩県社郷社の列格さえ地方の適宜には任せなかったのである。まさに全国一律の「神社規則」の定立こそが神祇官および太政官にとっての神社改正の主目的だった。往古の神祇官のように、祭祀さえ行なっていればそれで神祇官の存在意義、神国の風儀が保たれているとされた時代ではもはやなかった。「善きものは取らざるべからず」といって憚らない福羽こそが明治の神祇官の姿であったのだ。「永世の制度」は立てられなくとも、一応の仕事を終えたのが明治四年五月、七月の神祇官であった。そして八月、神祇官は神祇省へと〝格下げ〟された。従四位相当でしかない神祇伯を頂点とする神祇官に〝格下げ〟という言葉が正しくあてはまるのかどうか、筆者には分らない。ただいえることは、歴史年表、法令集のみを見て歴史を語る人にとっては、最も都合のよい言葉である、ということだ。祭政一致とは何も神祇の役所が「官」として存在していさえすればよいというわけでもなかろう。それほどまでに、維新政府の指導者は政治音痴ではなかった。神祇行政とて行政である以上、それは所詮政治の論理に組込まれざるをえまい。それを拒否した玉松操、矢野玄道らの評価はまた別の次元でなされるべきであろう。

(1) 田中「近代神社制度の成立過程——津軽地方の神仏分離と神社改正——」(長谷川成一編『北奥羽地域史の研究』名著出版、一九八八年)、幡鎌「大和国における神社制度の展開——明治四年から明治十五年における——」(『神道宗教』一四八)、同「幕末維新期の神社組織の変容——大和国山辺郡石上社における——」(『日本史研究』三六五)など。

(2) 「若シ官幣国幣並従前ノ神官ヲ補スヘクハ神孫相承ノ族タリト雖モ一旦世襲ノ職ヲ解キ改補新任タルベシ」(「規則」)とされた。この世襲廃止は諸家の神社執奏(吉田、白川、難波、飛鳥井、油小路、綾小路、鷹司、徳大寺、葉室、櫛笥等の各公家による執奏)の廃止に端を発しており、神祇官による社家の直接支配によって初めて可能なものであった。四年一月の神宮祭主家藤波氏の解任はその代表であり、また同年三月には日光県が二荒山社、東照宮両社司の「処置」を企て、六人のうち一人は解任されている。なお、日光県の宗教政策については松尾正人「府県創設期の宗教問題——明治初年の日光県を中心として——」(中央大学人文科学研究所編『近代日本の形成と宗教問題』中央大学出版部、一九九二年)参照。

(3) この時、神官はすべて地方貫属支配となり、本籍は士族平民適宜を以て編籍すべきとされた。その編籍に当っては「従前叙爵家禄等有之又ハ家柄身柄自ラ士ノ体裁ヲ存スル者ハ士族余ハ総テ民籍ニ編入可致」(明治四年十月八日付兵庫県伺に対する指令)とされた(『法規分類大全』社寺門、一一九頁、および『公文録』)。しかし現実には必ずしもこの通りではなかったようで、上総杉山家は代々叙爵の神主家であったが、平民に編籍されている。

(4) 氏神・産土神の概念が当時はっきりしていたのではない。たとえば四年四月四日公布の戸籍法第二十則「氏神ノ守札」云々に関して、壬生藩は四年七月七日「氏神ト唱候ハ氏ノ祖神ト申儀ニ候哉又ハ鎮守産土神ヲ氏神ト称候儀ニ候哉」と伺い出、指令は「氏神ト唱ヒ候ハ産土神ト可心得事」とされた。なお、郷社・村社と産土神、氏神等との関係については米地実『村落祭祀と国家統制』(御茶の水書房、一九七七年)に詳細な分析があるが、同氏もいうように、当時はっきりとした神社の概念はなかったのである。

(5) これは「永世の制度」(福羽美静の明治三十四年の談話、加藤隆久『神道津和野教学の研究』国書刊行会、昭和六十年、二九二頁参照)がその時確立されたということではない。官社たる官幣社と国幣社の取扱い上の区別、府藩県社と郷村社の差など、必ずしも官社・諸社の二大別で律し切れるものではない。特にこの制度が三治(府藩県)一定を目的としたものであり、藩の存在を前提にしている制度として立てられたことに十分注意すべきであろう。

(6) 羽賀祥二「明治神祇官制の成立と国家祭祀の再編(下)」(『人文学報』五一、一九八二年三月)六六頁。羽賀氏の論は確かに形式的にはその通りであるが、神祇官のもう一つの重要な職掌であった宣教活動の重視―祭祀から国民教化へ―を考慮するならば、必ずしもそれは神祇官にとって不本意な結果とはいえない。たとえば門脇重稜などは廃藩置県前から宣教使のあり方について大久保利通と協議しており、六月七日付で大久保は岩倉具視に、「宣教使之事ハ昨日門脇も参段々示談仕候又小野も参是又厚承申何事も順序を立是非進せねハならぬと御取懸ニさへ相成候得ハ一両日之間ニ片付可申ト愚考にハ存申候只あれを談しこれを論し茶呑咄ニ而日々を送り候事事実以気之毒千万ニ御坐候」と書き送っている。神祇官の改革は大久保も考慮しており、江藤新平の「政府規則」にある神祇伯は「左右大臣兼之」と同じく、「一神祇伯大臣兼之」としている。と同時に「式部」の設置をも考えていることは、神祇官祭祀を宮中祭祀へと移行させるための構想でもあったといえよう。いずれにせよ、明治四年前半の神祇官改革に関しては福羽・門脇ラインと岩倉、大久保ら政府首脳の関係を詳細に見ていく必要がある。なお、この点に関しては拙稿「日本型政教関係の形成過程」(井上順孝・阪本是丸編『日本型政教関係の誕生』、第一書房、昭和六十二年)一九頁以下参照。

(7) 『法規分類大全』社寺門、一〇五頁。

(8) 常世長胤『神祇官沿革物語』(國學院大學図書館蔵)。

(9) 常世は大講義生、正八位相当であった。

(10) 弁官には江藤新平、土方久元らがおり、かなりの権限を持っていたと思われる。だからこそ大久保は「弁官ハ伝達布告一方タルヘシ人員ハ四人ヨリ多カルヘカラス」と岩倉に建策したのである。

(11) 「右神祇伯ハ従四位下相当ナリ、…其事ニ任スル者ハ、尚太政官ノ令ヲ奉セサルコト能ハス、且管スル処小ナレハ、必シモ八省部ノ上ニアル可ラス」(「官制案」、羽賀論文から引用)という理解が政府部内の一般であったと思われる。

(12) 神祇伯中山忠能は神社調査の遅延と宣教使政策の重荷、および病気・老齢を理由に辞職を願い出たが許されず、四年六月二十四日まで在官している。

(13) この達により難波・飛鳥井両家、油小路、綾小路、鷹司家などが執奏社名を届け出ている。

(14) 『法規分類大全』社寺門、八一頁。

(15) 拙著『明治維新と国学者』(大明堂、平成五年)一五六頁、参照。

(16) 度会県は三年三月、弁官宛に「神祇官直支配社ト申者何レノ神社に御坐候哉心得不申候」と問い合せている(『法規分類大全』、八三頁)。

(17) 『太政官日誌』明治三年二月九日条。

(18) 以下の引用史料はすべて国立公文書館蔵『公文録』による。

(19) 正親町三条(嵯峨)実愛は刑部卿を経て大納言となり、教部省設置と共に教部卿に任ぜられた。坊城俊政は二年七月大弁となり、大掌祭御用掛等をつとめ、四年七月式部長、同八月式部頭となって宮中祭祀を初めとする祭祀行政に深く関与した。宮中・神宮・神社祭祀の整備・制定に坊城の果たした役割も、もっと考察する必要がある。

(20) このことは、必ずしも政府全体、あるいは各府藩県が氏子調制度の導入を支持していたことを意味するものではない。明治三年六月、長崎県に氏子改仮規則が施行されたが、この達を受けた大阪府は種々の理由を挙げ、この制度の導入に疑議を呈している。つまり宗門改めに代るものとして氏子調を採用しようとしたのではなく、「戸籍編制の一助としようとしたのである。これに対し、神祇官・教部省は氏子調そのものを神社制度に不可欠のものとして捉えていた。本書第四章参照。

(21) 前掲加藤『神道津和野教学の研究』二九二頁。

(22) しかし国幣社の造営・修繕費に関しては廃藩置県以後は却て混乱し、教部省はその官幣社並扱いを執拗につづけた。

その実現は明治七年九月三日布告の「官国幣社の経費を定め官費支給の件」によってである。本書第三章参照。

(23) 郷社定則、氏子調については本書第四章、註(4)米地書、および高木宏夫「郷社定則と戸籍法」(福島正夫編『戸籍制度と「家」制度』所収)を参照。

(24) 四年七月十二日の伯太藩伺いには「一村ニ二三社モ有之分ハ何レモ村社ニ相立一社毎ニ祠掌差置可申哉可相成ハ一社ニ合シ候テハ如何御座候哉」とあり、神祇省は「伺ノ通」と意見しているが、一社に合すという意味は必ずしも明確ではない。物理的な神社廃統合ではなく、祠掌を一社に置き、他は無人とするという意味であろうか。また兵庫県も十月八日「一社数区数村へ亙リテ自然ノ郷社ヲナスモノ氏子管轄庁違ヒナルハ社地元ノ庁ニテ社職選挙シ入会地ニテ何レヘモ附キ難キ分ハ氏子戸口多キ庁ニテ選挙致シ可然哉」と伺い出ているが、これなどは自然の郷社の人為的な行政区画の矛盾を如実に示しているものであろう。指令は「伺ノ通」であった。この郷村社制度の曖昧さによる混乱は廃藩置件直後のみでなく、明治十年の時点でも起っている。たとえば島根県は四月二十三日「一区ニ両社アリ祭神並勧請年代氏子区内ノ崇敬等甲乙ナキモ最前成規ニ照シ甲ハ郷社乙ハ村社ト相定メ乙社ニ於テハ頻ニ苦情相発居候向有之有様甲乙ナキハ一区ニ郷社併立又ハ郷社ヲ省キ村社ノミ想定置候テモ不苦哉」と伺い出ている。

(25) 『法規分類大全』一二七頁。

(26) 『法規分類大全』一三〇—一三一頁。

(27) 「国家の宗祀」たる神社の行政的措置が神祇省や教部省のみで立案され、実行されたと考えるのは大きな誤りであろう。財政上・民治上の視点をも含めた研究がこれからの課題である。

(28) 松木素彦「明治四年の神宮御改正」、藤井貞文「明治維新と神宮」(いずれも『神宮・明治百年史』上巻、神宮司庁、昭和四十三年、所収)、三木正太郎「—浦田長民を中心とする—神宮祠官の活動」(『明治維新神道百年史』五、神道文化会、昭和四十三年)、阪本健一『明治神道史の研究』(国書刊行会、昭和五十八年)、および前掲羽賀論文など参照。

(29) 藤井前掲論文。

(30) 三木前掲論文。

(31) 阪本前掲書、二九頁。

(32) 以下の史料は『公文録』、『太政類典』による。これは、十二月五日付度会府弁官宛上申。

(33) 度会府知事橋本実梁は赴任前の八月十九日、左のような神宮に関する建策を出している。

矢野茂太郎　右度会府へ暫時拝借相願候
人物ヲ以御用ヒ相成候ハヽ判府事同権等御召使ニ相成候而可然候ヘ共若神宮ノ事等ニテ御用候ハヽ矢張神祇官中ヨリ出候テ其取調候テ可然候何トナク出勤被詰候テハ不可然候事
一神領三郡ノ儀ハ迅速ノ御取調ニモ難被為及哉ト奉存候間即今度会全郡御復進有之度候事
御復進等当然ノ儀可有之候ヘ共当時急速御取計如何御坐候哉何レ会計ヘ御詮議ニ可相成事
一宮司以下一般風俗之正邪ハ神領ノ厚薄ニ依ル儀ト愚案仕候間奉申上候事
度会全郡若至急ニ御復進難被為出来儀ニ候ハヽ当分ノ処会計官ヨリ相応ニ御奉献被為在度候事（『公文録』）

なお、実梁と浦田長民の関係については前掲藤井論文参照。

(34)　この点について羽賀氏は、神祇官と度会府の神宮改革の思惑に対する相違とは見ず、度会府・神宮関係者の先行中央の本格的着手（三年二月）という時間的な問題として捉えている。だが度会府は当初から神祇官の権限移譲を願い、その独自の改革を考えていたことは前記した通りである。なお、羽賀氏は度会府に置かれた神祇掛を神祇官構想の神祇曹の初めではないかと述べているが、度会府のそれはあくまで神祇官から独立した府独自の、従って神祇官の指図を受けない〝神祇曹〟を狙っていたと解すべきであろう。さらにいうならば、度会府（県）が神祇官とあまり接触を当時保っていなかったと思われる。神祇官の直支配社さえ知らなかったのであるから。

(35)　岡田宏「神宮の財政」（『神宮・明治百年史』補遺、神宮司庁、一九七一年）参照。

(36)　三年五月、度会県は二年度は御下米がなく、元年十月下渡の一万石の残りで取計っていたが、もはや残りも少ないので来る十月から「相応ノ被属米」下行するよう弁官に伺い出ている。

(37)　羽賀氏はこれを「明治三年六月の知事橋本実梁私案」と記しているが、文面に「府藩県社郷社等ノ祠官」とあるのだからこれは四年でないと意味が通じない。なお氏は註記では「明治四年六月三日付、三条実美・岩倉具視宛橋本実梁書翰」と書いている。

(38)　師職廃止、神宮大麻問題については前掲三木論文が詳細に論じている。

(39)　前掲羽賀論文。

(40)　四年一月の神祇官の太政官布告案に見える「規則」においても、神祇官の神社直接掌握の色彩はほとんど見られない。

第二章　官社制度の成立と国家祭祀

一　はじめに

前章では、国家神道体制の根幹である近代神社制度の基礎となった明治四年の神宮・神社制度の改革・整備に至るまでの過程を概観したが、本章ではその神社制度の中枢を占める官社(官国幣社)制度および官社の祭祀制度に焦点を当て、その成立過程を概観してみたい。

官社という用語[1]がはじめて公式に使用されたのは明治四年五月十四日の「官社以下定額及神官職員規則」を定めた太政官布告によってである[2]。このとき官社は神祇官所祭の官幣社と地方官所祭の国幣社の二種に分類されたが、いずれも神祇官の管轄であった。神祇官は明治初年以来、大社および直支配社を神祇官支配社としてきたが[3](他に准勅祭社のいわゆる東京十二社があったが、やがて神祇官支配から地方官支配となった[4])、どのような基準・規定があって神祇官の支配社としたのかについては明らかではない[5]。とはいうもののこれらの支配社はいずれも各地の大社・名社であり、当時の官社といってさしつかえないだろう。

ところで官社といえば、律令制祭祀の中核である祈年祭の班幣に預かる神社をふつう指すのであり、いわゆる式内社はその意味ではすべて官社と称することができよう。だが、式内社でなくとも、祭祀を通じて朝廷(神祇官以外の国家機関)となんらかの関係がある神社もまた官社と称することができる。つまり国家の統一的な祭祀ではなく、その神社固有の祭祀に朝廷が関与した場合の当該神社をも官社と称することができよう。石清水・八坂・北野などのいわゆる式外大社である。こうした神社固有の祭祀を朝廷が重視するようになると、いつしか全国的な国家祭祀と競合するようになる。(6)むろん、律令制国家の弛緩・形骸化が律令制祭祀・国家的統一祭祀の遂行をますます困難なものにしていく。祈年祭から祈年穀奉幣へと祭祀が転換・縮小され、(7)やがて二十二社への奉幣制度(二十二社祭祀)が朝廷・国家の神社祭祀の中心となる。そしてこの祭祀すらやがては遂行できなくなり、近世に入ってわずかに再興されるのみとなる。律令制祭祀も朝廷崇敬の特定神社の祭祀も、いずれもが衰頽して明治維新に至るのである。

幕末以来の神祇官再興運動は、こうした神祇祭祀衰頽の原因を神祇官の廃絶に求め、その再興による祭祀の興隆を目指したものであることはいうまでもない。(8)しかし祭祀の復興・興隆とはいっても、すぐさま全国的に統一された祭祀が執行できるわけではない。まず朝廷・国家とゆかりの深い神社を掌握し、それらの神社を中核にして国家的祭祀を執行し、かつ神社固有の祭祀を整備・復興させるしかない。そして、それは同時に新たな官社制度を設けることでもある。

二　祈年祭の復興

律令制祭祀を代表する祭祀といえば祈年祭である。(9)だがこの祈年祭もその基盤たる律令制の弛緩・衰頽とともに早くも八世紀後半には形骸化し、北は東北地方から南は九州地方まで天神地祇三一三二座の神々を祭祀の対象とした延喜の祈年祭制度が法制として完成したときには、もはやそれは実現不可能な机上の法制・儀式にすぎなかった。むろん、かといって祈年祭が全く当時執行されなかったわけではなく、応仁の乱が起こるまでは細々とはいえ行われていたことは確かであろう。しかるに京都を戦乱の舞台と化した応仁の乱により、細い種火すら廃絶、以後明治二年に至るまで祈年祭は再興されることはなかった。

他方、祈年祭と対の祭祀ともいうべき新嘗祭は寛正四(一四六三)年を以て中絶したが、近世に入っての朝儀復興の気運に乗じて再興され、以後諒闇の際には吉田家を神祇官代として執行したほかは、概ね旧儀に則って執行されて明治維新に至った。[10] このように新嘗祭は曲がりなりにも再興されたのであるが、年穀に対する報賽祭祀たる新嘗祭のみの復興はいかにも片手落ちの感が免れ難い。事実、明治神祇官の伯となった中山忠能は元治元(一八六四)年四月二十八日の日記に「国事建白之事申出難被行事也神祇官御再興事祈年祭再興事諸国神社同上事等也」と記し、また同年十一月十八日条にも「新嘗祭也廃典之条御再興之旨也何之条哉可尋記神事再興は為珍重之儀但於然は神宮奏条先祈年祭幣使再興可為専一」と記しており、[11] 新嘗祭だけの再興に不満をもっていたことが知られる。このような不満を有していたのは中山ばかりではなく、およそ神祇官再興の必要を説いた人間に共通した認識であったろう。[12] 神祇官の再興が神祇祭祀(律令制祭祀)の根幹たる祈年祭の復興と連動していることはいうまでもない。そして、その神祇官の再興が延喜式内社の存在を抜きにしては語れないことも多言を要しまい。祈年祭の復興は神祇官・式内社の存在があってはじめて意味をもつようになるのである。

慶応四年三月十三日、(一)神祇官再興、(二)諸祭典復興、(三)神社神職の諸家執奏廃止・神祇官支配が布告され、律令制祭祀制度再興の基盤となる祈年祭復興への布石とした。ついで明治元年十二月二十日、府藩県に向けて延喜式内社および式外大社の調査が達せられ、全国神社の神祇官による一元的支配と祈年祭を中心とする祭祀の全国統一化に向けての予備作業がはじまった。そしてこれを承けて翌明治二年二月二十二日、太政官は来る二月二十八日に祈年祭を再興することを布告した。[13] この布告の背景にはむろん神祇官の祈年祭再興についての意見の存在があった。二月、神祇官は(一)神宮神領の増進、(二)賀茂下上社社領の奉進、(三)祈年祭の再興、の三件の早急の実施を建言した。祈年祭の再興について神祇官は、

二月四日祈年祭御再興被仰出神宮幣使被為遣度候神祇官式ノ儀モ即今可被行遂之式精々取調可致ニ付府藩県ニ於

テ往昔国司ニテ祭祀致候心ニテ年穀ヲ祈候様被仰出度候事
但奉幣使被遣候事二月四日定日ニ候共差越候事当年ノ儀ハ二月下旬三月上旬ノ内被仰出可然相考候尚府藩県祈年祭ノ事モ当年ハ難被行候ヘハ明年被仰出度相考申立置候事

と述べ、二月下旬から三月上旬に神祇官での神宮奉幣使発遣の儀は可能であるが、府藩県での祈年祭執行は不可能であるとの態度表明をおこなった。この神祇官建言により祈年祭は約四〇〇年ぶりに再興されることとなったのであるが、いまだ神祇官の庁舎も設けられていなかったので吉田の大元宮を神祇官代とし、上卿内大臣広幡忠礼、弁右中弁葉室長邦以下が参向して奉幣使発遣の儀を執行、奉幣使には神祇大副藤波教忠が奉仕した。この日、明治天皇は紫宸殿に出御、御拝せられた(14)。

ところで、この祈年祭の再興の背景には前述したように、新嘗祭のみの執行は年穀祭祀の形態からいって均衡を欠くとの意見が有力に存在したからである。明治元年十一月の新嘗祭に際しては、維新政府はわざわざ布告を出して国民にその趣旨を諭告した。この布告が、天皇親政を祭祀によって強固なものにしようとする意図のもとに出されたものであることはいうまでもなかろう。つまりは祭祀による民心収攬である。だとするならば、それにふさわしい祈年祭という祭祀が他にもあるではないか。これを機能させない手はない。こう神祇官が思慮したとしてもなんら不思議ではない。二年二月神祇官は弁官に宛てつぎのように上申する。

去春以来神祇御崇敬ノ御布告度々被為在就中霜月新嘗祭ノ次第民間迄御告諭有之追々諸祭典御興シニ可相成ハ勿論ニ候ヘトモ々緩急ノ次第モ可有之其中祈年祭ノ儀ハ天神地祇ニ年穀ノ豊熟ヲ祈ラルル御祭ニテ民政ニ関係仕候重キ祭奠ニ候ヘハ至急ニ御再興被仰出候様仕度候……抑新嘗祭ノ儀ハ祈年ノ功ニ豊熟ノ稲穀ヲ以テ諸神ヲ饗セラレ候御祭ニ候ヘハ新嘗ノミニテ祈年無之候テハ徒ニ御報賽ノ奠ノミニテ事欠候儀ニ被存候且祭祀御再興ノ典急ニ不被為起候テハ祭政一致ト被仰出候聖旨貫徹仕兼候姿ニテ甚恐入候

すなわち神祇官は祈年祭を民政に最も関係する重要な祭祀と位置づけ、かつ新嘗祭も祈年祭あっての「報賽の祭祀」というのである。かかる祈年祭重視の思想は、近代の神社祭祀制度にも一貫して導入されたのであり、祈年・新嘗の年穀に関するふたつの国家的祭祀および例祭という神社独自の由緒・伝統ある祭祀が神社祭祀の中核を形成したのである。

とはいうものの、先に見たように全国的規模での祈年祭を明治初年において執行することは維新政府の力量からいっても、また神社制度の不備からいっても不可能であった。そこで神祇官は、まず実現可能な手頃の祈年祭類似祭祀としての祈年穀奉幣に注目する。つまりさしあたっては二十二社中心の祈年穀奉幣を復活し、おいおい全国的な祈年祭再興に結びつけようというのである。だがこの祈年穀奉幣制度は復活することができず、明治三年二月には祈年穀奉幣に預かった旧来の二十二社制度を中心とする二九の朝廷・国家の特別崇敬神社を改めて勅祭社とすることとなった。この背景には当時なおも畿内中心の神社祭祀制度を維持しようとする勢力が政府部内に残存していたことが考えられる(この点については第三節参照)。

再興されてはじめての祈年祭は京都の吉田社・大元宮を神祇官代として執行されたが、再興二年目の翌三年二月四日の祈年祭は東京の神祇官で執行された。神祇官を東京に設けること自体、各方面からの強い批判があったが、[15] 二月三月の明治天皇の再度の東幸により東京が事実上の帝都となり、太政官も東京に移されて京都には留守官が置かれることになった。これにともない神祇官の主力も東京へと移った。[16] 二年十二月には神祇官に仮ではあるが神殿が落成、八神・天神地祇・歴代皇霊が鎮祭された。[17] 三年一月三日には神祇官神殿で祭典があり、神殿鎮祭および宣布大教の詔書が右大臣三条実美によって奉読された。太政官および神祇官の東京定着は動かしようのない既成事実となったのである。以後、三年、四年、五年と祈年祭はこの神祇官(神祇省)神殿を中心に執行されることになる。

三年二月四日の祈年祭は一月二十九日にその執行が布告され、諸官省・弾正台・集議院・大学および在京府藩県の奏任以上の官員が神祇官に参集するように命ぜられた。[18] この日の祭儀では伊勢への幣帛や諸社幣物が安置されたが、ここで奇妙な問題が生じた。すなわち神宮への奉幣使の問題である。奉幣使は神宮祭主である京都の藤波教忠が勤めることになっていたのであるが、藤波は当時京都に在住していた。[19] 藤波を管轄する京都留守官は一月七日付で弁官に二月四日の祈年祭、同七日の大原野祭の執行の準備をしたき旨を上申したのである。ところが弁官は一月十七日神祇官に「惣テ年中御祭典ノ儀ハ此節御取調中ノ事ニ付先見合置可申旨申達置候」と通達、留守官には祈年祭の準備をする必要のないことを指令したことを明らかにしたのである。しかるに藤波には一月九日付けで奉幣使が仰せつけられていたのであるが、なお後日暫く猶予すべきとの達があり、神祇官はこれを藤波に通知した。神祇官は京都での祈年祭の不執行により、藤波が奉幣使に立たないのではないかと危惧、祈年祭執行の前日に二月三日付けで留守官に「万一二重相成候トモ明四日祭主発遣被仰出候テハ如何」として藤波の発遣を促した。幸い藤波は二月四日伊勢に参向、神祇官は「万一不都合ノ儀」を免れたのである。まさしく東京・西京(京都)という両京制の生んだ行き違いであり、神社祭祀をも含めた国家祭祀の中心をどこに置くかという高度な政治的課題の困難さを象徴した祈年祭であった。

明治四年の祈年祭は三年の祈年祭のような混乱はなかった。というのも東西両京にあった神祇官も三年十二月二十四日の神祇官京都出張所の廃止によって神祇官は東京のみとなったからである。留守官は依然として存続していたが、その存在理由は無に等しかった(四年八月二十三日廃止)。この年の祈年祭は前年同様二月四日に神祇官において執行され、明治天皇は賢所御拝殿に出御、神宮を遥拝された。神宮奉幣使には例年通り藤波教忠が任ぜられた。[20] 祭儀では神宮への幣帛のみならず諸社への幣物も安置されたが、どの神社に班幣されたかは不明である。あるいは三年二月に制定された旧二十二社(神宮および所在不明の丹生川上社を除く)に出雲大社・熱田神宮・宇佐神宮・鹿島神宮・香取神宮・氷川神社・香椎宮・宗像神社・太宰府神社の九社を加えた二九社に班幣されたのかもしれない。いずれにせよ明治四年までの祈年祭は神宮における祈年祭の復興を主としたものであり、いまだ全国的規模での祈年祭といった形態には程遠いものであった。祈年祭が名実ともに復興されるためには、なによりも神社制度の再編が急務とされたのである。そしてこれは明治四年の半ばには実現される。明治五年の祈年祭が四年までのそれに比べて大きく変化することはいうまでもなかろう。

三　二九社奉幣から「四時祭典定則」制定へ

明治初年の段階ではいまだ社格制度が整備されておらず、したがって統一的な神社祭祀は望むべくもなかった。前述したように、祈年祭の再興に際しても神祇官は取り敢えず旧二十二社への祈年穀奉幣の復興を手掛かりとして、ゆくゆくは全国的な祈年祭の復興へともっていこうとしたぐらいである。成立したばかりの脆弱な維新政府の神祇官がすぐさま全国の神社を支配し、かつ衰頽あるいは不明となった式内社を掌握することは不可能であった。明治元年三月十三日に全国神社神職の神祇官支配を布告したものの、政府は五月九日には「伊勢両宮并大社　勅祭神社之外ハ以後神祇官ニテ直ニ社家之支配不致候事」としてその方針を変換、社家(および寺院等)を府藩県に支配させることにした。この時点でいう大社や勅祭神社が具体的にはいかなる神社を指すのかは不明である[21]。それはともかくとしても、神祇官は大社・勅祭神社をまず掌握することによって徐々に神社祭祀の統一を図るしかなかったのである。畿内を中心とする伝統ある朝廷崇敬社を最優先して、その祭祀の振興を期すことこそが当面の重要課題であった。

このことは伝統を重視する公家などの旧勢力を満足させるためにも必要であり、さらにそれは伝統的な神社祭祀に無縁であった亀井茲監や福羽美静にとって、かれらが革新的な神祇行政を展開する上において無用な摩擦は極力避ける必要があったからである。明治元年閏四月二十一日の政体書によって神祇事務局は太政官七官のうちの神祇官と改められ、副知官事に亀井、ついで五月十二日には福羽が判官事に就任した。亀井・福羽の神祇行政の基本路線は天皇親祭体制の樹立による神社祭祀の全国統一であり、いわば新しい天皇祭祀の創出こそがかれらに課された神祇官での任務であった(22)。とはいうものの、すぐさま新たな祭祀体制が創出されるものでもなく、伝統的祭祀の急激な断絶は反撥を招くことは必然であろう。福羽らは三月十四日の国是五箇条の天神地祇誓祭や二十日および閏四月九日の軍神祭、あるいは新式による明治天皇即位式等の実行を通して徐々に新たな祭祀・儀式の定着化を目指す。一方、賀茂社・石清水社等の朝廷とゆかりの深い神社祭祀も平行して執行する。むろんこれは神祇官・政府内部の公家を中心とする旧勢力の批判を押さえるための措置である(23)。そしてこのふたつの祭祀体系は明治四年十月の四時祭典定則となって一本化される。ここまでに至るには神社制度の改正・再編成、神祇官それ自身の改革あるいは宮中・賢所への神祇省皇霊の遷座など重要な課題の解決が必要とされたことはいうまでもない。

この過程でなによりも注目すべきことは東京「遷都」による国家祭祀圏の拡大であろう。京都が政治の中心でなくなることは、必然的に京都・畿内中心の神社祭祀体制の相対的地位低下をもたらす。このことは明治元年九月の東幸によって動き出す。十月十七日、武蔵国一宮氷川神社を勅祭社と定め、以後毎年奉幣使を差遣することとされた。ついで神祇官は、関東地方きっての名社である鹿島・香取両神宮の大宮司および氷川社神官の参朝を実現させ、さらには両神宮で賊徒平定祭を執行するなどして、天皇・国家と関東古社との結びつきを強めようとした。もはや旧二十二社だけが天皇・国家と特別の関係を有する時代ではなくなりつつあった。熱田・出雲・宇佐等の地方の大社も神祇官の支配社となり、国家による祭祀の新たな対象神社となった。それらの神社は明治維新以降の官社祭祀制度の雛型を形成したものであり、その最初の雛型が二九社奉幣制であった(24)。もちろん二九社の大部分は旧二十二社であったことはいうまでもない。しかし、たとえ少数とはいえ従前の畿内中心の神社祭祀体系にくさびを打ち込んだことにこそ重大な意義があろう。

明治三年二月九日太政官は神祇官に「別紙二十九社奉幣祭典御再興ニ付式目委細取調候様」と達した(25)。この二九社

	神祇官	太政官
大奉幣	大副（御幣物を掌る） 大史・少史の内一人 史生一人 史掌・使部	納言（宣命） 弁一人 史・主記・官掌・使部
大祭	大副 大祐・少祐の内一人 史一人 史生・官掌・使部	納言・弁・史・主記・官掌・使部 他に神楽・東遊等として宮内省・用度・土木・駅逓各司参向
中奉幣	大祐（正権の内一人） 大史・少史の内一人 史生・官掌・使部	参議・史・主記・官掌・使部
中祭	中奉幣に同じ	中奉幣に同じ 他に神楽・東遊等として用度・土木司等参向
小奉幣	権大祐または少祐一人 少史・史生・官掌・使部	大弁・少史・主記・官掌
小祭	小奉幣に同じ	小奉幣に同じ 他に用度・土木司等参向

は大奉幣が出雲大社・熱田神宮・宇佐神宮・鹿島神宮・香取神宮、大祭が賀茂下上社・氷川社・石清水社・春日社、中奉幣が香椎宮・宗像社・日吉社・三輪社・大和社、中祭が八坂社・北野社、小奉幣が太宰府社・広瀬社・龍田社・住吉社、小祭が松尾社・大原野社・吉田社・平野社・稲荷社・梅宮社・貴船社、とそれぞれ定められていた。これを承けて神祇官は三月十四日弁官に宛て、梅宮・稲荷・松尾・吉田・平野・貴船の六社については四月より小祭執行が適当の旨を上申、ついで同月二十九日には大奉幣以下の祭典、参向する神祇官・太政官・官員を作成、上申した（右表参照）。

この神祇官の上申を承けて太政官は留守官に祭典奉幣の参議参向の神社は留守次官が、弁官参向の神社は正権判官がそれぞれ代行するよう指示、神祇官には七月十二日この旨を達した。ついで十月十三日神祇官は熱田神宮の大奉幣、日吉・三輪二社の中奉幣、住吉社の小奉幣、貴船社の小祭を三年度中に執行するよう上申、熱田神宮のみは東京から発遣したいとした。しかし畿内の大和・広瀬・龍田・石上・広田の五社は修営を理由に三年度の祭典は見送ることとし、祭典料は修営費に充当したいと願い出た。また大奉幣の出雲大社・宇佐神宮、中奉幣の香椎宮・宗像社および小奉幣の太宰府社については「右御祭典ハ取調届兼候儀モ有之候間明年被為行可然存候尚御評議可給候事」と述べ、これら大社ですら神社・祭典の調査がままならぬことを明らかにしている。かくして太政官も二九社奉幣の再興は三年中には不可能との認識をもったらしく、十一月九日には弁官より留守官に「諸社大中小奉幣ノ儀ニ付過日申入置候処今一応御取調ノ儀被出候ニ付当年ノ処中興奉幣ノ諸社ヘハ参向無之候間御官限リ御心得迄此段申入候也」と達した(26)。これにいう「今一応御取調ノ儀被仰出候」とは、恐らくは同年閏十月二十八日の「今般国内大小神社之規則御定ニ相成候条於府藩県左之箇条委詳取調当十二月限可差出事」という布告のことを指すのであろう。

この布告の布石は、そもそも二九社奉幣の調査が神祇官に達せられた直後の三年二月二十一日の神祇官上申にあった。神祇官は式内社と式外大社および大小神社の神職継目許状等についての調査の必要性を太政官に上申、太政官は二月二十九日に差し当たり官幣神社を詳細に調査し九月までに神祇官に報告するよう府藩県に布告した。しかしながら府藩県の神社調査は遅々と進展せず、神祇官は三年十月十七日抜本的な神社調査・神社制度改革を決意する。それは「本官当時ノ体裁時勢ノ緩急ニ随当分後世因習ノ例ニ差置候儀等多分ニ有之候ヘ共至此節従来ノ通ニテハ不相済候ニ付至急取掛申度」という上申の文言に表明されている。これを承けて太政官は十月二十五日神祇官に「一、官社以下大小神社順序定額之事、一、祭政一致之意ニ基キ祭典式府藩県一定之事、一、神官職制并叙位之事、右永世之規則更ニ取調候様被仰出事」と達し、さらに大納言正親町三条(嵯峨)実愛、大弁坊城俊政を取調御用掛に任命、太政官のただならぬ決意を示した(27)。神祇官は閏十月二十五日までには具体的な布告案を作成、ついで前記した閏十月二十八日の布告となったのである。布告はまず該神社が式内社かどうか、あるいは府藩県の崇敬社かどうかを挙げさせ、ついで一四項目にわたる詳細な調査を命じている。この布告は、明らかに旧二十二社はもちろんのこと新設の二九社奉幣すらも姑息なものとして排除することを意図しているといえよう(ただし京都の神社を代表とする賀茂下上社および石清水社、そして「新帝都」東京を守護する氷川・鹿島・香取の三社および熱田・出雲・宇佐といった各地方の大社は例外であった)。[28]それは畿内重視の神社祭祀から全国的な統一された神社祭祀を構築しようとする明治神祇官の執念ともいうべきものであり、政治体制の府藩県一定(三治一定)を目指す維新政府の方針を祭祀の面から補完するものであった。まさしく全国的規模での祭政一致の国家体制の樹立への始動であった。

翌四年一月早々からこの路線は動き出す。社寺領の上知(一月五日)、神宮祭主藤波教忠の罷免(一月二十八日、神祇大副近衛忠房が祭主兼任)、神官世襲廃止・社格制度の制定(五月十四日)、郷社定則・氏子調の制定(七月四日)、神宮改革の指令(七月十二日)、神祇官大少祐・大少史の廃止による掌典の設置(八月四日)、神祇官の神祇省への改組(八月八日)、神祇省神殿皇霊の宮中遷座の詔(九月十四日)など、神社および祭祀に関する一連の重要な措置が実行された。この路線の目指す目的はひとつであった。すなわち宮中祭祀を確立し、それに全国神社の祭祀を連動させることであった。むろんこの間にあっても賀茂下上社例祭、石清水中秋祭、松尾祭、梅宮夏祭、大原野祭、春日祭、吉田祭、北野祭、八坂祭など旧朝廷にゆかりのある祭祀には奉幣使・宣命使を差遣、祭典が執行されていた。だが四年八月二十三日の留守官廃止により、従来の留守官官員による宣命使発遣は不可能となる。さらには五月十四日の社格制定によって官幣社は大幅に増加しており(官幣中社のみは旧二十二社の梅宮、貴船、大原野、吉田、北野、八坂の六社、官幣小社は当時なし)、しかも国幣社・府藩県社・郷社の制度が新設されている。この社格制度にふさわしい新たな統一的神社祭祀が体系化されねばならない。そしてこの体系化作業の帰結が四年十月二十九日に裁可された四時祭典定則であった。

四時祭典定則についてはすでに論及もあるが、その内容についてはさほど言及されていないので少し触れることにする。[29]まず天皇親祭の大祭には元始祭(一月三日)、皇太神宮遥拝(九月十七日)、神武天皇祭(三月十一日)、孝明天皇祭(十二月二十五日)、新嘗祭(十一月の卯の日)の五祭があり、神嘉殿(代)で執行される新嘗祭を除く祭祀は皇廟、つまり賢所・皇霊で執行される。これらの祭祀には皇后の御拝があり、親王が御手代となる。そして太政大臣が祝詞を奏上し(欠の場合は左右大臣)、左右大臣以下参議・左院議長・諸省卿・使長官が列侍、神祇省官員が奉行、式部寮官員が典儀となって祭祀がおこなわれる。ついで親王御手代の大祭として孝明天皇を除く先帝三代の式年正辰祭(皇廟)、祈年祭(二月四日、神祇省)、月次祭(六月一日、神祇省)があり、やはり太政大臣が祝詞を奏上する。神宮神嘗祭には祭使として神祇卿もしくは大少輔、さらに大掌典以下が発遣される。また賀茂・氷川・熱田・男山(石清水)・鹿島・香取の各祭には祭使として神祇大丞・掌典が発遣される(出雲・宇佐は五年に一度)。以上が大祭である。

つぎに中祭としては御歴代式年祭(皇廟)、外国定約祭(皇廟)、遣外国使祭(皇廟)、御神楽(十二月、皇廟)、鎮魂祭(十一月寅の日、八神殿)があり、左右大臣もしくは参議が祝詞を奏上する。また神社の中祭としては春日祭以下の官幣大社の例祭があり、大掌典が発遣される。小祭には春秋祭(二月・八月、皇廟)、天長節祭(皇廟)があり、神祇卿が祝詞を奏上する。また梅宮神社等の官幣中社には隔年で中祭が執行され、大掌典以下が発遣される。さらに節朔の御拝、御正辰祭(歴代正辰日、神祇省奉行、大掌典以下奉仕)、日々御代拝、日供(中掌典奉仕)といった祭祀が定められた。

この中央での祭祀に対応する地方祭典も「地方祭典定則」として制定され、国幣社の祈年祭・新嘗祭・例祭には知事(知事欠員の場合正権大参事)が祝詞を奏上、大少参事以下の官員が参列して、宮司以下が祭典を奉仕する。府県社の三祭には大少参事が参向、祠官が祝詞を奏上する。郷社の三祭には郡郷出張の地方官員が参向し、祠官が祭典を奉仕する。また元始祭・皇太神宮遥拝(神嘗祭当日)・神武天皇祭は三祭に準じて執行するよう定められ、天長節祭・六月の大祓は「右適宜遵行ス」とされた。

この四時祭典定則(「地方祭典定則」も含む)の制定により、皇廟祭祀を中心とする国家的規模での祭祀体系が樹立されたのであるが、問題はその祭祀の内容、つまり祭式であった。祭祀の種類をいかに制定したところで、祭式が不統一では真に祭祀体系が確立されたことにはならない。特に全国の神社で統一的に執行される祈年祭・新嘗祭にはどうしても一律の祭式が必要となる。そこで神祇省はまず祈年祭の祭式制定に着手、五年二月四日の祈年祭までに官国幣社祈年祭式を制定、各府県に布達した。(30) それによると二月四日、神祇省に官幣社所在の地方官員を参集させ、幣物を頒ち、それを地方に監護して適宜日時を選んで祈年祭を執行することになっていた。その式次第はつぎのようなものである。

早旦神官神殿ヲ装飾シ鋪設ヲ具ス
朝第八字宮司以下神官幄舎ニ着ク
次長官以下官員幄舎ニ着ク(手水ノ儀アリ)
次属幣櫃ヲ門内ニ入レ砌下ニ置ク
次宮司殿ニ昇リ御扉ヲ開ク
　此間奏楽(神楽歌或ハ社頭相伝ノ楽等適宜)
次宮司祝詞ヲ奏ス(祝詞は略す)
次宮司以下神饌ヲ伝供ス(訖テ神官一同列坐拍手拝)
次長官殿ニ昇リ着座ス
　此間奏楽
次属幣物ヲ辛櫃ヨリ出シ殿ニ昇リ案上ニ置ク(案ハ予メ便宜ノ所ニ備置ヘシ此ハ幣物ヲ仮ニ置ヘキ設也)
次長官幣物ヲ神前ノ案上ニ置テ奉之(拍手再拝)
次長官祝詞ヲ奏ス(拍手再拝)(祝詞は略す)

次長官玉串ヲ執テ拝礼(拍手二度)訖テ下殿シ幄舎ニ帰坐ス(長官ノ玉串ハ大属執テ昇殿シ長官ノ傍ニ就テ渡之)
次宮司同上拝礼(拝訖テ下殿セス本座ニ復ス　宮司ノ玉串ハ権禰宜執テ昇殿シ授ルコト大属ノ儀ニ準ス)
次権宮司以下拝礼
次地方官員拝礼
次官司以下幣物及神饌ヲ撤ス
　此間奏楽
次宮司御扉ヲ閉ツ　訖テ下殿シ幄舎ニ帰座ス
　此間奏楽
次長官以下官員神官退出

この式次第で注目されるところの第一点は、官幣社と国幣社の祈年祭を区別しないで同様の次第にしたことであろう。むろんこれは中央(神祇省)から幣使として参向することが人員の数からいって事実上不可能だったからであろう。事実、神祇省は同年一月二十四日、正院に「来ル二月四日祈年祭班幣ニ付官幣諸社ヘ幣使参向可被　仰付ノ処地方官知事令参事ノ内幣使代参役被　仰付度候尚伺済ノ上ハ於当省地方官ヘ可相達ト存候依テ此段伺候也」と上申、正院の裁可を得ている。ついで第二点は祝詞が地方長官および神官の長官の二者によって奏上されることである。宮司の祝詞においてはたんに神饌を供することが趣旨であるが、地方長官の祝詞においては「公民」の農作業に障害がなく稲が実り、それを初穂として無事新嘗祭が執行できるようにとの趣旨が盛られている。この二点は翌六年三月の式部寮による官幣諸社官祭式および八年四月の「神社祭式」とも相違しており、明治初期の祭式のありかたを考える上で興味ある問題である。

ところで神祇省祈年祭式のこのような特徴の思惑にはいかなる背景があったのであろうか。つまり官幣社・国幣社の区別のない祭式をどうして神祇省は制定したのかということである(ただし班幣式には官幣社所在の地方官のみが参列した)。この点を考える上で、明治初年以来一貫して神祇官・神祇省の指導的位置にあった福羽美静のつぎのような回顧談は無視できない。「官幣社国幣社の名称は仮に延喜式に従ひ称せしなり、先神社を定め、夫より祭式に改正を加へ、後に官幣国幣を取調へて皆官幣社となす考なりしなり(31)」と福羽は述べ、ゆくゆくは官幣社・国幣社の区別をなくしてすべて官幣社に一元化する構想のあったことを明らかにしている。この構想は廃藩置県を考えるなら当然のものであったといえる。なぜなら明治四年五月の社格制度による官幣社・国幣社の区別はあくまでも府藩県三治一定の政体を前提としたものであり、廃藩置県による中央集権国家体制での神社制度を予想したものではなかった。したがって「国幣社祈年ノ幣帛官祭ノ支度等凡テ公事ノ入費公廨ヨリ出スヘシ」とされ、また国幣社長官も原則として府藩県の大少参事の兼任とされたのであった。

まさしく福羽のいうように延喜の制を踏襲したものである。しかし廃藩置県は「半独立国」ともいうべき藩の存在を否定、政治・財政の中央政府による一元化をもたらした。「国」たる藩が消滅した以上、国幣社は宙に浮く。かといって国幣社をも消滅させることは神祇省としてはできない。「地方官所祭」が国幣社とされたとはいえ、その所管は神祇官(神祇省)にあるとされたのであるから国家所管の神社であることには相違ない。だとするならば祭祀をも含めて国家が全面的に所管すべきという考えは妥当であろう。つまりは国幣社を官幣社に吸収するということである。元来、官幣・国幣の区別はなく、すべて官幣(神祇官幣)であったものが便宜上官幣・国幣に区別されるようになったのであるから、その区別に特別の深い意義があったわけではない。福羽は延暦十七年以前の祈年祭の姿に戻そうとしたのである。だがこの構想は神祇省の廃止によって実現は不可能となる公算が大きくなった。すなわち祭祀に関しては式部寮が管轄することになったからである。明治五年三月十四日の神祇省廃止にともない、祭事祀典は式部寮の所管となる。神社祭祀は式部寮が主導権を掌握することになったが、福羽の構想が式部寮に継承される保証はどこにもなかったのである。

四　国幣社例祭をめぐる神饌幣帛料問題

式部寮は明治四年七月二十九日の太政官職制の改革によって設けられた式部局にはじまり、その職掌は「内外ノ儀式及ヒ図書ヲ掌ル」とされた。式部長には前大弁の坊城俊政が就任した。ついで八月十日には式部・舎人・雅楽の三局を合わせて式部寮とし、頭に坊城、助に雅楽長の五辻安仲が起用された。坊城は明治十四年九月に死去するまで頭の地位にあり、宮中の儀典・祭祀のみならず神社祭祀の整備・制度化にも大きな影響力を振るった。坊城の率いる式部寮が神社祭祀に関与するようになるのは、いうまでもなく明治五年三月の神祇省廃止・教部省設置にともなう措置によってである。同月十四日「祭事祀典自今其寮ニ於テ可執行事」と達せられ、ついで二十三日の太政官布告第九二号で「今般神祇省被廃候ニ付祭事祀典自今式部寮ニ於テ執行候事」と一般に布告された。

式部寮が祭祀を職掌とするからには祭祀の専門職が必要なことはいうまでもない。その専門職はすでに前記したように大掌典以下少神部に至るまでの掌典職があり、当然これらは式部寮に引き継がれた。神祇省廃省直前の掌典職には大掌典に白川資訓、遠藤允信(兼氷川神社少宮司)、中掌典に慈光寺有仲、吉田良義、少掌典に河辺教長、松岡明義がおり、さらに鈴鹿熙明、山田有年といった吉田家関係の者もいた。この顔触からもわかるとおり、いずれも祭祀や儀式にゆかりのある人物が多かった。

ところで式部寮と神社祭祀との関わりであるが、その最初の大きなものは明治六年三月の官幣諸社官祭式の制定であろう。(32)その布達には、

一　官幣諸社官祭式別紙ノ通候条毎年暦面ニ掲ケタル相当ノ月日ヲ以テ執行可致尤祭日前各庁ヨリ其由ヲ神官へ可

相達事

但御神楽東遊走馬等有之社頭(賀茂上下社氷川社男山八幡宮春日社八坂社北野社等)ノ式ハ追テ可相達事

一　祝詞ハ各庁ニテ可相認事

但料紙ハ白ノ鳥ノ子ノ事

一　幣帛神饌料ハ其日ノ前当寮ヨリ可相渡事

一　当日社頭ノ雑費ハ総テ右料金ヲ以テ仕払ヒ其金高ヲ不踰様可取計事

とある。第一項の「暦面」云々は六年からの太陽暦採用によるもので、旧来の主な神社の祭日は干支をもって祭日に当てており、毎年区々にならざるをえない。そこで式部寮は太陽暦採用を契機として、干支による祭日を廃止して新暦による祭日の固定化を図ろうとしたのである。以下、この点について少しく触れてみたい。六月十三日式部寮は、

従来諸祭典月日相当或干支相当ノ日ヲ以テ被為行御祭日区々ニ相成居年々暦面ニ之ヲ掲候儀彼是繁縟ニ相渉リ実際上ニ於テハ月日相当ヲ以テ御執行相成居候テ聊御差支無之候ニ付自今干支相当ノ向ハ当年暦面相当ノ日ヲ以テ永ク御祭日ト被定度依之別紙相添此段相伺候也

と上申、正院庶務課・法制課も同意し、七月七日裁可された。(33) これによって十一月の中の卯の日とされていた新嘗祭も十一月二十三日が祭日と固定され、二月・四月の干支日で執行されていた大原野祭・松尾祭など旧二十二社を中心とする神社の祭日が新暦に固定化され、現在に至っているのである。式部寮というと、おおよそ伝統を重視し、合理性・開明性とは最も縁遠いような感じを抱きやすいが、こうして見るとその考え・施策にはかなりの「モダンさ」が見て取れる。

ついで七月九日、式部寮は七月二十四日以降の皇霊正辰日および官幣社祭日等の改定を正院に上申、同月二十日太政官布告第二五八号によってその旨が布告された。もっともこの改定に問題がなかったわけではない。というのも、

神宮の神嘗祭は九月十七日と固定されたが、これでいくと少なくとも九月初旬には稲の刈り入れが済んでいなくてはならないことになる。そこで神宮当局としても祭祀の執行に困難を感じたらしく、八月四日大宮司本荘宗秀・少宮司浦田長民は九月十七日の神嘗祭について「新暦ノ九月ニ於テハ西成ノ時ニ不至新穀ヲ可献様無之」と疑問を教部省に呈し、併せて月次祭・神御衣祭の祭日改定についても伝統・道理に合致しないことを述べた。教部省はこの神宮当局の伺いを式部寮に掛合ったが、式部寮は「右新暦九月十七日ハ白露節後ニテ早稲既ニ成熟ノ折柄ニモ有之候ヘハ御祭日早稲被供可然」として神宮の伺いを一蹴した。(34) ここにも式部寮のやや強引ともいえる「合理性」が表れている。

ついで布達にある幣帛神饌料についてであるが、これに関しては少々の説明を要する。(35) この幣帛神饌料をどこが出すかという問題が、祭祀・祭式のありかたにも影響を与えるのである。つまり同じく官社とはいっても、なぜ官幣と国幣の名称の差があるのかということである。結論をいうならば、明治六年二月八日の段階で官幣社・国幣社の区別が頓挫した時点で、その区別を前提とした官社祭祀のありかたを明確にしようとしたと思われる。であるから、当然のように優先的にまずは官幣社の祭式を制定したのであろう。もっとも別の考えもありうる。つまり、いずれ国幣社も官幣社に統合されるのであるから官幣社のみの祭式で足りると思慮した、という見方である。しかし、その後の式部寮の動きを見る限り、官幣社優先の思想は一貫しており、そこまで考慮すべき必要性は薄いとすべきであろう。

前述したように、明治五年二月制定の神祇省の祈年祭式は官幣社・国幣社共通の祭式であった。ところが式部寮は官幣社のみの祭式を制定、あたかも国幣社を無視したかのようである。その背景にはなにがあるのだろうか。もともと明治五年段階では式部寮も国幣社と官幣社を統一して「官社」とする教部省の案に同意していた。ところが六年二月になって正院はこの教部省の伺いにたいし「伺之趣当分御治定難相成候事」と指令、国幣社の官幣社への吸収という「官社」案は頓挫した。当時、国幣社の官費支給をめぐって教部省と大蔵省との間に対立があり、大蔵省は官幣社に比してはるかに数の多い国幣社を官幣社にすることは、財政面からいって大きな負担増となるのは必至と判断、国幣社の国家からの切断を画策していたのである。官幣社だけなら数も知れており、財政上の負担もさほどのことはない。事実、明治四年五月の「官社以下定額及神官職員規則」には「官幣社式年ノ造営年分ノ営繕典公事ノ入費等一切大蔵省下行」とあるのみで、大蔵省に関係するのは専ら官幣社の費用のみであった。大蔵省とすれば廃藩置県以前・以後を問わず、明文化されているものにだけしか支出する用意も余裕もない、というのが本音であったろう。この国幣社をも含めた官社の経費問題については本書第三章で少々詳しく触れるので、ここでは詳しく言及はしない。ただここで注意すべきは、その経費問題に関して式部寮も当然関与したということである。

それは祭典費に関してである。むろん官幣社のそれである。国幣社が教部省のいうように官幣社に吸収されず、依然として官幣・国幣の区別が存在する以上、その区別を明らかにせざるをえない。その区別を端的に示すのが神饌幣帛料の相違であろう。まず式部寮は明治五年五月、官幣大中小社の神饌幣帛の費額を大社二五円、中社二〇円、小社一五円と定めたいと上申、七月十七日裁可された。これによって幣物が確定、祭式も制定しやすくなる。前記の官祭式もこの神饌幣帛の費額決定を承けて制定に動いたものであり、そのことは官祭式の布達に「幣帛神饌料ハ其祭日ノ前当寮ヨリ可相渡事」とあることからも窺われよう。

このような式部寮の官幣社優先主義にたいして教部省も国幣社保護のために動き出す。明治六年七月七日、教部省は官国幣社祭典入費定額見込書を作成して、式部寮に呈示した。それには「官国名称ノ差異有之トモ今日ニ於テハ均ク官社之義ニ付向後官幣社同体裁ヲ以其時々御奉幣相成候様致度御同意ニ候ハヽ」云々とあったが、式部寮はあくまでも国幣社例祭は庁費から支出すべきとして、式部寮からの神饌幣帛料下行に反対した。結局、この式部寮の反対意見が裁可され、祈年祭・新嘗祭および官幣社例祭のみが式部寮から神饌幣帛料が下行されることに決定、国幣社例祭および元始祭・紀元節・天長節・神宮遥拝・神武天皇遥拝・大祓の祭典費用は神社費から支出されることになった。

ついで七年九月三日、長年の懸案であった官国幣社経費定額問題を解決する太政官布告第九一号が出され、官社については一定の経費が国庫から支給されることになった。むろん国家(大蔵省)はすんなりとこれを認めたわけではなく、従前の半租給与を逓減禄にすることと引き替えにそうしたのである。ところがこの経費定額においても国幣社例祭には式部寮からの金幣の下行は認められず、大蔵省の下行とされたのである(第九一号布告には、国幣社例祭にも式部寮から金幣が下行されると受け取れる文言があったため、十月二十二日の第一一二号布告で「官国幣中社　一金千六百円一銭　一箇年定額　但官幣社例祭祈年新嘗ノ三祭及ヒ国幣社祈年新嘗二祭ノ金幣ハ其都度式部寮ヨリ下行国幣社例祭ノ金幣ハ大蔵省ヨリ下行ニ付除之」と訂正された)。かくして官幣社と国幣社の区別を解消しようとする教部省の路線は実現されなかった。それは福羽美静以来の「官社」一本化路線の敗北であった。明治八年の「神社祭式」は、この官国幣社経費定額に記載された祭祀を祭式として制度化したものであった。式部寮の強硬な官幣社・国幣社区別路線は、祈年祭・新嘗祭という国家レヴェルの祭祀を平準化・画一化することによって律令制祭祀の近代的再興をもたらし、他方においては官幣社例祭を宮中祭祀の拠点たる式部寮支配に置くことによって旧二十二社の伝統を継承したのである。

以上見てきたように、明治七年九月三日の時点で、もはや官幣社と国幣社を統合しようとする教部省の意図は完全に否定されていた(むろん教部省は第九一号布告をそのまま読んでいたので、当然国幣社例祭にも式部寮から金幣が下行されるものと信じていた。その希望を砕いたのは前記の第一一二号布告であった)。というよりも教部省としては、まず国幣社例祭にも式部寮から金幣を出させることに成功した後に、実際上の差異のないことを理由にして「官社」への一本化を遂げようとしたのではないか。

というのも、八年四月の「神社祭式」の制定作業はすでに七年四月九日まではその原案が出来ており、式部寮は教部省とも連絡を保ちつつ作業を遂行していたのである。その原案では官幣社例祭と国幣社例祭の祭式の区別がすでにあり、この時点でも教部省は自己の意見を主張できたはずである。だがその形跡は見当たらない。また「但教部省へ打合候処同省ニ於テ異存無之ニ付此段申添候也」という正院への上申の但し書は信用できるのかどうか、という疑問もある。もし式部寮が本当は教部省と連絡を保っていなかったとするならば、前述の推論は意味をなさない。むろん公文書にかかる虚偽の記載をあえてするとは思われないが、式部寮の動きには不審な点があることも事実である。いずれにせよ、神社祭祀をめぐって両者はかなり反目しあっていたこともあり、特に式部寮が教部省を警戒して自己の問題に関してはある程度の秘密主義で臨んだとも考えられる。それはともかくとして、式部寮が作成した「神社祭式」は明治初期の神社祭祀の種類・形態の集大成であった。この「神社祭式」の特徴は、祈年祭・新嘗祭といった古来の律令制祭祀については官幣社・国幣社の区別なく執行させる反面、神社固有の祭祀ともいうべき例祭には祭式および幣帛の出所に区別を設けたことであろう。祈年祭・新嘗祭では神社の祭典の前に太政官庁に地方官が参向して班幣式がある。明治五年二月の神祇省の官国幣社祈年祭では官幣社所在の地方官のみが班幣式に参向したのであるから、その点この「神社祭式」では「官・国」の差等は一切設けられていない。また式次第においても神祇省祈年祭では宮司と地方長官の二者が各々祝詞を奏上したが、「神社祭式」では祝詞は宮司のみが奏上し、しかも神祇省祈年祭式での二つの祝詞を合わせもった内容となっている。この祈年祭式および新嘗祭式において、神祇官が悲願とした律令制国家祭祀の再興と統一化は実現されたといってよいだろう。福羽美静も教部省も官幣・国幣の名称はともかくとしても、全官社の統一的祈年祭・新嘗祭の執行には満足したのではなかっただろうか。

五　むすび

「神社祭式」によって「祭政一致之意ニ基キ祭典式府藩県一定之事」という維新政府の課題はひとまず決着がついた。明治初期における官社祭祀に一定の枠組みを与え、官幣社・国幣社の相違を神饌幣帛料および祭式の面から明白に区別をつけた点で、この「神社祭式」は明治初期の官社問題に一応の解決を与えたと評価できよう。以後大正三年の官国幣社以下神社祭祀令、官国幣社以下神社祭式の制定まで、「神社祭式」は神社祭祀・祭式の基本制度として有効性を保った(明治二十七年五月九日内務省訓令第三二七号で祭祀が大祭と公式の祭祀に区分されたにとどまる)。だがそれは制度的にほぼ完全であったから有効性を保持したというわけではなく、むしろ政府の神社行政が一貫していなかったからこそ存在したというべきであり、国家と神社との関係が制度的に安定しないかぎり、神社祭祀・祭式の完全な制度化は望むべくもなかったのである。揺れ動く神社行政の中で、官幣と国幣の差等に固執した式部寮の意図も忘れ去られていく。残されたものは、祭祀の画一化と「昇格」へのあくなき執念だけだといえば酷にすぎようか。

(1)　「官社」という用語の国史上の初見は『続日本紀』光仁天皇宝亀三年八月甲寅条の「又荒御玉命。伊佐奈伎命。伊佐奈美命。入於官社。」であり、これ以降しばしば見られる。むろんこれ以前から「官社」ということばは、神祇官が所管・所祭するところの神社という意味で使用されていたと考えられ、その一覧表も『神祇官記』等として作成されていたであろう。

(2)　この点に関しては本書第一章および第三章参照。

(3)　明治三年四月八日、神祇官が度会県の伺いを受けた弁官への照会にたいする回答には、勅祭が伊勢両宮・石清水・加《ママ》茂下上・大原野・吉田・八阪《ママ》・松尾・北野・平野・梅宮・武蔵氷川・春日、直支配が日吉・住吉・熱田・杵築・宇佐・阿蘇・太宰府・豊前英彦山・金刀比羅・日前国懸・熊野三山・三輪・大倭・龍田・石上・広瀬・摂津広田・諏訪・戸隠・鹿島・香取・出雲日御崎・出雲熊野・白岑・鎌倉宮であった。

(4)　准勅祭社の東京十二社は明治元年十一月八日、東京府下・府外の名社である日枝・神田・根津・氷川(赤坂)・富岡八幡・六所・鷲宮・品川・王子・白山・亀戸天満宮の一二社を准勅祭社として神祇官の直轄として、官幣使を発遣することに決定したのにはじまる。神祇官は同月五日、「十二社ヘ官幣使ノ儀ハ別段勅使被出候ヤ又ハ神祇官ヘ被仰付候ヤ此段相伺申上候」と上申、官幣使として勅使発遣か神祇官官員発遣かを伺い出たが、「神祇官ニ被仰付候事」と指令された。十四日には神明・品川・氷川・日枝の四社に官幣使が参向することになった(実際は十五日であったらしい)。ついで翌二年の再度の東幸に際しても神祇官は四月一日「右十二社昨年御東幸ノ節准勅祭神社ニ被為定官幣使発途相成候以来月次御祈禱御祓献上仕且御還幸ノ節モ御祈禱被仰付候儀ニ付今般御再幸ニ付テハ官幣使御差立相成候テ可然存候宜敷御評議可給候也」と上申、「追テ何分ノ御沙汰可被仰出候事」と指令されたが、七月一日には神明宮・日枝神社および武蔵一宮氷川神社に「風雨順時五穀成熟」祈禱のための幣使が差遣されている。こうして東京十二社は神祇官直轄社として特別の地位を保持していたが、三年四月には東京府が十二社の祭祀面については神祇官管轄、他の民政面については東京府管轄とするよう上申、弁官もこれを認めた。また「神祇官直支配」の名称は混乱を招きやすいということから、神祇官は神明宮・日枝・六所・鷲宮の三社を「官裁社」と称したいとしたが、未裁可のまま三年九月二十八日には十二社は祭祀を含めてすべて東京府・品川県・小菅県・浦和県の管轄とされることになり、准勅祭社の制度はわずか二年足らずで消滅した(『明治天皇紀』一、『公文録』、『太政類典』)。

(5) おそらくは、①旧二十二社(丹生川上・貴船を除く)、②熱田・宇佐・出雲等の地方の古来の大社、③修験系・神仏混淆系の神社(英彦山・金刀比羅・熊野三山・戸隠)、④新設の天皇・皇族の霊社、といった四つの基準で選んだのであろう。出雲の熊野・日御崎については亀井茲監や福羽美静らといった神祇官首脳の個人的意向によるものであろう(亀井は慶応四年五月、出雲大社の古典調査を命じられている)。

(6) 岡田荘司「平安前期神社祭祀の「公祭」化」(二十二社研究会編『平安時代の神社と祭祀』、国書刊行会、昭和六十一年)参照。

(7) 小松馨「平安時代中期に於ける神社信仰―祈年穀奉幣の成立を中心に―」(『神道学』一二四)参照。

(8) 近世における神祇官再興や祭祀復興の経緯については藤井貞文『近世に於ける神祇思想』(春秋社、昭和十九年)および羽賀祥二「開国前後における朝幕関係」(『日本史研究』二〇七)、同「明治神祇官制の成立と国家祭祀の再編(上)」(『人文学報』四九)等参照。

(9) 祈年祭については早川庄八「律令制と天皇」(『史学雑誌』八五―三)などいくつかの研究があるが、繁雑になるので省略。

(10) 新嘗祭は貞享五年に復興されたが、そのときは吉田家の神祇官代で御祈があったのみである。なお藤井前掲書および拙稿「近世の新嘗祭とその転換」(『明治聖徳記念学会紀要』復刊四)参照。

(11) 『中山忠能日記』一、五六六―五六七頁、八〇九頁。

(12) 矢野玄道も「本官及八神殿御造立、及祈年、月次、新嘗、四度ノ大祭等御興復ノ儀、既ニ諸哲人奏議モ御坐候」と述べている(『献芹詹語』)。
(13) 以下の記述は『公文録』明治二年二月神祇官伺「祈年祭御再興ノ儀伺」、『太政類典』第一編第一二六巻による。
(14) 『明治天皇紀』二、五八頁参照。
(15) 最も強硬に批判したのは矢野玄道たちであり、三年六月には矢野の門人今井太郎ら九名が集議院に宛た建白で「神祇官ハ古代ニ青垣山コモレルヤマトシウルハシト詔リ玉ヘル国ノ内ニモ尤モ清浄ナル山中ニ被建候処只今第一タル皇都ニ本官モ無之行在所ノシカモ諸藩ノ古屋鋪ヲ御用被遊候事神祇ニ対シ奉リテ御不敬ノ至ニ御坐候事」と批判している(大洲市常磐井家蔵『形勢意見書』)。
(16) 留守官については高木博志「東京奠都と留守官」(『日本史研究』二九六)参照。なお京都神祇官には神祇大祐北小路随光、神祇少副梅溪通善などが残留し、留守官や東京の本官と連絡していた。京都神祇官の動向に関しては梅溪の『神祇官備忘』(宮内庁書陵部所蔵)参照。
(17) 常世長胤『神教組織物語』、同『神祇官沿革物語』(國學院大學図書館所蔵)を参照。
(18) 『公文録』庚午二月神祇官伺「祈年祭執行被仰出及祭式并藤波教忠伊勢神宮奉幣使参向等御達」、『太政類典』第一編第一二六巻「祈年祭」による。
(19) 藤波家は大中臣姓であり、代々神祇大副・神宮祭主の職にあった。教忠は弘化四年正三位、祭主、神祇大副となり明治維新に至った。三年九月には太政官より神宮神境内に住居するよう達せられたが、四年一月二十八日には神宮祭主を罷免された。なお藤波家に関しては、藤波家文書研究会編『大中臣祭主藤波家の歴史』(続群書類従完成会、平成五年)参照。
(20) むろんこのときの藤波は神宮祭主ではなく、「従二位藤波教忠」として奉幣使に任ぜられたのである。なお藤波とともに神祇権大史の松岡明義、神祇権少史日置春彦が参向した。
(21) 註(3)で記したように三年四月には確実に把握されていたが、明治元年五月の段階でどの程度支配社があったかは不明である。元年九月十二日には太宰府の社司が神祇官の直支配となっており、また七月二十九日には神祇官が弁事宛に築後国水天宮を「官社之列願等被仰付候而可然哉ニ相考候宜敷御評議可給候也」と上申している。これらはいずれも神社からの嘆願を弁事が受け、それを神祇官が審議して再度弁事に伺いを立てている。つまり遠方の神社にあっては、神社からの弁事宛の勅祭・あるいは直支配の嘆願があってはじめて神祇官は支配社か否かの判断を下したのであり、自らが支配社を選択したのではなかったと思われる(『太政類典』第一編第一二三巻、国立公文書館所蔵『行政官記録』、同『雑種公文録』参照)。

(22) この点については武田秀章「近代天皇祭祀形成過程の一考察―明治初年における津和野派の活動を中心に―」(井上順孝・阪本是丸編『日本型政教関係の誕生』、第一書房、昭和六十二年)、および同「明治神祇官の改革問題」(『國學院雑誌』八八―三)を参照。

(23) 賀茂社・石清水社などの朝廷崇敬神社の祭祀が明治維新以降、朝廷とはほとんど無縁の「神社の祭祀」となっていく過程については高木博志「明治維新と賀茂祭・石清水放生会―「朝廷の祭」から「神社の祭」へ―」(岩井忠熊先生退職記念論文集刊行会編『近代日本社会と天皇制』柏書房、一九八八年)参照。

(24) この二九社奉幣制度についても矢野玄道は不満であったらしく、門人に「近来勅祭准勅祭ナト中称向定ラレシモ聊古典ニ証拠無御坐候、是ハ寺院ノ勅願所ヨリ被思付候事カト奉存候又大中小奉幣大中小祭ナトイフコトヲ新規ニ被定候由ナレトモ古典ニ拠モナク且其順序モ甚如何敷奉存候」と集議院に建白させている(前記常磐井家文書)。

(25) 以下は『公文録』庚午二月神祇官伺「二十九社祭典式目取調御達」による。

(26) この二九社奉幣制度は旧二十二社を中心としたものであったから、朝廷崇敬の主要神社を管内にもつ留守官と関係が深かった。しかし、二九社奉幣が遂行されなくとも、留守官および京都神祇官には「勅祭社」の祭祀参向という任務があった。三年においても賀茂祭(三月二十九日)、石清水中秋祭(七月二十四日)、松尾祭(三月二十九日)、大原野祭(一月二十七日)、春日祭(同)、吉田祭(三月二十九日)、北野祭(七月十日)、八坂祭(五月二十九日)などの祭祀には留守官官員が宣命使となり、神祇官官員が奉幣使として発遣されている。

(27) 神祇官では御用掛に大祐門脇重綾、少祐青山景通、大史飯田年平、宣教権中博士木村正辞、権大史松岡明義等が任命されている(『神祇官備志』)。

(28) これらの神社はいわゆる勅祭社(勅使参向の神社)として現在に至っている。

(29) 前掲羽賀「明治神祇官制と国家祭祀の再編」および武田秀章「四時祭典定則成立の一考察」(『神道学』一三六)参照。

(30) 以下の記述は『太政類典』第二編第二六一巻「官国幣社祈年祭式」による。

(31) 『福羽子爵神祇談要旨』(加藤隆久『神道津和野教学の研究』所収)。

(32) 『太政類典』第二編第二六一巻「官幣社祭式」による。

(33)　『公文録』明治六年七月式部寮伺「諸祭奠当干支相当日ヲ以永祭日ニ被定度伺」、『太政類典』第二編第二六一巻「諸祭典六年暦面相当ノ月日ヲ用フ」による。
(34)　『公文録』明治六年八月式部寮伺「神宮神嘗祭日改正伺」『太政類典』第二編第二六一巻「神宮月次祭日改定」による。なお神嘗祭は明治十二年から十月十七日に祭日が変更された。なお胡麻鶴醇之「神宮の祭祀」(『神宮・明治百年史』上、神宮司庁、昭和四十三年)をも参照。
(35)　以下の記述に関しては本書第三章参照。

第三章　近代神社制度の整備過程

一　はじめに

第一章でも述べたように、明治四年五月十四日、維新政府は、近代日本における神社制度を基礎づける二つの重要な布告を発した。「神社は国家の宗祀につき世襲神官廃止・精撰補任」を宣言した太政官布告第二三四、および「官社以下定額及神官職員規則等」を定めた同第二三五である。この二つの布告によって近代神社制度の基本が成立し、その整備が図られることになったのである。しかしながら、制度――神社のそれに限らず――というものは、一片の布告や法令によってやすやすと整備・確立されるものではなかろう。「国家が祭祀すべき神々の体系を定めたという意味で、画期的なものだった」とされる布告第二三五の「官社以下定額・神社改正規則」そのものが、すぐさま〃壮大な祭祀体系〃を形成したわけではなく、ましてや「一八七〇―七一年を中心に、……神社制度の改編整備がすすめられた」ものでもない。(1)むしろ四年五月の「官社以下定額・神社改正規則」は、前近代から近代へと移行しようとする国家体制のはざまに生まれたものであり、そのままでは近代の神社制度とはなりえないものであった。(2)

ところが、従前この点を考慮に入れての神祇・宗教行政に関する研究は全くといっていいほどなかった。わずかに宮地正人氏が「明治四年五月の官国幣社以下諸規則も、あくまで府藩県制度を前提とした上であった」(3)と指摘しているにすぎない。同氏はこの指摘について具体的詳細には述べていないが、非常に注目すべき指摘といわざるをえない。なぜなら、廃藩置県以前に出された「神社改正規則」を具さに検討するならば、それは宮地氏がいうようにあくまで府藩県制度(三治制度)を前提とした神社制度であることが了解されるからである。だからこの点を考慮しない所論は、いくら自らを〝客観的実証的〟と形容したところで、全くの事実誤認の説明しかなしえない。たとえば村上重良氏は次のようにいう。

主要な神社に対する経済的基礎の新たな設定は、国費公費の支出によることが基本方針とされた。同年五月、「官社以下定額および神官職制」がさだめられ、官幣社の式年造営、営繕、祭典公事の費用は大蔵省が支出し、国幣社については、地方費および官費が支出されることになった(4)(傍点筆者)。

国幣社に「官費」(そういうからには大蔵省が支出するのであろう)が支出されるなどと、どこに明記してあるのだろう。「規則」には「凡テ公事ノ入費公廨ヨリ出スヘシ」とあり、また式年造営・年分営繕は「公廨入費ノ外タルヘシ尤地方ノ見込ニ任セ或ハ従来ノ処分ニ任スモアルヘシ」と記されているだけである。「官費支出」などとはどこにも謳われてはいない。なぜか。それは四年五月の「神社改正規則」にいう国幣社とは、府藩県制度の存続を前提とした上でその府藩県(特に藩)の責任によって主に経済的に維持さるべき神社のことであったからである。まさに「幕藩制以来の寺社造営修復の国家的義務の伝統をそのままいかして、神社に対する財政的支出を制度化し(5)」ようとしたものが、この国幣社制度であった(府藩県社も同じである)。

しかし、「神社改正規則」公布から約二ケ月後に断行された廃藩置県は、国幣社制度に代表される三治一定を主眼とする神社制度にも大きな影響を与えざるをえなかった。たとえば、旧藩以来の意識がいまだ根強く残っていた当時にあっては、国幣社は無論のこと県社や郷社の造営・営繕費までをも旧藩時代と同様に地方費(官費たる地方常備金)で賄おうとする例がかなり見られた。だがこれは国家の財政事情からいっても、また廃藩による神社の維持主体の変化からいっても到底大蔵省の容認できるところではなかった。六年五月の国幣社ならびに府県社以下神社の修繕費等の官費支給廃止に関するダメ押しの布告がこれを示している(6)。

一方、教部省は五年八月頃から神社制度の改革を志向しはじめ、官社・諸社制度の見直しにかかる。当初の目標としては、国幣・県社の名称を廃して、官幣社をも含めてすべて〝官社〟の名号に統一し、改めて官社たるべき神社を選定し、それに大中小の社格を付与すること、さらに自余の神社もすべて〝郷社〟の名号に統一し、同じく大中小の社格を付すこと、これであった。しかし、この改革案は正院によって〝当分〟認め難いとされた。そこで次善策として同省は、国幣社の官幣社なみ処遇を要求、実質面で官幣・国幣の区別解消を図ろうとした。とはいえ、この次善策すらさほど順調に達成されたわけではなかった。このことは、政府が総体としての統一的な神社行政についての方針を有していなかったことを示しているといえよう。本章の目的はこれを検証することにある。

(1) 安丸良夫『神々の明治維新—神仏分離と廃仏毀釈—』岩波書店、一九七九年、一三一—一三二頁、および同氏「天皇制下の民衆宗教」(『岩波講座日本歴史』一六、近代三、一九七六年)三二六頁参照。『延喜式』の神社制度を基本的に踏襲しただけの制度が、はたして「国家が祭祀すべき神々の体系を定めた」といえるかどうか。もしそうだとするなら、教部省や左院は伊勢神宮遷座をはじめとする神社制度改革案にあれほど固執はしなかったはずである。氏はこの制度が基本的には前近代のものであることに気づいていない。「神社制度の改編整備」はむしろ五年から七年にかけて行なわれたというべきで、伊勢神宮の定額費すらその決定を見たのは六年に入ってからである。なお筆者の批判に対して安丸氏は「近代転換期における宗教と国家」(日本近代思想大系5『宗教と国家』岩波書店、一九八八年)で筆者の見解に強い疑問を呈している(同書五六一頁以下)。

(2) その前近代性は官国幣社長官の選任規則を見ても容易に察せられよう。だからこそ教部省は六年十一月「諸省長官ト雖モ門閥ニ拘ラス則何独諸神社長官ノミ地方大属以上或華士族ニ限ランヤ」と述べたのである。

(3) 宮地正人「近代天皇制イデオロギー形成過程の特質」(『天皇制の政治史的研究』校倉書房、一九八一年)一一四頁。

(4) 村上重良『国家神道』岩波書店、一九七〇年、九四—五頁。

(5) 宮地前掲書、一一三頁。

(6) 明治六年五月十五日太政官布告第一六一号。全文は以下の通り。「官国幣社規則辛未五月相達置候処国幣社造営修籍

ノ儀ハ自今一切官費ニハ難相立候条此旨更ニ相達候事　但府県郷村社モ可為同様事」(傍点阪本)。文中〃更ニ〃とあるのは、大蔵省にとっては、国幣社等の造営・営繕費が以前から官費支給の対象外であったことを示すものに他ならない。

二　官社・諸社制度の成立

明治四年五月の神社制度が成立した時の神祇少副であった福羽美静が、それから三〇年経った明治三十四年に、「一寸考ふれば、明治の初より神社制度は如此を以て永世の制度となせしが如く見ゆれども、決して然らず」[1]と語っている。では「永世の制度」とは何であり、そもそも何のために永世の神社制度を樹立しなければならなかったのか。これに対し福羽は次のように述べる。

明治政府は、神祇を重んずるといふことを知らしめ、以て人心を収むる為に神社の改正を急ぎ、官幣国幣の区別を取調ぶる暇もなく、兎に角何れも幣帛を政府より奉る事となせるなり。(中略)

偖、官幣国幣は以上の如き区別あるものなれども、前々にもいへる人心を収むるが為に官幣社国幣社の名称は仮に延喜式に従ひ称せしなり。…延喜式になき明治になりて官社に祭れる神社は、差当り別格とし、其の内追ひ取調をなし、官国幣と別れたるは官幣社となし、また別格社はその官幣社の内の相当の格に入るる積なりしなり。これ別格官幣社ありて別格国幣社なき所以なり。然るに取調は其所に及ばずして、余は退く事となり、後は局外に立ちしが故に思ひし事も行ふ能はず。其の後、今日までの有様を観るに、今尚官幣国幣別格の名称を存せり。之に依て見れば、其の後いまだ取調の出来ざる事と思へり[2](傍点筆者)

つまり「人心収攬」のために神社改正を急いで断行し、その制度は取り敢えず延喜の制に倣ったというのである。どんなに祭政一致を標傍し、神祇官を再興したところで神社が衰退・荒廃し、また旧態依然たる因習のままであっては到底「人心収攬」は覚束ないと福羽らは思ったのであろう。[3] 神祇官の神殿祭祀だけでは人民とは無縁であることは当然察知されていたと思われる。[4] 国家が神祇を重視し、尊重する姿勢を偏く人民に知らしむるためにも、是非とも全国の神社を〝三治一定〟にする必要があった。[5] 冗官・無用視されていた神祇官自身の存在証明のためにも、[6] 全国の神社を統一的に整備して神社が国家統一の一助となるような状態を出現せしめなければならなかった。そして出現すべき神社制度は当然〝御一新〟にふさわしいものであることが要求されたであろう(神祇官ですら往古のそれではない)。[7] だがいかんせん時間がなかったのである(そして人も金も)。当座のところ、「延喜の御代」を範とするより他なかったのである。だから四年五月の神社制度は急遽制定・公布された仮りのものであった。かく福羽はいいたいのであろう。

だが官幣・国幣の区別をなくして、すべて官幣社という官社に統一しただけで「永世の制度」が出来上がると福羽も考えていたわけではなかろう。むしろ圧倒的な数に上る諸社——そのほとんどが氏子を有しており、「人心収攬」のためには決して無視できない存在である——をどう新しい神社制度に位置づけるかが問題とされねばならない。当然、これは福羽ら神祇官官員も問題とし、検討した結果であった。官社の選定、制度化よりも諸社(式内大社・式外大社以外の小社)をどう扱い、位置づけるか、この諸社の扱いいかんで、神社による「人心収攬」の成否が左右されると神祇官が考えたとしても不思議はなかろう。神殿祭祀とわずかの直支配社のみの掌握だけでは所詮「昼寝官・冗官」としか他には映らないであろうから。自らの存在意義を証明するには、自身が最も得意とする分野でその役割を果たすしかない。神祇官にとってそれは神祇行政を措いて他にあるまい。無論、宣教使による大教宣布活動も神祇官の重要な職掌であったが、各地の神社を拠点となしえない、また地方官員の片手間でしかなしえない宣教活動の限界はすでにはっきりと見えていた(少なくとも三年八月の時点では)。[8] 全国津々浦々に鎮座する神社を〝教化〟の手段として利用しない手はあるまい、こう考えたのが三年十月のことである。つまり今までの大社中心主義を廃し、全国神社の掌握へと方向を転換したのであった。

明治三年十月十七日、神祇官は「此節ニ至リ従来ノ通ニテハ不相済候ニ付別紙ノ件々至急取掛申度」として、㈠官社以下大小神社席順定額ノ事、㈡祭典式并祭政一致三治一定ノ事、㈢神祇職制并叙位ノ事、の三条について「右永世ノ規模更ニ取調候様被仰出候事」と上申。(9) この上申に対し太政官は第二条を「祭政一致ノ意ニ基キ祭典式府藩県一定ノ事」と修正、神祇官が祭典式と祭政一致を三治一定とするよう求めたのを祭典式だけに限定した(同二十五日)。太政官はかく修正したのみならず、三ケ条そのものも布告しようとはしなかった(神祇官は閏十月二十五日、この三ケ条を布告し、別紙の神社調査箇条を府藩県に至急調査させるよう上申しているにもかかわらず)。

太政官は閏十月二十八日、単に「今般国内大小神社之規則御定ニ相成候条於府藩県左之箇条委詳取調当十二月限可差出事」と布告、神祇官案による「至急」の文字も削除している。しかしこれは当然のことで、閏十月末に布告して、十二月中にその調査報告を提出せよというのだから「至急」どころか、実際には実行不可能な布告内容であった(神祇少祐青山景通の出身藩である苗木藩すら三年二月布告分の「式内及ヒ崇教ノ儀」たる神社についての調査書を十月になって一応提出しているほどである)。

ところでこの布告にいう「大小神社」のうちの「大」の方は大方すでに定まっていたものと見え、神祇官が十一月に上申し、評議を請うた「別冊見込」の「官社以下順序定額案」には一〇三社が官社として挙げられている。(10) この「別冊見込」には他に「神宮官員改革案」と「規則案」の都合三案が記されており、神祇官はすぐにでも公布しうる案と考えていたようである。この「別冊見込」に関しては第一章で述べたし、(11) また、米地実氏も触れておられるので詳細は省き、ここでは二、三注意すべき点のみに触れることにする。(12) この上申でまず注目すべきは神宮の改革を強く打ち出していることであろう。(13) つづいて祭政一致の実を挙げるためにも全国神社共通の「定則」が必要なことを述べ、それがなくては「本教宣布之急務差向候」ても「万万実効不相立」というのである。つまり全国の神社を〝教化〟の拠点にするという考えをもっていたことである。そしてさらに、これと関係することであるが、「郷邑産土神」を郷社と定め、それに「一村一社ノ産土神及村落ノ小祠」をすべて合併、これによって氏子調べを行なうという構想である。[14]まさに「人心収攬」を狙っての神社制度の神祇官構想であろう。この郷社制度実現のためにも全国の大小神社の徹底的な実態把握が必要とされたのである。

このように神祇官は三年十一月の段階でかなり思い切った神社改正案を有しており、その大綱は太政官も了承していたようである(氏子調の立案は戸籍編製の関係から民部省が従前から担当している)。翌四年一月二十七日神祇官は「旧臘御決議相済候官社以下定額并神官職制等早々御発表相成度」として、十一月上申を基にして布告案を作成、それの発布を弁官に掛合った。[15]この時の布告案は、

一天下諸神社官社以下ノ順序及神官職員御改革御規則別紙ノ通被　仰出候ニ付官社有之地方ハ追テ夫々御達可有之府藩県社郷社ノ分ハ昨年御布告有之候明細書上ケヲ以テ神祇官取調区別ノ上差図ニ可及其節凡テノ定則万端処置振同官へ打合可致候事

一官社以下府藩県郷社神官悉皆地方貫属士族卒ニ編籍可致事

但御改正新補ノ調ニ付職任ニ不堪或ハ於一社冗員タルノ輩士卒農三籍従前ノ身柄相当地方適宜ニ従テ編籍可致事

一従前白川吉田及諸家執奏ノ神官叙爵悉皆返上可致旨可申達候事

太政官

というもので、三年十一月の「別冊見込」にある格社が府藩県社と改められたほか、郷社への小社合併や氏子調云々の箇所が削除されている。さらにこの案には神官職員の相当位、職掌(官社のみ)、定員(府藩県郷社は無記載)も記されており、五月十四日布告の「官社以下定額・神社改正規則」の原案と見て間違いあるまい。[16]ただしこの案では府藩県社郷社祠官は「旡位士族」、同祠掌は「卒」となっているが、五月布告では削除されている。実際の編籍に際しての

混乱・手間を考慮して削ったのであろう。[17]

ともあれ神祇官は「官社以下定額」等の布告を「至急　御沙汰有之度候」と望んでいたのであり、神社改正に関する細則まで作成していた。だがなぜか太政官は布告を遅らせていた。布告遅延の理由は不明であるが、恐らく肝心の伊勢の改革準備がさほど順調に進んでおらず、また郷社選定の基礎となる各府藩県での「大小神社取調」が遅々として進まないことなどが、早々に布告しなかった原因であろう。[18]

かくするうちに民部省では戸籍法・氏子調規則の立案を見、四月四日には戸籍法が公布(実施は五年二月一日から)され、その第二〇則に「六ケ年目毎ニ戸籍ヲ改ムルニ当リテ……氏神守札モ其時検査スヘシ」と明記された。もっとも、この第二〇則の「氏子守札」云々を政府がどの程度重視していたかは疑問であり、いかにも附録扱いのごとくではある。まして〝氏神〟の概念すら明確には把握されていない現状にあってをや、であろう。[19] 政府・民部省としては、戸籍法と氏子調規則を今少し連関させて公布したかったのかも知れないが、氏子調の基礎的条件となる「神社調」が完備していない以上、戸籍法だけでも見切り発車して公布せざるをえなかったのであろう(宗門改めの機能はいまだ寺院が果たしていた。[20] 政府にとっては近代的な戸籍制度こそが必要とされたのである)。

戸籍法が公布されたのち、神宮改革の目途(この神宮改革こそが、すべての神社改革の成否を占うものであった)もついてきたようで、政府は世襲神官の廃止・神社は国家の宗祀という宣言を行なってもよい時機と踏んだようである。しかし郷社制度樹立のために必要な、官社以外の神社調査は依然として進んではいなかった。この調査を俟って、一挙に全国神社の改革を図るのが理想ではあったろうが、当時の政治的情勢はこれを許さなかったと思われる。[21] 何はともあれ、「神祇を重んずるといふことを知らしめ、以て人心を収むる為に神社の改正」を急がねばならなかったのである。かくして四年五月四日神祇官は、

御改正官社并各地方へ御達案別紙ノ通御回申進候也

として弁官に左の別紙達案を申進した。(22)

御改正官社并各地方へ御達案

賀茂別雷神社

御改正官幣大社列自今官祭被　仰出候事

辛年五月　　　　太政官

　　　　　　　　京都府

今般御改正賀茂別雷神社別紙ノ通被　仰出候条為心得相達候事

辛未五月　　　　太政官

(以下神社并地方へノ達案同文ニ付略之)

ついで五月十日、弁官より大蔵省へこの達案が回申され、十四日に太政官より布告されたのである。各地方での「大小神社取調」が進まないままに出された「官社以下定額及神官職員規則」であり、それゆえ官社中心の神社制度であることは致仕方のないところであった。そしてその官社ですら岩代国(国幣中社)、陸奥国(国幣小社)はそれぞれ未決定のまま公布せざるを得なかったのである。前記福羽の談話は、これによっても証せられよう。だがともかくも、この「官社以下定額及神官職員規則」によって「官幣国幣官社以外府藩県社郷社二等ヲ以テ天下諸社ノ等差トス」ることが明らかにされ、ここに官社と天下諸社(府藩県社・郷社の二等)の制度が曲りなりにも成立したのであった。

(1)(2)　加藤隆久『神道津和野教学の研究』二九一―二九二頁。福羽はここで「官幣国幣の区別を取調ぶる暇もなく」云々と述べているが、このことは四年五月の「官社以下定額」で国幣社とされた神社が、のちに官幣社に〝昇格〟している事実からも窺われる。国幣社は〝国〟ごとに置かれることが大原則で、教部省も「諸国一般夫々御定無之テハ一昨年之御趣意モ貫徹不致且ハ民心ニモ関係致シ候」と述べて、遠江・阿波・岩代・陸奥各国に国幣社がないことを指摘、それぞれの国に「至急」国幣社を設けることを伺い出ている。そして六年六月十三日に遠江・小国神社(小社)、阿波・大麻比古神社(中社)、岩代・伊佐須美神社(中社)、陸奥・岩木山神社(小社)がそれぞれ列格された(『公文録』明治六年六月教部省伺「国幣社ノ儀ニ付伺」)。なお、所在未定の二荒山(国中)、都々古別(同)、出羽(国小)の三神社は三月七日に所在が決定された。

一方、官幣国幣に区別できない神社は、「官幣国幣社等外別格」社とされ、神祇省は四年九月、横浜・伊勢山皇大神宮にその処遇を与え、祭典料等を下行した。しかし名称がおかしいので教部省は五年八月、同皇大神宮を官幣中社に列格するよう正院に上申、不裁可となり、翌六年取敢えず県社とした。だがなおも教部省は、同皇大神宮は長崎・諏訪神社、浦上大神宮と共に〝開港ノ地〟に設けられた特別な神社として、国幣小社とするよう上申したが(三月二十七日)、六月二十四日またもや却下され県社として扱われることが最終的に決定、ここに「等外別格社」の名称は消えたのである。以上のことは、四年五月の神社制度の流動性を如実に物語っているといえよう。

(3)　この点に関しては、羽賀祥二「明治神祇官制と国家祭祀の再編(下)」(『人文学報』五一)六三―六七頁参照。

(4)　常世長胤『神祇官沿革物語』参照。

(5)　明治三年十一月の「神祇官上申」(『公文録』辛未五月神祇官伺「諸社御改正伺」ならびに内閣記録局編『法規分類大全』社寺門、原書房、一九七九年、一〇五頁参照)。

(6)　大久保利通は三年十月十四日には「一冗官を沙汰する事…神祇官ナト勿論タルベシ」と記している(『大久保利通日記』二、一二九―一三〇頁)。常世長胤は「官使滅亡近キニアラント、人皆サヽヤキシナリ」と述べている(『神教組織物語』)。

(7)　明治の神祇官制については、前掲羽賀論文が詳細に論じている。

(8)　拙著『明治維新と国学者』第三章「明治初年における国民教導と国学者」、および羽賀祥二「神道国教制の形成―宣教使と天皇教権―」(『日本史研究』二六四)参照。

(9)　『公文録』庚午十二月神祇官伺「神社取調ノ儀被仰出度上申」。

(10)　註(5)(9)の『公文録』参照。

(11)　本書第一章参照。

(12)　米地実『村落祭祀と国家統制』一九四―一九九頁。

(13)「官社定額及御規則一定ニ付而ハ第一神宮従来之弊風御改正可有之」と述べ、「神宮官員改革案」を頭首に掲げている。

(14) 氏子調べについては、前掲米地『村落祭祀と国家統制』二一七―二三一頁、高木宏夫「郷社定則と戸籍法」(福島正夫編『戸籍制度と「家」制度』東京大学出版会、一九五九年)、森岡清美「家の宗教性喪亡過程―明治初期戸籍簿の記載様式にみる―」(桜井徳太郎編『日本宗教の複合的構造』弘文堂、一九七八年、所収)および本書第四章参照。

(15) 註(5)『公文録』に拠る。

(16) 米地氏は三年十一月の神祇官上申が「弁官より大蔵省へ通達された(四年五月十日)」と述べているが(前掲書一九四頁)、これは『法規分類大全』社寺門の記載の誤読であろう。弁官から大蔵省へ回申されたのは「御改正官社並各地方へ御達案」である。なお、萩原龍夫氏も『中世祭祀組織の研究』(吉川弘文館、一九六二年)の「補論三明治の氏子制」において、「翌四年七月になって大教宣布と同時に郷社定則・氏子調規則が布告されたこと自体まさに右上申によるもの」と述べている(七三〇頁)。これが速断であることはいうまでもなかろう。

(17) 神官の一旦解任・改補および撰挙新任によって神官は任命されたのであるから、その編籍は型通りにはいかなかったのである。家禄の有無のみならず、「家柄身柄」も士族編籍の根拠となった。

(18) 大阪府ですら四年一月二十九日に「府下神社許多取調纏リ兼候分モ有之候間未タ進達ノ場合ニ難至候」としているほどである(『公文録』辛未正月大阪府伺「神社取調御猶予ノ儀申立」)。

(19) 米地前掲書、二一七―二三一頁参照。

(20) 伯太藩は四年七月十二日「氏子調被　仰出候上ハ従前ノ宗旨改廃シ候心得ニテ宜御座候哉」と伺い出たが、神祇省は「宗旨ノ儀ハ当省関係無之事」と答えている(前掲『法規分類大全』一一七頁)。宗門人別帳は戸籍法改正を理由に四年十月三日廃止されるが、同年夏頃まで実施されていた。たとえば福島県では六月一日付で「廻状ヲ以申通リ候然者当未宗門人別帳之義前格之通リ相認メ至急差上候様被仰付候間御承引是迄村々相認メ通リ寺判取受四五日中ニ急度差上可被成候右間違無之様御取斗此廻状早々順達留村ゟ可被相返候以上　未六月朔日　三番組　郡役所」との廻状が出されている(『福島市史資料叢書二五』、四六頁)。

(21) 前掲羽賀論文参照。

(22) 註(5)『公文録』に同じ。

三　諸社制度の整備

四年五月十四日の「官社以下定額・神社改正規則」によって官社・諸社制度が一応の成立を見たのであるが、列格明記された官社はともかくとしても、府藩県の崇敬社とされた府社・藩社・県社、そして郷邑産土社としての郷社といった官社以外の諸社についての具体的な規定は明記されていなかった。また何のために諸社――殊に郷社――が挙げられているのかも、はっきりとはこの文面だけではわからない。郷社は郷邑産土神とあるのみであって、文言上直接に戸籍法第二〇則にいう「氏神」とは関連づけられていない。

しかし地方官にあっては、この郷社制度と戸籍法にいう氏神――無論、想定される戸籍区の氏神――が密接な関連を有しているという察しは持っていた。だから苗木藩は「郷社定則」公布以前の四年六月七日に「一郷社ノ儀ハ戸籍区分相立候後相応ノ社ヲ以テ伺ノ上相定可申哉」と伺い出たのである。(1) しかし壬生藩のように戸籍法にいう氏神の意味がわからず、氏神とは氏の神なのか、それとも鎮守産土神のことなのかを問い合わせている藩もある。(2) これに対する指令は「氏神ト唱ヒ候ハ産土神ト可心得事」であった。(3)

この郷邑産土神たる郷社について政府は早急により具体的な規定を示す必要があった。神祇官は六月十九日弁官に宛て、「郷社ノ儀ニ付別紙御布告案御廻シ申候間至急御評議有之候様存候仍テ申進候也」と上申したが、(4) 弁官は同二十三日、さらに詳しい神社調査を要求した。しかし神祇官は二十八日、「神社総数区別等取調可申出旨御掛合有之候処官幣国幣ノ外未タ取調不行届ニ付即今難及御答候此段申進候也」と回答、ついにこの神祇官布告案のままの「郷社定則」が公布されたのである。

「郷社定則」は七月四日、「大小神社氏子取調規則」等と同時に公布されたが、この「定則」こそ福羽のいう「人心収攬」を目指す神社改正＝近代神社制度の〝要〟であった。この「定則」に関してはすでに高木宏夫氏や米地実氏の詳細な研究があるが、近代神社制度の根幹をなすものであるので少しく触れることにする。「定則」は左に示す通りである。

定則

一郷社ハ凡戸籍一区ニ一社ヲ定額トス仮令ハ二十ケ村ニテ千戸許アル一郷ニ社五ケ所アリ一所各三ケ村五ケ村ヲ氏子場トス此五社ノ中式内カ或ハ従前ノ社格アルカ又ハ自然信仰ノ帰スル所カ凡テ最首トナルヘキ社ヲ以テ郷社ト定ムヘシ余ノ四社ハ郷社ノ附属トシテ是ヲ村社トス其村社ノ氏子ハ従前ノ通リ社職モ又従前ノ通リニテ是ヲ祠掌トス総テ郷社ニ附ス 郷社ニ附スト雖トモ村社ノ氏子ヲ郷社ノ氏子ニ改ルニアラス村社氏子元ノママニテ郷社ニ附スルノミ 郷社ノ社職ハ祠官タリ村社ノ祠掌ヲ合セテ郷社ニ祠官祠掌アルコト布告面ノ如シ 但祠掌ハ村社ノ数ニヨレハ幾人モアルヘシ

一従前一社ニテ五ケ村七ケ村ノ氏子場其数千戸内外ニシテ粗戸籍一区ニ合スルモノハ乃チ自然ノ郷社タリ 祠官一人ナレハ更ニ祠掌ヲ加フモ許スヘシ

一三府以下都会ノ地従来産土神一社ニシテ氏子場数千戸アルモノ戸籍ノ数区ニ亙ルト雖モ更ニ郷社ヲ立テ区別スルニ及ハス

一官社又府藩県社ニテ乃郷社ヲ兼ルモアリ仮令ハ東京日吉神社京都八阪神社ノ如キ氏子場数万戸ニ亙ルトイヘトモ更ニ郷社ヲ建テス固ヨリ区別ニ及ハサルコト上件ノ如シ

この「定則」の特徴は一読してわかる通り、「抽象的な漠然とした指示の多い当時の宗教関係の布告の中では、珍しく詳細な例示を含む具体的な指示」[5]があることであろう。確かにそうではあるが、しかしながらこれは当然のことともいえる。なぜなら、本来ならば各府藩県から提出された詳細な神社明細書を基に、政府自身が郷社を決定してもよかったはずのものだったからである。しかし四年五月二十七日付で浜田県が「式内神社調以下七ケ条取調ノ儀ニ付願書」[6]を出していることにも窺えるように、神社調査のみならず六ケ年平均収納分取調や本末寺号其外明細帳など七項目にわたる調査を管内一村ごとに行なうことは人的にも財政的にも不可能であった。結局、この「定則」を基準に各府県が郷社たるべき神社を選定し、政府の許可を受けるしかなかったのである。[7]

「定則」により郷村社制度・氏子制度が維新政府による神社制度の基底として新たに創設されたのであるが、府県社をも含めた諸社制度の整備には今なお時間がかかった。特に肝心の府県社・郷社の列格認定は遅々として進まず、五年八月の段階でさえ教部省は、「府県社ノ儀ハ地方ヨリノ取調書未タ相揃不申ニ付総数相分不申候」と史官に回答しているほどである。[8]このように府県社・郷社の取調べ・列格が遅延した理由としては、廃藩置県後の県の統廃合による行政区域の変更――当然、戸籍区設置にも影響する――の影響が考えられる。以下、県社・郷村社列格の過程について二、三の例を挙げて見ていくことにする。

「定則」公布直後に県社・郷社を戸籍区との関係で設定した例として武蔵国浦和県が挙げられる。同県は四年七月九日、弁官に宛てて同県管内の県郷社たるべき神社を記し、その承認を求めた。[9]まず県社として武州豊島郡王子村の王子神社(元朱印高二〇〇石)、同州埼玉郡鷲宮村の鷲宮神社(元朱印高四〇〇石)の二社を挙げ、「右両社勧請ノ年暦由緒等不詳候ヘ共御一新後一時別段ノ御取扱ニモ相成候程ノ神社ニモ有之候付テハ今般県社ノ列ニ御加可相成哉……」と伺い出ている。つづいて足立郡宮本郷の氷川女躰社(元朱印高五〇石)も「旧社ニ紛無之数ケ村ノ産土神ニテ旧幕中モ一時官費ヲ以テ造営相成候儀有之一般ノ神社トモ自差別モ有之候ニ付」として県社列格を求めた。このあと郷社として左の神社を挙げ、伺い出た。

武州豊島郡　第　区　赤羽村八幡社
同州足立郡　第　区　芝村羽尽神社
同州同郡　　第　区　岸村調神社

同州同郡　第　区　島根村氷川社
同州同郡　第　区　本村氷川社
同州同郡　第　区　柏間村神明社
同州同郡　第　区　箕田村氷川社
同州横見郡　第　区　御所村横見神社
同州大里郡　第　区　相上村吉見皇大神
同州男衾郡　第　区　坂井村氷川社
同州同郡　第　区　富田村小被神社
同州大里埼玉両郡　第　区　区内郷社ニ可取建社無之候
同州埼玉郡　第　区　樋遣村御室神社
同州同郡　第　区　鷲宮村鷲宮神社
同州同郡　第　区　白図村八幡社
同州同村　第　区　粕壁宿八幡社
同州同郡　第　区　区内相当ノ社無之候ニ付当分粕壁宿八幡社ヲ以郷社ニ兼祀の積ニ候
同州足立郡　第　区　鳩ケ谷村氷川社
同州足立埼玉両郡　第　区　大門町十二所社
同州足立埼玉両郡　第　区　中川村氷川社
第一
右ハ当管下概略区別相立夫々取調候処前書ノ神社ハ何レモ旧社ニテ現今人民崇教モ厚ク毎区相応ノ神社ニ付郷社

ニ御取建可相成哉
第二
一足立郡島根村氷川社ヲ以郷社ノ見込取調申立候ヘ共同区中高鼻村ニ氷川大社御鎮坐有之候上ハ別段郷社等御差置相成申間敷哉
一県社有之候区内ハ別ニ郷社御差置不相成県社ヲ以兼祀候儀ニ可相成哉或ハ一区中県社ニ引続候人民崇敬ノ旧社等有之候ハヽ県郷社両社共ニ御取建可相成哉
右件々郷社等ノ儀御取調ノ上神祇官ヨリ御差図可相成旨兼テ御布告有之候処甚差越候ニハ候ヘ共祠官以下追々撰挙ノ手続モ有之候ニ付御参考ノ為メ予メ見込取調且王子外一社造営ノ始末并氷川女躰社伝等是亦御参考ノ為メ相添此段申上尚前条付ヲ兼言上仕候以上
辛未七月九日　　浦和県
弁官御中
追テ区画番号ノ儀ハ追テ取極可申上候以上
この浦和県伺に対し政府は左の通り指令した。
第一条　鷲宮神社ヲ県社ト相定其余郷社ニ相成区画番号取極候上戸数可書出事
第二条　伺之通
第三条　伺之通県社ニテ郷社ヲ可相兼事
この浦和県伺およびそれに対する指令は、郷村社制度が制定されて直後のものであるだけに、当時の地方官ならびに政府の「諸社制度」についての方針を知る上で重要な史料となっている。浦和県は、まず郡内をいくつかの戸籍区に分けた上で、その戸籍区の郷社たるべき神社と鎮座地名を挙げている。一見、神社を中心として戸籍区を設けているかに見えるが、郷社相当神社がない区もあるとしているから、やはり戸籍区をまず決め、それに合せて然るべき神社を郷社に建てようとしたのであろう。これは前記した「一郷社ノ儀ハ戸籍区分相立候後相応ノ社ヲ以テ伺ノ上相成可申哉」という苗木藩伺(四年六月七日)とそれに対する指令「伺ノ通タルヘキコト」(七月五日)を見ても首肯できるところであろう。つぎに同県は、埼玉郡鷲宮村の鷲宮神社をまず県社に列格することを要望、そしてさらに同社を郷社候補にも挙げている。ゆえに第三条伺をするわけであるが、政府は県社を以て郷社を兼ねることを指令している。このことは、政府も浦和県も、郷社を県社の下位にある〝社格〟とは考えていなかったことを示している。事実、「定則」にもかかる例は示されているのであり(東京・日吉《ママ》神社や京都・八阪《ママ》神社)、米地実氏がいうように「明治初期においては社格はただちに神社の序列を示すものではなかった」のである。[10] このことは浦和県伺の第二条とそれに対する政府指令からも明らかであろう。官社および府県社が郷社を兼ねる例は少なからずあったのである。[11]

以上、四年二月九日の浦和県伺について見てきたのであるが、これによって㈠戸籍区分をした上で郷社を選定したこと、㈡郷社を欠いた戸籍区も存在したこと、㈢県社又は官社が郷社を兼ねる場合もあったこと、㈣以上のことから郷社は必ずしも官社、府県社に亜ぐ社格とは考えられておらず、もっぱら戸籍編製上の機構・装置として創設されたこと、が知られるのである。

つぎに新潟県の場合を見てみよう。同県は四年十二月二日付で、管下県郷社の社格取定めについて神祇省に上申したが、その取調べ基準は少しく変っている。すなわち県社を一等、二等に分け、また郷社もそれぞれ一等から三等に分けている。[12] 一等は、「是ハ延喜式内ノ趣ニ付、尚篤ト取調ノ上国幣小社ニモ可申立見込ノ分」、二等は「是ハ由緒有之従前神田除地等多分有分之《ママ》、郷内人民信仰ノ社ノ分」、三等は「是ハ駅市等ニ鎮座、氏子多ク当今繁栄村邑ニ勝レ候社ノ分」というものである。この上申に対する指令は「伺ノ通社格取調、過日布告ノ通可伺出、尤一等二等等ノ称ハ可相止事」というものであった。新潟県がなぜ県郷社に等級を付そうとしたのかは明らかでないが、多分、官社に等級があるのだから諸社にもあって然るべきと考えたのであろう。諸社は地方官所管とされたのであるから、同県が諸社を官社の地方版と見たとしてもあながち無理はない。つまり、諸社を官社と同じく社格と見たのであり、それは「右官社定額ノ外式内及国史現在ノ諸社期年検査ヲ経テ更ニ官社ニ列スヘシ」という「官社以下定額」に関する規則を考慮してのものであったろう。これは一等郷社の選定条件からも窺うことができる。さらにもう一つ、この等級づけの理由として諸社に対する地方官の維持が与えられる。「官社以下定額」では「一官幣国幣ノ外社頭公収ノ諸社営繕社用ノ入費等適宜ノ処置取調ノ上伺出ヘシ」とされており、諸社の維持は地方官の「適宜ノ処置」で行なわれていた。(13)それは「旧県々崇敬ノ社、別冊別冊略スノ通数多有之、県費ヲ以テ造営修繕仕来、或ハ廩米寄付祭典社用ニ充置候」という文言からも明らかである。

新潟県は四年十一月二十日に旧新潟・新発田・村上・村松・三日市・峰岡・黒川の各県を統合して誕生したが、これら旧県にはそれぞれ県社が建てられていたのであろう。しかし、各県に一つの県社としても七社であり、それ全部を新県の県社にすることはできなかった。よって同県は五年四月二十四日、旧県の県社号および県費寄付米を廃し、新たに青海神社、石船神社の二社を県社にしたき旨教部省に伺い出、認められた(両社が県社に確定し、管内に布達されたのは八月になってからである。)

新潟県の場合、県社は五年四月に内定し、八月に確定したのであるが、郷村社の確定はかなり遅れ(これはどの県でも同じである)、六年二月に至って確定している(ただし蒲原・岩船の両郡のみの史料による)。郷村社についてはすでに五年一月の段階で村上出張所から県に宛てて管内郷村社取調べの儀を伺い出ているが、指令は「追テ沙汰ニ及候迄、従前ノ通タルヘキ事」とされた。(14)郷村社確定が遅れた理由としては種々考えられようが、前記村上出張所管内を例にとるならば、数ケ村にわたる神社の統廃合の手間が挙げられる。「社殿且場所宜処へ、其最寄五七ケ村組合ニ産土神霊代合祭致シ、郷村社ト相定」めるというのであるが、統廃合される氏神の氏子感情および地理的便不便からいって、その戸籍区内の住民があっさりとこれに同意するとは限らないからであろう。[15] まして創設された神社の祠官・祠掌をどう選任するかという問題も残っている。

さらに、郷社は戸籍区を前提としてのみその創設の意味があった。だから戸籍編製作業が一段落し（新潟県は五年五月に終えていた）、戸籍区が再編成（大区小区制）されたなら、当然従前の郷村社もそれに応じて再編成されねばならなかった。大区は約一万戸、小区は約一千戸とされたから、従来の一戸籍区＝一千戸＝一郷社制を廃して、一大区（一万戸）に一郷社を建てることになった。よって従前の村社が郷社並として千戸内外の氏子を持ち、旧一区の郷社は新たに設けられた大区の郷社として大区内の村社を附属とするようになったのである。つまり、国幣中社弥彦神社は五大区の郷社を兼ね（氏子は八八戸）、その附属村社として神明宮他九社（村社総氏子一万三四四〇戸）を置いたごとくである。また、大区を二つ以上兼ねた郷社もあった。県社青海神社（氏子八八〇戸）は六・七大区の郷社でもあり（附属村社一五社・村社総氏子一万七四五一戸）、新潟県・白山神社（氏子七四一一戸）は一・三・四大区の郷社として村社一一社を附属とした（村社総氏子一万三五一一戸）。このように新潟県の場合、大区制の採用に合せて郷社を再度設定したのであるが、[16] どの府県でもこれと同じであったわけではない。[17]

東京府の場合、明治五年には氏子の戸数および人員調査が完了していたが、氏子区域が複雑であるため府社（日枝神社・神田神社・神明宮）の氏子区域は第一大区から第四大区にわたっている。[18] 第一大区は一七小区から成っており、一小区は府社日枝神社、以下二小区府社神田神社、三小区日枝神社、六小区日枝神社、七、八、九区日枝神社、一〇小区村社鉄砲洲稲荷神社（豊玉稲荷神社を附属）、一一、一二、一三、一四小区神田神社、一五小区日枝神社、一六小区郷社富岡八幡大神、一七小区鉄砲洲稲荷神社（富岡八幡に属す）、村社波除稲荷神社（同）、村社住吉神社（同）、とそれぞれ神社が割り振ってある。つまり第一大区には府社が二社、郷社一社、村社三社、氏子持ち無格社一社があった[19] ことになる。東京府の場合、「千戸内外ニシテ粗戸籍一区ニ合スル」という「郷社定則」の第二条（第一条も同じく千戸を一戸籍区に想定)は当てはまらず、第三条第四条の規定が踏襲されている。ゆえにその戸籍区は従来の氏子区域を基にして設定されたから大小様々であった(たとえば二小区は戸数一二戸、人員三五人であるが、一二区は戸数四五一九戸、人員二万四〇二人である)。さらに各府社の氏子区域が各大区にまたがっていたから、新潟県のように整然と氏子区域を大区毎に割り当てることは不可能であった。[20]「三府以下都会ノ地」と郷邑村落地域とでは、自ら郷社制度も異なるのは当然であろう。

ところで、「三府以下都会ノ地」は別段新たな郷社を設定せずともよかったわけであるが、そのような地域はごく少ないのであり、大部分の地方は戸籍一区ごとに郷社一社を設けなければならなかった。郷社は「式内カ従前ノ社格アルカ又ハ自然信仰ノ帰スル所カ凡テ最首トナルヘキ社」と定められていたから、前記新潟県蒲原・岩船両郡の郷社の場合、弥彦神社は氏子一〇〇戸足らずであったが「従前ノ社格」が国幣中社であるがゆえに郷社を兼ね、県社の青海神社、岩船神社は式内社としての由緒を持っていたから(氏子も七、八〇〇戸を数える)郷社を兼ねた。残る四つの郷社のうち式内社の可能性があったのは蒲原郡沼垂町の白山神社だけで他はすべて式外であった。しかし、いずれも氏子数や由緒からいっても郷社たるにふさわしい神社であり、その選定には異論はなかったものと思われる。

しかし、郷社選定に悩んだ地方もあった。たとえば長野県埴科郡がそうである。[21]同郡の同一区中には式内社が三社あり、かつそれ以外の旧藩以来藩主・領民の信仰が厚い一社が存在した。しかしこの神社――白鳥神社――には社職がおらず、祭典には右三社他の神職が奉仕していたという。神職はいなくとも崇敬の甚だ厚い神社であり、同県は該社を郷社に定めたき旨伺い出たのである。その理由は、式内三社のうちいずれか一社を郷社にすれば、他の二社の神職から不平が出るであろうが、神職のいない白鳥神社を郷社とし、その祠官には士族のうちよりその任に堪える者を選任したならば、式内三社神職も不満に思わないだろうから、というのである。この伺いは五年二月十七日に神祇省に出されているが、それに対する指令は「当壬申第一号布告取調差出候上可及指図事」であった。結果的には長野県の要望は容れられずに式内社の玉依姫命神社が郷社となり、他は村社とされた(六年四月。白鳥神社は三十一年県社となる)。政府(教部省)は多分、氏子神職のいない「崇敬・信仰の社」よりも、氏子を少しでも有した式内社を郷社にすべきと思慮したのであろう。神職と氏子を有すること(それらがいかに少なかろうと)が、郷社としての最低条件であったといえよう。

右の長野県埴科郡の場合は予め設定された戸籍区において郷社をいかに設けるかで悩んだ例であるが、前述したように廃藩置県後の県の統廃合(四年十一月の改置府県)による行政区域の変更が郷社選定は無論のこと、肝心の戸籍区設定に大きな混乱をもたらした地方もあった。その例として群馬県を見てみよう。

群馬県は沼田、伊勢崎、前橋、高崎、安中、七日市、岩鼻、小幡の旧八県から成立したが(四年十一月二十日)、飛地・入会地が多く従前の戸籍区を再編成する必要に迫られていた。そこで四年十二月二十五日大蔵省に宛てて、

先般戸籍御改正ノ儀被仰出候ニ付、編製方追々手運ヒ罷在候処、今般各県御廃置管轄一纏ニ相成候ニ付テハ、是迄孰も飛地入会ノ場所多く、夫々管地受取渡相済候上、土地ノ便宜ニ依リ各区更ニ建替、郷社・村社等相定区号・戸号等ニ至迄都テ改正不致候テハ、一定ノ基本相立兼候儀ニ付、精々手操取調可仕候ヱ共、御規則日限より編製方延引可致哉ニ付、此段申上置候也(22)

と、その戸籍編製作業の遅れを認めるよう伺い出たが、大蔵省は「全国一般ノ儀ニテ其県ノミ延期相成儀ハ不都合」として却下した。しかるに同県は五年に至っても戸籍編製および郷社設定は進んでいなかったようで、五月十七日にも「郷社・村社等区号戸号等判然区画改正不致ヲ得ズ」と述べている。それでも六月には戸籍区の区分は立てられていたようで、遅ればせながらも五年一月の神祇省第一号「府県郷村社社格区別帳調査提出」(提出期限は二月中)に基づく社格取調べに着手できる状態になった。

県社・郷社・村社神官人名当二月取調期限ノ処、当県ノ儀旧県ニ合併引渡済不相成候ニ付、其段元神祇省ヱ猶予

願置、当節戸籍取調大略行届大区二十二区ニ区分相立候ニ付テハ、郷社規則ノ通大区一区ニ郷社一社ツヽ相立、村社ノ儀ハ任適宜可成丈村費可相省御趣意ニ基キ人員減少致シ夫々神官人撰申付候積、且県社ノ儀ハ国幣中社貫前社ニテ為相兼、宮司ハ当県官員ノ内壱名兼勤、権宮司以下人撰次第申付候テ苦候哉、前顕ノ事柄ニテ当節迄延遅いたし其内追々ノ御沿革も有之義ニ候エハ、至当ノ所置振至急御指図伺度此段申上候也

壬申六月二十九日　　　群馬県

教部省御中(23)

まず以て体のよい猶予願いというに等しい上申であるが、この中で注目すべきは県社を国幣中社貫前神社に兼ねさせるということである。官社が郷社を兼ねることは郷社の性格・機能からいっても、また政府の方針からいってもありえたことであるが、官社が県社を兼ねるということはあまり聞かない。だが、この処置は一時的なもので、九月二十七日同県は「国幣社ハ則県社モ同様之趣ニ付県社兼之称ヲ廃シ郷社ヲ為相兼候様致度然ル上ハ氏子守札始取扱向繁多ニ付祠掌ヲ主典ニ改メ事務取扱候而可然哉」と伺い出、十一月十二日許可された(『社寺取調類纂』一四八)。

かくして群馬県は大区制に応じて一区ごとに郷社を設け、それを基に氏子調を行なうことになったのであるが、設定された郷社あるいは村社の氏子はあくまで戸籍区に基づいた氏子であり、信仰の次元でのそれとはズレが生ずることは勿論ありえた。これについても群馬県は左のように伺い出ている。

旧県々引渡ノ内鎮守ノ社氏子等仮令ハ十ケ町ノ内五ケ町ハ某社、五ケ町ハ某社ノ氏子ト下々争ヲ醸シ願出候向モ有之候、右ハ更ニ旧記等無之候ハヽ、其向々ニ氏神相立候テ不苦儀ニ候哉、全ク古老ノ里語歟或ハ聊ニテも記録有之向ハ、従来ニ居置候儀勿論ノ儀ト存候エ共、中ニハ元藩崇信ノ神社ヲ旧来鎮守ト崇シ、城下町々ニ於テハ市神ト称シ其ノ社ヲ別ニ相立信仰致シ、廃藩ニ付信仰ノ帰スル所を以氏神ト可相定ノ意も有之哉ニ相見ヘ候、一体当県下上州十一郡中所々纔ツヽノ異同ハ有之候エ共、出生ノ男女氏神ノ社エ初詣致し守札ヲ受ルモアリ、又不受

も多区々ニテ、偖成長ノ後他ノ区ヱ移住戸籍編入致し候ヱハ其区ノ氏子ト相成、初詣ニ申受候守札ヲ終身所持可仕もの共可相弁哉ニ相聞候、守札ノ儀ハ昨辛未ノ御布告モ有之儀ニ付、郷村社相立候上ハ早急其業ヲ一般ニ為行可申候ヱ共、前文氏子ノ異論ハ専ラ宗教ニ関シ候儀ニテ、何分尋常ノ裁判を以難論場合も有之、仍テハ旧記旧例ニ不泥衆人崇信ノ社ヲ氏神ニ相立不苦儀ニ御座候哉、又ハ信仰ノ社タリトモ旧来ノ氏神ヲ離レテ新タニ氏神ヲ設候儀ハ難相成御趣意ニ候哉、当節右等ノ事件芽生いたし一応ノ説諭ニモ差支候間、至急御差図相伺候也

壬申七月　　　　群馬県

教部省御中(24)

この伺いに対する教部省指令は「何社ノ氏子タル難決分ハ一町一村ノ民情ニ依リ適宜ノ処分可致事」であった。すなわち〝民情〟＝信仰形態によって〝氏神〟を設けてもよいということであり、画一的に当該戸籍区に応じた氏神を上から設定させるといったわけではなかった。この伺いにある「氏神相立候」とは、郷社・村社を設けることを意味していることは明らかであり、一区一郷社はともかくとしてもその附属たる村社をいかに「民情ニ依リ適宜」設定するかが問題とされたのである。

無論、行政的見地からいえば政府も地方官もなるべく氏神＝村社は少ない方が効率的と考えたであろうが、これは直接に神社(小祠)の統廃合に関係することでもあり政府は慎重を期していた(25)。民情の動揺をきたしてまで強引に郷村社を〝お上〟が設定し、氏子調を施行せねばならないということではなかったのである。〝民情〟に即応した郷村社制を政府は期待したのであり、まして地方官にあってはなおさらのことであった。それは左の史料によっても知られるであろう。

郷村社并祠官祠掌等撰定ノ義先般伺済ニ基キ、予メ取調出来寄候ヱ共、郷社ノ義ハ一区ニ一社ツヽ相立候積ノ所、区内ノ模様ニ寄郷社ニ尊崇可致程ノ神社無之分ハ、隣区ノ郷社を以為相兼候テモ可然義ニ候哉、且又従前社人多

人数有之候神社郷社ニ相定候分更ニ改正、祠官一名ニテ村社ノ祠掌を以附属為致候ノミニテハ諸般ノ事情行届兼候間、郷社ノ祠掌一名或ハ二・三名申付候テモ、地方ノ適宜ニ任セ不苦義ニ候哉、尤可成丈ク減少致候見込有之、村社ノ義も一大区中ニ二・三社或ハ四・五社ニ祠掌壱人ツヽ申付、自余兼持為致度是又郷社ノ事情ニヨリ、各区多少不同相成候とも不苦義ニ候哉、尚又御指揮ヲ得テ確定仕度此段相伺候也

壬申十月廿五日　　　　群馬県七等出仕加藤租一

群馬県令　青　山　貞

教部卿嵯峨実愛殿

教部大輔宍戸璣殿(26)

すなわち、㈠戸籍区内に郷社たるべき神社がない時は隣区の郷社を該区の郷社とすること(これは前記浦和県伺にもある)、㈡従前祠官一名のみの郷社に祠掌を新たに置き、郷社の社職を増員すること、㈢一大区中に村社を二、三社あるいは四、五社設け、その村社に祠掌を各一員置くこと、を伺い出たのである。これに対し教部省は十一月三日「伺ノ通」と指令している。

元来、郷社には祠官祠掌を置くことが「官社以下定額」によって明記されていたが、その員数は明記されていなかった(無論、祠官は宮司と同じであるから一員であることは自明であったろう)。ところが「郷社定則」によって村社が設定され、その社職は祠掌とされたので村社の祠掌のままで郷社の祠掌となった。これは四年七月十二日の伯太藩伺、(27)

一郷社ハ別ニ祠掌ヲ不置村社ノ祠掌兼候テ云ハハ郷社ノ祠掌村社へ出張神勤仕候心待ニテ宜候哉

に対して、神祇省が「伺ノ通」と意見していることからも明らかであろう。村社は郷社の附属とされたから名目上は村社祠掌は郷社の職員たる祠掌でもあったが、実際の職員は祠官のみであった。一人だけで郷社の役割・機能を果た

すことは群馬県伺にあるように「諸般ノ事情行届兼」ねたであろう。よって群馬県は郷社・村社にそれぞれ専任の祠掌を置くことを願い出たのである。これは「郷社村社ノ体ヲ相立混同無之様可取計事」という神祇省の方針が明示されていたこともあって[28]、教部省も認めたのであろう(ただし、当時郷村社祠官掌の月給は民費課出で四円、三円が給せられていたから、その増員には自ら制限があったし、それこそ「地方ノ適宜」であった)。

右の伺い出がすべて認められたことによって、群馬県は大区制採用に応じた郷村社の設定を六年三月までに終え、同月十二日、

当県管下郷村社撰定ノ義兼テ御指揮ノ旨趣ニ基キ別紙ノ通取調申候、右ニテ確定可仕哉、此段相伺申候也

と教部省に伺い出た[29]。この伺に対し教部省は「伺ノ通」としたが、但し書きとして「第一大区郷社八幡神社、第四大区郷社総社大神、第九大区村社伊香保神社三社ハ県社ト定メ郷社ヲ相兼可申事」とした(三月二十四日)。八幡神社は代々前橋城主の崇敬厚く、朱印一五石であったし、総社神社も城主秋元家代々の崇敬を受け、朱印も二六石あったから県社に列格されても不思議ではなかった。一方、伊香保神社は県の段階では一村社に内定していたにすぎないが、教部省はこれを県社兼郷社とするよう指令している。同神社は延喜式内の名神大社であり、かつ国史現在社でもある由緒ある神社であった。なぜ群馬県が、かかる神社を村社にしたのか明らかではないが、多分氏子数の少なさで村社とすべきと考えたのであろう(明治四十五年発行の『明治神社誌料』には氏子戸数一六二戸とある)。しかし教部省は氏子数の多寡よりも(無論、氏子が全くなければ問題は別となる)、「郷社定則」にいうごとく「式内」の社を郷社選定の第一条件としたのであった。

以上、各府県での諸社列格についての若干の事例を見てきたが、結論的にいえることは、㈠郷社は戸籍一区につき(大小の変更はあったが)一社が原則とされたこと――ゆえに「郷社定則」にいう「郷社ハ凡戸籍一区ニ一社ヲ定額トス」の「凡」は「およそ」と訓むべきこと、㈡官社・府県社が郷社を兼ねることもあり、なおかつ、官社が県社をも

兼ねられたこと(ただし一時的な措置)、㈢郷社・村社には明確な区別を立てることが要求されたこと、㈣郷社列格は都会地を除いて戸籍区の設定を前提として決定されたこと、㈤氏神＝村社選定に際しては人民の信仰の有無＝民情が重視されたこと、㈥氏子があれば、信仰の厚薄にかかわらず式内社が優先的に郷社とされたこと、㈦郷村社設定のために神社の合併・統廃合・合祀を政府は必ずしも奨励しなかったこと、㈧大多数の県にあっては、県社・郷村社は五年一月の神祇省布達第一号「府県社郷村社社格区別調査提出」の件によりその選定が本格化、そして確立は戸籍編製作業の完了以後の六年次に多く見られること、㈨郷村社制度は戸籍編製と密接な関係は有しているが、その制度の主眼は、氏神設定による氏子区域＝氏子制度の公的確立にあったこと、などであろう。

㈨に関しては少々説明を加えねばなるまい。「郷社定則」——従って郷村社制度——が、同時に公布された氏子調規則を施行するに際しての基本的受け皿となることはいうまでもない。しかし、この氏子調は周知の通り六年五月、わずか二年足らずで施行停止となった。[30] 全国的な郷村社制度がほぼ確立されて直後のことである。すなわち氏神＝氏子という関係が公的に確立したのちに氏子調は施行停止となったのである。しからば、氏子調施行の停止は「郷社定則」の消滅をも意味し、「定則」による郷村社制度の公的性格の消滅を意味したであろうか。これについて米地実氏は「郷社定則」は消滅したが、「既定の郷社格は変更しなかった」[31] といい、これに対し高木宏夫氏は「神社の社格制定法として敗戦にいたるまで現行法の地位を保っていた」[32] として、「郷社定則」が消滅していないことを述べる。

米地氏は恐らく『法規分類大全』社寺門にある「郷社定則」についての頭註を根拠としてその消滅を述べられたのであろうが、[33] これをそのまま採用することには疑問がある。なぜなら、六年五月二十九日の太政官布告第一八〇号は、あくまで氏子調の施行停止を述べたものであって、「郷社定則」に直接言及してはいない。しかし、この施行停止布告が〝誤解〟を招きやすかったことは事実で、神仏教導職はこの布告が「氏子調御見合ト申スモ産土神氏子等御廃止抔ノ儀ニハ万々無之ハ明々了々タル義ニハ候得共……氏子ノ名称モ御放廃ニ可相運左スレハ皇国ノ祖神ヲ敬拝セサルモ妨ナシトスルノ情ヲ生ン」ことを恐れ、教部省に、同省が氏子調停止と氏子制度が無関係である旨各府県に達するよう願い出ている。(34) 太政官正院当局も「百八十号ノ公布モ更ニ疑ヲ入ル可キ廉無之候得共老婆心ニ而同省ヨリ布達致候ハ不苦儀ト存候」として教部省達第二三号を出すことに同意した。政府にとっては、「郷社定則」による氏神・氏子制度と出産証書代行の機能をもった氏子調とでは自らその性格・目的が違うことは自明のことであったが、(35) "誤解"を避けるため敢えて布達したのであった。"氏子解放"は、近代神社制度の根幹を揺がすものであり、国民教化活動の展開の上からも容認できるものではなかったのである。「郷村社区別方ハ勿論氏子之儀モ可為従前之通」ことにいささかの変化もなかった。

(1) 『法規分類大全』一一四頁。指令は七月五日に出ており、「伺ノ通タルヘキ事」であった。
(2) 『法規分類大全』一一六頁。
(3) 当時、氏神よりも産土神の方が一般的にはよく使われていたようである。三年六月の長崎県氏子改規則にも「産土神社」と見え、また六年一月に秋田県が以前指定した県社・郷村社を一旦取消した際の布達にも「但追而指揮に及候迄産土神は従前之通可相心得事」とある(『秋田県史』資料明治編下、九七七頁)。だから、氏神よりは産土神の方が村民にはなじみがよかったといえよう。
(4) 『公文録』辛未七月神祇官伺「郷社ノ儀ニ付御布告伺」。
(5) 高木宏夫「宗教法」(『講座日本近代法発達史』七、勁草書房、一九五九年)一〇頁。
(6) 『公文録』辛未自四月至七月浜田県伺「式内神社外六件取調ノ儀ニ付申立」。浜田県は県常備金の定額を増し、それによって官員増員、調査促進を図ろうとしたが、大蔵省は常備金不足を理由にした官員増は認められないとして却下した。
(7) 四年六月若松県は「管内諸社ノ中式内及大社其外由緒有之旧社ニテ官社以下ノ列ニ御加可相成見込ノ分別紙ノ通御座候間猶御差図御座候様仕度候且右社以下小社ノ分向後取扱方ノ儀ハ如何相心得可申哉」と伺い出た。指令は「式内及大社其外由緒有之旧社ハ先郷社以上ニ見込夫々区別相立可伺出其外ノ小社ハ村社ト可心得事」であった。
(8) 『法規分類大全』一三〇―一三一頁。『公文録』明治五年壬申教部省伺八月「官国幣社府県社総数ノ儀往復」参照。な

お、国幣中社も所在未定が四社、同小社所在未定も一社あった。

(9) 『公文録』辛未自正月至七月浦和県伺「県社郷社改正ノ儀ニ付伺」。なお浦和県は四年十一月十三日の改置府県によって忍、岩槻とともに埼玉県となり、初代県令には野村盛秀が就任している。この新県設置によって豊島郡は東京府、横見、大里、男衾三郡は入間県にそれぞれ編入されたから、従前の浦和県が選定した県郷社が一旦消滅するのは当然のことであった。

(10) 米地、前掲書、一九二頁。

(11) 官社が郷社を兼ねた例としては、官幣大社大鳥神社(堺県)、国幣中社弥彦神社(新潟県)、同諏訪神社(築摩県)等がある。明治五年七月、鳥取県は教部省に宛て「一国幣社禰宜以下ニ而村社兼勤者難相成哉適宜ニ而兼勤不苦候得共任状之儀祠掌兼勤ニ照準致シ可然哉、一同断兼勤之禰宜以下郷社祭奠之節祠掌同様出頭事務取扱候而可然哉、郷社祠官ニテ村社兼勤之儀先達元神祇省ニ奉窺候処一両社兼務不苦旨御差図御座候得共此段任状之雛形ニモ相見不申ニ付祠官ハ兼勤難相成哉或ハ一社ハ郷社ニ而不都合之向ハ村社兼勤可然候得者任状之儀ハ如何取斗哉」と伺い出ている。これに対し六年一月三十一日、「第一条　郷社ヲ兼候国幣社ノ神官其区内ノ村社ヲ兼勤致候儀ハ不苦任状之儀ハ伺之通　但本社事務之繁閑見合可申付事　第二条第三条　第一条ノ指命ニ照準可致事」と指令している(『社寺取調類纂』一七二)。結局、国幣社の神官が郷社・村社の神官を兼勤することもあったのである。ただしこれは短期間であり、七年五月の時点では国幣中社の大麻比古神社と伊弉諾神社に見られるだけである。

(12) 『新潟県史』資料編一四、近代二、明治維新編II(昭和五十八年)、六六一頁。

(13) 『新潟県史』六六一—六六二頁。

(14) 『新潟県史』六六六—六六七頁。

(15) たとえば長野県高井郡野沢村中尾組では、一村一社制により従来の小祠が湯沢神社に合祀されたが、中尾組での産土神である八幡宮だけは「従来之通リ産神ニ致度」と五年三月に長野県に願い出ている(『長野県史』近代史料編一〇、一二五—一二六頁)。

(16) 六年二月八日県令楠本正隆名で教部省に上申、同十九日許可された。

(17) 秋田県の場合、五年四月に県郷社を指定したが、六年十一月取消し、同年十月改めて県郷社を指定している。しかし新潟県のような大区の郷社ではなく、小区の郷社である。すなわち、平鹿郡八沢木村羽宇志別神社は県社として第六大区四小区の郷社を兼ね、秋田郡秋田旧城廓内の八幡神社も同じく県社として第一大区一、三小区の郷社を兼ねた(『秋田県史』

資料明治編下、九七九頁）。なお田中秀和「近代神社制度の成立過程」によれば、青森県の場合には戸籍区が設定されていない段階では郷社設定は「組中」を基準にしたが、結局頓座したという。

(18) 以下の記述は『東京市史稿』市街篇五三および『東京都神社史料』五に拠る。

(19) 氏子持ちの無格社は当然最寄の村社の附属となったわけである。たとえば第二大区十五小区の無格社神明宮は氏子数二九三戸（一二一七人）で村社霞山稲荷神社に付された。しかし同社は東京府の氏子調開始（六年二月）により天祖神社と改称され、従来の氏子区域である麻布龍土町・林木町・六本木町の各氏子に氏子守札を出すようになった（六年四月）。

(20) 東京府から氏子調停止が申し立てられたのも、この氏子区域の複雑さが主たる原因であった。たとえば同じ村社の氏子区域とされても他の村社の氏子に付された場合もあった。すなわち、麻布桜田町には村社霞山稲荷神社が鎮座し、同町には氏子三〇〇戸があったが、この氏子は本村町鎮座の村社氷川神社に付されている。

(21) 前掲、『長野県史』一一九—一二〇頁。

(22) 『群馬県史』資料編一七、一一一頁。

(23) 『群馬県史』一六〇—一六一頁。『社寺取調類纂』一四八をも参照。

(24) 『群馬県史』一八〇—一八一頁。

(25) 明治六年九月二十八日、左院事務総裁後藤象二郎は「名東県中属岩本晴之建白神社合併之儀敬神之御趣意ニ悖ラス且淫祀ヲ尊崇スルノ弊ヲ芟除スル等尤之儀ニ付建言之趣御採用相成可然ト致商議候仍テ建白書相添此段上陳候也」と三条太政大臣に上陳したが、正院当局は「至極適当」としながらも「大ニ民情ニ関シ不測之弊害可有之容易ニ御採用難相成」きとの議案を上陳、下問を受けた教部省も十一月九日に即今は実施しにくい旨上答している（『公文録』明治六年十一月左院伺「神社合併ノ儀ニ付名東県中属岩本晴之建白書上申」）。

(26) 『群馬県史』一九二—一九三頁。なお、『社寺取調類纂』一四八では、発信日を「十月廿三日」としている。

(27)(28) 『法規分類大全』、一一七頁。なお、地方によっては便宜的に—短期間のことと思われるが—「準祠掌」が置かれたところもある。福島県では四年十月、信夫郡第四区郷社東屋沼神社、第五区郷社白和瀬神社に準祠掌が各一名置かれることとなった（『福島市史資料叢書二五』五八頁）。さらに同県では、準祠掌名のみで氏子守札を出している。原則として氏子守札は村社から出す場合も郷社祠官の連署が必要であったが、同県信夫郡第一大区小七区丸子村の村社大地主神社の守札の場合「准祠掌木ロ弘□明治五壬申年八月」とのみ記されており、郷社祠官の連署はない（『福島市史』近代一、二〇四頁。なお、米地前掲書、二二三―二二四頁、参照)。なお、明治十六年、長崎県では副祠官設置が認められている。

(29)『群馬県史』二六三頁。

(30)氏子調が実際に施行されたのは明治六年に入ってからが多いようであるが、五年二月には「守札請氏子帳」を作成していたところもある(島根県・国幣小社物部神社)。また胆沢県(現岩手県)では四年十二月二十三日に「先般、布告ニ及置神社氏子調之儀、御改正云々ニ付、来月廿五日迄ニ出生ノ児ハ勿論、老幼ニ不拘其村社へ参拝致シ、守札ヲ可二相受一候。尤社参ノ者ハ、所・姓名・歳ヲ記シ、村長・総代又ハ組頭等ノ証書ヲ以神官へ可二差出一、且寄留ノ者モ前同様、都テ過日御布ノ御規則ニ倣へ可二取計一、右ハ神官へモ相達置候条、小前末々迄、守札相受候儀、無レ洩様屹度可二触示一事　千厩出庁」との触が出されている(『岩手県史』六、近代一、八八三―八八四頁)。

(31)米地、前掲書、二一三頁。

(32)高木、前掲「郷社定則と戸籍法」三二三頁。

(33)『法規分類大全』一二〇頁。

(34)『公文録』明治六年六月教部省伺「氏子調ノ儀ニ付伺」。なお、本書第四章に全文紹介してある。

(35)五年九月の時点で既に左院は、氏子調はやがて民法(=出産証書等の身分証書の総称)に移行すべきものと考えていた。

四　政府の諸社行政

本節では、諸社に対する政府・地方官の行政的措置――主に郷村社祠官掌の処遇――について若干の検討を行なう。まず「神社改正規則」の検討から始める。諸社関係の規則は左の通り(便宜上、条数を付す)。

(一)府藩県社郷社二等ノ内社格ノ等差地方ノ適宜ニ任ス

(二)同上神官改補新任ノ規則官社ニ同シ

(三)府藩県社ノ祠官ハ国幣小社権禰宜相当ニ準シ郷社ノ祠官ハ府藩県社祠官ニ準シ祠掌ハ凡テ郷社祠官ノ下席タル

可キ事

㈣祠官職ニ任セハ地方庁ニ於テ任状及ヒ祭式職制ヲ授クベシ祠掌ハ地方ノ撰任ヲ以テ一社ニ於テ是ヲ任ス

㈤祠官祠掌地方ノ管轄ト雖モ事件ニヨリ伺ノ上処置スヘキモノハ官社ノ規則ニ同シ

㈥官幣国幣ノ外社頭公収ノ諸社営繕社用ノ入費等適宜ノ処置取調ノ上伺出ヘシ

まず㈠についてであるが、「地方ノ適宜ニ任ス」とはいっても、その決定権は中央政府にあった。(1) これはいうまでもなかろう。㈡の神官の改補・新任であるが、府県社以下の神官属籍は神祇官の三年十一月上申「別冊見込」および四年一月布告案では祠官は士族、祠掌は卒となっていたが、この規則では何ら触れられていない。よって、四年七月四日の伯太藩伺にあるごとく祠官祠掌は「士卒平民本籍ノ儘申付」けられたのである(新任の場合)。ところが、祠官は士族、祠掌は卒と思っていた藩もあるらしく、大村藩は「一祠官ハ士祠掌ハ卒天下一般タリ云々」を挙げて伺い出ている。(2) これは「神社改正規則」にはない条項であり、恐らく四年一月布告案と混同したのであろう(なぜこの案を知ったのかは不明であるが)。また壬生藩も同様なことを伺い出ており、五月布告以前の段階で「原案」が流れていたとも考えられる。地方においては独自に社職の〝吟味・処分〟を行なっていたところもあり、それに関して中央政府の指令を伺っていたから、その時に〝情報〟として伝わったことも考えられる。(3)

いずれにせよ、神官新任の場合は本籍のまま祠官掌となったのであるが、従前の神官が改補新任の場合には「従前叙爵家禄等有之又ハ家柄身柄自ラ士ノ体裁ヲ存スル者」が士族とされ、自余は民籍に編入されたのであった。(4)

ついで㈢であるが、これは府県社以下神社神官の公的位置づけにも関わることであり、さらには五年二月二十五日公布の「神官給禄」に関係してくる。神官身分と禄制については㈥ともども、諸社の位置づけに直接関連する重要問題である。

㈣の「任状・祭式職制」については「一定ノ規則追テ差図ニ可及事」と指令されたが(七月五日)、「祠掌ハ地方ノ撰任ヲ以テ一社ニ於テ是ヲ任ス」に関しては「祠掌ハ地方選任ヲ以テ任状祠官ヘ相渡一社ニ於テ祠官ヘ可相渡事」と指令された(5)(十月八日以後の指令)。㈤は「規則」以外の事件が生じた場合の手続き・処置を述べたまでで別段問題はなかろう。

さて、㈢と共に諸社制度に重要な意味をもつ㈥であるが、これは直接に神社経済に関連する条項である。以下、神官の禄制を含めた諸社の経費について見てみよう。

四年一月五日、社寺領上知令が出され、㈠上知に当っては相当の禄制を定めた上で廩米を下賜すること、㈡領知以外の領主等による米金寄附は廃されるが、家禄のうちからの寄附はこの限りではないこと、が布告された(6)。ついで五月二十四日、「社寺領上知につき、境内の区別を一定し、収納ある分は、六ケ年平均取調べ」を提出することが各府藩県に達せられ、さらに七月四日「神社禄制」制定のための「神社収納高仕訳帳」作成、提出が命ぜられた。また同日、官国幣社以下の神官家禄が制定された(官社神官の官禄定則は追って制定)。

従前社領・朱黒印地のあった神社には廩米が給せられたのであるが、旧領主等の〝崇敬〟で成り立っていた神社は「寄附米」の廃止によって大きな経済的打撃を蒙った。特に旧藩の崇敬社たる県社にその影響は大きく出た。たとえばそれは、盛岡県が四年六月十八日、岩手山神社等三社を県の崇敬社、志賀理和気神社等九社を「管内崇敬大社」、姫神巌神社等一六社を「崇敬小社」として挙げ、左のように伺い出たことからも知られよう(7)。

別紙之通庁下崇敬ノ神社追々御規則相立候迄従来ノ通神祭取行公廨費ニ致シ可然哉ノ旨藩時去年六月神祇官ヘ相伺候処伺之通タルヘキ旨御附紙ヲ以御差図御座候然ル処同年七月県ニ被仰出候得共同様公廨費ヲ以祭事取行且大小破普請等ヲ官費ヲ以仕払仕可然哉此段更ニ奉伺候同之通被仰出候御儀ニ御座候ヘハ入費差積大蔵省御証印頂戴仕度奉存候依之奉伺候以上

この伺いに対し政府は「官社ノ外営繕入費公廨ヲ用候儀ハ不相成御規則ニ付伺之諸社地方適宜ヲ以営繕等可有之県社

郷社ノ区別ハ追々可及差図事」と指令した。だがこの指令には混乱が見られる。なぜなら官幣社の営繕等の入費は官費とされたが(大蔵省が下行)、国幣社については「公廨入費ノ外タルヘシ尤地方ノ見込ニ任セ或ハ従来ノ処分ニ任スモアルヘシ」とされていたからである。つまり、従来藩費で賄っていた営繕等は「地方ノ見込」あるいは「従来ノ処分」(旧領主の寄進等)に任すのであって、府藩県の「常備金」を営繕等に支出してならないとしたのである。だから国幣社の営繕等は府県社以下と同じ扱いであった。すなわち「氏子持或ハ相対寄進等適宜ノ処置取調相伺候儀府県社郷社同一ニ可有之哉」という兵庫県伺(四年十月八日)に対し「伺之通」と指令されていることによってそれは明らかであろう(ただしどの県も兵庫県と同じように考えたわけではない)。

右に見たように政府も地方官も、神社の営繕・維持等の経費に関する考え方は統一を欠いており、その端的な例は次に挙げる新潟県伺いにも見てとれる。(8)すなわち、

官国幣社ノ外社領上収ノ諸社・営繕社用ノ入費等適宜ノ所置取調ノ上、可伺出旨御規則ニ有之候間、当県管下県社・郷社・村社式年造営分、営繕祭典社用等ノ見込、左ノ通奉伺候、

として、県社は一〇〇年に一度の式年造営に五〇円、年分営繕に一〇円を下すこと(不足分は氏子等が寄付)、祭典料は年二円五〇銭を奉納すること、また郷社には式年造営に際して一〇円を寄付をするも、年分営繕は氏子持ち、祭典料は一円五〇銭の奉納、村社には祭典料として一円を出すこと、余のことは氏子持ちとし造営に際しては境内樹木を使用すること、等を伺い出た(五年四月二十四日教部省宛)。この伺に対し教部省は「造営祭典料ノ儀ハ、都テ民費ト相心得適宜之取計可致、樹木伐払ノ儀ハ不相成事」と指令した。新潟県は(六)にいう「適宜ノ処置」により、県として崇敬すべき県社には特にその意を用いたのであろうが、廃藩置県による旧藩権力の消滅で、元来〝藩〟の存在を想定しての県社(藩社)の位置は大きく変化せざるをえなかった、少なくとも中央政府はそう考えていた。

しかし新潟県のように、地方が独自に県社郷社に対して行政的措置をとれると考えた県も多く存在したようである。

諸社が地方官の所管とされ、「営繕社用ノ入費等適宜ノ処置取調」と「規則」に謳われているのだから、地方官が新潟県のように思慮したとしてもおかしくはなかろう。まして府県社神官には給禄が官給されていたのだから。

明治五年二月十四日の段階では政府の方針として諸社の祭典・営繕等の入費はすべて民費で賄うことが定まっていたが(後述)、右に述べたように神官の給禄に関しては同じく諸社とはいっても区別があった。五年二月二十五日、太政官第五八号により官社以下府県社郷社神官給禄の定額が公布され、府県社祠官は五両(等級は一五等)、同祠掌は三両二分(同等外二等)、郷社祠官は四両(同等外一等)、同祠掌は三両(同等外三等)、とそれぞれが定められた。しかし、「郷村社ノ儀ハ官幣国幣府県社ト違ヒ民費ヲ以課出ノ規則ニ候条尚更弊害ヲ不生様於各地方注意致スヘシ」とあるように、同じ諸社にあっても府県社と郷社は明確に区別された。なぜかかる区別がなされたかは不明であるが、常識的に考えるならばその数の差が最も大きな要因であろう(もちろん社格の等差が原則であろうが)[9]。

神祇省は四年九月頃からこの神官給禄制定に着手していたようである。

府県社祠官祠掌職料ノ儀社領公収ノ上今般改正社柄ニ応シ左ノ通御治定可被仰出候哉
　但社領公収ノ件並合社等ノ見込別紙ノ通ニ候事
一、八両　府県社祠官
一、五両　同祠掌
右府県公廨ヨリ遣之候事
一、七両　郷社祠官
一、四両　同祠掌
右一郷氏子中ヨリ戸別割賦ノ上地方官取扱夫々祠官祠掌ヘ遣之候事
右二ケ条御評議相伺候事

辛未九月十日　門脇神祇少輔
　　　　　　　福羽神祇大輔
正院御中(10)

この時点での神祇省の給禄案は実際に公布されたそれよりもかなり高く、大蔵省の意向なども あって減少されたのであろう。だが給禄を官給(府県社)、民課(郷社)すること自体に大蔵省は異論はなかったようで、それよりも同省にとって気懸りなことは諸社の祭典・営繕費等の取扱いを神祇省がいかに考えているかであった。大蔵省は五年二月五日神祇省に左のごとく問い合せた。(11)

一府県社ハ一府一県ニ一社ト定メ其已下ハ郷社ニ準シ可申哉
一府県社年中ノ祭資及ヒ営繕ノ費用ハ当省下行ノ御見込ニ候哉或ハ民費ニ課スル等ノ御見込有之候哉
一郷社已下ノ祭資及ヒ営繕等ノ経費ハ民費相当ニ可有之候得共一社ニ付年中ノ費用凡何程位ノ御見込ニ候哉
　右件件為御問合申候条至急御答有之度候

これに対し神祇省は二月十四日、

一府県社ハ一府一県ニ一社ト定メ候儀ニ無之土地柄ニ寄候テハ二社乃至三四社モ可相定見込ニ候
一府県社祠官祠掌月給御省下行ニ候上ハ年中ノ祭資及ヒ営繕等ノ費用総テ民費ニ課候テ可然儀ト存候
一郷社以下ノ祭資及ヒ営繕等ノ経費ハ勿論民費相当ニ候処社柄ニ寄候テハ氏子ノ多少モ有之自然即今全国一定ニ至兼旁先従前ノ振合ヲ斟酌適宜ノ方法相設於地方官篤ト取調候様致度事

と回答した。右によれば、大蔵省はこの時点においては府県社の祭典・営繕費等の官費支給もありうると考えていたようであり、各府県に一社ならばあるいは可能と思って一、二条の問い合せをしたのかも知れない。しかし神祇省は一県一社とは考えておらず、また祠官月給の官給が決定していたこともあって祭典・営繕費等まで大蔵省が下行すべき筋合いのものではないと判断したのであろう（「民費ニ課候テ可然儀ト存候」がそれを物語っている）。かくして府県社神官には大蔵省から月給が下行され、また郷村社神官には民費課出金から月給が支給されることが決したのであるが、この支給も長続きはせず、郷村社神官の民費課出による月給は翌六年二月二十二日に廃止され、府県社神官の月給官給も同年七月三十一日に廃止された。

明治六年という年は二月二十四日に切支丹宗禁制高札の撤去、五月二十九日には氏子調施行停止がそれぞれ布告されたことや、前記月給廃止の布告もあったことから、従来のいわゆる神道国教化政策ないし神道優遇政策が後退した年として一般に理解されている。たとえば安丸良夫氏は、欧米諸国が信教の自由の承認を条約改正交渉のための前提条件としたことから日本政府は「神道にたいする特別の保護」を緩和した旨述べている。[12] また中島三千男氏は、かかる布告を「放任状況」、つまり「国家及び地方庁が神社神道を単なる一つの宗教として位置づけ、特別の関係を持たないよう」な状況として捉える。[13] すなわち「神道国教化政策の崩壊期」の始まりという。さらに宮地正人氏は「神道・仏教の関係を調整するため」に「神祇官・神祇省期の諸政策の若干の手なおし」と規定している。[14] このように様々な説が出されているが、今少し検討を加える必要があると思う。以下、諸社行政で最も重要な方針変更とされる郷村社神官給料の民費課出廃止に至る経緯について関係史料を紹介しながら見ていこう。

明治五年九月二十三日、三重県権典事奥田淑は左の伺を教部省に呈した。[15]

一月給之儀御規則之通ニテハ賽物等之下賜モ有之自ラ過分ニ相成且民費モ相嵩候ニ付県之見込ヲ以相当給料差遣候様仕度各県一般之御規則ニ差響候儀ニは候得共見込之通ニ相成候得ハ都合之筋ニ相成可申事

右之趣可伺出旨県地ヨリ由来候間書面之通取斗候而可然哉至急御指令ニ相成候様仕度此段奉伺候以上

この伺に対する指令は十月二日に出され、それは「月給定額之通可相渡尤人員減少兼勤為致候儀は可為適宜事」というものであった。ところでこの三重県伺に先んじて酒田県からも八月三日に「郷社祠官祠掌月給之儀伺」が教部省に出ている。

郷社祠官祠掌月給之義定額之通氏子中へ課出可相渡旨先般御布令ニ御坐候然ル所村社之氏子者従前之通ニ而社職茂亦従前之通是ヲ祠掌トスルノ御規則ニ有之依而者祠掌之義村社之数ニヨリ一定不仕儀勿論ニ御坐候得共遠国辺鄙之村々ニ至テハ仮令上区中ニモ村社祠掌八九人或は十八九人程有之候茂相見中ニ者一区不残郷社之氏子ニテ別ニ村社無之所茂御坐候ニ付而は祠掌之多寡毎区悉不同ニ付随テ右月給氏子銘々へ割合為差出候義茂悉不同ニ相成今度新規課出ニ付而は差向殆差泥ミ候次第御坐候尤祠掌之員数可相成丈減少候様御達ニは候得共現在之村社へ別ニ祠掌相立不申郷社祠官抔ヨリ兼勤為致候儀は品々差閊之次第不少事実行届兼去迚村社合併致候儀は兼テ村社之氏子相改不申御布告一同承知之義ニモ有之且下民之情今更他社之氏子ニ相改候義ハ一同甚不安次第御坐候間旁不得止右村社祠掌月給之儀無余儀分ニ限リ当分之内必定額不拘氏子之多寡村町之景況ヲ以適宜ニ課出仕候様取斗申度奉存候条別段之以御詮義御聞届被下度奉存候此段相窺候也

壬申八月三日　　　　酒田県

教部省御中

かなり詳細に管下の現状を述べて、民費課出の「適宜」を訴えたのであるが、教部省は十月十三日、

書面之趣難聞届事　但管下一般平均之課出方法相設処分可致事

との指令を出した。

右に記した三重、酒田両県は直接民課廃止を述べていないが、郷村社神官給料の民費課出を廃止すべきことを申し立てた県もあった。(16)茨城県と鳥取県であり、いずれも大蔵大輔井上馨に宛てたものである。茨城県参事渡辺徹の伺は左のようなものである。

当二月中御布告御坐候神官給禄定額ニ準シ管内郷村社祠官祠掌給禄致計算候処合金五千百六十円ニ相成申候然ル

ニ一体県下民費ニ課スヘキ分修繕向ヲ始メ戸長給料其他一ケ年総計凡金三万五千円余有之右ヘ神官給禄ヲモ相加ヘ候時ハ許多之金額ニ相昇リ必然下民之苦情ヲ生シ取立方容易成間敷殊ニハ新県創立之際事務繁劇之戸長スラ給料僅ニ金四円ニ不過夫猶相厭ヒ候細民之心情ニ候間右郷村社神官之給沾官ヨリ取立候儀ハ相止メ人民之信仰寄附スルニ任置申度依此段相伺候也

壬申九月　　茨城県参事　渡辺　徹

大蔵大輔井上馨殿

ついで鳥取県参事の関義臣はさらに激烈な調子で、郷村社神官の民課廃止を訴えた。

郷村社神官給禄之儀ニ付奉建言候抑郷村社神官給禄民費課出渡方之儀御規則之通先般伺ヲ経置候処祠官祠掌戸長之給料入費而已ナラス凡正租雑税之外民費課出之条件追々多端新旧合シテ殆ト数十ケ条間々ニハ従来官費ニテ相済来候分モ往々相加候処愚夫愚婦毎事驚歎地方官取扱方甚困却之次第有之候旧藩中縁故有之附与致居候米銀モ御引上相成貸附致居候米銀御取立相成救助致来候米銀モ御廃止ニ相成夫是御改正事ニ愚夫愚婦之意外ニ出候折柄当今之御主意徹底不致内ニ町々之出費ニテモ亦驚歎深クハ難咎場合モ有之候就中前日神官ハ其信仰之者ヨリ祓除祈禱配札等之謝物トシテ米麦蔬菜何品ニ限ラス手許有合之土物ヲ捧ケ謝物関係無之者ハ勝手次第之習俗ニ候処信不信ヲ論セス千門万戸遺漏ナク一般金貨課出ニ相成候事是驚歎ノ一ケ条ニ候毎区神官ト間近キ役筋ノ者ハ戸長副戸長ニ候処其繁劇ハ目撃スル処然ルニ神官ノ儀ハ氏子取調守札渡方等ノ世話モ有之儀ニ候得共初穂賽銭ノ受納モ有之且其戸長副戸長ト事務ノ閑忙心骨ノ労逸其懸隔不啻候処其給料ニ於テハ左程ノ相違モ無之是驚歎ノ二ケ条ニ候先般府藩県社領寺領御取調ニテ社寺現在ノ境内ヲ除ク外朱印地山林田畑ニ至迄一切上地ノ上追テ相当ノ禄制可被定旨被仰出旧領主寄附米等モ家禄ノ内ヲ以相渡候分ノ外追々御引上ニ相成ニ付愚夫愚婦ノ億度想像致候処ニ而は右上地米致シ候而は仮令元朱印地ノ外ニテモ些少ノ官禄ハ可有之歟但神官改任相成候は右上地米ノ分ヲ以総神官

へ分配被下候事ト彼是擬議罷在候処忽然民費課出ノ御定則ニ相成是驚歎ノ三ケ条ニ候今般新ニ教導職被置候処等級アツテ俸給無之尤モ多分他官ヨリ兼勤又は名山巨刹有禄ノ僧徒等ニ而別段給被下ニ不及場合モ可有之候得共何分一道ニ教導職ニ被任万民ノ師表ト相成身分ニ候得ハ人材学術非凡傑出其労モ亦不少道理ニ候処一銭一粒不被下然ルニ一郷村ノ神官何等ノ功徳モナク却テ若干ノ給料ヲ忝クス云々是驚歎ノ四ケ条ニ候其他嚚々愚夫愚婦ノ論固ヨリ不足為意候得共下情壅塞難仕勿論ノ御主意ニ於テハ地方鎮護ノ神社へ奉仕シ歳時祭祀民ノ為ニ災祥ヲ祈禱シ神道ヲ守リ邪教ヲ防キ終ニハ教導職ノ末班ニ備ルヘキ者ニ付無禄無給ニテハ難相済トノ儀奉恐察候加之無禄無給之神職自分糊口ノ為呪咀符水種々ノ妖術ヲ行ナヒ不正謝物ヲ貪リ候事従来ノ流弊不可不矯ヲ此則維新ノ今日神祇御崇敬ノ余右様御治定相成候儀ニモ可有之候得共唯其民費課出ノ儀前顕民情モ有之還テ神祇崇敬方ニモ差響候儀ニ付冀クハ向後被廃止祓除祈禱ノ初穂謝物等は宜時物信仰ノ輩心次第ニ為致社納候様相成候得ハ敢而上命ヲ不待愚夫愚婦自然ニ神徳ヲ感戴致シ崇敬ノ道相立ベシ則人物精撰流弊視察等ニ於テハ地方官取斗方モ可有之旁以早々御廃止相成度事ニ存候其内尚流幣御懸念御崇敬ノ御主意不為被叶トノ儀モ有之候ハヽ戸長副戸長事務繁劇兼勤容易ナラス哉ニ候得共幸ニ各所最寄ヘ住居ノ者ニ付無余儀差支候向は少々増員被設置是等ヘ兼勤申付候様仕候得ハ是亦一弁利ニ奉存候尚モ不体裁トノ儀ニ候得ハ何卒国幣社県社ノ神官同様悉皆官給ニ相成候様奉存候右三件ノ内何抔被仰付候哉是等ノ趣当県限リ別ニ奉願候儀ニハ無御坐何方モ同様ノ筋ニ付各府県一般御改正ト御評議ニモ相成度既ニ御定則ニ相成候儀ヲ左議申上候姿恐縮仕候得共苦心ノ余リ不憚忌諱上言仕候幾重ニモ御採用ノ程奉懇願候誠恐誠恐頓首敬白

壬申十月　鳥取県参事　関　義臣

井上大蔵大輔殿

以上郷村社神官給料民費課出をめぐる三重、酒田、茨城、鳥取四県の伺書を紹介したのであるが、前述したように教部省宛の三重、酒田両県伺は民課廃止を直接には述べておらず、地方の「適宜」により月給高を決定したいといい、反対に大蔵省宛茨城、鳥取両県伺は民課廃止を端的に述べている。同じく民費課出に対する疑議であることに変りはないが、宛先の省がそれぞれ異なっていたため事前の連絡は両省間では行なわれなかった。つまり両省とも独自にこの伺を検討し、それぞれ正院に該省の意見等を伺い出たのである。

まず十一月七日、大蔵省が左の伺及および布告案を上申した。

鳥取県参事関義臣茨城県参事渡辺徹郷村社祠官祠掌給料民費分課ノ儀御改正有之度旨別紙二款ノ通申立致査閲候処御新政以来民費分課ノ事件不少右ハ素ヨリ条理不得止ヨリ御指令相成候次第ニハ候ヘトモ頓ニ開化ニ遷ルノ人民民力苦難ノ際可成繁ヲ去リ民物ヲ蕃殖為致度然ルニ右派課ノ金員両県申立ニモ略相見ヘ候通頗ル至大ノ頂額ニ相嵩ミ且給料ノ多寡戸長副戸長ト大逕庭無之労逸ハ大ニ懸隔致シ候等事実支障ノ儀ハ申立ノ通ニ可有之依テ自後右給料官ヨリ人民ヘ分課致シ候ハ相廃シ一切民ノ信仰寄依ニ任セ節物等取交適宜給与為致申度存候尚厚ク御詮議至急御許允相成度別紙二綴御布告案添此段相伺候也

壬申十一月七日　大蔵大輔井上馨

正院御中

御布告案

各地方郷村社祠官祠掌給料ノ儀県ニテ人民ヘ分課為差出候処爾後相廃シ一切民ノ信仰ニ任セ適宜給与為致可申此段相達候事

ついで同月十日教部省も先の酒田県、三重県伺をもとに郷村社神官月給の民費課出方法についての修正を正院に伺い出た。先の両県伺に対する指令では、「定額」変更を一切認めていなかったが、その後の検討によりやはりこれではあまりに地方の実情を無視したものと考えたのであろう。

壬申第三号御布告官社以下府県郷村社神官給禄ノ定額被仰出候処郷村社ノ儀ハ民費課出ニ付成丈ケ兼務ヲ以人員減少イタシ候ヘ共於地方官種々苦情有之趣申出候ニ付今般更ニ各地ノ民情并社務ノ繁簡等ニ寄地方官ノ見込ニ任セ定額増減適宜ノ渡方為致候方可然存候依テ御布告案相添此段相伺候也

　壬申十一月十日　文部兼教部卿大木喬任

　　正院御中

　御布告案

第三号布告官社以下府県郷村社神官給禄定額被仰出候処郷村社神官ハ各地ノ景況ニ寄事務ノ繁簡モ有之儀ニ候条自今地方官ノ見込ヲ以右定額増減適宜ノ渡方取計不苦候事

　壬申十一月　　太政官

このようにほぼ時を同じくして大蔵・教部両省から郷村社神官給料民課について廃止・修正両案が上申された。正院では別々に受理されたが、元より同一事件につき両省の連絡を不可欠としたことはいうまでもない。そこで十一月十二日に正院は教部省に対し、

過日府県郷社神官給禄之儀ニ付被伺出候処尚又大蔵省ヨリ別紙之通伺出候間及下問候条意見早々可被申出候仍而意見被申出候迄過日被伺出候分は留メ置候也(17)

と達し、井上上申および鳥取・茨城両県伺書を添付して教部省意見を求めた。そこで教部省はまず左の「郷村社祠官祠掌給禄之儀ニ付正院へ御答議按」を作成した。

郷村社祠官祠掌給禄氏子課出之儀ニ付鳥取茨城両県参事ノ建言大蔵大輔ノ上達ヲ按スルニ方今各地方共課出ノ金額多項ニ渉リ下民之難情官吏ノ苦心尤推想ニ堪々タリ乍然今日租税法ヲ始百般ノ民政釐新之際ニ当テ上下此等ノ苦難ハ敢テ驚ク可キニ非ラサル也夫昨辛未五月天下神社ノ社格ヲ定郷村社ノ神官モ悉ク旧職ヲ解キ新ニ当器ノ人

物撰任被仰出後又其給禄ノ定額ヲ立テ氏子課出ノ法ヲ被為定候ハ固ヨリ敬神護民先御趣意則チ神社ハ小官省神官ハ小官員而〆其所掌社頭ノ奉仕人民ノ教導ハ勿論所轄ノ氏子ヲ調査シ生児死者ノ守札ヲ授受シ葬儀奠礼ヲモ相助ク且氏子ノ課金ヲ減省サラルルガ為メ多クハ兼務ニテ間ニハ十数社ニ奉仕スル者アルニ至ル豈之ヲ尸素ト謂フ可ケンヤ況ヤ諸洲敬神奉教之土俗各厚薄アルハ各県未タ必シモ鳥取茨城ノ如悉ク驚歎セサルヲヤ然ルニ今彼言ニ因テ遽ニ天下一般郷村社神官ノ給禄ヲ廃セラル、トキハ忽チ神官ノ職廃シ随テ社格モ不相立悉又旧弊習ヲ襲ニ至此尤モ前後ヲ考思セサルノ議ニ似タリサレハ過日本省ノ上達ノ如ク郷村社神官給禄ハ氏子課出ノ法ヲ改メスシテ給与方ノミ地方官ノ適宜ニ任セ而〆行々小社等ハ合併シ其課金ヲ減セラレン方両全ノ道ト存候(18)

神社行政・教導職活動を管掌する教部省としては当然の意見であり、大蔵省意見がそれこそ「地方の民情」を無視した画一的なそれであることを訴えている。しかし、この上答案では少々冗舌に過ぎる感もある。そこで同省は左案を作成し、上答したものと思われる。

御答書按

郷村社神官給禄之儀事務繁簡ニ寄地方官ノ見込ヲ以定額増減適宜ノ渡方取計不苦旨被仰出度見込相伺候処尚又大蔵省ヨリ鳥取県茨城県等申立ニ付伺出候件御下問之趣及熟考候処右ハ地方ニ寄リ紛議モ可有之候ヘ共或ハ従来敬神之民情ニ厚薄モ有之一概ニハ難論且方今百般之民治改革之際是等之苦情ハ敢テ可驚義ニモ無之存候其上昨年天下之神社御改正相成郷村社神官モ地方官ヨリ夫々人撰致給禄定額モ相立候処今又一朝右給禄被廃候テハ忽チ其職モ廃シ随テ社格モ不相立竟ニハ悉ク旧弊習ヲ襲却テ不改正之為愈々不如様成行可申存候ニ付過日当省伺之通氏子課出ハ不相改給与方ノミ地方ヘ適宜ニ任候様被仰出候ハ、左ノミ苦情モ有之間敷存候依テ此段御答申進候也

壬申十一月　教部大少輔卿

正院御中(19)

かくして正院は両省案を審議することになり、例によって左院に審案を求めた。左院は六年二月に至り、左案を取調べて上陳した。[20]

郷村社神官給料民費分課ノ儀人民ヲ保護スルヨリ論スレハ大蔵省ノ見込ヲ是トスヘシ神道ヲ権崇スルヨリ論スレハ教部省ノ見込モ亦非トス可ラス仍テ反復協議ニ及候処両者ノ論両岐ニ分ル所以ノモノ畢竟其方法ノ宜カラサルヨリ生スル事故則左ニ陳列スル如ク更ニ御改正有之度存候也

第一条

全国府県ニ於テ官社ノ外一般其土地民情ニ従ヒ数十ケ村ヲ組合シメ新ニ創立セル大社カ或ハ従来ノ大社歟へ　天照大御神ヲ鎮祭シテ従前ノ神霊ヲモ配享シ以テ其鎮守産土神トナス可シ

第二条

右鎮守ノ社ニ祠掌ヲ置キ其祭祀ヲ取扱ハセ相応ノ給料ヲ与フヘシ

但此大社ノ外ニ在ル神社ハ民情ニ従テ其尽力保存ニ任セ官ヨリ祠掌ヲ不置シテ民ノ自分頼ミヲ以テ其祭ヲ取扱シムベシ尤鎮守ノ大社ノ祠掌ヘ頼ムモ妨ケナシ

右ニ陳述セシ如ク今般教部省ニ於テ官社郷社ノ改正有之候節此方法ヲ以テ評議有之度尤右決議ノ処ハ大蔵省見込ニ任セ先ツ民費ニ課スル議ハ相見合置候方可然存候也

二月　　左院

この左院陳述は文面にある通り、五年八月以来の教部省の神社制度改革案、および以前から左院、教部省が主張している神宮遷座案と密接な関連を有する史料であり、本章の重要な課題でもあるので次節で検討を加えるが、いずれにせよ左院は条件つきで大蔵省案に同意したのである。かくして六年二月二十三日、太政官布告第六七号によって郷村社神官給料の民費課出が廃され、「自今人民ノ信仰ニ任セ適宜給与為致可申」きことが公布されたのである。以上の経緯からして、これを信教自由論(無論、諸外国の要求を考慮した)、あるいは〝神道国教化政策〟の放棄を意味する〝放任状況〟、また仏教との調整を図るための〝手直し〟、等々の結果であると推論する論者への筆者なりの回答が自ら出たと思う。郷村社神官給料の民課廃止が信教自由論や仏教勢力との対応を政府が気に懸けた上での措置ではなかったことはもはや明らかであろう。

しかしながら、この措置にはやはり信教自由論の影響が認められる、「人民の信仰」云々の文言がそれを示唆していると敢えて主張する論も当然生じよう。だが、もし政府が諸外国の信教自由論を考慮してかかる布告を出したのなら、以下述べるような〝例外〟を易々と認めたであろうか。それこそ首尾一貫しない政策であると諸外国から嘲笑を受けるであろう。

政府は上記第六七号布告により郷村社神官給料の民課廃止を決定したが、地方によってはこれまた〝地方の民情〟を無視した一律的な方策と受け取られた。たとえば岩手県や豊岡県がそうであった。この事情を示す岩手県伺は左の通りである[21]。

神官給料ノ儀ニ付伺

各地方郷村社祠官祠掌給料ノ儀是マテ民費課出ノ規則ニ候処自今相廃候条人民ノ信仰ニ任セ適宜ノ給与為致候様太政官ヨリ御達御坐候ニ付兼テ被仰出候賽物初穂ノ内教導入費下シテ御省へ上納可致分共悉皆神官へ被下候様致シ度旨先般申上候然ル処当県管下ノ内僻邑ノ地ニ至テハ徒ニ巫覡ノ妄談ニ泥ミ却テ教導ノ任ニ当ルノ神官ヲ厭フ意アルノミナラス啻ニ眼前ノ利慾ニ迷フ風習有之候ヘ𪜈官ヨリ斟酌致シ給与向取据不申候テハ決テ差出候者有之間敷且其地ニ於テ適任ノ人材無之ニ付多分ハ庁下ヨリ人撰致シ候ニ付三十里内外ヘ立越奉職致シ者儘有之然ルニ其村々ヨリ聊ノ手当致シ候様ニテハ中々以テ奉職致シ兼可申去ル迚其地ニ就テ撰出候儀ハ固陋頑愚ノ者ノミニテ氏子調モ出来申間敷候間追テ小学校設立ノ上ハ教師或ハ学区取締役等兼務為致其節適宜ノ給料相定申度奉存候間

先ハ是マテノ通祠官四両祠掌三両ノ割合ヲ以為差出度此段御聞置被成下度奉願上候以上

明治六年二月廿七日

岩手県七等出仕　山下方義

権参事　菅浪　武

権　令　島　惟精

教部卿大木喬任殿

さらに豊岡県権参事の大野右仲も三月二十九日、神官の賢愚にかかわらず当地は「故ヲ慕ヒ新ヲ嫌ヒ兎角苦情出候」として、「信仰ニ任セ候テハ氏子ヨリ出金不致独神官ノ困迫スル必然」と述べ、神官給料の民費課出を認めるよう教部省に伺い出た。(22) これらの申し立てを受けた教部省は四月十五日、太政官に地方の実情を斟酌して従前と同じく取計ってもよいかどうか伺い出た。これに対し四月二十四日武井守正権大外史が三島通庸教部大丞に「氏子課出ノ儀廃止ノ末タリ𪜈地方ノ適宜ヲ以テ従前ノ通差置候分ハ其省限リ聞届置不苦」旨、口達があり、地方によっては従前と同じく郷村神官給料の民費課出を続行したのであった。外国の影響よりも、まず〝内治・民情収攬〟が重視されるのは当然のことであり、神社行政もこの例に洩れなかったのである。

(1)　このことは米地氏が『法規分類大全』を引いて既に指摘しているところでもあるが(米地、前掲書、一九二—一九三頁)、これを裏づける史料を一つ掲げておく。北海道においても開拓使により神社調査が明治三年以来行なわれていたのであるが、開拓使は府県社以下の神社区別は、「適宜ニ取調、別段伺ニ不ㇾ及旨、御達有ㇾ之候共」云々と述べて、地方官の〝裁量〟によって府県郷村社を列格できると考えていた(明治五年一月二十三日付神祇省への申進書)。しかし、神祇省は同年二月十七日、「地方官適宜ニ取調、伺ニ不ㇾ及旨之御趣意、聊相違イタシ候。当正月第一号布告面ノ通ニ有ㇾ之候」と回答、あくまで中央政府(神祇省)がその決定権を持っていることを明示している(神道大系編纂会編『神道大系』神社編、五

一、北海道、昭和五十八年、四五二―四五三頁)。
(2)『法規分類大全』一一六、一一四頁。
(3) 日光県は四年三月四日弁官に「二荒山社東照宮并附属ノ者共御処置ノ儀奉伺候処伺ノ通被　仰出候ニ付夫々処分申渡従来ノ社司六人ノ内一人吟味筋有之候ニ付差除五人ノ者ヘ不取敢仮ニ神勤申付置候素ヨリ祖先諸清以来当山ニ神勤罷在確然由諸有之者共ニ付改テ両社兼務社司ニ被任候様仕度依之銘々家系略五冊副此段申上候以上」と上申している。弁官はこれについて神祇官に照合しているが、六月に至っても回答がなく二十日にその催促をしている。しかし神祇官は二十三日「日光県伺二荒山社々職ノ儀ハ即今取調中ニ付追テ見込可申進候也」と回答したにとどまった。なお、同件に関しては『太政類典』第一編第一二二巻、参照。
(4) 四年十月八日の兵庫県伺に対する指令(『法規分類大全』一一九頁)。なお旧神官は民籍編入が原則とされている(『法例彙纂』二、一四〇頁、参照)。
(5)『法規分類大全』一一四、一一八頁。
(6) 社寺領の処分については大竹秀男「近代的土地所有権の形成―明治初期における社寺地処分の観察を通じて―」(高橋幸八郎編『日本近代化の研究』上、東京大学出版会、一九七二年)参照。
(7)『公文録』辛未八月諸県伺「盛岡県神社ニ付費用ノ儀伺」。
(8)『新潟県史』六六二―六六三頁。
(9) 教部省は当初、県社を国幣社なみのものとして考えていた事実から推測すると、これは神祇省以来の考えであったかも知れない。
(10)『公文録』壬申二月神祇省伺「神官給録等ノ儀伺」。
(11)『法規分類大全』一二七頁。
(12) 安丸『神々の明治維新』二〇八頁。
(13) 中島三千男「『明治憲法体制』の確立と国家のイデオロギー政策―国家神道体制の確立過程―」(『日本史研究』一七六)。
(14) 宮地、前掲書、一二〇頁。
(15) 三重県と酒田県の史料は『社寺取調類纂』一五二に拠る。なお、ちなみに郷村社祠官祠掌給料について触れると、民費課出を渋った県もかなりあったと見え、木更津県などは五年五月に教部省に宛てて当年度の給料の民課猶予を願い出ている。これは無論許可されなかった(『社寺取調類纂』一四八)。

(16)(20)『公文録』明治六年二月大蔵省伺三「郷村社祠官祠掌給料民費配賦廃止伺」に拠る。

(17)(18)(19)『社寺取調類纂』一五二。

(21)(22)『公文録』明治六年教部省伺(四月)「郷村祠官祠掌給料ニ付伺」。郷村社祠官祠掌給料の民課廃止を申し出た茨城県においても十年頃までは郷村社神官給料の民費課出が実施されている。十年十月十九日県令野村惟章は「村町限賦課概目」を定め、「一県郷村社営繕費　但氏子ヨリ修繕スルヲ至当トス信仰ノ者寄附金ハ此限ニアラス　一神官給料」とし、また「組合村町資概目」として「一県郷村社営繕費　一祭典並遥拝式費　一神官給料　但右三件氏子村々ニ課スルヲ適当トス信仰者寄附金ハ此限ニ非ス」と定めた。これは十一年五月十三日付の「民費高払帳簿編製并記載計算等心得」にも記載されている。同県では県郷村社神官の給料として民費から、八年次約三一七円、九年次約三一七円、十年次約二〇〇円が出されており、営繕費として八年一四〇〇円余り、九年二二〇〇円余り、十年一四〇〇円余りがそれぞれ支出されている。さらに「祭典並遥拝式費」には各年次とも約五千円が民費課出されている(『茨城県史料』近代政治社会編一に拠る)。秋田県も同様で、七年五月三十一日の民費調査の項目には神社営繕費、祭典費、神官給料などが挙げられており、十年までそれぞれが民費課出となっている(『秋田県史』に拠る)。中島三千男氏は『内務省日誌』を引用して「このような政策(政府・地方官が神社神道を特別視しないで、神社への民費課出等を認めない政策―筆者註)は府県段階においても強固に貫徹されたようであります」(前掲論文)と述べているが、まさに〝推測〟にすぎず、実際には区々であったことは以上記した通りである(長野県のように、民課廃止によって神官が「一家生活ノ道ヲ失ニ至ルノ状態」の地方もあった。『長野県史』、一二八―一二九頁)。

五　神社制度改革への動き

〝廃藩置県〟を予想しない「官社以下定額・神社改正規則」が、廃藩以後――特に四年十一月の改置府県以後――

の中央集権体制と齟齬をきたすものであることは容易に想像できよう。(1)殊に国幣社・府県社の制度は、〃藩〃の存在を抜きにしては考えられないものであったといってよかろう。

国幣社が府藩県という〃地方〃の半独立的存在を想定しての社格であることは、その第一章に「国幣社長官ハ府藩県大少参事ノ兼任トス」(2)とあることや、第十一章「国幣社祈年ノ幣帛官祭ノ支度等凡テ公事ノ入費公廨ヨリ出スヘシ」、第十二章「同上式年ノ造営年分ノ営繕等ハ公廨入費ノ外タルヘシ尤地方ノ見込ニ任セ或ハ従来ノ処分ニ任スモアルヘシ」を見ればすぐに了解されることである。つまり地方の独立経費を当てにして国幣社の維持を意図したものであった(たとえば現米石高のうち一割が知事家禄、残り九割の一割が海陸軍資金とされ、残余の八割一分が公廨諸費、士卒禄に充てられた。知事家禄は当然「公廨外」とされたのであり、知事家禄で国幣社修復をすることも可能であったが、かかる余裕はあろうはずもなかった)。

「公廨費」は廃藩後、県の常備金とされ、国幣社の公事入費はその常備金から支出されるようになったのであるが、「公廨外」とされた式年造営・年分営繕費用は、前記兵庫県伺にもあるように府県社・郷社並に「氏子持或ハ相対寄進」によって賄われるのが原則とされた。同じく官社とはいっても、官幣社と国幣社では截然たる区別が存したのであり、基本的には『延喜式』を踏襲したものに他ならなかった。まさに「官幣社国幣社の名称は仮に延喜式に従ひ称」したものであり、中央集権体制を樹立した当時にあっては、ひとり神社制度だけが古来の遺制を存していたのである。かかる〃遺制〃は早晩克服・修正されなければならず、教部省も決してこのことに無関心ではなかった。

五年八月、教部省は神社制度の改革を図るべく次の上申を正院に呈した。(3)

太初ヨリ祀典ニ列スル大小ノ神祇ハ万物造化ノ霊及国家有効ノ神ニテ候処延喜ノ頃其制厳ニ立スシテ造化ノ神モ或ハ小社ニ列シ諸姓ノ氏神モ却テ大社ニ列スル類モ不少候ニ付今般更ニ制度御改正有之天神地祇及有効ノ神ノ御本社ニシテ官祭ニ預ルヘキ所ハ官社ト号シテ国幣県社ノ名ヲ廃シ神祇ノ尊卑功徳ノ軽重ニ依テ大中小ノ社格ヲ定

メ自余ノ御分霊氏神社等ハ郷社ト号シテ是亦大中小ノ社格ヲ立テ一郷氏子ノ祭神トシ村社ノ号ヲ廃シテ以来天下ノ神社ハ官社郷社両名ニ被定置度然トモ是迄官社ハ山城大和ノ間ニ最多有之式部寮ヨリ官幣使参向有之候ヘ共凡テ天下ノ諸社ヘ行ルヘキ普通ノ公法共難被定候間自後ハ　皇大神宮氷川神社ヲ除クノ外総テ府県ノ知事令ヨリ御代祭相勤候様被定置度此段奉伺候也

但伺之通於被　仰付付テハ更ニ其制度取調ニ可及候間何分御指揮有之度候也

壬申八月廿二日

教部少輔　黒田清綱

教部大輔　宍戸　璣

教部卿　嵯峨実愛

正院御中

前節で記した郷村社神官給料の民課廃止に関する六年二月の左院陳述にいう「今般教部省ニ於テ官社郷社ノ改正有之」が、右教部省伺を指していることはいうまでもない。この教部省による神社制度改正案はすこぶる画期的(大胆)なものと思われるが、祭事祀典を管掌する式部寮もこの案を大略支持したのであった。

別紙教部省伺当寮ニ於テ異存無之候但シ氷川神社　皇居国一宮ノ訳ヲ以テ勅使被差立候儀ニ候ハ、京都加茂《ママ》上下社ハ矢張勅使発遣ノ方カ遷都ノ儀被仰出候上ハ別段ニ候ヘ共当時ノ処ハ先従前ノ通或ハ氷川神社ト雖モ地方ニ被付候カ右両様ノ内御決定有之度此段申上候也

壬申八月廿五日

坊城式部頭

正院御中

すなわち式部寮は、官社・郷社に全国神社を再編成することに異存はないが、官幣社の勅使差遣については氷川神社のみを特別扱いしないで、(4)従前のままか、あるいは氷川神社も勅使差遣をせず、一律に地方長官の〝代祭〟にすべ

きというのである(遷都・奠都をめぐる微妙な問題が五年段階でも存在していたことに注目すべきである)。
この教部省による神社制度改正案は、近代神社制度の根幹に関わることであり、政府も慎重に審議したと推察される。伺が出されてから五ケ月後の六年一月になって左院は左の意見を陳述した。

別紙教部省伺官社郷社ノ儀ハ異存無之候且内史附紙ノ通　皇大神宮　神武天皇　孝明天皇右ノ御三方ヲ除クノ外ハ総テ地方官ヘ御代祭被仰付候儀至当ト致協議候事

一月三十日　　左院

かくして教部省伺の神社制度改正案は式部寮、左院の大略支持を得たのであるが、結局六年二月八日に至って正院から「伺之趣当分御治定難相成候事」と指令された。〝当分〟とあることに政府(正院)の苦慮が偲ばれるが、当時、国幣社の扱いをめぐる問題が大蔵省を中心に展開されており、(5)その解決がつかない以上、「当分」この神社改正案を採用することは不可能な状況であった。
ところで、教部省は五年八月に神社制度の全般的改革を図るべく前記した官社・郷社制度の制定を正院に伺い出たのであるが、神社制度にとって神官の存在は不可欠であろう。神官の職務については従前規定がなく、「神社改正規則」だけではあまりに抽象的にすぎた。そこで教部省は神社制度改革の一環として「神官職制条令」を制定することを同じ五年八月に正院に伺い出たのであった。すなわち左がそれである。(6)

神官職制条令別紙之通相定可申存候依而此段相伺候也

壬申八月廿八日

教部少輔　黒田清綱
教部大輔　宍戸　璣
教部卿　　嵯峨実愛

正院御中

神官職制条令

第一

一神祇ヲ祭祀スルハ　皇国ノ重典ニシテ億兆ヲ協同シ玉フ万世不易ノ大道ナリ神官タルモノ此旨ヲ体認シ各其職務ヲ尽スヘシ

第二

一祭祀ノ典則欽遵シテ違乱スヘカラス一社ノ例祭民俗因襲ノ神賑等ハ地方ノ適宜ニ循ヒ行フヲ得ヘシ神仏混淆ノ宿弊ハ決テ之レアルヘカラズ

第三

一例祭常祀ノ外旱潦疾疫等臨時祭事ヲ行ハ其地方官ノ許可ヲ受クヘシ漫ニ神舎ヲ設ケ民時ヲ失ヒ産業ヲ遺レシムヘカラズ

第四

一社頭ニ於テ祈禱ヲ行ヒ神符ヲ授ルハ人民ノ信仰情願ニ応スヘシ尤配札勧進等ニ付貪婪ノ所業アルヘカラス

第五

一神官ハ自今教導職ヲ兼務ス其責タル甚重ナリ故ニ博ク義理ニ通シ常ニ言行ヲ慎ミ師表ノ任ニ勝ユヘキヲ要スヘシ

第六

一教導施設ノ方法三条ノ御趣意ハ勿論克ク管長及ヒ幹事ノ意ヲ体シ各社神官ト協議シ悖戻ノ処置アルヘカラス

第七

一教会講社ハ教化ヲ敦フシ民心ヲ一ニスル所以ナリ其方法規則等神官専ラ担当シテ挙行スヘシ尤地方官ニ関スル

事件ハ其許可ヲ受クヘシ

第八

一卜筮方位ヲ以漫リニ吉凶禍福ヲ説キ無稽ノ祈禱等決テ行フヘカラス

第九

一社殿境内ヲ清潔ニシ修繕取締リ等常ニ意ヲ用ヒ汚穢褻瀆ニ至ラシムヘカラス

第十

一一社所蔵ノ宝物什器及ヒ古文書類等監護シテ散逸セシムヘカラス

第十一

一氏子守札ノ儀ハ神祇擁護ノ契証人民厚生ノ大法ナリ故ニ規則ニ遵ヒ氏子ヲシテ其旨趣ヲ弁明シ仰テ依ル所ヲ知ラシムヘシ又其生死増減ノ如キハ検査記載シテ遺漏アルヘカラス

第十二

一葬祭ヲ乞フモノ有トキハ葬祭略式ニ照準シ喪主幹者ヲ扶ケ次第失誤ナク喪家ノ分ニ随ヒ情礼兼尽シ遺憾ナカラシムヘシ尤社殿奉仕ハ当日ノミ憚ルヘシ

第十三

一喪祭ニ臨ミ若シ変死非常等ノ疑キコアラハ仔細ニ検査シ其情状ヲ地方官ヘ報知シ応允ヲ得テ後葬儀ヲ行フヘシ曖昧ノ所置アルヘカラス

第十四

一神社境内ニ於テ非常ノ事故アルトキハ其情実ヲ地方官ニ報達シ其指揮ヲ受クヘシ

第十五

一祭事ノ時ハ有位ノ者ハ相当ノ衣冠其ノ他ハ浄衣風折烏帽子ヲ用ユヘシ尤祠官以上ハ絹帛ノ類ヲ以テ製シ浅黄ノ
袴ヲ着ルヲ常トス祠掌ハ衣ノ浄衣ヲ用ユヘシ

但祠官以上笏浅沓ヲ用ル妨ケナシ并ニ直垂上下等ヲ服スルヿ其便宜ニ任スヘシ

この教部省伺神官職制条令に対して、左院は直ちに取調べを開始、九月に至って左のように上陳、併せて左院作成の「神官職務章程」を付した。

神官職制条令其職務ニオキテ不適当ト致協議候件々ハ原本ヘ致附紙候適当ト存候件々ハ一章一句ヲ致協議候処別紙之通御改正有之度存候也

壬申九月　　左院

右にいう「附紙」とは教部省「神官職制条令」案の第八条、第十一条、第十二条、第十五条の四ヶ条に対する左院の異議で、それは左のようなものであった。

(第八条)此条ノ事件ハ更ニ令ヲ出シ神官之ヲナスヲ禁スヘシ職務中ニ掲クヘカラス(7)

(第十一条)此条ハ司法省ニ於テ民法取調中ナレハ暫ク見合セ可ナルヘシ不然ハ後日民法ヲ行フノ時ニ当リ或ハ悖戻ノ事アルモ測リカタシ(8)

(第十二条)尤社殿以下異議ナキニアラス其故ハ神官ハ死者ノ体ヲ手ニ触ル、ニアラス惟《ママ》ソノ神祭ノ式ヲ指図スルノミナレハ当日タリトモ社殿奉仕ヲ憚ルヲ用ヒサルヘシ若シ喪家ヲ穢アリトシテ社殿奉仕ヲ憚ルナレハ穢アル喪家ニ於テ神祭ヲ行フノ理ナカラン死者ノ体ハ乃神霊ノ遺魄ナレハ之ヲ穢トスヘカラス或ハ旧習ニ拘泥シ釈氏引導シテ天竺ノ仏トナサハ之ヲ穢トスルモ可ナランカ我カ　皇国ノ民ニシテ我カ　皇国ノ神トナル何ノ穢カアラン(9)

(第十五条)服制ハ詮議中ニ付此条ハ暫ク差除キ重テ伺出可申事

特に十二条は左院の神霊に関する観念を窺うに足る史料といえよう。つぎに左院の「神官職務章程」を紹介する。

第一条
一神祇ヲ祭祀スルハ　皇国ノ重典生民百行ノ基礎ニシテ億兆ヲ協同シ玉フ万世不易ノ大道ナリ神官タル者此旨ヲ
体認シ慎テ其職務ヲ尽スヘシ
第二条
一祭祀典則ヲ遵奉シテ違乱スヘカラス各社ノ例祭民俗ノ神賑等ハ其地ノ適宜ニ循ヒ之ヲ行フヘシ
第三条
一例祭常祀ノ外旱澇疾疫等ニ就テ臨時ノ祭事ヲ為スハ地方官ノ許可ヲ受ヘシ私ニ神会《ママ》ヲ設クヘカラス
第四条
一社頭ニ於テ祈禱ヲ行ヒ神符ヲ授ルハ人民ノ信仰情願ニ応スヘシ漫ニ配札勧進等イタスヘカラス
第五条
一神官ハ教導職ヲ兼務ス常ニ言行ヲ慎ミ師表ノ任ニ勝ユヘキヲ要スヘシ
第六条
一教導ノ方法ハ三条ノ御趣意ヲ欽遵スルハ論ヲ俟タス克ク管長及ヒ幹事ノ意ヲ承ケ各神官ト協和挙行スヘシ
第七条
一教会講社ノ方法規則等神官専ラ担当シ教化ヲ敦フシ民心ヲ一ニスル所以又緊要トナスヘシ且地方官ニ関スル事
件ハ其許可ヲ受クヘシ
第八条
一社殿境内ヲ清潔ニシ修繕取締等常ニ意ヲ用ユヘシ
第九条

一社内所蔵ノ宝物古文書及ヒ什器等監護シテ散逸セシムヘカラス

第十条

一葬祭ヲ乞フ者アルトキハ葬祭式ニ照準シ喪主幹者ヲ扶ケ喪家ノ分ニ応シ情礼兼尽シ遺憾ナカラシムヘシ

第十一条

一神社境内ニ於テ非常ノ事故アルトキハ其情実ヲ地方官ニ報達シ指揮ヲ受クヘシ

第十二条

一喪祭ニ臨ミ若シ変死非常等ノ疑ハシキコトアラハ其情状ヲ地方官ヘ報達スヘシ

このように左院は教部省案の第八、第十一、第十五の三ケ条を削除、全一二ケ条の「神官職務章程」を作成してその審議を正院に乞うたのであるが、以後正院史官、左院、教部省の三者が検討を加えたと思われる。当初教部省は「条令」を考えていたが、これでは少しく厳しすぎると考えられたのか、結局六年四月に至って教部省は「神官奉務規則」として同省から各社神官へ達することを伺い出た。

一昨辛未五月諸神社改正公布ニ基キ神官職制条例《ママ》取調先般伺置候処右ハ不都合之廉有之候間職制条例《ママ》之儀ハ相止メ更ニ別帋之通神官奉務規則ヲ以当省ヨリ各社神官ヘ可相渡存候依テ御達案添此段相伺候条至急御指図有之度存候也

明治六年四月十三日

教部少輔　黒田清綱

教部大輔　宍戸　璣

正院御中

ついで五月三十一日正院法制課は「別紙教部省上申神官奉務規則之儀ハ至当之儀ニ付公布相成候方可然存候」とし

て上陳、六月四日裁可され、同七日に太政官布告第一九一号で教部省から「神官奉務規則」が達せられる旨布告された。そして七月七日教部省達第二四号として各府県管内の府県郷社神官に「神官奉務規則」が達せられたのである。この「神官奉務規則」が末端の第一線神官たる府県社以下神官に宛てに出されたことは、教部省が府県社神官にも綱紀粛清と教導職としての自覚を促したものと見られる。これが出された時点では、もはや府県社神官の位置は郷村社神官のそれと同じくなろうとしていたからである。つまり、「神官奉務規則」が府県社神官をも対象に出されたということは、府県社と郷村社の各神官を区別した五年二月の「官社以下府県社郷社神官給禄定額」の一部撤廃を意味していた。以下、少しく説明を付す。

そもそも同じく諸社とはいっても、その神官の位置づけは給禄の出所の差によって歴然としていた。郷村社は「官幣国幣府県社ト違」うとされたことは前述したが、かく府県社と郷村社に区別をつけることは教部省にも継承された。それは前記五年八月の教部省の官社・郷社案に「国幣県社ノ名ヲ廃」して、県社と国幣社を同格に扱って官社にしようとしている点にも窺われるであろう。しかしこの案は前述したごとく一応却下されたので、教部省は府県社祠官を国幣社宮司に準じた地位に引上げることによって国幣社・府県社の差をちぢめようとしたのである。六年二月二十二日、教部省はこの考えを正院に上申した[10]。

府県社ハ其府県ノ宗社ニテ右祠官ノ儀ハ方今第一教導職ニ其人ヲ不得候テハ施教ノ目途立兼候ニ付自今府県社祠官モ国幣社宮司ニ準シ当省ノ判任タルヘキ旨御布告有之度此段相伺候也

明治六年二月廿二日　　教部少輔

教部大輔

正院御中

だがこの上申は三月二日に「伺之趣不被及御沙汰候事」として却下され、ここに教部省がかねて意図してきた府県社を官社に繰り入れ、そして最終的には官社・郷社に全神社を二分するという方針は挫折を余儀なくされたのである。府県社を「府県ノ宗社」とし、教導職活動の地方拠点とする方針が教部省にあったことが右のことから推察される。このことは、六年一月八日付の正院宛に出された伊勢神宮皇都遷座等に関する教部省建言や二月の各府県大社を大神宮とするという案と密接な関連を有している(11)。そしてかかる構想は左院が最も熱心に支持したのであるが、結果的にはすべて認められぬままに終ったのであった。

府県社の地位向上策(祠官の国幣社宮司並待遇)が挫折に終り、国幣社・府県社を等しく選定して一挙に〃官社〃に編入しようという案も崩れ去った。残された道は、(一)国幣社の官幣社並待遇——終局的には官幣・国幣の名称を廃してすべて官社とすること——を実現すること。(二)府県社が〃府県ノ宗社〃たり得ない以上、その名称は適当なものへと改称すること——つまり、府県社を官社と明確に区別し、民祭の神社たることを明確にすること、この二つであった。以上二つの方針は、大蔵省から出された府県社神官月給の官費支給廃止論をめぐる教部省の対応に明瞭に現われてくる。

六年四月二十五日、大蔵大輔井上馨は、府県社は「元来私祭ニ属スル」神社と決めつけ、民祭の神社にひとり神官月給のみが官給されるのは不合理であると正院に申し立てた(12)。

官国幣社之儀ハ神官ノ月給ヲ始メ式年歳分ノ造営ヨリ祭典公事ノ費用ニ至ルマテ一切官之ヲ下行シ府県社ハ社頭ノ営繕祭事ノ入費ハ地方ノ処分ニ任セ唯神官ノ月給ノミ官費支給ノ成規ニ有之一体官祭ノ神社ハ上之ヲ祀ルモノナレバ悉皆公費タルベキ事当然ニ候得共民祭ノ神社ハ下ノ奉ズル所ナレバ修繕祭祀ノ諸費ハ勿論神官ノ月給トイヘ𪜈共ニ民費ニテ相当ニ可有之然ルニ府県社ノ如キハ元来私祭ニ属スルモノニテ官其社用ノ経費ヲ問ハズ独リ祠官祠掌ニ限リ之ヲ公給シ等ク一社ノ費用官民二途ニ出候ハ其区分無謂事ト被考候間以来官国幣社ハ旧ニ仍テ諸費一切官給トシ府県社ノ分ハ社用出費並神官月給トモ総テ民費ノ旨更ニ御定相成候様仕度尤祠官祠掌ノ月給是迄官

給シ来候事故今日遽ニ其額ヲ民費ニ課シ候而ハ密々ノ氓彼是苦情可申立ハ必然ニテ却テ敬神ノ道ニ相悖リ候儀ニ付所詮府県社ノ名義ヲ廃シ市社邑社等可然名号ヲ宜ク御撰定ノ上被改称自今郷村社ト同ク只社格ノ差等アルノミニテ一般人民ノ帰依信仰ニ随ヒ神官ノ進退等ハ地方官之処置ニ任置候ハ自然其社入ノ内ヲ以各々弁支スルニ至リ可申尤官国幣社年分之費途并府県社以下各寺院給禄等ノ儀ニ付当三月ニ相伺置候得共右月給之儀は即今差掛候義ニ付至急仰御裁定候也

明治六年四月廿五日　　　　大蔵大輔　井上　馨

正院御中

大蔵大輔井上馨による「府県社神官月給之儀ニ付伺」を受けた正院財務課は六月二十八日教部省への下問案を作成、七月三日に「別紙府県社神官月給之儀大蔵省稟議之趣及下問候条意見早々可被申出候也」と宍戸教部大輔に達せられた。教部省はこの下問に対し、七月十三日左のように上答した。

府県社神官月給之儀大蔵省ヨリ伺出候ニ付御下問之趣了承則熟議致候処同省申立国幣社以上官祭之神社ハ上之ヲ祀ルモノナレハ神官月給ヲ始メ式年歳分之造営ヨリ祭典公事ノ費用ニ至ル迄悉皆公費タルヘキ事当然府県社以下民祭之神社ハ下ノ奉スル所ナレハ祠官掌月給ヲ始メ其費用ハ一切民費ニ而相当ニ可有之云々議論適当ニ相聞元来維新已後諸神社ノ社格ヲ定メ祀典ヲ修メサセラレ毎国中ニ就テ其格別ナル者所謂一ノ宮ノ類ヲ撰ヒ之ヲ国幣社トシ以テ官幣ノ社ニ次キ地方官ヨリ代テ奉幣セシム固ヨリ一般ノ官社ニ有之且先般官幣社例祭ノ御使モ既ニ地方官ニ被仰付其名称ハ官国ノ異リ有之候共其御取扱ニ於而ハ都而同様之儀ニ有之然ル処本年第百六十一号ヲ以国幣社造営修繕之儀ハ官費ニ不扱旨公布相成右ハ

朝廷一旦之ヲ官社ニ列シ歳時奉幣シ朝夕奉祀セシメ独リ其社殿ニ至リ此ハ官営シ彼ハ私造トシテ其破壊廃頽モ之ヲ不問ニ被為付候ハ条理トモ不被存加之国幣社ハ現今土人ノ崇敬ノミニ不拘専ラ由緒ノ有無等ヲ以被為定候儀ニ

而多クハ僻地或ハ山麓或ハ海島ニ鎮座シ無氏子之分モ不少然ルニ造営等官費ニ不相立候而ハ其廃頽目前ニ有之儀ニモ候得ハ旁以前条公布御改定国幣社造営修繕共更ニ官費ニ被　仰出候上ハ府県社神官給禄之御処分有之可然ニ付両様一時御発表相成候様願度左候ハヽ彼此各得条理於本省モ異存無之候仍此段御答申進候也

但国幣社府県社等名称之儀ハ固ヨリ穏当ナラス候ニ付改称之見込相伺可申心得ニ候得共国幣社ハ漸ク昨月ニ至テ相揃府県社等ノ儀モ今日尚未定ノ地方不少旁先此儘之名称ニテ被差置度他日各地方一般社格区別整然相立候上見込ヲ以相伺可申候也

明治六年七月十三日

教部少輔黒田清綱

教部大輔宍戸　璣

太政大臣三条実美殿

すなわち教部省は、㈠大蔵省のいう国幣社以上を官祭神社、府県社以下を民祭神社とすることは至当であるが、㈡同じく官祭神社とはいっても国幣社の造営費等は第一六一号布告(六年五月十五日)によって禁止されており、これは条理とはいえない、㈢従って国幣社も官幣社同様に官費営繕等を認めるなら府県社神官月給廃止に同意してもよい、というのである。ついで、この教部省上答を俟って正院財務課は七月十九日上陳案を作成、さらに修正を加えて七月二十五日に上陳、裁可されて七月三十一日に左の太政官布告第二七七号として布告された。

府県社神官ノ月給ヲ廃止シ自今郷村社同様人民ノ信仰帰依ニ任セ給与可為致旨布告候事

結果的には大蔵省のいい分だけが通ったのであるが、教部省が主張した国幣社修繕費の官費支給についてはなお継続して審議されることとなり、八月二日、三条太政大臣は宍戸教部大輔に宛てて「府県社神官月給廃止之儀第二百七十七号ヲ以及布告候所国幣社修繕出費之儀は追テ何分之沙汰ニ可及此旨相達候也」と達した。

以上見てきたように、大蔵省上申の府県社神官月給廃止論が認められたことにより府県社以下神社が〝国家の宗祀〟ではなく、〝民祀〟の神社であることが公的に明白となった。官社と諸社は截然と区別されたのである。しかしながら、官社と一概にはいっても、官幣社と国幣社では自らその扱いに差異があることは国幣社修繕費の官費支給禁止の布告が如実にそれを物語っていた。また〝官祭〟にしても、官幣社では祈年祭、新嘗祭、例祭が官祭とされていたが、国幣社例祭は官祭とは認められていなかった。要するに府県社神官月給廃止についての大蔵省上申にいう「官国幣社之儀は神官ノ月給ヲ始メ式年歳分ノ造営ヨリ祭典公事ノ費用ニ至ルマテ一切官之ヲ下行」との文言は、制度的には何らの保証もされていなかったのである。教部省がこの文言を捉え、その制度化を要求しようとするのは当然の帰結であった。

(1) 四年五月十四日の「神社改正規則」が府藩県三治制度を前提としたものであったことは、明治六年十一月十五日に左院法制課が「辛未五月ノ改正規則ハ府藩県三治ノ御体裁ノ節布告相成候者ニ付均シク改正致シ候へハ」云々と述べていることからも明らかであろう(『公文録』教部省伺明治六年十二月「神社改正規則改定伺」)。

(2) 藤井貞文氏は府藩県大少参事等地方官の国幣社神官兼任を「祭政一致の政治機構に具現化したものと観るべきであろう」と解している(『神とたましひ——國學思想の深化——』錦正社、平成二年、二二四頁)。しかし、これもあくまで府藩県制を前提にしていえることであり、六年十月以降は教部省も「神官ハ教導及ヒ葬儀ヲモ兼掌スレハ地方ノ兼官多クハ行ハレカタシ」として、その制度上の〝時代錯誤〟を鋭く批判している。ちなみに明治七年五月十五日改の『教部省職員官社職員一覧表』に拠れば、国幣社神官を兼任している地方官は以下の通りである。岐阜県大属井出今滋(国幣中社南宮神社宮司兼権少教正)、鳥取県一一等出仕伊吹市太郎(国幣中社宇倍神社宮司兼権大講義)、広島県権大属雨森精翁(国幣中社厳島神社権宮司兼権少教正)、相川県少属丸山葆(国幣小社度津神社権宮司兼権中講義)、同県等外四等出仕長井明遠(同社禰宜兼権少講義)。なお官幣社では、奈良県一三等出仕の大橋長憙が官幣大社春日神社少宮司となっている。

(3) 以下の史料は『公文録』明治六年教部省伺二月「諸神社官社郷社ノ両名ニ改定伺」に拠る。

(4) 教部省がかく武蔵国一の宮氷川神社(官幣大社)を重視したのは神祇官以来の伝統と思われる。神祇官は四年一月二十七日の上申で「一氷川社差続(註・伊勢神宮に次ぐこと)社柄ニ付同社大小宮司任撰《ママ》是又至急可被　仰出候事」と述べている。
(5) 大蔵省は五年十月、国幣社の修繕等の官費支給禁止布告の公布を要求していたが、教部省は「右ハ官社御改正ノ儀過日正院へ相伺尚細目当節取調中ニ候間此段及御回答候也」と史官に回答している(五年十月十三日)。
(6) 以下の史料は『公文録』明治六年六月教部省伺「神官奉務規則伺」に拠る。
(7) この条は結局、六年七月七日の「神官奉務規則」第六に採用され、一般の梓巫、市子、憑祈禱、狐下げ等は六年一月十五日、教部省達二号で禁止されることとなった。
(8) 本書第四章、参照。
(9) 左院は神葬祭を日本固有の美風として重視し、屍体のそのままの埋葬―土葬等―に固執した。拙稿「明治八年左院の教部省処分案―近代日本宗教史の一齣―」(『國學院雑誌』八四―一一)、および本書補論3、等参照。
(10) 『公文録』明治六年教部省伺三月「府県社祠官国幣社宮司ニ準シ判任タルヘキ伺」。
(11) 秋元信英「明治初年の伊勢神宮遷座案」(『神道宗教』九六)、参照。
(12) 以下の史料は『公文録』明治六年八月大蔵省伺「府県社神官月給民費ニ致度伺」に拠る。

六　官社経費をめぐる大蔵・教部両省の対応

神社の経費として主なものはいうまでもなく、祭典費、営繕費、神官俸給の三つであろう。このうちの営繕費は六年五月十五日太政官布告第一六一号により、官幣社を除くすべての神社への官費支給が禁止され、また神官俸給も府県社は〝民祭社〟としてその官費支給が廃された(六年七月三十一日太政官布告第二七七号)。さらに祭典費についても、官費下行が認められていたのは祈年祭[1]、新嘗祭および官幣社例祭のみで[2]、元始祭等は対象外であった[3]。神社は〝国家の宗祀〟であるとは辛うじて官幣社にのみ当て嵌る、という状態が明治六年八月に至るまでに現出したのである。かかる状態を生ぜしめた動因が大蔵省であったことは前節に記したことからも明らかであろう。

岩倉使節団洋行中の留守政府において大蔵省がその権能を強大化し、緊縮財政を旗印に掲げて他省の予算増額要求と悉く対立したことはよく知られている。(4) そしてその大蔵省路線の指導者が井上と渋沢であったことも周知の事実である。かく緊縮財政の確立を目指す大蔵省が、神社経費の支出拡大――官費・民費を問わず――を容易に認めるはずはなく、むしろ積極的に神社経費の削減策を断行してきたのであった。しかしかかる大蔵省の〝専断〟は、六年五月二日の太政官制の改革および五月十四日の井上・渋沢の免官によって後退を余儀なくさせられる。(5) このことは、官社経費の官費支給拡大を目指す教部省にとっては有利な変化と映じたに違いない。それゆえ教部省は大蔵省の府県社神官月給廃止上申に対する下問に際して、必要以上と思われるほどに国幣社の〝地位向上〟を力説したのである。

以下、本節では官社経費問題が最も活発化した明治五年十月から六年九月にかけてのおよそ一年間に大蔵・教部両省が神社経費――特に国幣社営繕費と官祭入費――をめぐっていかなる対応をしたかについて少しく触れてみたい。

明治六年四月の大蔵省による府県社神官月給廃止上申を機に、国幣社の修繕費官費支給問題は新たな局面を迎えることとなった。前記井上大蔵大輔の上申は、国幣社修繕費官費支給が廃止される前に出されたものであった。そしてこの上申の後、五月十五日に廃止の布告が出されたのであるが、この上申に関する教部省への下問は布告後の七月三日であった。しかるに、下問には井上上申の文面がそのまま添えられていた。つまり、正院財務課は国幣社営繕費官費支給の廃止をダメ押し的に布告した後であるにもかかわらず、官国幣社は等しくその経費は「官之ヲ下行」と記した井上上申を教部省に見せたのである(教部省への下問案作成は六月二十八日であるから、上申から既に二ケ月以上経っている)。

教部省が上申を逆手に取って、異議を唱えるのも当然であろう(本来なら正院は事態の変化を察知して、大蔵省に上申文の修正を求めるはずである)。正院財務課もこの不手際を認識したからこそ「国幣社修繕入費之儀ハ此程既ニ御発令ニ付格別之御詮議相成可然」との上陳案を作成したのであろう[6](七月十九日)。いずれにせよ、教部省にとっては、この大蔵省上申に関する下問は、〝逆襲〟の好機であった(教部省は六年四月二十二日、史官に「国幣社修繕ノ儀ハ昨壬申十月官費ニ難相立云云大蔵省ヨリ伺出ニ付……先ツ御聞届無之様致シ度」と述べ、大蔵省案の実現阻止を明確にしていた)[7]。

そもそも大蔵省が国幣社修繕費等の官費支給廃止に向けて動き出したのは五年十月のことである。十月三日大蔵大輔井上馨は「国幣社造営修繕之儀ニ付伺」を正院に上申[8]。四年五月「神社改正規則」にいう国幣社造営費等は「公廨入費之外タルヘシ」云々とは、旧藩制下での藩費等を地方の見込によって営繕費等に支出してもよいとの意であり、これが「公廨入費ノ外タルヘシ」の趣意である[9]。しかし、その趣意が貫徹されず、官費で営繕等を賄うことになれば「全国数十社之儀ニ付往々不測之経費ニ立至」るから、造営費等の官費支給は不可なることを公布せよというのであった。そして「御布告案」として左の案を付した。

国幣社造営修繕ノ儀ニ付辛未五月布告ノ趣モ有之候所詮議ノ次第モ有之将来一切官費ニハ難相立候此旨更ニ相達候事

壬申十月

この上申を受けた正院史官は、十月十二日に教部省に打合せをしたが、教部省は翌十三日「右ハ官社御改正ノ儀過日正院へ相伺尚細目当節取調中ニ候間此段及御回答候也」とそっけなく回答した。

その後正院は上申に対して何らの処置も採ろうとしなかったらしく、十一月七日、井上は「再伺」を正院に呈した。

国幣社造営修繕之儀ニ付再伺

国幣社造営修繕之規則改正之儀ニ付去月三日別紙之通伺書差出候処今以御指揮無之右ハ県治施為之際一事雑岐ニ相分レ将来之経費難計儀ニ付至急御決議御指揮有之度催促旁再応相伺候也

壬申十一月七日　大蔵大輔井上馨

正院御中

かく二度にわたって井上は国幣社造営費等についての「規則改正」を正院に迫ったのであるが、正院は容易にこの上申を審議しようとはしなかった。その理由は恐らく教部省による「官社郷社制度案」が優先的に審議されていたからであろう(前述)。しかしこの案も六年二月八日には「伺之趣当分御治定難相成候事」とされ、官社改正への動きは振り出しに戻ることとなった。官社改正案が認められなかった以上、四年五月の「神社改正規則」の不備は依然として残らざるをえない。その不備を解消する方法は、教部省のいう官社改正(官幣・国幣の名称区別撤廃)か、大蔵省のいう国幣社営繕費等の官費支給廃止の明文化しかなかったはずである。故に教部省案が否決された結果、当然大蔵省案が浮上してくることになる。だが正院は依然として大蔵省に何らの意志表示も行なわなかったようである。

二月二十三日には大蔵大丞渋沢栄一が、五年十月上申の布告案に府県郷社も付け加えるよう上申した。

国幣社并府県郷社修営之儀ニ付伺

国幣社造営修繕之儀ニ付壬申九《ママ》月別紙墨書之通伺書致進達候処府県郷社之儀ハ辛未五月被仰出候規則中ニ無之ニ付追々申立候向も有之候間前議未タ伺不相済候ハ、猶朱書之通増加相成至急御布告有之度相伺候也

明治六年二月廿三日　渋沢正五位

正院御中

「神社改正規則」には「一官幣国幣ノ外社頭公収ノ諸社営繕社用ノ入費等適宜ノ処置取調ノ上伺出ヘシ」とあるところから、渋沢は府県郷社についても地方官がその営繕等の官費支給を申し立ててくるかも知れないと思慮したのである。

六年四月に至ってなおも正院から大蔵省に対する指示はなく、土木頭小野義信(前大蔵少丞)は四月十四日、正院事

務当局の最高責任者である土方久元大内史に直接働きかける手に出たのである。上陳の議案を作成するのは内史であったから、この方がより効率的と見たのかも知れない(五月二日、正院は太政官職制・事務章程の潤色・改正によってその機能と権限が強化される)。

国幣社造営修繕之御規則更正之儀并府県郷社修繕之儀共昨壬申十月以来別紙写之通伺書差出候後今以テ何等之御指揮モ無之候ニ就テハ右修営之儀等追々申立候向モ有之所分差支居候間何分共至速ニ御評決相成候様御取計被下度此段御依頼迄申進候也

明治六年四月十四日　小野土木頭

土方大内史殿

かくして五月十日、正院財務課は左の議案を上陳、裁可を請うた。

大蔵省申牒国幣社造営修繕官費廃止之儀ハ辛未五月公布之大旨ニ準拠シテ伺出候得ハ不都合モ無之即チ一般御布告相成可然ト被存候尤右案改竄致し左之通取調相伺候也

府県御達案

国幣社造営修繕之儀辛未五月十四日官国幣社規則ヲ以相達置候処詮議之次第モ有之右規則第十二章尤ヨリ以下之文字删去候条将来一切官費ニハ難相立候此旨更ニ相達候事

但府県郷社モ勿論可為同様事

明治六年五月　太政大臣三条実美

この「府県御達案」はさらに修正され、同十四日に裁可となり、翌十五日太政官布告第一六一号として公布された。この布告により、かねて官国幣社の処遇一元化を目指していた教部省の方針は一頓挫を来たしたのであった。しかし前述したように、府県社神官月給廃止の一件を機に、この布告の〝見直し〟が図られることとなり、国幣社営繕費問題は官社経費全般の問題として再浮上することになる。

そもそも四年五月の「神社改正規則」そのものが、〝国家の宗祀〟たる官社の国幣社について、もはやすこぶる不備な規定でしかなかったことは既に触れた通りである。さらに、この〝不備〟は、国幣社のみならず官幣社にしてもそうであったともいえる。なぜなら「一切大蔵省下行タルヘシ」とはいうものの、いちいち大蔵省に伺い出でなければ〝下行〟はありえず、神社経営・維持の効率からいうならば「年間予算」が決っている方がやりやすいことは自明であろう。

もっとも、従前社領・朱印黒印地を有していた神社は半租給与が行なわれていたから、日常の維持経費にはさほど問題はなかった。[10]しかし旧社領のない官幣社も存したのであり、[11]そのような神社は祭典・修繕等に際しては大蔵省からの入費下行を仰がねばならなかった。神社にとっても大蔵省にとっても繁雑この上ないものであったろう。まして神社経費は教部・大蔵両省にまたがる問題でもあり、以下に記すようにその指令が不統一、二途にわたる場合もありえた。

五年五月十三日、新潟県は国幣中社弥彦神社の大祭(二月二日の例祭)は官祭に当るか否か、官祭とすればその祭典料は正税、公廨費のどちらから支出すべきかを教部省に伺い出た。[12]教部省の指令は「年中第一ノ大祭并祈年・新嘗都テ三ケ度ヲ官祭ト相心得、入費等公廨ヨリ出スヘシ、且、幣物神饌等都テ祀典ノ儀ハ式部寮ヘ可伺出事」であった。ついで同県は六年三月十二日、例祭の幣帛神饌料は教部省が渡すのかどうかを同省に伺い出たところ、教部省は「其県ヨリ大蔵省ヘ申立渡方可致事」と指令(三月十七日)。ところが大蔵省は同県に対し、幣饌料は「元社領五分通ノ内ニテ可仕払旨御差図」をしたので、県令楠本正隆は「右一事両様ノ所置方殆ント及迷惑候、如何決定可然哉、御伺仕候也」と教部省に詰め寄ったのである(四月十日)。これに対し教部省は四月十九日、「伺ノ趣之社領有之向ハ、追テ定額相立候迄ハ、右五分通ニテ取賄可申事」と指令、官社定額経費の制定を示唆しているものの、その混乱振りは否定できない。

このように教部省は最初、新潟県に対して国幣社例祭は官祭であり、官費支給の対象であることを指令したのであるが、六年四月に至って例祭入費は原則として半租給与で賄うよう指令、その態度を一変した。かかる方針の変更は国幣社だけに限らず、官幣社も同様であった。すなわち、官幣社は「神社改正規則」において造営・営繕・典公事の入費等は「一切大蔵省下行タルヘシ」とされていたのであるが、旧社領等のある官幣社ではその経費は半租給与から支出すべきとされたのである。この方針が明らかにされたのは明治五年十一月十五日付で官幣社長官宛に出された第二六号達によってであり、伴せて官幣社官祭の種類をも決定、通知した。達の全文は左の通りである。

昨年末官幣社改正　被仰出追々神官新任　被仰付候ヘトモ祭式并一社経費ノ定額ハ未タ御定無之ニ付昨年今年共先ツ旧社領五分通御渡相成候ヘトモ総テ従来ノ振合斟酌取賄候儀兼テ相心得可申就テハ縦ヒ祭式等御一定無之トモ臨時費用ノ外ハ右五分通ノ内ヲ以テ当十月ヨリ来秋迄一ケ年諸費用ノ目的相立祭式闕典不立至様取賄可申筈ノ処兎角旧習ニ因循致シ候ヨリ間ニハ数ケ月ニシテ右五分遣払苦情申立候向モ有之不都合ノ次第ニ候元来官幣社ハ諸神社ノ模標神官ハ諸民ノ先導ニ候ヘハ別テ　朝旨ヲ遵奉シ旧習ヲ洗脱可致筈ニ付向後旧社領ノ有無ニ拘ラス祭典并一社費用共公私ノ区別判然相立万事改正致シ冗費無之様注意可致候尤不都合ノ廉有之候ヘハ取調当省ヘ可伺出事

但官祭ハ先ツ別紙ノ通ト相定其他ハ一社ノ私祭ト相心得可申事

壬申十一月十五日　　教部省

別紙

祈年祭
新嘗祭

例祭年中一度ノ大祭
元始祭
天長節祭
両度抜式

かく教部省は官幣社に対しても半租給与から社費を支出するように指導したのであるが、官幣大社出雲大社の場合のように旧社領のない官幣社に対しては自らその〝原則〟は当て嵌らないのは当然であった。[13] 官幣社ですら旧社領の有無によって、政府はその経費に対して異なった措置をとらざるをえない状態になったのである。いくら「旧社領ノ有無ニ拘ラス祭典并一社経費共公私ノ区別判然相立万事改正致シ」云々と教部省が述べたところで、官社間にかくも経費下行上の差異が存在する限り、官社経費をめぐる混乱は到底収まるはずはなかったというべきである。官社経費についての抜本的見直しが大蔵省から持ち上ってくるのも当然のことであった。

明治六年四月三日、教部省は「官国幣社入費并社寺朱黒印地之儀ニ付御答」を正院に呈出した。[14] これは大蔵省による神社経費および朱黒印地処分方に関する上申に対する下問に答えたものである。

官国幣社入費并社寺朱黒印地之儀大蔵省ヨリ伺出候ニ付御下問之趣了承則取調候処官国幣社式年ノ造営入費別紙之通毎年十万円ツヽ御備置之儀御取極ニ相成候ハヽ、其他祭典営繕ヲ始メ官国幣社ニ付テ万端之入費ハ同省申出之通凡ソ二十万円ニテ会計相立候様見込取調可申府県社神官之儀ハ専ラ地方之所管ニ付此節集会之知事令参事ヘ御下詢ニ相成候様致度且又官国幣社外之神社并諸寺院朱黒印地禄高年限ヲ以逓減之儀ハ華士族共家禄之御処分相付候節一同右之割合ニテ御引上ニ相成候ハヽ、於当省異存無之候仍テ此段御答申進候也

明治六年四月三日

教部少輔黒田清綱

教部大輔宍戸　璣

正院御中

追テ式年造営入費ハ多分之様ニモ相聞候得共従来出雲大社一社之造営斗ニテモ二十万円前後ハ相懸リ候儀其他男山八幡宮等別段官祭之向モ有之是皆朱黒印外之御入費ト存候得共旧規ニ不拘大中小社ニ平均メ二万五千円ツツ見込ヲ以取調之儀ニ付此分ニ御取極相成度此段申添候也

すなわち右を見るに、教部省は、㈠年一〇万円ずつの造営費積立てを別枠とするならば大蔵省のいう官社年額費二〇万円は適当、㈡府県社神官(の月給)については地方官に意見を問うこと(五月十八日には在京地方官が召され、三条太政大臣は「一体各地方官ノ議会ハ民務ノ便宜ヲ実地ニ徴考スル緊要ノ事ニテ」云々と演説している)、㈢社寺朱黒印地の処分は華士族の家禄処分に準ずること、㈣式年造営費は大社三万円、中社二万五〇〇〇円、小社二万円とすること、の四点を主張している。ここに至って、式年造営費はともかくとしても、官社の官祭・公事費は官費支給とするとの原則がほぼ出来上ったと見てよい。次の段階としては、官祭典の種類を選定し直し、それらに官費が支給されるように運動すること、これが教部省に課せられた任務であった。

前述したように、教部省は明治五年十一月に官祭たる祭典として祈年祭、新嘗祭、例祭、元始祭、天長節祭、六月十二月大祓式を指定したが、実際に幣饌料・祭典費が下行されたのは官幣社では祈年・新嘗・例祭の三祭、国幣社では祈年・新嘗の二祭のみであり、国幣社の例祭については未だ官祭扱いはされていなかった。まして元始祭等は教部省が独自に官祭と決したものであり、正院が正式に官祭と認めたものではなかった。

祭事祀典を管掌するのは式部寮とされていたから、当然同寮にとっても官社の祭典費の処遇は重要関心事であった。そこで教部省は式部寮を使って官国幣社祭典入費問題の早期決着を図ろうとした。六年七月七日、教部省は左の通り式部寮に掛合った。(15)

官国幣社祭典入費定額見込別紙(16)之通取調候ニ付及御打合候御異存無之候ハヽ、正院伺之上相定可申尤此間例祭ハ大祭之義ニ候処国幣社之分ハ是迄地方限リ幣饌料相蔵来候得共右ハ官国名称ノ差異有之候トモ今日ニ於テハ均ク官社之義ニ付向後官幣社同体裁ヲ以其時々御奉幣相成候様致度御同意ニ候ハヽ、此儀ハ御寮ヨリ御伺定有之度此段早急御回報相待候也

明治六年七月七日　宍戸教部大輔

坊城式部頭殿

追テ元始祭之儀ハ別段御幣物無之御見込ニ候哉及御問合候且又別紙見込書御回答一同御返戻有之度候也

この教部省掛合を受けて式部寮は七月十八日三条太政大臣に左のごとく上申した。

官国幣社祭典入費之義別紙壱印之見込ヲ以弐印之通取調教部省ヨリ申来候然ル処官幣社例祭祈年祭新嘗祭之三祭国幣社祈年祭新嘗祭之二祭は大中小区別ヲ以テ幣帛神饌料御奉納之義先般伺定之上夫々執行相成居候(17)右ニ付国幣社例祭并官国幣社元始祭紀元節天長節神宮遥拝神武天皇遥拝孝明天皇遥拝六月大祓十二月大祓等ハ官祭ト雖猶就テハ祭典料且入費等ハ庁費ニ相立夫々執行候様御治定相成可然哉仍此段相伺候也

明治六年七月十八日　橋本式部権助

五辻式部助

坊城式部頭

太政大臣殿

この上申を受け、正院財務課では八月九日に大蔵省への下問案を作成、同十二日大蔵事務総裁兼参議大隈重信に三条太政大臣名で「別紙式部寮伺官国幣社祭典入費之儀及下問候条意見早々可被申出候也」と下問した。この下問に対し大隈は八月二十四日、

別紙式部寮伺官国幣社祭典入費之儀ニ付御下問之赴致具承候右式部寮見込至当適正候様被相考候間其分御取極有之可然存候依而意見上陳此段致御答候也

大蔵省事務総裁

明治六年八月廿四日　参議　大隈重信

太政大臣代理

参議御中

追テ式部寮伺書中ニ国幣社例祭其外庁費ニ相立云々ト有之右ハ社庁ノ経費ニ相立候儀ニテ県庁ノ常費ニ可相立儀ニハ無之トハ存候ヘ𪜈為念添テ上申仕置候

と上答した。これにより右式部寮伺は九月七日裁可が決定、式部寮に九月十五日「伺之通」と指令され、大蔵省には十九日「官国幣社祭典入費之儀別紙式部寮伺之通聞届候条此旨相達候事　明治六年九月十九日　太政大臣三条実美」と達せられた。

この式部寮伺が裁可されたことによって、国幣社例祭および元始祭、紀元節、天長節、神宮遥拝、神武天皇遥拝、孝明天皇遥拝、六月・十二月大祓の各祭典料・入費が神社費として下行されることになった。しかしながら、肝心の神社経費(定額)が治定されておらず、これだけでは片肺飛行も同然であった(18)。とはいえ、官祭諸祭典入費の官費支給の〝言質〟を式部寮をして正院からとらしめたことは教部省にとって一つの前進であり、あとはその実質的裏づけたる官費の〝定額〟を正院に認めさせるだけであった。しかし実際問題として半租支給の官社が存在する以上、一律に官費定額を制定し、支給することは官社間の経済的格差をさらに拡大させることになる。大蔵省にしてみれば、半租支給制度を不問に付した官社費額の一律化は特定官社に対する国家の不合理な財政的援助と映じたであろう。だが教部省はこの点を考慮せず、ただ官社費額の早期制定だけを実現させせようとし、九月五日にはその具体案を上申、ついで十月四日には神社制度全般に混乱・矛盾を生じさせる最大要因である四年五月の「神社改正規則」の改定を上申した。「神社改正規則」の方はさほどの困難なしに実現したが、官社経費定額が制定されるには約一年の年月を要した。これらについては節を改めて述べることにする。

（1）　祈年祭を国家が重視していたことは、「神社改正規則」に「国幣社祈年ノ幣帛」云々と記してあることからも知られるのであるが、それは神祇官が明治二年一月以来強調したところであった。神祇官は二年一月、「二月四日祈年祭御再興被仰出神宮幣使被為遣度候神祇官祭式ノ儀も即今可被行遂之式精々取調可致ニ付府藩県ニ於テ往昔国司ニテ祭祀致候心ニテ年穀ヲ祈候様被仰出度候事」としてその再興を上申。ついで二月にも「祈年祭ノ儀ハ天神地祇ニ年穀ノ豊熟ヲ祈ラル丶御祭ニテ民政ニ関係仕候重キ祭奠ニ候ヘハ至急ニ御再興被仰出候様仕度候」と弁事に申し入れている。祈年祭の再興は同年二月二十二日公布され、二十八日執行が決定した（『公文録』己巳神祇官二月伺「祈年祭御再興ノ儀伺」）。

（2）　官幣社の官祭は上記三祭であったが、その経費は大社二五円、中社二〇円、小社一五円と定められていた。これは明治五年五月式部寮がその治定を伺い出、六月七日大蔵省が「同寮見込ノ通於当省異儀無之候」と同意、七月十七日裁可された結果である（『太政類典』第二編第二六一巻）。

（3）　教部省は五年十一月十五日、元始祭の他、神宮遥拝式等を官幣社官祭に指定する達を官幣社宛に出しているが、これは正院の裁可を受けたものではなかった（本文後述）。ちなみに教部省は五年十月七日、七尾県に官祭は祈年、新嘗、例祭、元始祭、天長節祭と「可相心得候事」と指令している（『社寺取調類纂』一五一）。

（4）　司法卿江藤新平が大蔵省による明治六年度の司法省予算削減に憤慨して辞表を提出したことはその代表例である。正院は六年二月五日辞表を却下し、四月十九日に後藤象二郎（左院議長）、大木喬任（文部兼教部卿）、江藤の三名を参議に任じ、以後大蔵省の権限縮少・正院権限強化へと動き出す。

（5）　六年二月の郷村社祠官祠掌給料の民費課出廃止、キリシタン高札の撤去、七月の府県社神官月給廃止等、これまでいわゆる神道国教化政策の後退と呼ばれていた措置に大蔵大輔井上馨が大きく関与していたことはいうまでもない。井上の存在を抜きにして、これら一連の措置を政府総体の〝意志〟の結果としてのみ捉える論は当然再考を求められるべきであろう。

(6) この案は実際には上陳されず、七月二十五日にその修正案が上陳された。

(7) 『法規分類大全』四〇四頁。

(8) 以下の引用史料は『公文録』明治六年五月大蔵省伺上「国幣社并府県郷社修繕ノ儀ニ付伺」に拠る。

(9) 本章の「はじめに」でも記したように、国幣社造営・営繕費は廃藩によってその出所を失ったのであり、官費支給の対象とはなっていない。ところが、前記村上氏のような誤解が往々にして述べられることが多く、梅田義彦氏も「その(国幣社をいう—筆者註)式年の造営、年分の営繕などの費用は官費とするむね定められた」と記している(「神社行政史」大霞会編『内務省史』第二巻、昭和四十五年、所収)。国幣社営繕等に官費支給が認められていなかった事実は——明治六年五月十五日以前においてである——五年四月五日付の七尾県、六年五月の石川県からの国幣中社気多神社営繕伺が却下されていることからも明らかであろう。国幣社営繕等に関して官費支出を認めなかったのはそもそも教部省で、七尾県伺に対し五年十一月五日付で「公費ヲ以営繕等不相成候条地方限リ適宜之処分可致候事」と指令(『社寺取調類纂』一五一)、また同年十月二日付の島根県からの同様伺に対しても十一月十三日、「官費ヲ以営繕等不相成候条地方限リ適宜之処分可致事」と指令している(『社寺取調類纂』一八五)。なお、六年三月七日には鳥取県参事の関義臣が国幣中社宇倍神社の造営費に関する「従来之処分ニ任セ官費ヲ以テ造営被仰付候様奉懇願候尤其儀難仰付候ハヽ、国内鎮守ノ故ヲ以テ此度限リ管内衆庶ノ寄附金ヲ募リ成功を遂候様有志輩ニ寄託シテ精々尽力可仕哉」との同社宮司伺について教部省に処分方を伺い出ている。これに対し同省は四月五日「国幣社造営ハ官費難相立候事尤管内衆庶ノ寄附金取集等ハ不苦候条聞届可申事」と指令、官費支給以外の「適宜ノ処分」で国幣社営繕費を賄うように指導している(『社寺取調類纂』一七二)。

(10) 明治七年七月四日教部省が左院財務課に呈出した官国幣社々領高と半租給与高は以下の表を参照(『公文録』明治七年九月教部省伺「官国幣社古文書宝物取調ノ儀伺」から作成)。

神社名(社格)	社領高(約)	半租給与高(約)	神社名(社格)	社領高(約)	半租給与高(約)
賀茂別雷神社(官幣大社)	二六八二石	米九九六石	物部神社(同)	三〇〇石	米七〇石
賀茂御祖神社(同)	五四〇石	米一二五石	事比羅宮(同)	三三〇石	一一八石
松尾神社(同)	五六九石	二八四石	枚聞神社(同)	二〇六石	米四〇石
春日神社(同)	八七九三石	金四七五七円	平野神社(官幣大社)	一〇〇石	二一石
住吉神社(同)	二〇六〇石	米三三六石、金六〇三円	稲荷神社(同)	一〇六石	二七石

生国魂神社(同)	三〇〇石	米七七石
氷川神社(同)	三〇〇石	米二九石、金二九円
鹿島神宮(同)	二〇〇〇石	米一二二石、金四三九両
三島神社(同)	五三〇石	米九九石
熱田神宮(同)	四四〇九石	米四八五石
日吉神社(同)	四〇二石	米九二石
宇佐神宮(同)	一〇〇〇石	米二〇五石
八坂神社(官幣中社)	二七九石	米一二四石
北野神社(同)	六二一石	米一三七石
鹿児島神宮(同)	七六三石	米一一六石
東照宮(別格官幣社)	五〇〇石	一二五石
静岡・浅間神社(国幣中社)	一一四二石	米二〇〇石
山梨・浅間神社(同)	二三四石	米六二石
南宮神社(同)	反別四三町四反二畝	米四六石
諏訪神社(同)	二二〇八石	米三三六石
弥彦神社(同)	五〇〇石	米一〇三石
小国神社(国幣小社)	五九〇石	米一二九石
出羽神社(同)	二三〇二俵	米一一五一俵
大神神社(同)	八〇石	米一八石
龍田神社(同)	一二石	米三石
枚岡神社(同)	五石	米二石
安房神社(同)	三〇石	米三石、金九四銭
梅宮神社(官幣中社)	五八石	米一七石
貴船神社(同)	三石	二斗五升
大原野神社(同)	一二石	二石
寒川神社(国幣中社)	一〇〇石	八石
玉前神社(同)	一五石	米三石、金八二銭
貫前神社(同)	一七六石	米三石、永三九貫
都々古別神社(同)	一五三石	米二七石
大物忌神社(同)	三九石	米一九石
気比神社(同)	一〇〇石	二七石
水若酢神社(同)	反別九反二畝	一石
海神社(同)	二石	米二斗九升
吉備津神社(同)	反別二町四反	米一七石
砥鹿神社(国幣小社)	米一六石	金三円

(11)　たとえば註(10)史料によれば、官幣大社男山八幡宮、大和神社、石上神社、丹生川上神社、広瀬神社、大鳥神社、広田神社、日前・国懸神社、出雲大社には社領がなく、同じく古社たる龍田神社も社領はわずか一二石しかなく、無社領も同然であった。ちなみに国幣中社海神社は社領二石であったが、四年以後七年まで半租として米約三斗を支給されている。現金にすれば一円三八銭五厘であった(岡田米夫『海神社史』昭和五十一年、海神社、三四三—三四五頁)。

(12)　『新潟県史』六六〇—六六一頁。

(13)　出雲大社は旧松江藩主から三三〇〇石余りの寄附米を有していたが、四年一月五日の社寺領上知令によって四年以後の下付は廃止されることとなった。また半租給与は社領が対象であったから、大社の寄附米は半租給与とはならないはずであった。しかし、旧松江県がこれを誤解し、寄附米をも半租給与の対象となると思って明治四年分として一六〇〇石余りを渡していた。県官はこれに気づき、大社から寄附米を取戻すべく大蔵省に伺い出たのであるが(六年一月二十九日)、大蔵省は四年分に限り「無余儀次第」として認める旨指令を出し、但し書として「出雲大社ヲ始メ熊野社日御崎社トモ社禄無之向非常官祭之入費ハ勿論平常一社年分之経費共尚取調可申出尤民費課出ノ旧例有之向ハ追テ一般之定規被仰出候迄従前之通可取計候事」と記した(『社寺取調類纂』一八五)。官幣社ですら〝民費〟が当てにされていたことを示す指令であり、官社経費の定額が治定されるまでは形式のみの〝国家の宗祀〟待遇であったことが知られよう。

(14) 『公文録』明治七年九月教部省伺「官国幣社定額金並国幣社造営ノ儀伺」。

(15) 以下の引用史料は『公文録』明治六年九月式部寮伺「官国幣社祭典入費ノ儀伺」に拠る。

(16) 別紙「官国幣社祭典入費定額見込」にある諸祭典入費定額は以下の通り。(一)例祭　官幣大社二五円(内神饌料五円)、官国幣中社二〇円(同四円)、官国幣小社一五円(同三円)、(二)祈年祭(以下記載順は官幣大社、官国幣中社、官国幣小社)一二円五〇銭(同五円)、八円(二円五〇銭)、六円(一円二五銭)、(三)新嘗祭　祈年祭に同じ、(四)元始祭七円(内神饌料三円五〇銭)、六円(同二円五〇銭)、五円(同一円二五銭)、(五)紀元節祭　元始祭に同じ、(六)天長節(祭典なし、神饌料のみ)三円五〇銭、二円五〇銭、一円二五銭、(七)神武天皇・神宮・孝明天皇各遥拝式入費　一律二円五〇銭、(八)六月・十二月大祓入費　一律一円五〇銭。

(17) 明治五年七月十七日に裁可されている。

(18) この式部寮伺が裁可されて国幣社例祭、元始祭以下が官祭とされ、社庁費(神社費)として祭典入費が下行されることに決ったのであるが、これはあくまでその出所が決定しただけのことであった。ところが大蔵省は定額金も定められたと思っていたらしく、明治七年五月二十七日には左の上申を行なっている。

諸社御祭典幣物神饌料ノ儀去ル壬申七月并明治六年九月両度式部寮伺ノ趣ヲ以金額御達相成居候処国幣社例祭等ノ費用ハ夫々執行済ノ上残金有之分モ不少趣ニテ既ニ此程返納伺出候県々モ有之然ル処本年二月中岩城国伊佐須美神社祭費ノ儀ニ付教部省ヘ及問合候処別紙ノ通回答有之儀ニ付勘弁仕候処先般御達ノ趣ハ費用ノ目途相立候迄ニテ実際遣払高ヲ相渡候事ニ可有之哉同省回答ノ趣少シク難解候間為念一応相伺申候至急御指揮有之度此段相伺候也

右の文中にある教部省回答とは、「昨年正院ヨリ御省ヘ御達有之候ハ祭典諸式入費渡方御決定迄ニテ金額ハ御未定ノ儀ニ付未各官国幣社ヘ布達無之候ヘハ神官於テハ固ヨリ承知不致各社適宜ノ見込ニ取計候事ニ付不同有之候𪜈追テ定額御達迄ハ現実ノ入費御下渡可有之存候也」というものであった。左院財務課はこの大蔵省伺に関して六月二日教部省に「官国幣社祭典神饌料定額見込ノ儀式部寮ヨリ御省ヘ打合伺出ノ上去歳九月中決裁相成候処府県ヘ布達等ハ如何相運ヒ居現今諸社神饌料経費等何様ノ取扱ニ相成居候哉委曲致承知度至急御回報有之度候也」と照会したが、同五日教部省は「右ハ入費ノ出方ノミ相伺候儀ニテ金額ハ当省ヨリ取調九月五日附ヲ以更ニ伺出置候通ニ候右ノ始末ニ付今以府県等ヘ布達ノ運ニ至不申且諸社経費ノ儀ハ各社共目的無之故或ハ現実ノ遣払高ヲ以渡方相成或ハ凡見込ヲ以受取方申立候事ニ有之候」と回答している。左院もかかる事情を知っていかんともしがたいと思ったらしく、六月十二日「不日確定可仕夫迄ノ処実際遣払ノ現費相渡候外無之ト存候」と上陳、同十七日大蔵省に正院は「伺ノ趣当分現実下ケ渡候儀ト可相心得事」と指令した(『太政類典』第二編第二六一巻)。こと神社経費に関する限り、いかに政府部内が不統一であり、連絡の密を欠いていたかを示しているといえよう。

七　「神社改正規則」改定と官社経費定額の制定

前節で見たように、六年九月に官祭入費の官費下行が認められたのであるが、その一いちの経費定額については何ら具体的な数字として挙げられてはいなかった。同じ祭典であっても官社ごとに入費が異なり、各神社が区々にその下行を求める事態を招来することは十分予想された。それを防ぐためにも神社経費の一律化を図ることは急務の課題であったといえる。さらに、官祭経費として一括官費支給が認められた以上、官幣社は「大蔵省下行」、国幣社は「公解入費」と規定していた「神社改正規則」はもはや空文でしかなくなる。かかる経費面のみならず、神官任用にしても「神社改正規則」の規定は現状と著しいズレを見せていた(1)。福羽美静がいうように、それは決して「永世の制度」として成立したわけではなかったのである。以下、本節ではまず「神社改正規則」改定について触れ、ついで官社経費定額制定に至る過程を見てみたい。

六年十月四日、宍戸教部大輔は三条太政大臣に「辛未五月公布神社改正規則改定之儀ニ付伺」を上申、「規則」の三章から九章までを改定した公布案を呈出した[2]（第一号）。公布案は左の通りである。

去ル辛未五月十四日神社改正ノ儀布告及候規則中左之通逐件改定候条此旨布告候事

一官幣国幣大社大宮司ハ奏任タリ教部省ヨリ伺ヲ遂クヘシ同少宮司以下中小社宮司以下ハ同省判任タリ進退黜陟同省長官ノ処分ニ任スヘシ

但官幣国幣社神官ト雖モ地方官ニ於テ其能否勤怠ヲ具状申告シ又ハ当器ノ人材ヲ薦挙スルハ固ヨリ妨ナシ

一官幣国幣社神事及社頭ノ願伺届ハ大社ハ大少宮司中小社ハ宮司権宮司連署ヲ以教部省長官ヘ宛直ニ差出スヘシ

一同上一社ノ私祭及人民地方ニ関スルノ事件ハ地方官ノ指揮ヲ受サルヲ得ス其事教部省ヘ関セサルモノハ一社地方官ト相対タルヘシ（「及」の下の掛紙「土地ニ関スル件或ハ人民身上ニ係ル事項ハ其所地方官ノ指揮ヲ受ルヿ勿論タルヘシ」）

第十章以下改正案（第二章）

一官幣国幣社祭典并一社公事ノ入費等一切官費タルヘシ

一同上式年之造営年分ノ修繕凡テ官費タルヘシ（貼箋・国幣社造営修繕ハ方今正院申立中ニ付如此相認候ヘ共若右御評議未決中此規則御発表ニ候ハヽ同上ノ二字ヲ姑ク官幣社ノ三字ニ作ルヘシ）

一府県社以下ハ地方官ノ管轄タリト雖モ其社格等差ヲ定メ或ハ之ヲ増減スル等ハ教部省ヘ伺之上ニ非ラサレハ処分スルヲ得ヘカラス

一同上神官ノ進退ハ地方官ノ見込ヲ以処置ノ上之ヲ同省ヘ届出ヘシ其教導職ヲ兼ヌル者ハ同省ヘ伺之上ニ非ラサレハ之ヲ進退スルヲ得ヘカラス（貼箋・其教導職ヲ兼ヌル者以下得ヘカラス迄今般差出追伺ニハ相削候事）[3]

此他最初ノ二章ハ即今猶相行ハレ居候ヘハ（大小参《ママ》事云云ノ処全ク行ハレ難ク候ヘ共猶地方参事大属等ヲ以神官兼務ノ向アリ）今更御掲載無之トモ此儘御差置相

成度并最末ノ章ハ今日ニ在テハ先ツ無用ニ属候様存候事

この教部省上申に対し法制課は左の議案を作成、上陳して裁可を請うた。

別紙教部省上申神社改正規則ノ儀及審案候処辛未五月ノ改正規則ハ府藩県三治ノ御体裁ノ節布告相成候者ニ付均シク改正致シ候得ハ悉皆書改メ候方可然存候間冊尾ノ通取調同省へ及共議候(4)処下ケ紙ノ答議差越猶夫是遂審査候得共官国幣社費用支給ノ別等未タ確然一定不致折柄殊ニ神官撰任等モ予シメ規則取極メ置不申方却テ活法ニ可有之様被存到底最前同省上申第一号書面ノ通ニテ可然依テ公布案并同省御達案共取調供高裁候也

教部省へ御指令案

伺ノ趣第何号ノ通布告候事

公布案

掛紙ノ通

正院はこの議案を決裁し、「公布案　掛紙ノ通」としたのであるが、その公布案とは第三章から第九章までの改定たる「第一号」であり、第十章以下の「第二号」は公布案とはされなかった。教部省は基本的には両号が公布案とされるものと思っていたらしいが、法制課とのその後の打合せにより、「第二号」が公布案に含まれていないことを知ったようである。(5) 教部省にとって「神社改正規則」改定の主たる目的は、まず国幣社の祭典・公事が官費支給の対象であることを明文化することにあったのであるから、第十章以下の改正を謳った「第二号」が公布案として採用されなければ意味がなかったのである。そこで教部省は十二月十日右大臣岩倉具視宛に「辛未五月中公布神社改正規則改定之儀ニ付追伺」を上申した。

本年十月四日附ヲ以去ル辛未五月十四日公布神社改正規則御改定之儀別紙第一号之通相伺置候処其後法制課ヨリ打合之次第モ有之候ニ付更ニ別紙第二号之通取調相伺候条前号御取消此分ヲ以早々御評決有之度候也

この追伺で教部省は改めて「第一号」と「第二号」を呈出したのであるが、「第一号」は前引「第一号」の日付を「明治六年十二月」と変え、更に宛名も「右大臣岩倉具視」とした(これは「三ケ条取消」と朱書されており、あくまで参考の意味で呈出したものである)。また「第二号」は十月四日付「第二号」とは全く異なっており、前引「第一号」と「第二号」を同一公布案に纏めたものとなっている。この布告案は正院において若干の修正がなされて公布されたが、ここでは教部省の原案を紹介しておく(第五、第六は諸社関係であるので、省くことにする)。

第弐号

公布案

去ル辛未五月及布告候神社改正規則今般左之通更定候上此旨布告候事

規則

第一官幣国幣大社大宮司ハ奏任タリ教部省ヨリ伺ヲ遂ケ之ヲ進退ス同少宮司以下中小社宮司以下ハ同省ノ判任タリ黜陟ハ同省長官ノ専決ニ任スヘシ

但官幣国幣社共一切神官ノ能否勤惰ヲ見状申告シ或ハ当器ノ人材ヲ新ニ選挙スルハ各地方官之ヲ呈稟スルヲ得ヘシ

第二官幣国幣社神事及社頭ノ願伺届ハ大社ハ大少宮司中小社ハ宮司権宮司連署シ教部省長官名宛ヲ以直ニ差出スヘシ

第三同上一社ノ私祭及土地ニ関スル件或ハ人民ニ係ル事項ハ其地方官ノ指揮ヲ受クルコ勿論タルヘシ

第四同上祭典諸式并一社公事ノ入費及式年之造営年分之修繕等ハ凡テ官費タルヘシ

この教部省公布案は、法制課で若干の字句修正がされた後、十二月十五日正院に上陳され、同二十三日裁可、二十五日太政官布告第四二一号として公布された。ところが公布された「規則」第四条には重大な手違いがあったことが発

見された。第四条は、

官幣社祭典諸式并一社公事ノ入費及式年ノ造営年分ノ修繕等ハ凡テ官費タルヘシ

という文言であるが、国幣社という語は一つも出ていない。これでは国幣社は造営・修繕費はおろか、祭典費等の官費支給も保証されていないことになる。教部省は本来ならば前記原案のように国幣社も官幣社と同様にすべての経費を官費支給するよう明文化を求めたのであるが、十二月十日「追伺」の「第二号」に付紙として、

国幣社造営修繕ハ方今申立中ヲ以如此相認候得共右御評議未決中此規則御発表ニ候ハヽ及ノ下姑ク官幣社ノ三字ヲ入ル（傍点筆者）

と法制課に注意を促していた。ゆえにこの教部省の註を参酌した文言は「同上（官幣国幣社―筆者註）祭典諸式并一社公事ノ入費及官幣社式年ノ造営年分ノ修繕等ハ凡テ官費タルヘシ」とならなければならない。ところが法制課は「及」の下に「官幣社」を入れないで、「同上」の上に「官幣社」と貼付したものを正院に上陳してしまったのである。これは明らかに法制課官員の過失であり、教部省は早速十二月二十八日に訂正方を上申した。法制課もこの誤りを認め、七年一月二十日に訂正案を上陳、裁可されて一月二十九日太政官布告第十二号として使府県に公布された。

明治六年十二月第四百二十一号布告神社改正規則第四条左ノ通改定候条此旨相心得神官へ布告スヘキ事

第四　同上祭典諸式并一社公事ノ入費及ヒ官幣社式年ノ造営年分ノ修繕等ハ凡テ官費タルヘシ

以上記した通り、明治七年一月二十九日の太政官布告第一二号によって国幣社の祭典・公事入費の官費支給が正式に認められたのである。あとはその具体的な官社費額の制定を俟つのみという状勢となったのであるが、実際には教部省は「神社改正規則」改定に動き出す以前に官社費額制定に向けて踏み出していた。いわば〝名〟よりも〝実〟を取る方を先行させていたのである。官社経費定額が認められるならば、「神社改正規則」は自ら改廃せざるを得ないであろうし、反対に「神社改正規則」が先に改定されたならそれを楯に取って定額金の制定を要求しやすくなる。かく教

部省が踏んだか否かは推測の域を出ないが、結果的には両面作戦、あるいは陽動作戦と見られなくもない。

だが、官社経費定額制定は、「神社改正規則」の改定のようにすんなりと決ったわけではない。事実上空文化した「神社改正規則」を改定すること――"現実"が、"規則"に優先したからこそ規則は変わらざるを得ない――に比して、事実としての制度――それも恒常的な官費支出制度である――を樹立することは単に字面をいじくるだけで済む問題ではなかった。それを樹立するには、まず神社経費の財源を確保せねばならなかった。旧社領の特権＝半租給与はそのままにしておいて、新たにそれに上積みした官費を支給することは大蔵省にとって到底認め難いことであった。旧社領の清算を俟って始めて官社経費の一律支給が可能であるというのが大蔵省の基本的立場であったといえる。

これに対し教部省は旧社(寺)領処分は不問に付したまま、官社経費を新たに定額として官費支給することだけを要求したのである。六年九月五日教部省は「官国幣社定額金之儀ニ付伺」を三条太政大臣に上申したが、[6] 以下見るようにその内容はただひたすら官社経費の制定を説くに急で、その財源の目途や旧社領の扱いに関しては一切触れていない。

官国幣社祭典料始一切経費定額之儀ニ就テハ本年四月大蔵省ヨリ伺出御下問相成候節造営料之外凡二十万円ヲ以悉皆取賄可申段上答致シ尚本年七月府県社神官月給ノ件御下問之節大蔵省建論之通国幣社以上官祭ノ神社ハ悉皆官費府県社以下民祀之神社ハ一切民費当然ニ付国幣社造営修繕共更ニ官費被仰出候上ハ府県社神官月給被廃候共不苦云々申上置候然処官国幣社定額金今以御定モ無之候アリ各地方官ニ於テモ入費金繰替渡之目的モ不相立候ニ付官国幣社トモ少社領無社領之向並新定之神社ハ目下費用ニ差支神饌日供スラ調進致兼候向不少頻ニ苦情申立候仍之今般造営入費之外別冊[7]之通定額見込相立候右ハ従前ノ振合ニ不拘現実手詰之算当ニテ官国幣社ノ体裁ヲモ不相失取調候儀ニ付此分ヲ以御確定相成度尚国幣社造営之儀ハ已ニ府県社神官月給被廃候事ニ付本年第百六十一号公布御改正更ニ官費ニ被仰出候儀ハ勿論之事ト存候仍テ別紙定額見込帳並官国幣社座数表相添此段相伺候也

明治六年九月五日　教部大輔宍戸璣

太政大臣三条実美殿

かく教部省は六年四月二十五日付の大蔵省「府県社神官月給之儀ニ付伺」を楯にして官社定額経費制定を三条(正院)に要求したのであるが、あたかも当時はいわゆる征韓論争で廟堂が大きく揺れ動いており、神社経費問題どころの話ではなかったと思われる。まして、ただでさえ卿を欠いていた教部省であったから、正院への影響力はほとんどなく、その政治力には自ら限界があったのである。正院はこの教部省伺に何らの指示を与えなかったので、宍戸は十月五日、「今以御指揮無之然ル処就中祭典入費并神饌日供料之儀ハ速ニ御定不相成候而ハ各社共目下差間神官奉仕之目途モ不相立右ハ敬神之道ニ関係シ等閑難致ニ付此分丈ケなりとも至急御取定……」云々と再度上申、祭典費等だけでも治定してほしいと訴えた。さらに同年十一月五日にも教部大丞三島通庸が定額経費について史官に「今以何分之御沙汰も無之」と掛合ったが、依然正院は耳を傾けようとはしなかったのである。これは当然のことで、政府は征韓論争によって維新以後最大の政治的危機に見舞われており、三条太政大臣も心痛のあまり十月二十日以来病床にあった。政府の体制は大きく変動したのであり、三条も一時は辞表を用意したほどの政局の激動が六年秋以来つづいていた。かかる時期に神社問題を採り上げるほどの余裕は政府にはなかった、というのが実際であろう。

三条が病床にあったため、正院の最高責任者は右大臣岩倉具視となった。そこで教部省は十二月七日、官社定額経費問題をひとまず措いて、国幣社造営修繕費問題に的を絞って右大臣岩倉に上申することにした。無論その目的は第一六一号布告の撤廃を期することにあった。

国幣社之儀ハ廃藩以前御定之名称ニテ今日ニ在テハ官国幣社共均ク官社ニ候ヘハ本年七月大蔵省ヨリ府県社以下ハ神官給禄ヲ始メ一切民費ニ属シ国幣社以上ハ造営修繕ヲ始メ悉皆官費当然云々之建議御下問之節於当省モ同意

ヲ以別紙一印之通及上答候処府県社神官月給之儀ハ本年第二百七十七号ヲ以被廃止候ヘ共国幣社造営修繕之儀ハ第百六十一号御発令之後未タ御改定之御達モ無之候ニ付先般官国幣社経費定額見込相伺候節尚又申立置候然ル処国幣社造営之儀ニ就テハ別紙二印之通石川県ヨリ兼テ具状尚外県ヨリモ同様歎訴ノ向数多有之右気多神社之如キ営繕之目的無之上ハ廃頽眼前之事ニテ昔日荘麗之社柄忽チ今日寥落之姿ニ至リ候テハ民心ニ関係致シ候ハ不待論朝廷ニ於テモ国幣社ニ被列歳時御敬祭之御趣意不相貫哉ニテ遺憾ニ存候抑本年四月右造営之儀等成丈金額節減之見込ヲ以別帋三印之通御答候事ニ付何卒官国幣社ハ概メ同様之御取扱ヲ以第百六十一号公布速ニ御改定何レモ官営相成候様致度此段更ニ相伺候也

明治六年十二月七日　教部大輔宍戸璣

右大臣岩倉具視殿

この岩倉宛上申が効を奏したか否か——つまり直接の契機となつたか否か——は不明であるが、[8] 十二月二十三日正院財務課は、官社経費定額および国幣社造営修繕に関する教部省上申を大蔵省に下問すべく「御下問案」を作成、若干の修正を施して同日、

別冊教部省伺官国幣社定額金并国幣社造営修繕之義及下問候条意見早々可申出候也

明治六年十二月廿二日　右大臣岩倉具視

大蔵卿大隈重信殿

と、大蔵省に下問したのであった。

当時大蔵省は、地租改正事業や家禄処分といった、近代国家体制権立に不可欠な一連の財政基盤整備策を遂行中であり、神社経費の問題も神社の旧社領収納高処分および境内地上知処分と当然関連づけて考えられていた。殊に四年以来の「半租給与」は社寺禄制を定めるまでの過渡的措置であり、その廃止は時間の問題であった。しかし、その処

分に関しては、教部省のいうような「家禄之御処分……之割合ニテ御引上」げで済む問題ではなかった。半租給与の廃止は、官社をも含めた神社および寺院にとってもー無論政府にとってもーその存立に関わる大きな経済問題であり、官社の維持費そのものが大部分は半租給与に頼っていた。だから、官社経費を定めるにしても、その財源は当然官社の旧社領からの半租給与分を当てにしなければやっていけないと大蔵省は見たのである。恒常的な経費支出を前提とする限り、恒常的な財源の確保が要求されるのであって、その財源は大部分旧社領収納高に頼らざるを得ないのであった。そのためにも旧社領の徹底的な調査が必要であり、その調査には時間を要するのである。教部省が考えるほど、財政の問題はたやすくなかったということであろう。(9)

かかる事情を知ってか知らずしてか、なおも教部省は執拗に定額金の早期治定を三条に上申する。翌七年二月十二日宍戸は三条に「官国幣社仮定額金之儀ニ付伺」を上申した。

官国幣社定額金之儀ハ昨六年九月五日付ヲ以相伺置候処今以御指揮無之甚差閊候間未タ御決議ニ至兼候ハヽ、先別紙之通仮定額相定申度無左候テハ各社経費目的不相立神官共勝手之見込ヲ以申立候ヨリ自然金高相嵩候弊モ有之殊ニ公私相混候向モ候テ彼是不都合不少候条速ニ御指揮有之度仍テ別帋達案等取揃此段相伺候也

明治七年二月十三日　教部大輔宍戸璣

太政大臣三条実美殿

すなわち宍戸は、即今年間経費の治定が無理というのなら、取り敢えず六年十月以降について、「仮定額」を定めてほしいというのである。が、これにも正院から指示はなく、翌三月十三日には教部少輔黒田清綱が「官国幣社仮定額之儀ニ付再伺」を三条に上申、「祭典諸式ノ入費ハ昨六年七月式部寮ヨリ相伺九月十九日其旨大蔵省ヘモ御達相成居候儀ニ付此分丈ケニテモ各社ヘ相達置申度此段相伺候」と述べて、せめて祭典費だけでも決定、下行するように願い出た。実際、各官社では教部省が五年十一月に達した官祭を行なっていたのであり、その経費について教部省に下行を求め

てきていた。だが、黒田によると教部省で考えている金額をかなり上回る額を要求してくる場合もあったようで、「公私判然」を期すためにも教部省は祭典費額だけでも決定するよう申し出たのであろう。だが、いくらこのように教部省が官社経費定額・仮定額の早期治定を催促しても、大蔵省の上答が出るまでは正院としても審議のしようがないのであり、従って〃指示・指揮〃を教部省に下すわけにはいかない。

七年三月十九日大蔵省は六年十二月二十二日の下問に対する上答を行なった。これは、いわば大蔵省の官社経費や旧社寺領処分に対する最終的な意見の具申であり、国家財政を預る官衙の答申であるから正院も当然この上答を尊重せざるをえなかったであろう。この上答は左の通りである。

官国幣社定額金其他之儀御下問ニ付上答

官国幣社定額金及造営修繕之儀教部省ヨリ伺出候ニ付当省意見御下問之趣敬承審案仕候処孰レモ適宜之経費ニ相見候然ルニ弐年造営費毎歳十万円宛準備之儀ハ現今内外国費多端之折柄迚モ難行届事ニ付弐年之都度為伺出相当御処分有之可然依テハ別冊総計金十八万七千二百十二円十九銭内例祭祈年新嘗三祭之幣帛料ハ式部寮ヨリ下行余ハ当者ヨリ下行ヲ以差向費額御定相成可然存候得共元来右金額之儀ハ全国之諸社寺朱黒印地除地之歳入之内ヲ以テ之ニ充テ候目的ニ付昨六月中上申之通社寺禄逓減法ヲ以テ支給不致候置而ハ彼此両端之費額ニ相渉リ従来之会計ニ差支候間先逓減之議御決定之上本議之費額御定相成候順序ト存候且従前之社寺領ナルモノハ兼テ縷陳仕置候通一家之私ニ出候儀ニ付即今国家之宗祀既ニ御制定相成候上ハ公私之区別判然相立従来之資ヲ収メ公祀之費ニ給候ハ当然之訳ニ而抑華士族之功俸恩禄トハ別種ニシテ素ヨリ同様之処分ニ難相成候間断然御裁決相成可然存候就而ハ六年第百六十一号公布ハ御改正有之官国幣社ハ悉皆官費ニ相成従前之朱黒印地半租給与之儀ハ被廃其他之社寺ハ逓減法ヲ以給与スル之事共一斉ニ御発令相成度候公布案之儀ハ尚御指揮ニ依リ取調可相伺候因テ別冊返進此段上答仕候也

明治七年三月十九日　大蔵卿大隈重信

太政大臣三条実美殿

右の上答で大蔵省は、㈠六年四月三日付の教部省上答にある官社式年造営費の毎年十万円積立ては国費多端の折柄につき不可能、官社式年ごとに考慮すべき、㈡官社経費総額は、三祭分を除いて十八万七千二百十二円十九銭、㈢官社経費は旧社領の半租給与分を充てる予定なので、まず半租給与を逓減することが先決、㈣教部省のいうように半租給与処分を家禄処分と同一視はできず、神社が国家の宗祀である以上その私有は認められない、㈤以上から結論として、六年五月の国幣社修繕経費等の官費支給を禁じた布告第一六一号を廃止して、官社経費定額と社寺禄逓減法給与を同時に制定すべき、としている。

この大蔵省上答を受け、左院財務課は左の議案を四月二十七日上陳した。

教部省伺官国幣社定額金及造営修繕之儀先般大蔵省へ御下問相成候処同省意見別紙之通申出候ニ付致審案候処去ル辛未年社寺一般上地被仰出現収納高五分通下行以来官国幣社之儀ハ右ヲ以テ経費仕払不足之分ハ別途御下渡相成有余之分ハ其儘被差置経費之儀小社ニシテ大社ニ過ルモノ間々有之右ハ社領ノ大小ニ因テ祭式等区々之仕末ニ任シ候義ニテ即今官祭之規模難相立実ニ不都合不少候間此際大中小社之区分ニ随ヒ経費御一定従前ノ半租御引上相成可然就而ハ一般社寺禄高之儀モ一同御処分相成候方ト存候右御処分之次第ハ大蔵省見込之通逓減法御施行相成可然乎右ハ同省上申之旨モ有之候間御決定之上ハ公布案等同省於テ取調差出候様左ニ御達案ヲ付シ仰高裁候也

かくしてこの左院議案は正院において決断され、五月七日大蔵省に、

官国幣社従前之朱黒印地廃シ諸費ノ定額ヲ相立其他一般社寺半租逓減法ヲ以給与ノ儀其省意見ノ通布告案取調早々可伺出依テ別紙書類相添此旨相達候事

と達せられ、大蔵省において官社定額経費ならびに社寺逓減禄に関する布告等の検討がなされることとなった。そして六月九日、大蔵卿大隈重信は三条太政大臣宛に「官国幣社定額金及社寺禄制之儀ニ付御達ニ依リ公布按并上申」を

呈出した。[10] この中で大蔵省は、三月十九日付上答では逓減給与の対象とされていなかった「除地」ついても朱黒印地同様に扱うことにし、朱黒印除地を一括して逓減給与の対象とすることに方針を変更している。この大蔵省「布告案并上申」を受け、左院財務・内務両課は左の議案を七月三日正院に上陳、裁可を請うた。

官国幣社定額金及社寺禄高逓減給与之儀ニ付大蔵省意見之通御布告案等取調可伺出旨過頃御達相成候ニ付今般同省ヨリ別紙之通取調出候ニ付審議候処官国幣社定額金及社寺禄高逓減給与調共不相当之儀モ無之候間同省稿案之通御布告相成可然則御指令案調査此段上陳候也

但社寺禄逓減給与最前取調之節ハ除地高ノ分相除候処是迄半租下ケ渡来候義ニ付今般「大蔵省上申之通」朱黒印地同様御処分相成可然存候也（カギ括弧内は朱の加筆―筆者註）

ここに至ってようやく官社定額経費および社寺禄逓減給与に関する問題に決着がつき、八月十日正院は右上陳を裁可した。[11] この結果、官社定額経費は太政官布告第九一号、社寺逓減禄制は同第九二号として九月三日に発令されることとなった。[12] 官社定額経費を定めた太政官布告第九一号は左の通りである。

今般官幣社国幣社費額別紙ノ通相定悉皆官費支給候条明治六年五月第百六十一号達書及従前官国幣社ニ属スル朱黒印除地半租給与ノ儀ハ本年ヨリ廃止候此旨官国幣社へ布告スヘキ事

但定額金ノ儀ハ半箇年宛大蔵省ヨリ受取三箇月ノ経費ヲ見積神官へ相渡置毎三箇月勘定帳為差出同省へ可差出事

この布告により明治五年八月以来教部省が推進してきた官社整備策はひとまず一段落することとなり、名実ともに〝府藩県三治制度〟以後の近代中央集権国家にふさわしい近代的神社制度が樹立されたといえよう。第九一号布告が近代神社制度の整備過程において最大の画期をなすものであることは、いままでの本稿での記述から凡そ理解されることと思うが、この布告別紙の「官国幣社経費定額」の記載方に問題がなかったわけではない。以下、その点についていささかの検討を加えてみたい。

別紙「官国幣社経費定額」の官幣大社の項には、「一金二千四百九十三円七十二銭　一箇年定額　但例祭祈年新嘗ノ三祭金幣ハ其都度式部寮ヨリ下行ニ付除之」と記載されている。つまり官幣大社の例祭・祈年祭・新嘗祭には正院定額金――式部寮は正院所管――から金幣が支出されることになっており、大蔵省下行の祭典料とは一段異なった扱いが三祭にはなされている。これは従来の扱いをそのまま布告に明文化しただけのことであるが、天皇の祭祀（宮中祭祀）を掌る式部寮からの金幣下行のある祭典は、やはり格別の意味を有していると見ざるを得ない。特に、祈年・新嘗の二祭は別としても官幣社例祭に式部寮金幣が下行されてきた事実は、官幣社が天皇・国家の紛れもない〝官社〟であることの象徴であったといえよう。[13]

だが、かかる官幣社のみへの優遇の不当さを訴えつづけてきたのが教部省であり、官幣と国幣の名称区別撤廃による官社の統一こそが同省にとっての〝近代神社制度〟の理想形態であることはこれまでに述べた通りである。ゆえに、教部省にとっては国幣社例祭にも式部寮から金幣が下行されることは、事実上官幣社と国幣社の差異が解消されることを意味する。だとするならば、まさにこの布告別紙の記載方は教部省の意図に合致するものであった。なぜなら、官国幣中社の項にも「一金千六百円一銭　一箇年定額　但シ同前」と記載されており、この記載から見る限り国幣中社例祭にも式部寮から金幣が下行されることに決したことになる（官国幣小社も「但シ同前」とあるから、国幣小社の場合も同じ）。教部省がこの別紙を見て、国幣社例祭も官幣社と同じく式部寮から金幣の下行があるものと理解し、官国幣の区別が事実上消滅したと考えたことは十分想像できよう。

ところが、かく教部省が考えたようには事は運ばなかった。正院は国幣社例祭に式部寮から――従って正院定額金のうちから――金幣を下行するつもりはなかったのである。[14]このことは、国幣中社玉前神社例祭に関する九月十日付式部寮宛の千葉県問合せを契機として顕然化する。

千葉県は九月十日、式部寮に対して玉前神社例祭が九月十三日と目前に迫っているのに金幣に関しては何の連絡もないが、同寮が下行するのかどうかを問合せた。千葉県にしてみれば、布告別紙を読む限り国幣社例祭にも式部寮金幣下行が当然であると思ったからに他ならない。しかし、当の式部寮にしてみれば国幣社例祭には大蔵省から金幣が下行されるのが従来の姿であり、式部寮も国幣社例祭に同寮から金幣を下行すべきとは一切いっていなかったのである。(15)よって式部寮は九月十二日、左の問合せを大蔵省にする。

別紙之通千葉県ヨリ問合来候国幣社祈年新嘗両祭ハ当寮より下行候へとも例祭ハ御省より下行相成候条ニ有之候然ル処本年九十一号官国幣社経費御取極御布告熟読候処第二官国幣中社云々但同前ト有之候より別紙問合来候条と相考候右但書間違ニ候ハヽ正誤御条令相成候様其筋へ御申立有之度依別紙相添此段及御問合候也

七年九月十二日　　式部寮

大蔵省　御中

この大蔵省宛式部寮問合せを見ても、同寮が国幣社例祭に金幣を下行することに否定的姿勢を保持していたことが窺えよう。だが大蔵省の態度は式部寮とは正反対であり、国幣社例祭にも式部寮から金幣を下行すべきと考えていたのである。そして九月二十八日、同省は三条太政大臣に「国幣社例祭下行之儀ニ付上申」を呈出、「国幣社例祭之儀モ官祭ニ属シ候筋ト存候間今般公布之通将来トモ官幣社同様式部寮より下行候様同寮へ御達有之度」き旨述べたのである。

この大蔵省上申に対して九月三十日、正院に左の議案が上陳された。

大蔵省上申国幣社例祭奉幣下行之義右ハ昨六年官国幣社祭典入費定額相伺候処九月十五日伺之通御治定従テ本年四月神社祭式撰修相伺候処是亦御決裁相成官幣社幣帛ハ太政官ヨリ発遣国幣社ハ地方庁ヨリ発遣仍テ官国幣ノ区別判然候然ルニ今度大蔵省上申之通相成候ハヽ官国幣ノ名称ニモ齟齬致夫是不都合之廉モ有之且正院定額中ニモ見込無之旁以国幣社例祭奉幣之義ハ昨年御治定之通庁費トナシ大蔵省ヨリ下行相成可然相考候間此段仰高裁候也

すなわち、この正院への上陳案は国幣社例祭に対する式部寮金幣下行を否定し、あくまでも官幣社と国幣社には区別があることを強調している。この議案には式部寮の考えが色濃く反映していると見てよく、事実、同上陳案には大臣、参議の捺印の他はただ式部頭坊城俊政の捺印があるだけである。つまり、この議案は左院への「垂問」を経ずして式部寮が直接正院に上陳したものと見るべきである。かかる変則的上陳が行なわれたために、この国幣社例祭金幣下行問題をめぐって以下に述べるような奇妙な状態が生ずることになった。

前述したように、教部省は第九一号布告によって国幣社例祭にも式部寮より金幣が下行されるものと思っていたのであるが、現実には一切式部寮から金幣は下行されていなかった。それゆえ、各地方庁から教部省にもその間の事情についての問合せが多く来たものと思われる。かかる事態を教部省は予期していなかったので、十月七日教部大輔宍戸璣は左の上申を三条太政大臣に呈した。

本年第九十一号公布中官国幣社大中小社乇但例祭祈年新嘗ノ三祭金幣ハ其都度式部寮ヨリ下方ニ付除之云々有之候上ハ国幣社例祭モ官幣社同様祭日前其座数ニ応シ式部寮ヨリ夫々金幣渡方有之筈ニ付右公布後ハ各国幣社ニ於テ祭日差向候とも祭式執行見合束手式部寮ノ指図ヲ相待罷在其管轄庁ニテハ元ヨリ入費渡方取計兼候次第故右施行方ノ儀当省ヨリ同寮ヘ再度及照会候処同寮ニ於テハ到底公布面不審ニ付大蔵省ヘ掛合中ノ由ヲ以九月中旬以来未タ何等ノ回報モ無之如此月日遷延候テハ各社ノ当惑眼前ニ差迫候条公布之通速ニ施行候様同寮ヘ御沙汰有之度此段及上申候也

明治七年十月七日　教部大輔宍戸璣

太政大臣三条実美殿

右によると、式部寮は教部省へ正院でこの件に関する議案が上陳されていることを報知していなかったことになる。かかる式部寮の態度は不可解であり、どこかうしろめたさを感じさせるものであるといえる(元来、式部寮は官幣社・

国幣社の名称を廃して、すべて官社とするという教部省の考えに同調していたはずであるから、この式部寮の姿勢は教部省への裏切り行為と見られなくもない。(16)それはともかくとしても、さらに不可解なことは、この教部省上申が左院に垂問され、同院が議案を作成しているという事実である。この議案は十月十二日付で正院に上陳されるはずのものであった。

教部省上申国幣社例祭金幣式部寮ヨリ渡方之儀云々上陳之趣審議候処本年第九十一号公布之旨モ有之候ニ付将来官幣社同様式部寮ヨリ下行致シ可然尤本年ノ儀ハ正院常額中ニ見込無之候間其都度金額大蔵省ヨリ別途受取渡方取計可然ト存候因テ御指令案等調査此段上陳候也

御指令案

上申之趣式部寮ヘ相達候事

大蔵省ヘ御達案

国幣社例祭金幣式部寮ヨリ下行候ニ付テハ同寮ヨリ掛合ノ都度金額別途渡方可取計此旨相達候事

この左院上陳案は、左院議長佐々木高行および財務課長印は捺されているものの「大臣」「参議」および「正院式部寮」は空白であり、結局、正院での審議には付されなかったことを窺わせる。恐らく九月三十日の上陳が決裁され、式部寮の意見が政府の方針として採用されたからではないかと思われる。このように、大蔵省も教部省も、そして左院も国幣社例祭への式部寮金幣下行を可としたのであるが、式部寮の反対によって従前通りとなった。十月十九日、大蔵省上申に対する指令案、公布案が上陳され、二十二日に裁可となった。大蔵省には同日、「上申之趣第百十二号布告候ニ付テハ従前之通其省ヨリ各管轄庁ヘ其都度可下渡事」との指令があり、さらに左の布告第一一二号が公布された。

本年九月第九十一号布告官国幣社経費定額中左ノ通改定候条此旨国幣社ヘ布告スヘキ事

官国幣中社

一金千六百円一銭　一箇年定額

但官幣社例祭祈年新嘗ノ三祭及ヒ国幣社祈年新嘗二祭ノ金幣ハ其都度式部寮ヨリ国幣社例祭ノ金幣ハ大蔵省ヨリ下行ニ付除之

かくして布告第九一号記載の不備をめぐる国幣社例祭金幣下行問題は決着がつき、同じく官社の例祭とはいっても官幣社と国幣社とでは〝区別〟のあることが公的に決定した。教部省が五年八月以来推進してきた官幣社と国幣社の名称区別を撤廃し、官社に統一せんとする試みはここに葬り去られたのである。

以後、官幣社は名実ともに国幣社よりも上格とされ、国幣社から官幣社への〝昇格〟を多く見られるようになる(17)。官幣社・国幣社を廃して官社へ統一する動きが挫折に終った以上、別格官幣社は〝別格〟のままでありつづけるより他なかった。「官国幣と別れたるは官幣社となし、また別格社はその官幣社の内の相当の格に入るる積なりしなり」という福羽美静の考えは、この時点において実現不可能となったというべきであろう(18)。経費面においてはともかくとしても、例祭の〝幣帛〟の出所に関する限り官社制度は延喜のそれを脱し切れなかった。教部省は敗北したのである。

以上、国幣社例祭の金幣下行をめぐる問題の顛末を概観したのであるが、前記第九一号布告にはこれ以外にも問題が存した。それは式年造営費に関する記載である。式年造営費については官国幣小社の項の末尾に「但シ式年造営費ノ儀ハ其時時可伺出事」とあるのみで、官幣大社および官国幣中社の項には記載がない。これに気づいた内務省は九月二十七日、

今般第九十一号ヲ以テ御布告相成候官国幣社定額末文但書式年造営費ハ其時時可伺出旨ニ有之右ハ大中小社トモ同様ノ儀ト相心得候ヘトモ小社ノ廉ノミニ書載有之難決候間為念相伺候且又右伺出ノ儀ハ従前ノ通府県官舎同様於当省処分可致哉然ル上ハ当省ヨリ各府県ヘ右ノ趣相達可申ト存候併セテ此段相伺候也

明治七年九月二十七日　内務卿伊藤博文

太政大臣三条実美殿

云々と上申、左の達案を付した。[19]

今般（掛紙は本年、以下同じ―筆者註）太政官第九十一号ヲ以公府（布告）相成候官国幣社定額ノ儀（書中）末文但書式年造営之儀ハ大中小社共同様其時時仕様入費帳ヲ以当省ヘ伺出候儀ト可相心得此旨相達候事

この上申に対し左院は九月三十日「伺ノ通ニテ可然存候」と同意、十月十九日正院から「伺ノ通　但達案掛紙ノ通改正可致事」との指令があり、十月二十四日内務省達乙第六四号として府県に達せられた。しかし当時のことであるから、この達が各府県に届くまでにはかなり日数がかかったものと思われる。少なくとも名東県（現徳島県）には十月三十日現在では届いていなかったらしく、同県参事の西野友保は同日付で大隈大蔵卿宛に第九一号布告によって、国幣社造営等官費支給を禁じた第一六一号布告は「自然御改正ト相心得可申哉」と伺い出ている。[20]これについて大蔵大丞熊谷直光は十一月十四日正院史官（内史本課）に左のように問合せている。

国幣社造営修繕入費之儀別紙名東県伺之趣ハ本年九月第九十一号布告但書式年造営費ノ儀ハ其時々可伺出云々ト掲載有之候ヲ以既ニ悉皆官費ニ相立候様心得伺出候儀ニ候処当省限リ指令ニ及兼候事件ニ付何分ノ次第御回答有之度此段及御問合候也

明治七年十一月十四日　　熊谷大蔵大丞

史官御中

追而御回答之節別紙御返却有之度候也

この問合せは史官から左院財務課に回され、左院は十一月二十日、「式年造営ノ儀ハ内務省乙第六十四号之通可相心得」きが至当と意見し、同二十二日史官はこの旨熊谷に回答した。これによって官社造営費に関する問題はようやく決着がつき、また国幣社例祭の金幣費額も十二月十七日の大蔵省達乙第三八号で決定を見た。[21]以後、この第九一号布

告によって官費による経済的基盤を与えられた官社制度は、明治二十年三月十七日に官国幣社保存金制度が導入されるまで原則として存続した。(22)

(1)「規則」では国幣社長官は府藩県大少参事か華士族となっていたが、実際には平民であっても宮司に任用されていた。たとえば、寒川神社宮司阿部洗がそうで、神奈川県はこれを知って六年三月、「規則」と異なるとして教部省に「一応相伺」をなしている。これに対し、教部省は四月八日「国幣社宮司ハ当省ノ判任ニ付時宜ヲ以テ直ニ撰任致候事」と指令している(『社寺取調類纂』一七四)。

(2)以下の引用史料は『公文録』明治六年十二月教部省伺「神社改正規則改定伺」に拠る。なお『法規分類大全』の一三六―一三九頁をも参照。

(3)「追伺」は十二月十日に出されている。この貼箋は十月四日に提出した公布案をもう一度検討し直した際に付したものと思われる。

(4)法制課は六条からなる改定案を作成して教部省に示したのであるが、教部省はことごとくこれに対して注文をつけ、結局法制課は自案を撤回したのである。

(5)このことは法制課が十二月十五日「於同省遂ニ第一号既ニ御決裁相成候意味ヲ第二号ニ取束子云々」と述べていることから知られよう。

(6)以下の引用史料は『公文録』明治七年九月教部省伺「官国幣社定額金並国幣社造営ノ儀伺」に拠る。

(7)「別冊」は①「官国幣社祭典入費定額見込」、②「官国幣社神官月給定額見込」、③「官国幣社年中之経費并神饌日供料定額見込」、④「官国幣社年分営繕入費定額見込」からなっている。①の費額は前節註(16)に記したものとほぼ同じであり、紀元節のみが異なっている(官幣大社は六円、官国幣中社は五円、同小社は三円七五銭)。②は官幣大社一社一年分で一八〇〇円、中社が一〇五六円、小社が七二〇円となっている。③は官幣大社が社一年間につき二七六円七二銭、中社が一九〇円一銭、小社が一五五円一銭となっている。④は大社が三五〇円、中社三〇〇円、小社二五〇円となっている。これらを総計すると年間の官社経費は一九三七六五円六九銭となる。ちなみにこの教部省定額見込案は、七年九月三日の第九一号布告別紙にある費額とほぼ同じである。なお、教部省は十二月十八日、この「見込」に除夜神饌料が脱落していたとして追伺をしている(大社は三円五〇銭、中社は二円五〇銭、小社は一円二五銭)。
(8) 三条と岩倉の神社・神道に関する関心の厚薄についても言及すべきであろうが、ここではその余裕はない。ただ、三条は岩倉よりも神社・神道の保護策には消極的であったことだけはいいうる。三条の神社に対する考えについては西田廣義「明治以後神社法制史の一断面」(神道文化会編『明治維新神道百年史』四、昭和四十三年)一〇〇―一〇二頁参照。
(9) 無論、教部省とてこの問題に全く無関心であったわけではない。七年三月三日には「官幣国幣社ノ内朱黒印社領有之向ハ去ル辛未以来年々受取未候半租高並其石代金高共別紙雛形ニ照準往返ノ外日数三十日ヲ限リ取調可差出此旨相達候事但無社領ノ分ハ其段可届出事」という甲第五号達を官国幣社宮司宛に出している。
(10) この上申での官社費額は官幣大社が年間一社当り二四九三円七二銭、中小が一六〇〇円一銭、小社が一一六五円五一銭となっており、九月三日布告の官社費額と同一である。官社費額は一応大蔵省が原案を作成したとされているが、実際には教部省の六年九月五日上申案をほとんどそのまま採用したものと思われる。
(11) 大蔵省の官社費額案が裁可される二日前の八日、内務省は官幣社の造営・営繕費に関して左の上申を行なっている。

官幣式年ノ造営年分営繕等ノ費用元社領有之候分ハ右五分通相渡候内ヲ以為仕払不足ノ分ハ別途下ケ渡候積リ明治六年中大蔵省ニ於テ府県ヘ指令及ヒ候類例ニ基キ開省以来取調来候処同年十二月第四百二十一号神社改正御規則本年一月第十二号ヲ以テ御改定公布ノ趣モ有之候ヘトモ祭典諸式并一社公事ノ入費神官給与等マテ別途相渡候ニ付右五分通リノ儀ハ渡高ニ寄営繕費用等ニ充不申テハ多分ノ余贏相生シ可申ト存候間前条ノ通相心得全ク社領無之向歟又ハ五分通ノ内ヲ以仕払不足相立候分ニ限リ別途渡之取計可申ト存候因テ此段上申候也

明治七年八月八日

内務卿伊藤博文

太政大臣三条実美殿

内務省は周知の通り、直接的には大蔵省の強大な権限削減を狙って五年以来その設置に関する検討が左院で進められ、六年十一月十日に設置された。七年一月には省機構は六寮一司からなることが決定したが、そのうち勧業等五寮は大蔵省から移管されている。かくして内政・民治に大きな権限を有するに至った同省は、神社をもその行政範囲に取込もうと動き出した。これを示すのが右の上申であった(すでに地方招魂社は同省が管掌していた)。しかしながら、この上申そのものは八月二十日左院財務課が「内務省伺官幣社修繕入費ノ儀ハ先般右経費定額御取極相成候儀ニ付」として審議対象とすることを却下、九月三日付で「伺ノ趣ハ第九十一号布告ヲ以各社定額金被定候事」と同省に指令された(『公文録』明治七年

九月内務省伺「官幣社修繕入費ノ儀伺」)。

(12)　社寺逓減禄制を定めた太政官布告第九二号は左の通り。

社寺朱黒印除上地ニ付一般禄制相定候迄現収納五分通致支給追テ過不足正算ノ筈ニ候処詮議ノ次第有之是迄相渡候分ハ其儘之ヲ賜リ官国幣社ヲ除外朱黒印除地共旧草高壱石ニ付平均弐分五厘ノ制ヲ以現米ニ計算シ其半数ヲ更ニ社寺禄トシテ別紙凡例ノ通本年ヨリ十ケ年間逓減ヲ以テ下賜候条此旨社寺ヘ布告スヘキ事

但地方庁ニ於テ従前ノ朱黒印除地高及逓減給与高共詳細調大蔵省ヘ可申出事

この逓減法によれば、たとえば旧草高百石の場合初年度は一二石五斗が支給され、以後一年に一石二斗五升づつ減じ、一〇年目には一石二斗五升が支給されて翌一一年目からは廃止となる。なお、豊田武「明治初年の上知問題」(『日本宗教制度史の研究』厚生閣、昭和十三年、所収)および前掲大竹秀男「近代的土地所有権の形成―明治初期における社寺地処分の観察を通じて―」、参照。ちなみに豊田氏は「上知の命令によつて知られる如く、諸大名の設定にかゝる黒印地は、原則として政府の半租及び逓減禄の適用を受けなかつた」と述べているが、これは誤解であろう。半租給与の適用を受けなかったのは、出雲大社の例のような旧領主等からの「寄附米」であり、社寺領たる黒印地はその適用を受けたことは本章紹介の諸史料からも明らかであろう。

(13)　太政官正院当局が官幣社と国幣社に区別を設けていたことは、七年四月二日の太政官達によって官幣社に限り「菊御紋用不苦候」としたことからも知られる。教部省は国幣社にもそれを許すことを伺い出たが左院の反対により却下されている。ついで同省は、官社定額が決定された後の十月十日、「第九十一号ヲ以官国幣社費額御治定悉皆官費支給ノ公布有之造営迄モ官費ニテ今日官幣国幣ノ名ヲ異シ候モ其実差別無之次第ニ付国幣社エモ菊御紋御差許相成候様致度此段更ニ相伺候也」と三条太政大臣に伺い出た。これらを審議した左院法制課は三月の議案と同じく反対、「費額同一ナルヨリ両社ヲ同格ト看做シ甚タ謂レ無之若シ御差許ニ相成候テハ嘗府県社ヘ濫及スルノ端ヲ開クノミナラス遂ニ官幣国幣社格モ同一ノ姿ニ相成不都合少カラス候間御差許ニ不相成方可然ト存候」と正院に上陳。結局十月二十一日「伺之趣難聞届候事」と正院から教部省に指令された(『公文録』明治七年十月教部省伺「国幣社ヘ菊御紋准許ノ儀伺」に拠る)。左院は官幣・国幣の区別をなくしてすべてを官社とする教部省案に当初は同意していたが、現実に名称の区別が存在する以上「官幣社ノ義ハ別段ノ社格」という現状追認の立場を取ることにしたものと思われる。教部省と左院の神社・宗教行政に関する微妙なズレは、今一度細かに検討する必要があろう。

(14) 以下の記述および引用史料は『公文録』明治七年十月大蔵省伺三「国幣社例祭奉幣下行ノ儀ニ付上申」に拠る。

(15) 前節註(16)で触れた明治六年七月七日付の式部寮宛教部省「官国幣社祭典入費定額見込別紙」には、官幣大中小社の例祭、祈年祭、新嘗祭および国幣中小社の祈年・新嘗両祭には「右幣饌料別紙定額見込帳○印之分今度御治定太政官ヨリ発之」とあり、国幣中小社例祭は「右別紙定額見込帳□印之分今度御治定地方官ヨリ発之」とある。

(16) 祭事祀典を管掌するのは式部寮であったが、神社のそれにどこまで式部寮が関与できるかは微妙な問題であった。神社行政を直接掌る教部省が神社祭典をめぐって式部寮と衝突することもありえたのである。このことは国幣社例祭の性格をめぐる対立だけでなく、たとえば天長節神饌料をめぐる問題にも顕然化している。七年九月十九日教部省は、天長節に神饌料(大社三円五〇銭、中社二円五〇銭、小社一円二五銭)を下行するよう正院に伺い出たが、十九日式部寮は天長節が祭日でないことを理由に神饌料の下行に反対、二十四日正院は「伺ノ趣天長節ハ祝日ニテ祭日ニ無之候間神饌料無之事」と教部省に指令した。だが教部省はこれを不服として十月三日、「抑当日ハ各社ニ於テ御誕辰ヲ奉祝セシムル為ニ盛饌ヲ献供為致候意味ニハ無之祝日ナルカ故ニ神饌モ平常日供ニ増加シテ朝廷ノ祝儀ヲ表セサセラレ候訳ニ付此一条ハ別テ御拝載相成候様イタシ度」云々と再度神饌料の下行を求めたが、同七日再び不可の指令が下り、十日教部省は「同日ハ日供ノ外神社献供ニ不及候事為心得此旨相達候事」との甲第一八号達を出した(『公文録』明治七年九月教部省伺「天長節神饌料ノ儀伺」および同十月「天長節神饌料ノ儀再伺」)。以上のことから知られるように、祭事祀典に関してすら政府部内には考えの相違が存したのである。

(17) 明治七年九月の第九一号布告以前に国幣社から官幣社となった例としては次の二つがある。国幣小社札幌神社(五年一月二十五日官幣小社)、国幣中社鹿児島神社(七年三月二十五日官幣中社)。札幌神社は神祇省時代に国幣小社から官幣小社となったのであるが、それは北海道という新天地の総鎮守たる同社は、国幣よりも官幣がふさわしいという理由からであった(四年一月四日付福羽神祇大輔の上申)。その意味で、札幌神社は国幣社から官幣社に〝昇格〟した第一号といえる。

(18) 別格官幣社は明治五年四月二十九日に湊川神社が列格されたのが最初であるが、その取扱いは官幣小社に準ずるとされた(明治五年十一月二十四日付教部省宛正院指令)。ところが明治六年十二月に至っても祈年祭、新嘗祭には式部寮から金幣の下行はなく、例祭のみそれを下行していた。つまり式部寮は正院から正式な指令がない限り下行できないとし、教部省の再度の照会に対しても「別格官幣社ニテ官幣大中小社之例ニ無之候ニ付例祭ニハ官幣供進相成候得共祈年新嘗両祭ニハ班幣無之」と回答するのみであった。よって教部省は「元来右両祭ニハ官国幣社一般御奉幣有之当日海内諸神社共遵行可致程之祭典ニ候処別格官幣社ニ限リ右様御構無之候而者兼テ官祭被仰出候詮モ無之候」云々と述べて、別格官幣社の祈年・新嘗両祭にも式部寮から金幣を下行するよう正院に伺い出た（六年十二月八日）。この伺は正院に十二月二十四日上陳され、同二十八日「伺之趣湊川神社以下三社（註・東照宮と豊国神社）之儀別格ノ廉ヲ以祈年新嘗両祭共班幣無之候処来明治七年祈年祭ヨリ御奉納相成候旨可相心得候事」と教部省に指令された（『公文録』明治六年十二月教部省伺「湊川神社以下三社祈年新嘗両祭奉幣伺」）。以上見たように、別格官幣社の扱いをめぐっても式部寮と教部省とでは意見の相違があったのである。つまり式部寮は基本的には『延喜』の神社制度をそのまま踏襲しようとしており、教部省や左院が目指している伝統に拘泥しない神社制度については批判的であった。ゆえに、式部寮からするならば別格官幣社はあくまで〝別格〟であって、到底伝統を有する官幣社とそれを同一視することはできなかったのである。

(19)『公文録』明治七年十月内務省伺四「官国幣社定額明文中但書造営費区分ノ儀等伺」。

(20)『公文録』明治七年十一月大蔵省伺三「国幣社造営修繕費ノ儀ニ付往復」。

(21) 達は左の通り。

本年第百十二号公布但書当省ヨリ可下行国幣社例祭ノ金幣中社ハ（一社ニ付）二十円（内四円ハ神饌料）小社ハ（同断）十五円（内三円ハ神饌料）ノ費額ニ候条右金額自今該（府県）外定額金一同可相渡ニ付兼テ請取置祭典ノ都度仕賄候様可致此旨相達候事

(22) 明治十年一月十一日教部省が廃されて、以後神社行政は内務省社寺局（三十三年四月二十七日神社局となる）の管掌するところとなるが、実際にはこれまで見てきたように七年八月以来内務省は神社行政にも関渉してきていたのであって、教部省に取って代る体制を着々と整備しつつあった。特に官社の造営・修繕費に関しては内務省が首導権を握るようになり、八年二月には官社修繕も同省へ伺い出るよう布達している。さらに府県郷社の祭典費等の取扱いに関しても同省が指導するようになり、教部省は七年九月の官社経費定額制定以来もはや有名無実化していた。だが、かかる内務省の神社行政への関与も、教部省が五年八月以来取組んできた近代的神社制度の樹立に向けての整備策の完了を俟って初めて可能であったことはいうまでもない。教部省は近代神社制度の産みの親であったが、育ての親とはなりえず、既に精根尽き果てていたというべきか。

八　むすび

以上、明治三年後半から七年後半にかけての近代神社制度の整備をめぐる過程――明治政府の神社行政の展開過程――を概観してきた。

結論的にいいうることは、明治四年五月の官社・諸社制度はやはり福羽のいう通り「永世ノ制度」ではなく、近代中央集権国家にふさわしくそれは改変されるべきものであったということであろう。だが、明治政府はこの神社制度を改変するための明確な統一的具体策を有してはいなかった。

教部省・左院は伊勢神宮の皇城遷座をも含む根柢的な神社制度改革を目指しはしたものの、正院はついにこれを認めようとはしなかった。残された道は部分的修正のみである。部分的修正であるから、その修正案は区々たらざるをえない。すなわち、大蔵省にとっての〃修正〃とは、国幣社造営・営繕費に関する曖昧な規定――大蔵省は曖昧とは思っていなかったが、地方官には誤解されやすかった――をより明確に規定し直すことであったし、教部省にとっては官社の処遇をはっきりとすることであった。また、式部寮にとっては官幣・国幣の名称区別の意義を制度的に保障することであった。よって互いに懸引きをせざるをえない。七年九月三日の官社経費定額に関する第九一号布告は、この懸引きによる産物であったといえる。

だが、この〃産物〃を抜きにして近代の神社制度は語りえず、従って〃国家神道〃の何たるかも語ることはできないのである。「国家神道(体制)の持つ強さと弱さ、孕んでいる矛盾は、内務省下の神社(宗教)行政の分析を通じてはじめて明らかに出来ると考えております」と中島三千男氏はいうが(「『明治憲法体制』の確立と国家のイデオロギー政策―国家神道体制の確立過程―」『日本史研究』一七六)、内務省はこの〃産物〃をもとにして初めて神社行政に取り組めたのである。神社行政に確乎たる方針がなかったのは明治初期からのことであり、「試行錯誤の神社（宗教）行政」（中島氏の言）は何も内務省時代に始まったわけではない。重要なことは、何のために「試行錯誤」をせざるをえなかったのか、ということであろう。この問いに答えるためにも、明治初期の神社行政の実態把握は必要不可欠であり、さらなる研究が望まれる。本章はその一端に触れたにすぎない。

第四章　郷社定則・氏子調の制定

一　はじめに

前章でも触れたように、近代神社制度の一環たる郷社制度は戸籍制度と密接な関係を有しているが、この両者はまた氏子調制度とも密接に連動していた。しかしながら、近代神社制度における郷社制度および氏子調制度が機能した時期はきわめて短かった。本章では、官社に対する諸社の代表である郷社制度に期待された機能を、戸籍制度と氏子調制度との関連からその意義と結果を考察してみたい。

明治四年七月四日(一八七一年八月十九日)、大小神社氏子取調規則(以下、氏子調と略す)が施行されることとなり、併せてそれと密接な関係を有する郷社定則も公布された(1)(密接な関係といっても、氏子調は郷社定則を前提にして初めて施行可能だった。ゆえに郷社定則が太政官第三二一、氏子調規則同三二二、大小神社神官守札差出方心得同三二三の順で出されたのである)。この氏子調および郷社定則が、いわゆる「神道国教化政策」の総仕上げ的施策であり、その施行こそ「神道国教主義」の樹立であった、とはよく耳にする論である。いかにも尤らしい論であり、殊に宗教史家や宗教学者は好んで用いるようである(2)。

たとえば豊田武氏は氏子調を「神道国教化の具体策」とした上で、「これ明らかに強制的に神道を信ぜしめんとする意図の現れであり、ここに寛文以来長く踏襲されて来た徳川幕府の仏教国教政策は完全に終滅し、新神道たる大教が仏教に代つて国教的待遇をあたへられることゝなつた(3)」と述べている。また村上重良氏は「氏子調べ制度の新設など、国教樹立のための重要措置があいついで実施された」といい、さらに「氏子調べ制度は、幕府体制の宗門改め寺請の制度を継承して、戸籍制度を宗教の側面から補完し、神社をもって寺院にとってかわらせるものであった。この制度の目的は、神社を戸籍の作成と管理に参画させ、神社が全国民を氏子として掌握することにあった(4)」(傍点筆者)と、その目的をすこぶる明解に説いている。

ところでこのような見方に対し、若干異なった視点から氏子調を見ようとする研究者もむろん存在する。それは高木宏夫氏で、氏は氏子調(および郷社定則)は「戸籍法の施行を前提としてのみ正しく理解される」との立場から、「氏子調・郷社定則は、ただ単に寺院における宗門改制度を神道に移しかえただけのものではなく、国家神道の制度の第一歩をふみだしたもの」と評価する(5)。つまりこの二つの施策は、地方行政組織の単位に対応した形に神社を再編成し、それによって人民の掌握を図る制度――高木氏のいうイデオロギーとしての天皇制――の基礎となった施策であったというのである。

豊田氏や村上氏のような把握に比べれば、高木氏の氏子調・郷社定則に対する分析視角と構造理解は出色のものといえよう。氏は氏子調を戸籍法と「相則した関係」と把え、それを「戸籍法の補充法」として位置づけつつも、その補充の機能を充分に果たすことはできなかったとする。それは、氏子調自身が「中世的な宗門改めの性格と近代的な個人格を主張するという矛盾をかかえ、かつ戸の形成を目途とする戸籍法の全体系中で、身分を無視した個人を主張する関係にたってい」たからだという。そして、かかる理解を基にして、氏子調は「日本の近代化にともなう国家権力の形成発展と共に廃棄されるのは当然」と結論づける。この論から行けば、氏子調は当初から、〝失敗〟する必然性を有っていた、ということになろう。さすがにこれでは詮ないと高木氏も思ったのだろう、「権力の側には利用すべき点もあったかとみられる」と控え目に述べている。結局、氏子調は「神道国教化政策」の〝真打ち〟として「神社と個人とをつなぐこと」もできず、戸籍法の補充機能も果たせなかったが、「全く別な形で国家神道の形成に大きい役割を果した」というのが高木氏の締め括りである。

高木氏が氏子調を単なる宗教政策として扱わずに、戸籍法・郷社定則との関連において、それを分析・理解しようとした点は大いに注目すべきであろう。しかし、問題とすべき点は何ら解明されていない。第一は、「利用すべき点もあった」という程度の認識で権力が、わざわざこの氏子調を施行したのだろうかということである。氏はこの点を軽視しすぎているといわざるを得ない。第二は、第一と関係するが氏子調のどこが戸籍法の補充として期待されていたかを解明していない点である。むしろ戸籍法の補充という立場なら郷社定則こそが「戸籍区」の形成に最も役立ったのであり、だからこそ氏子調は中止されても郷社定則を基とした氏子制度は存続したのである。(6) 氏の論の致命的欠点は、戸籍法を前提としてのみ氏子調を把握していることである。徳川時代ならいざ知らず、戸内部における人的関係を一切無視した戸籍の掌握だけで「近代化」は達成し得ない。氏子調が「近代的な個人格」を主張したのは、何も「戸内部の個人に対し権力が直接介入規制する」ことを目的としたからではなく、ましてや神社が自らを媒介手段として戸の内部に入り込み、これを規制するためでもない。では何のための主張か。まさに列強と肩を並べる「近代化」遂行のためであった。(7)

二　氏子改仮規則と戸籍編製

明治三年六月、民部省は「長崎県氏子改仮規則」を東京府等三府四県に達示し、(8) 長崎県には「別紙ノ通差向規則相立候間先ツ右規則ニ従ヒ氏子改被取計候尤自余委細ノ儀ハ渡辺弾正大忠其地出張イタシ候間可被打合候右相達候事」と、その施行を命じた。(9) この施策が長崎県限りの、あくまで限定されたものであったことは、達に「戸籍編製等ノ儀ニ付テハ追テ一般ノ御規則御確定可相成候得共其管轄ノ地ハ（長崎県ノ儀ハ）目下耶蘇教ノ混雑モ有之何分遷延難相成候ニ付」とあることで知られよう。

ところで、この長崎県氏子改仮規則の出された背景であるが、達の中に「長崎県ノ儀ハ目下耶蘇教ノ混雑モ有之」とあるようにその目的は耶蘇教取締り(蔓延阻止)にまずあった。長崎浦上を中心とする耶蘇教徒の処分問題は旧幕時代からの懸案であったが、幕府崩壊により新政府が関与せざるを得ぬこととなった。維新政府は旧幕府のキリシタン・邪宗門禁制策を踏襲、殊に耶蘇教徒に厳しい弾圧を加えた。[10] しかし徒らな弾圧策だけで問題が解決するはずもなく、二年四月外国官は公議所に「我神道ヲ以、日本全州ノ人民ヲ教導スルノ法、現在実地上ニ施スノ道果シテ如何」と評議を求め、五月には挙母議員川西六三が「天主教ヲ敺ノ議」を提出、結局「之ヲ敺ヲ可ト決シ、厳刑ヲ行フヲ否ト決シ候事」となった。ついで十月には集議院で新しく設けられた宣教使の施策方法について集議が求められた。「氏子改メ法則如何」に対しては従前の宗旨改め制度に倣う意見が圧倒的に多く出された。[11] また宣教使官員撰挙方法については府藩県から撰挙すべしとの意見が支配的で、これはのち各府藩県の宣教掛設置によって制度化されている(三年三月)。[12]

こうして氏子改めは、直接的には耶蘇教蔓延を防止するため、従前の寺院による宗門改めを神社でも施行すべしとの支配的意見を承けて施行されることになったのである。これを「唯一神道主義樹立のための具体策」と説く論者もあるが、[13] 一面的見方というべきだろう。なぜなら、氏子改めは従前の宗旨改めではなく、各個人が非耶蘇教徒・邪宗徒でないことを証明するだけの制度であり、最も宗教的たる神葬祭についてはその実行を強制してはいないからである。[14] さらにいうならば、維新政府は「神道国教化」を主目的として長崎県氏子改仮規則を施行した訳ではなく、戸籍編製の前段階として局地的に施行したにすぎない。民部省は二年十二月すでに「戸籍諸規則案」を作成していたが、それは「戸籍編製之儀者民政之基礎ニ候処是迄一定之御法無之」を憂慮してのことであり、「戸籍編製ハ治国ノ要務黎庶率育ノ根楨」との認識からであった。

しかし開国による新旧キリスト教蔓延への恐怖心は以前にも増して(朝野を問わず)強くなり[15]、かつ耶蘇教徒の補縛・処置をめぐる問題は内政上のみならず外交問題にまで発展せざるを得ない状況となっていた。厳刑を以て耶蘇教徒を取締ることはできない以上、それを防ぐべき「原ト確立一定ノ標準トナルヘキ教法[16]」を立て、教法には教法で対処する他ないとの気運が支配的となってくる。三年三月には宣教権判官小野述信らが初の長崎県下教導に赴き、〝教法には教法で〟を実行せんとした。[17] 一方、警察的取締りをも捨てた訳ではなく、弾正台の官員によるスパイ・警察活動も実施されていたのであり、むしろ長崎県宛民部省達に窺われる如くその方面の色彩の方がより強かったといえよう。[18]

ともあれ、長崎県下の状況は特殊であり、この氏子改仮規則も全く該地に焦点を絞ってのものであった。しかもそれは戸籍編製の全国的施行を図るための一手段であったのであり、従来の寺院宗門改めを廃して〝神道国教主義〟を樹立するために行なわれたものでは決してない。[19] 長崎県氏子改仮規則とその施行を神道国教化の具体策と決めつける論は多いが、それらのほとんどは表面的理解である。もしこれが神道国教化のための施策であったなら、それに最も積極的に関与すべきは神祇官・宣教使のはずであったろう。しかし実際はどうか。

長崎県氏子改仮規則は民部省から長崎県にその施行を達せられ、関係府藩県および開拓使には「為心得」に達示された。なぜ民部省から氏子改めという宗教色の濃い施策が出されたのであろうか。小早川欣吾はこの点に触れて、「勿論此氏子改の制度は神祇官が指導したのである事は、三年五月四日神祇官より弁官宛の問合の趣旨に依りて明白である[20]」と述べ、神祇官が氏子改仮規則立案および施行の指導的地位にあったことを示唆している。では小早川がその根拠とする五月四日付の弁官宛神祇官問合とはどのようなものか。小早川はその史料を明示していないが、多分左のことを指すのであろう。

民部省ヨリ申出候長崎県戸籍編制ノ儀伺済ニ相成候ヘ𪜈尚一応御打合ノタメ別紙御廻シ有之一覧候右ニテ違存無

之候其内東西両京大阪府已下久留米藩ニ至リ心得居候而已ニ無之追々施行ノ様有之度存候右御答旁申入候也

庚午五月四日　　神祇官

弁官御中[21]

これが果たして神祇官が「指導した」証拠といえるであろうか。ただ単に民部省の達案をそのまま可とし、できうるなら関係府藩県にも「心得」だけでなく「施行」した方がいいとの申し入れをしているだけのものである。これは当然のことで、この氏子改仮規則は神祇官の関与なしに民部省で立案され、施行のわずか一月ほど前の五月三日にそれについて神祇官に意見を求めたにすぎない。

戸籍編制ノ儀長崎県へ可相達旨別紙ノ通民部省ヨリ申出伺済可相成候へ𪜈尚一応御廻シ申入候間御取調ノ上早急御答可有之候也

庚午五月三日　　弁官

神祇官御中

追テ別紙御返却可有之候也[22]

神祇官に期待したのは〃一応〃程度のものであり、神祇官は早急の取調べどころではない、わずか一日後には〃回答〃している。もはや神祇官の出る幕ではなかったのであろう。というのも、神祇官は宣教使の長崎派遣が精一杯であり、戸籍編製を目的とした氏子改め制にまでその力は及ぶべくもなかったのが実情であった。もし、神祇官が戸籍編製のための氏子改めを指導していたとするならば、神祇官は当然長崎県の神社の実情を早く掌握していたはずである。ところがそのような形跡は見当らない。この民部省達案を知ったのちの五月十二日、長崎県知事に宛てて、

氏子改ノ儀別紙写ノ通民部省ヨリ其御庁へ相達候趣就テハ御管下神職共へ其旨御達有之候様致度追テ社務姓名印章及奉祀社号国所等巨細届出候様御取計可有之候依テ此段申入候也[23]

との申し入れを急遽しているだけである。しかも、正式な民部省達が出る前にその写しを送ってさえいることに神祇官の置かれている立場が窺われる。いうならば、冗官の必死の存在証明なのである。[24]

以上のことから、この長崎県氏子改仮規則は神祇官が指導したものではなかったことは明白であろう。とはいうものの、神祇官の指導・関与の事実がなかったことだけを以て、それが神道国教化政策として施行され、神道国教主義を樹立するための施策ではないとはいえないではないか、との疑問は当然出てこよう。筆者は氏子調仮規則が長崎県のみを対象にしていることで、その答えは自ら分明とも思うが、念の為にこの疑問について検討してみよう。

まず、神道国教主義を樹立するために神道国教化政策が施行されるはずであり――その具体的施策が氏子改め・氏子調とされる――そのためには神祇官のみならず太政官(政府そのもの)が積極的にこの政策に取組まねばならない。そしてある程度の強制力を以て施行に臨む必要がある。だから当然、神祇官のいうように氏子改仮規則を長崎県のみならず少なくとも達示のあった関係各府藩県においては「心得」ではなく「施行」されねばならない。果たして政府にその意図はあったかどうか。

長崎県氏子改仮規則が達せられた三年六月、大阪府(同府へも心得として達示された)は、

氏子改ノ儀ニ付別紙二通ノ通相達候付テハ追々施行可被仰渡ノ処差向運兼候儀モ有之前途ノ儀懸念ノ廉モ御座候ニ付当地ノ形行ヲ以テ一往左ニ奉伺候[25]

と弁官に伺い出た。大阪府は氏子改規則が府下にもやがて施行されるものと思い、その前に予め大阪府の現況を報告してその施行の困難さを訴えようとしたのである。大阪府伺は五ケ条からなるが、その主なるものを挙げてみる。

一(前略)氏子改ノ儀社務神主相対ニ任セ置権柄ヲ与ヘ候ハヽ、又寺院ヨリモ一層ノ悪弊生シ可申哉管轄下社人共追々公事訴訟有之処多分私欲ノミニテ前虎後狼ノ恐レ不少当今モ氏子共ヘ対シ米銭強テ乞取候者モ有之(中略)此節ニ氏子改ノ大権御与ヘ有之候ハヽ、後年イカヽ成立可申哉深ク懸念仕候事ニテ未然ヲ防キ候処置無之候テハ不相

成儀ト奉存候
一管下人員入嫁奴婢迄凡五十万人ト見賦程村紙十二万五千枚代金二千四百三両余ニ相当リ相応ノ入費相及候…右入費大蔵省ヨリ相渡候様可被仰付候哉又ハ氏子共ヘ印証申受料為差出可申哉（後略）
一氏子改被仰付テハ従来ノ寺院宗旨人別改ノ儀ハ何様可被仰付哉当地ノ儀ハ毎年七月中ニハ寺僧廻市廻村人別改致事ニ御座候ニ付何分早々被仰渡度奉存候
一前文通神社方取立被仰付候ハヽ、社務史生等ヘ相当ノ月禄被成下候有之度奉存候何分早々被仰渡度奉存候　以上

この大阪府伺でまず注目すべきことは、同府が神職に対して僧侶以上に不信感を抱いていることである（神官に対する不信感は政府も同じで、それは四年五月の神官世襲廃止の太政官布告となって表われる）。これは神仏分離令に始まる僧侶・社僧等の仏教勢力の後退に乗じた社人の思い上りも一因であろう。所詮社人らは「後門の狼」にすぎないというのが大阪府の観察であった。次には経費上の問題である。つまり制度と経費が用意されていなくては、五〇万の人口を擁する大阪府にあっては氏子改めも不可能というのである。しかしこれは大阪府の杞憂であった。政府の指令は、

追テ一般可被仰出候ヘ共未御確定ニハ無之長崎ノ儀ノ邪蘇《ママ》増長ニ付所所限リ御処置ノ事ニ候ヘ共開港地ヘハ為心得相達置候ニ付改テ被仰出候迄ハ従前ノ通可心得事

というものであった。全国的な戸籍編製をめざす政府にとっては、氏子改めだけを先行しても「民政之基礎」とはなりえず、またそれを敢えて「治国ノ要務」とも考えなかったのである。まして長崎県の氏子改めの実情を知ったならば、到底その方法が全国的に施行されうるなどとはほとんどの者が思わないだろう[26]。それは〝近代化〟をめざす維新政府にとって、はなはだ非効率的な代物でしかなかったからである。戸籍編製のために氏子改めをいかに利用するか。

政府はこれのみを考えたのであって、その逆ではなかった。

三 氏子調の施行とその中止

前節で述べたように、たとえ長崎県氏子改規則が従前の宗門改めの〝神社版〟の様相を呈していたとしても、政府はそれを全国化し、固定化するつもりは毛頭なかった。これをも神道国教主義の樹立であるというのならば、もはや神道とは何か、国教とは何かの次元で問題を論ずるより他はない(27)。だが誰がそれを論じた上で〝神道国教化政策〟の実態について研究したであろうか。その都度出された布告や達が、神道あるいは宗教に関わる色彩を有しているというだけで、ただその文言のみでこれこそ神道国教化政策であり、国教としての神道を樹立するための強権的措置だ、などと述べたところで、「その歴史的意義」(高木氏)は一向に解明されたことにはならない。以下本節では、その神道国教化政策の頂点であるともいわれている氏子調についての歴史的意義を検討してみよう。

氏子調規則では次の二ケ条が重要である。

一臣民一般出生ノ児アラハ其由ヲ戸長ニ届ケ必ス神社ニ参ラシメ其神ノ守札ヲ受ケ所持可致事
　但社参ノ節ハ戸長ノ証書ヲ持参スヘシ其証書ニハ生児ノ名出生ノ年月日父ノ名ヲ記シ相違ナキ旨ヲ証シコレヲ神官ニ示スヘシ

一自今六カ年目毎戸籍改ノ節守札ヲ出シ戸長ノ検査ヲ受クヘシ

初めの一ケ条についての説明はのちほど詳述することにして、まず後条について述べよう。この条は四年四月四日公布の戸籍法第二〇則の「六ケ年目毎ニ戸籍ヲ改ムルニ当リテ(中略)氏神ノ守札モ其時検査スヘシ」に対応している(28)。戸籍法にこの文言が見られるところから、福島正夫氏はこのことを「(戸籍)編製の上に神道的統制をもちこんだもので、戸籍法の性格にも見のがすことのできない一つの刻印を附与する」[29]と評価している。確かに戸籍法には神社・氏子制度を取込む要素が窺われる。すなわち戸籍法と郷社定則・氏子調制度は密接な関係を有していると見ざるを得ない。[30]しからば、いつ頃から戸籍編製作業と神社・氏子調制度が結びつけられて考えられるようになったのであろうか。長崎県の氏子改仮規則の施行時にはいまだ神社を戸籍区と関連させてはいない。「産土神社」という言葉はあるが、非常に抽象的である。近所同士の家々あるいはその個々人にとっても、産土神社が明確であり、特定地域の住民が特定の神社を産土神としたという全的な保証はない。また明確な産土神があったとしても、そこに神主が必ずいた訳でもない。[31]氏子改め・氏子調を施行するに際しては、特定された神社とその社務に従事する社人が不可欠なのである。長崎の場合は宣教使官員の応援もあったが、すべての地域にわたってそうすることは不可能であろう。

そこで考案されたのが郷社制度である。郷社という語が初めて表われたのは明治三年十一月の神祇官上申の「別冊見込」[32]においてである。その中で「格社　府藩県崇教之神社」「郷社　郷邑産土神」とし、ついで「右二等官社ノ外天下諸社ノ格式トス右以外一村一社ノ産土神及村落ノ小祠都テ郷社ニ合併ス可シ其合併ノ法則氏子調ノ定則ト共ニ是ヲ立ツ可シ」と記している。すなわち、ある特定の神社(多くは式内社が想定された)をある郷邑すべての産土神社として人為的に設定し、その郷社が鎮座する村(町)以外の各村にある各社、小祠をすべて郷社へ合併するというのである(合併が小祠の郷社への物理的統廃合か否かは問題ではない)。そしてその合併の仕方は氏子調規則と同時になされねばならないとするのである。これは郷邑という概念を戸籍区に比定し、郷邑産土神の氏子すべてをその郷社の氏子区域に該当する戸籍区の住民として扱うということである。しかし単に郷邑といったところで大小さまざまである。たとえば当時の陸前国角田県柴田郡の場合、[33]郡内には二〇余りの村郷があり、そこで郷社とさるべき式内社は平村の大高山神社一社であった。郡内には三一を数える社人常住の社があったのである。これらすべてを一社、あるいは二社に合併することはいかにも非現実的であった。よって神祇官はこの案を一月には削除する。まず実際的な郷社制度を考案することが要求されたのであり、「式内大小神社および式外大社」だけの取調べから「国内大小神社取調」へと移行したのも当然の措置であったといえよう。つまり「郷社定則」のための措置であった。

一方、氏子調の方は神祇官ではなく民部省が戸籍法とともに立案していた。これは前記した三年五月三日付の神祇官宛弁官の照会を記した『公文録』のすぐあとに、

本文庚午五月三日附弁官ヨリ掛合ノ氏子改仮規則並辛未二月十五日附戸籍改正按及氏子法案共民部省ニテ取調神祇官ヘハ打合有之候迄ノ儀ニ付伺書其他右関係ノ書類ハ無之候(34)

とあることによって知ることができる。だから、戸籍法第二〇則に氏子守札改めが記載され、かつ氏子調規則第六条(前掲)が対応しているのは当然である。しかし、この対応を過大に評価すべきではなかろう。戸籍法第二〇則の文言「氏神ノ守礼モ其時検査スヘシ」も、いかにも付け足しといった感じに読める。とてもこれだけで「神道的統制をもちこんだもの(35)」と断ずる訳にはいかない。また郷社定則も確かに氏子区域(戸籍区に相応しなければならない)を定めるものであり、戸籍法の目的たる戸籍編製に大きな関係を有してはいるが、その過大な関連づけもこれまた問題であろう。なぜなら郷社定則による郷社設定はどの府県においてもさほど順調に進んだ訳ではなく、郷村社の社格を附与された神社制度ができ上るのは明治六年以降が圧倒的に多かったのである(36)。さらに、当の戸籍法第三則にも区画の例が明示されており、「都テ其時宜ト便利トニ任セ妨ケナシ」としている。戸籍区は郷社を立て、その氏子区域を以て充てることもあったろうが、そうであらねばならないという理由はどこにもないのである。たとえばこれは四年六月七日付の苗木藩伺とその指令を見ても了解せられるであろう。

一郷社ノ儀ハ戸籍区分相立候後相応ノ社ヲ以テ伺ノ上相定可申哉(37)

この伺に対し、七月五日付(郷社定則公布の翌日である)で「伺ノ通タルヘキ事」と指令されている。以上のことから戸籍法と神社制度(郷社定則・氏子制度)を必要以上に結びつけて論ずることは、いささか妥当性を欠くものであると

いうべきである。

　では一体何故に政府は氏子調規則を神祇官にではなく民部省に、しかも戸籍法と共に立案させたのであろうか。この点を解明してみたい。

　戸籍法は全三三則から成っているが、一見してわかるその特徴は〝現在〟の人員の掌握を主眼とするものであり、新しい戸員たる新生児については戸主から戸長に届けるだけであった。故に私生子を届け出ずに、放置することもありえたのである。だから氏子調でこれを補ったのであり、その第一条(前掲)に新生児のことをわざわざ掲げたのである。その他の条文と比較してもわかるように、新生児の氏子守札所持の手続きだけが異常に厳重になっている。新生児があったなら戸長に届け、かつ戸長の証書を持参して「必ス神社ニ参ラシメ」なければならないとされている。新生児以外は老幼を問わず、「生国及ヒ姓名住所出生ノ年月日ト父ノ名」を記した名札を戸長に達し、戸長からこれを神社に達して守札を受けるだけである。なぜ新生児だけが特別に厳しくされたのであるか。それは、まさに氏子調が戸籍法には欠けているいる民法の一機能を果たすことを期待されたからである。(38)このことは氏子調施行中止の背景を見ることによって分明となろう。

　氏子調は明治六年五月二十九日、太政官布告第一八〇号によって「追テ、御沙汰候迄不及施行候事」とされて中止が決定した。この施行中止に関しては、東京府伺にある「氏子調守札渡追々施行ノ処下方困却ノ事情ニテ永続無覚束ニ付御取消相成度」がよく引用されるが、それに対する正院指令、つまり中止の理由については高木氏も明らかではないとしている。(39)この東京府伺は『法例彙纂』民法一に記されており、同書には氏子調施行続行を望んだ山口、広島両県の伺も載せている。いずれも抄文であって、伺の本文がすべて記されている訳ではない。これによる限り、その施行中止の理由がわかるはずはないといえる。しかし、この理由については既に小早川欣吾が昭和十五年に明らかにしている。(40)小早川によれば、六年五月十三日東京府知事大久保一翁が氏子調の取消を求めた伺を呈出、正院法制課は十九日「右ハ不遠民法確定ノ上ハ出産証書等ノ条例掲載勿論ノ事ニ可有之、然レハ今日強テ臣民ニ守札ヲ所持サセ候共他日民法御頒布ノ節ハ此氏子調ノ規則等ハ自カラ廃停ニ属シ可申……」云々と、出産証書等の条例制定が予定されているので、氏子調は不用となるとの議案を上陳した。しかしながら未だ民法が施行されていないから氏子調を〝取消す〟訳にもいかないので、民法確定まで施行を延期せよと東京府へは指令するのが妥当としたのである。よって五月二十九日、東京府へ「書面之趣追テ御沙汰候迄不及施行候事」と指令されたのである。(41)

この小早川の正院法制課議案等の紹介によって、われわれは氏子調施行中止の経緯および理由を知ることができた。氏子調の主目的は出産証書の役割を果たすことにあったのである。(42) だからこそ氏子調規則の第一条(前掲)にわざわざ「臣民一般出生ノ児アラハ…」云々と記されているのである。

この新生児の登録、社参を重視する条文は、明らかに戸籍法の不備を補完すべく制定されたものといえる。このことは左に紹介する山口県からの氏子調施行の継続伺に如実に現われている。

今般第百八十号ヲ以テ辛未七月相達候氏子調之儀ハ追テ御沙汰候迄不及施行候段御沙汰之趣承知仕候然処右氏子調之儀ハ辛未七月被仰出候節速ニ施行仕其時ニ当リ民間ノ俗情或ハ規則難被行場合モ有之候得共追々厳重ニ申聞セ候処当節漸ク吏民共其法ニ安スルニ至ル元来山谷僻在ノ地麋鹿ト其棲ヲ共ニシ児孫ハ父祖ノ名ヲ不知モノノ如キハ動モスレハ出生ノ届ケ等モ疎漏ニ過キ候守札規則厳重ニ施行以来氏神社参必ス戸長ノ証書ヲ持参スベキ筈ニ付其範囲ニ依テ或ハ脱漏ヲ免ルヽアリ付而ハ追而御沙汰有之候迄是迄之通ニ仕置候而ハ如何可有御座哉此段奉伺候也

明治六年六月十日

山口県七等出仕木梨信一

山口県権令　中野悟一

史官御中(43)

この山口県伺によっても、氏子調の主目的が新生児の出産証書的機能にあったことは確実であろう。私生児の戸籍把握のためにもこの氏子調は有効に機能しえたのである。

ところで、この山口県伺は七月十七日、左の法制課議案・指令案が上陳され、同二十二日「伺之通」と指令された。

別紙山口県伺氏子調打追致施行度トノ義ハ其令全ク被行各民漸ク慣習イタシ別ニ煩労之儀モ無之候処今又不及其儀旨達及ヒ異日復更ニ出産証書ノ法ヲ被布候訳ニテ人民方向ニ迷ヒ可申且右守札授与ノ手数今日ヨリ慣習致シ居候得ハ出産証書施行ノ節其事挙リ易ク将又当分不及施行旨公布相成候原由ハ東京府等実際何分難行届都合有之候ヨリ被　仰出候事ニモ有之候条本件ノ如キハ伺ノ通御聞置相成可然若シ他ニ一様ノ伺モ有之候得ハ同様御聞届可然ト存候也

御指令案

伺ノ通

明治六年六月廿二日(44)

この法制課議案にもあるように、元来氏子調施行中止は「東京府等実際何分難行届都合有之候ヨリ」決定されたものであって、最初は東京府への指令として考えられていたものが、同府だけでなく「公布」として各府県一律に出されるようになったのである。政府は大筋において地方民政の基準を東京府に見ていたようであり(火葬禁止令の解除もそうである)、それがためにかかる不統一な指令が出される結果ともなったといえよう(無論、うまく機能しているものを強制的に中止させる理由は政府には何もなかった。氏子調を神道国教化政策と政府は思っておらず、従って信教自由論や外国からの圧力はこの際問題とされる筋合のものではなかった。これに関しては後述する)。

以上見てきた通り、氏子調の中止は純然たる行政上の措置であり、うまく機能しているかどうかが政府にとっては重要なのであった。だからこの氏子調の中止は「直線的な神道国教化政策の行きづまり」でも何でもなく、また「突如、中止された」訳でもない(45)。つまり、氏子調に対する検討は五年八月の時点ですでに左院においてなされていたのである。教部省は五年八月二十八日、神官職制条例を定むべく、その案文を正院に上申したのであるが、この中の第一一条として、

一氏子守札ノ儀ハ神祇擁護ノ契証人民厚生ノ大法ナリ故ニ規則ニ遵ヒ氏子ヲシテ其旨趣ヲ弁明シ仰テ依ル所ヲ知ラシムヘシ生死増減ノ如キハ検査記載シテ遺漏アルヘカラス(46)

と、氏子守札・氏子調の重大さを神官が認識し、その施行遂行に努力すべきことを明記している(47)。この条例案を審議した左院は、

神官職制条令其職務ニオヰテ不適当ト致協議候件々ハ原本ヘ致附紙適当ト存候件々ハ一章一句ヲ致協議候……(48)

として左院の改正案を示したのであるが、その不適当とされた条文には第一一条も該当していたのである。すなわち附紙には、

此条ハ司法省ニ於テ民法取調中ナレハ暫ク見合セ可ナルヘシ不然ハ後日民法ヲ行フノ時ニ当リ或ハ悖戻ノ事アルモ測リカタシ(49)

と述べられていたのである。この左院の指摘により教部省も氏子調を神官に励行させる意図は薄らいだものと思われる。以上が氏子調施行中止の経緯であり、それは決して〝突如〟中止された訳ではなく、これに取って代るべきものを政府は準備しつつあったのである。この左院附紙にある「民法取調」云々は、恐らく明治五年五月以来司法卿江藤新平を中心とした司法省および左院官員による民法編纂(主に身分証書で出産証書も当然含まれる)事業を指していると思われる(50)。

ともあれ、以上述べたことで氏子調が施行された意図およびその施行中止の原因は判明したと思う。政府首脳は、

「氏子調べの中止に集中的に現われたような、直線的な神道国教化政策の行きづまりを認識し、より合理的な宗教政策に転換する必要を痛感した」[51]と村上重良氏はいうが、かかる解釈が「客観的実証的な立場」で〝国家神道とは何か〟を「追究し解明することを目的」とした結果であるらしい。が、いささか表面的解釈にすぎよう。

四　氏子調中止の波紋

氏子調の施行中止は行政上の措置であり、宗教的側面はほとんど考慮されずに公布されたのであるが、この措置に対し宗教家はどう対応したのであろうか。たとえいくら政府が氏子調を民政的観点から施行し、そしてその観点からのみ中止・続行両途を指令したとしても、この氏子調を宗教政策——殊に対キリスト教防禦策の有効な手段——として把える教導職はその措置を納得しなかったのであり、それは神道・仏教とも同じであった。

氏子調施行中止が発布されて二日後の六年五月三十一日、権少教正武田義徹、同修多羅亮栄、中教正本成寺日琳、権大教正無量寿院道応、同浄国寺徹定、大教正東本願寺光勝、同永平寺環溪の僧侶教導職七名、および権少教正田中頼庸、同秋良貞温、権中教正平山省斎、中教正鴻雪爪、権大教正有馬頼咸、大教正千家尊福の神道教導職六名は、連署して左の申し立てを教部省に提出、氏子調中止についての疑義を陳述した。

今般氏子調先ツ見合候様可致旨御布達之趣拝承仕御深意之程は難計候へ共明治四年戸籍御釐正ノ為メ邦俗ノ旧ニ沿テ被仰出候御美法ニテ敬神ノ実ヲ挙ケ人心維持ノ御長策ト天下一般奉感戴諸国共ニ夫々用意モ整ヒ已ニ相渡候向モ往々有之方々渡方執行居候向モ御座候折柄一朝見合ノ御沙汰御座候ハ或ハ神官等機ニ乗シ貪婪威福ヲ張候弊ヲ被為慮候哉或ハ外国交際上ニ差響候御懸念ニモ候哉畢竟邦俗ノ旧ニ依テ流氓浮浪ノ戸籍御改ノ御国法ヲ被行筋ニテ強テ外国御交際上ニ干渉候義ハ有之間敷哉万一神官貪濁ノ状モ候ハヽ、地方官ニテ厳重ニ検査其罪ニ処シ教部省ヨリモ探偵厳密ニ取計候ハヽ制令モ相届猥ノ儀モ有之間敷哉既ニ先般諸氏熟知之事ニ付高札御取払之義ハ光明洞徹繊芥ノ疑ヲ容ルヘキ訳柄無之処辺疆遐《きょうか》陬ニ至リテハ洋教御開ノ為メ之御措置杯誤解之余越国辺頑民蜂起惑乱モ有之候程之儀今亦氏子調御見合ト申スモ産土神氏子等御廃シ抔ノ儀ニハ万々無之ハ明々了々タル義ニハ候得共必ス僻遠窮境ニ至リ候テハ陽ニ教神愛国ノ教典ヲ被布ルモ陰ニ氏子ノ名称モ御被廃ニ可相運左スレハ皇国ノ祖神ヲ敬拝セサルモ妨ナシトスルノ情ヲ生ン乍恐　皇上奉戴ノ念慮モ薄ク相移候ハンカト愚夫愚婦ノ論スヘカラサル意外ノ弊患ヲ醸候ハ万国同情之儀ニ御座候間今般御布達ノ趣ハ候得共素ヨリ産土神氏子等之旧称御廃相成候次第ニは無之段は勿論之義ニ而益敬神ノ志ヲ厚シ聊誤解無之様末々迄可相諭旨寄々府県へ教部省ヨリ被達置人心惑乱ノ予防ニ備度神道七宗管長協議ノ上此段懇願仕候(52)

以て当時の神仏教導職の認識を知るに足る史料であろう。郷社定則・氏子調によって制度化された氏子制度は、教導職にとって産土神を中核にして教神愛国の念を一般人民に注入する不可欠の装置とされたのである。敬神愛国の〝敬神〟を宗教的なるものと解し、愛国たる政から教を分離せんとした島地黙雷の活動は未だ本格化していなかった(53)。六年三月の越前大一揆も、この申し立ての文言に窺われるように政府の〝キリスト教政策の軟化〟こそがその原因である、との認識は以前根強く、まさに旧仏教の〝勤王護法運動〟の思想が生きていたのである。まさしく教導職にとっては、二月のキリシタン禁制高札の撤去(54)に続く氏子調中止の決定は、キリスト教勢力の浸透＝日本の宗教の危機を意味していた。この時点においては大教院体制は今なお維持されていたと考えてよかろう。

ところでこの申し立てに対し教部省は、氏子調中止は「従前之氏子解放と申訳ニは決而有間敷」としながらも、「地方官始人民共自然御趣意ヲ誤解候ヨリ方今取調中之郷村社区別も等閑ニ附シ可申哉も難計ニ付」として、氏子調中止は郷社定則による氏子制度の廃止を意味しないことを布達する必要性を上申したのである(五月三十一日)。そして左の布達案を付した。

今般百八十号ヲ以氏子調之儀追テ御沙汰候迄不及施行旨被　仰出候処右は氏子帳取調并守札渡方等相見合可申儀ニ而郷村社区別方ハ勿論氏子之儀も可為従前之通候条此旨為心得相達候事[55]

この上申は六月五日に上陳され、十日に允許となった。法制課の議案は、この上申は氏子調中止を「神官之貪婪或ハ外国交際上等ノ事ヨリ」決せられたとする「教官之狐疑」から起こったものであるが、教部省の「老婆心」を汲んで「可為伺之通候事」とするのを適当とした。その後、この允可を知った教部省は十三日、先に裁可された布達案に朱書で「辛未七月公布相成候」を「氏子調」云々の上に加え、かつ「但旧来宮参りと相唱出生之児子産土神社へ参詣為致相対ヲ以守札相授受之儀も是迄之通相心得不苦候事」との但書を付加して布達するよう伺い出、十三日に許可されている。これは翌十四日、教部省達第二三号として府県に達せられた(文言は若干修正されている)。この達は郷社定則とそれを基にした氏子制度の存続を改めて確認したものであり、また新生児出産の産土神社参詣も結果としては奨励することを示唆したのである(だからこそ山口県、広島県は氏子調を続行したのであり、少なくとも明治十三年頃までに氏子札が授与されたのである)。[56]

かくして郷社定則および氏子制度は氏子調中止とは無関係に存続することとなった。その意味で高木宏夫氏の次の言はある程度当を得ている(ただし、氏子調を〝失敗〟と見ることに同調できないのは以上述べた通りである)。[57]

郷社定則が永年社格制定法として命脈を保ち得たのは、「家」制度と地域共同体とが明治以後の日本の社会構造の基底をなし、近代化への歩みの中で個人の宗教としての神道の国教化が敗退し、集団表象としての神社の国教化、すなわちイデオロギーとしての天皇制が形成されて行ったからである。[58]

結局、氏子調中止の波紋は、郷社定則および氏子制度の存続確認によって拡大を免れたのである。氏子調の施行はキリスト教防禦策とは無縁のものであったことが判明しただけのことであり、神仏教導職が考えていたような「敬神ノ実ヲ挙ク」ることを主目的に行なわれた訳ではなかった。教導職の正解も誤解も政府にとっては当初から問題ではなかったのである。〝老婆心〟を掛けてやるしかない存在が教導職だったのであろう。

五　むすび

氏子調はわずか二年足らずでその施行が中止されたが、山口県や広島県のようにその施行が有効とされた地方もあった。「神道国教化政策」としての氏子調が失敗と認識された上で、なおかつ外国の圧力を考慮して中止したのなら、政府といえどもその続行を認める訳にはいくまい。[59] いわゆる神道家・国学者、あるいは教導職が「理想的な神道国教政策」と思っているだけの施策は多かったのである。明治四年までは狂信的な復古神道家・国学者がかなり自由に宗教政策を行ないえたが、それ以降は合理的な宗教政策へと転換した、といくら図式的に説いてみても、何ら〝国家神道〟を解明したことにはならない。

神祇官ヲ以、太政官ノ上ニ列スルハ、古昔聖皇神祇ヲ尊重スルノ至意ニ出ツト雖モ、右神祇伯ハ従四位下相当ナリ、神祇ノ尊崇ハ勿論ナレ共、其事ニ任スル者ハ、尚太政官ノ令ヲ奉セサルコト能ハス、且管スル処トナレハ、必シモ八省卿ノ上ニアル可ラス、[60]

これが明治四年二月段階における神祇官に対する評価であった。「治国ノ要務」たる戸籍・民治に関わる氏子調の立案を、かかる神祇官に任せるはずはなかったのである。

(1) 郷社定則は、五月十四日公布の「官社以下定額及神官職員規則等」に関する太政官布告第二三五の「府藩県社郷社ノ分ハ先達テ差出候明細書ヲ以取調区別ノ上追テ神祇官ヨリ差図ニ可及候条其節万端処置ノ儀同官ヘ可相伺事」を承けて出された。この布告案は六月十九日に神祇官から弁官に「至急御評議有之候」と廻申されたが、弁官は不充分と思ったらしく六月二十三日には「神社総数区別等至急取調御申出有之度」と神祇官に掛合っている。しかし神祇官は二十八日「官国幣社ノ外未タ取調不行届ニ付即今難及御答候」と回答するにとどまった。太政官としてはもう少し具体的な布告を出したかったのであろうが、神社取調べの遅延はいかんともしがたく、七月四日に神祇官布告案がそのまま公布されたのである。

(2)　豊田武「皇道宣布運動の進展とその意義」(『宗教制度史』豊田武著作集五)、堀一郎・戸田義雄「明治神道史」(『明治文化史』六、宗教編)、藤谷俊雄「国家神道の成立」(『日本宗教史講座』一)、村上重良『国家神道』、同『近代日本の宗教』、同『国家神道と民衆宗教』等参照。

(3)　前掲「皇道宣布運動の進展とその意義」(一九四頁)。氏は長崎県氏子改仮規則を氏子調規則と同次元で捉えている。また氏子改仮規則が長崎を対象としていることに対しては一切触れず、熊本藩ら九州一〇藩で施行されたとする。長崎を抜きにして氏子改仮規則を論じても何の意味もあるまい。

(4)　前掲『国家神道』九六頁。

(5)　高木「郷社定則と戸籍法」(『戸籍制度と「家」制度』所収)。

(6)　郷社定則を基本とする諸社制度の歴史的展開については米地実氏の『村落祭祀と国家統制』が最も詳細な研究論考である。しかし氏も、氏子調を単に神社と氏子を法的に結びつけるものであったと考えている。なお、郷村社制度と氏子制度に関してはより詳細な研究が必要であり、他日を期したい。

(7)　明治初年の民法編纂(主に身分証書)に尽力した江藤新平は、その司法卿辞任に際して「扨又御国は出産の法立ざるに付、公生、私生の子の財産権利の分界も不明、」云々と述べている。氏子調を出産証書の代用にせねばならない「御国」の現状をこそ、彼は憂えたのであった。

(8)　他にも開拓使および佐賀、熊本、大村、平戸、島原、唐津、厳原、福江、柳川、三池、久留米の各藩にも達示している。

(9)　弾正台および神祇官がその反動的性格ゆえに政府首脳から冗官視されたことは周知に属するが、中でも渡辺弾正大忠の長崎での活動には政府首脳も手を焼いたらしく、岩倉具視は「何分渡辺大忠折合不申因循其儘相成候」と三条実美に書き送っている(明治四年二月二十七日、『岩倉具視関係文書』五、二七―二八頁)。

(10)　この点に関しては徳重浅吉『維新政治宗教史研究』参照。

(11)　『明治文化全集』憲政篇、『改訂維新日誌』八、参照。

(12) 宣教使については藤井貞文博士の「宣教使の研究」(『國學院雑誌』四九―五・六)、「明治国学発生の問題―宣教使を中心に―」(『國學院雑誌』五二―一〇)、「宣教使に於ける講義」(『神道宗教』四七)、「宣教使に於ける教義確立の問題」(『神道学』五一)、「宣教使の長崎開講」(『国史学』四四)等を参照。また資料としては常世長胤『神教組織物語』、『田中知邦手記及雑記』等がある。
(13) 前掲「明治神道史」一〇二頁等。
(14) 神葬祭はその祭式の整備・統一が遅れたことや当局が隠れキリシタンが仏葬を嫌っての改葬ではとの疑念もあって、平民に普及しだすのは明治五年以降のことである。つまりそれだけ仏葬は対キリスト教防禦策として有効性を保持していたのである。宗門改帳が廃止されるのも四年十月であり、宗旨は神社にみならず寺院でもよかった。政府にするならば、二重の宗門改めであり、その方が確実性が高かったまでのことである。
(15) 拙著『明治維新と国学者』第五章「教部省設置の事情と伝統的祭政一致観の敗退」、および本書第五章、参照。
(16) 中沢見作「異宗ノ闌入ヲ予メ杜クノ議」(『明治文化全集』憲政篇、一五六頁)。
(17) 藤井貞文「宣教使の長崎開講」(『国史学』四四)、「長崎表宣教御施行ニ付小野権判官被差遣度儀上申」(『公文録』)参照。
(18) 「長崎へ船艦差回書類ノ儀ニ付弾正台往復」「弾正台意見申出」(『公文録』)参照。
(19) 宗門人別帳が廃されたのは四年十月三日(大蔵省第七〇)で、その廃止の理由は「従前指出シ来候宗門帳之儀ハ今般改被仰出候戸籍編製ノ方法ニ備リ全国臣民ノ身上ニ関スル各箇ノ職分ヲハシメ氏神ノ社号宗旨ノ寺名ニ至ルマテ区画ノ戸長之ヲ具実地ニ就キ綿密調査ノ上毫モ無脱漏悉皆戸籍冊ヘ記載イタシ候儀ニ付以来宗門帳別ニ差出シ候儀ハ無論被廃候方可然ト存シ候依之布告案取調此段相伺候間早々御評決有之度候也　辛未九月大蔵大輔井上馨　大蔵卿大久保利通　正院御中」という大蔵省伺に明らかであろう(『公文録』)。
(20) 『明治法制史論』公法之部、上巻二〇二頁。
(21)(22)(23) 『公文録』庚午五月民蔵両省伺「氏子改仮規則長崎県其他へ達方伺」
(24) 神祇官の改革は内部から発議され、太政官と神祇官の有機的つながりが求められるようになる。拙著『明治維新と国学者』第三章「明治初年における国民教導と国学者」参照。
(25) 『太政類典』第一編第七八巻。
(26) 長崎派遣の宣教使官員も氏子調に一役買ったが、その活動の低調さは「長崎ニハ教場ヲ開キタレド、長次官因循シテ他府県ニ派出シテ教場ヲ開カシムル事モナク、官員ヲ遊バシメテ置タル」(常世長胤『神教組織物語』)状態に現われていよう。

(27) たとえば平野武「近代天皇制国家の政教関係」(『近代日本の法構造』)を参照。氏の「国教」「国家神道」「国家神道体制」等の概念の混乱については『法制史研究34』の当該論文に対する阪本の書評、参照。

(28) 氏子調施行の中止が六年五月二十九日付の太政官布告によって公布されたのであるから、戸籍法第二〇則のこの文言も当然無効となるはずである。しかし自然に無効となった訳ではなく、参議兼大蔵省事務総裁大隈重信が六年六月三十日「戸籍原牒六ケ年目改正之儀伺」を太政大臣三条実美に上申した結果、太政官第二四二号としてその廃止が公布されたのである。大隈の改正理由は「自分ハ年々届出候表面ニテ詳細相分り候儀ニ付六ケ年目戸籍改正之条例ハ却而被廃十ケ年目位ニ本籍牒取調各管轄庁ニ備置可然ト存候得共右ハ其節ニ至リ更ニ御布令之上起発之順序ヲ以為相改候様致度」というものであった。またその公布案は「戸籍法中六ケ年目戸籍改正之条例第二十則及ヒ二十二則二十三則ハ追而御沙汰候迄被廃止候条此旨相達候事」というものであった。(『公文録』明治六年六月大蔵省伺六「戸籍原帳六ケ年目改正伺」)。

(29) 「明治四年戸籍法の史的前提とその構造」(『戸籍制度と「家」制度』)一三六頁。

(30) 浦和県などはまず郷社を決めてから戸籍区番号を決めようとしている。

(31) 長野県の場合、管下およそ四百村で〃氏神〃は二千を越えていた。

(32) 『公文録』、『法規分類大全』社寺門、一〇五―一一三頁。

(33) 『公文録』角田県庚午「大小神社明細帳」

(34) 註(21)に同じ。

(35) 前掲福島論文。

(36) 秋田県は五年四月に八社を県郷社に列格したが、六年一月にはそれを取消し、同年十月に再度県郷社を確定し直している。

(37) 『法規分類大全』一一四頁。

(38) 妻妾以外の婦女に息子が生まれた場合、その婦女は犯姦律和姦条に問われた。ゆえに、新生児を届け出なかったり、あるいはこのために「堕胎洗児」をする場合もかなりあったらしい。六年一月二十四日付の木更津県伺はこの間の事情を物語っている。だから私生子を認めた太政官布告二一号と和姦律には矛盾が生じ、司法省は六年一月三十一日、和姦律を削除することを伺い出、同二月八日太政官布告四三が出されてこれが削除された。

(39) 氏は中止の「理由は明らかでない」としているが、そのすぐ前で氏子調の内在的矛盾(中世的宗門改めと近代的な個人格)、および戸の形成をめざす戸籍法と身分を無視した個人を主張する氏子調、と規定している(三三二―三三三頁)。これを中止の理由(近代化に合致しない)と氏はしていると見ざるを得ない。

(40) 小早川、前掲書、二〇四頁。

(41) 小早川が紹介している史料は『公文録』明治六年五月東京府伺上「神社ノ守札ヲ所持可致布告取消伺」に拠るものであろう。この中で東京府は氏子調施行について「下方多少手数相懸り困却之事情粗相聞候…」と述べているが、同府が実際にその施行を戸長に達したのは六年二月十四日のことである(『東京市史稿』市街篇第五四、三三九頁)。つまりわずか三ケ月で東京府はその施行を困難と判断したのであった。

(42) 氏子調が出産証書等のいわゆる戸籍証書の代用として施行されたことは、明治八年三月の内務省による「戸籍証書規則案」に「…之ヲ名ケテ民生ノ証書ト云フ…嚮キニ行フ所氏子札行旅鑑札等ノ制ノ如キ其制簡ニ過キテ用ヲ備ヘス…」とあることによっても知られよう(『「家」制度の研究』資料篇三、五頁参照)。

(43)(44) 『公文録』明治六年七月諸県伺一。

(45) 村上『国家神道』九七頁。

(46)(48)(49) 『公文録』明治六年六月教部省伺「神官奉務規則伺」。

(47) 氏子調を重視したのは教部省のみでなかったことは勿論である。地方においてもそれを戸籍法施行の有力な手段として考えていたところもある。たとえば栃木県が五年二月に出した「戸籍編集心得書」の第一四条には、氏子調施行について詳細にその「心得」が記されている(石井良助『家と戸籍の歴史』四四〇頁)。しかし、あくまでこれは戸籍編製のためであって、行政の一助たる域を出ない。だから長野県のある神官が、「往来証書ノ代リトノミ心得、徒ニ弁用ノ一ナリト云族も有之哉ニ相聞以ノ外ノ事共也」と述べて、氏子調による氏子札所持の現実について概歎する状況が生ずることとなる(『長野県史』近代資料編第一〇巻、「一一三　明治六年四月　筑摩県参事宛祠官月番守札趣旨徹底方法につき伺」一一二一頁)。

(50) 石井良助『民法典の編纂』、福島正夫編『「家」制度の研究』資料第一・二・三、向井健「民法典の編纂」(『日本近代法体制の形成』下巻)、この他関係論文、研究書は多数あるが省略する。

(51) 村上『国家神道』九七頁。
(52) 『公文録』明治六年六月教部省伺「氏子調ノ儀ニ付伺」。
(53) 藤井貞文「島地黙雷の政教分離論」(『國學院大學日本文化研究所紀要』三六)、宮地正人「近代天皇制イデオロギー形成過程の特質」(『天皇制の政治史的研究』)、福嶋寛隆「神道国教化政策下の真宗―真宗教団の抵抗と体制への再編成―」(『日本史研究』一一五)、拙稿「祭政一致をめぐる左院の「政教」論争」(『國學院雑誌』八二ノ一〇)等参照。
(54) キリシタン禁制高札の撤去の事情については服部弘司「明治初年の高札」(『明治法制史政治史の諸問題』)、および本書第七章参照。
(55) 『公文録』註(52)に同じ。
(56) 広島県は権参事西本正道名で三条太政大臣宛に氏子調続行を伺い出、七月二十八日「伺之通」と指令された。八年七月二十八日、同県は「一般ノ御成則ニ無之不都合ニ付以後相廃申候」と届け出て、これを廃止した。註(43)に同じ。
(57) 氏子調および氏子制度については戦前期のものではあるが、上田藤十郎「氏子改制度について」(『経済史研究』二一の二)、浜口秀夫『明治維新前後に於ける氏子制度の展開』(神祇院教務局「調査資料四」)が好論著として挙げられる。
(58) 高木前掲論文、三二三頁。
(59) まさに「地方の適宜」に任せたのが政府の地方統治の一方策だった。六年二月の郷村社祠官掌の民課給料廃止も純粋に地方財政上の問題からであり、民費課出を適当と認めた県にはその続行を許している。また外国からの信教自由論に対しても、明治二年末にはすでに、内治の問題であると列国に言明している(『日本外交文書』二、参照)。
(60) 国立国会図書館憲政資料室蔵『三条家文書』。

第II部　国家神道形成期の政教問題

第五章　教部省の設置と政教問題

一　はじめに

国家神道の形成過程において、教部省時代の神祇・宗教政策はきわめて特異な位置を占めている。というのも、この教部省時代には本書第I部で論じた近代神社制度の整備が一方で――紆余曲折を経ながらも――進展していったのに対し、他方では神社制度そのものとは直接には関係しない新たな問題、つまり信教自由・政教分離といったすぐれて近代的問題が浮上し、国家はその問題の処理をめぐって大きく揺れ動いたからである。本来、「国家の宗祀」とされた神社が「祭祀」に専念する限りにおいて、信教自由・政教分離と直接に抵触することはなかった。だが「敬神」を宗教として国家が国民に浸透させることを教部省が政策として実行するならば、神社(神祇)制度は必然的に信教自由・政教分離問題と抵触することになる。「非宗教」としての国家神道(近代神社制度)は、この教部省時代の政策を通過することなしには成立し得なかったのである。

近代日本の宗教が、自覚的に信教自由・政教分離の問題に直面したのは、明治五年三月に設置された教部省の政策が展開されている時期においてであった。すなわち明治五年十月、駐米少弁務使森有礼が英文で信教自由の原則の採用を建白したのを皮切りに、同年十二月には外遊中の西本願寺僧島地黙雷が、三条教則に見られる政教混淆を激しく批難、政教一致論から政教分離論へと大きく踏み出したのである。[1]この動きには明六社に拠る新進の知識人や新聞界も積極的な支援を行ない、かつ長州系政府指導者もかなりの理解を示したのであった。

ところが、当時の教部省には木戸孝允をして「信仰自由など、申事は些合点に入兼」(『木戸孝允文書』五、一二三頁)る人物と評せしめた三島通庸(教部大丞)をはじめ、同じく薩摩閥——西郷隆盛に近い——の少輔黒田清綱、大録に田中頼庸、山之内時習、山下政愛、後醍院真柱ら神道・国学系の人物が多数存在していた。端的にいうならば、教部省政策は江藤新平の作成といわれる三条の教憲を最大の梃子として「諸宗ノ僧侶ヲ神道ニ引返スノ策略」(常世長胤『神教組織物語』)そのものであり、その政策を強力に推進しようとしたのが黒田・三島に代表される教部省の薩摩閥であった。神葬祭の奨励や火葬の禁止は仏教を物理的に締め出す施策であり、〝敬神愛国〟のみを説かせ、仏教的説教を禁じることは、仏教の宗教性を稀薄化し、まさに〝神道ニ引返ス〟ことを半ば強制するものであったといえる。

ここにおいて、信仰の自由や政教の分離といった問題は、宗教的次元をはるかに超えて生《なま》の政治的問題——すなわち仏教に好意的でありキリスト教解禁すらも匂わせる長州閥と、神道一辺倒を主張する薩摩閥との確執——とならざるを得ない。そしてそれは留守政府時代からの火種でもあり、さらにいうならば教部省の設置そのものに至る過程において内包されているものであった。この点に着目して教部省政策の展開を論じたのが宮地正人氏であり、その指摘と分析視点の斬新さは、平板な宗教史や〝国家神道〟史には決して見ることのできないものである。(2)とはいえ、宮地氏によって教部省政策の実態——特に政治的・人的・イデオロギー的構造——がすべて明らかにされたわけではない。これはいうまでもなかろう。では何が不足しているのか。これを補う要素として筆者は、長閥と薩閥の二項対立に加えて左院の存在を挙げたい。(3)なぜなら、左院は教部省設置の原動力であったばかりでなく、江藤、伊地知正治、高崎五六ら左院幹部が教部省御用掛を免じられたあとも、なお教部省の政策に関して影響力を行使しつづけた形跡が存するからである(その端的な例は左院発意の火葬禁止論であろう)。以下本章では左院と教部省との関係、および真宗教団に代表される政教分離・信教自由論が両者といかに絡み合って展開していったかを考察し、日本近代史上に特異な位置を占める〝国家と宗教〟の問題——政教問題——について論を進めたい。

二　教部省の設置と左院

左院[4]は、廃藩置県直後の明治四年七月二十九日、太政官職制ならびに事務章程の制定によって正院・右院とともに設置され、「議員諸立法ノ事ヲ議スル」機関とされた。八月十八日には制度局、同二十日には集議院を各々その被官となした。ついで九月二十三日、「掌待議長問目議事」に従事する大中少の各議生(六等から八等)を設けることを願い出、翌十月四日太政官決裁を受けた。この左院設立に最も尽力したのは中弁江藤新平であり、江藤は左院一等議員、副議長となって草創期の左院を整備・拡充することに努力したのである。九月二十日には後藤象二郎が議長に就任したが、左院の性格はこの後藤、江藤を擁したことによって、少なくとも対キリスト教政策に関しては決定的なものとなったといえよう。なぜなら後藤、江藤はともにキリスト教禁制論者として知られており、殊に江藤は「仮令日本全国土焼土トナルモ、決シテ解禁不可然[5]」と述べ、時の政府首脳すらも「同意ナカリシ」ほどの激烈なキリスト教禁制論者であったからである。

他方、当時対キリスト教政策に直接関係するものとして宣教使が置かれていたが、その活動は質的・組織的にも限界を露呈しており、早くも前年(三年)の八、九月には神祇官首脳すらもその不振を認めて神祇官の改革――太政官との効率的連携策――を求めていた。四年八月八日の神祇省への改組はその表われであり、一連の祭祀再編成――神祇官祭祀から賢所(宮中)祭祀へ――も当然その脈絡において理解さるべきものであろう。つまり神祇省の祭祀関係を徐々に取り除き、宣教に専念させる体制を意図したのである。しかし、神祇省の存在意義は祭祀の空洞化と宣教部門の不振により、一層稀薄なものとなっていったことは否めないところであろう。〝神祇官は昼寝官〟との言は実情を衝いていたのである。もはや神祇省・宣教使のみでは外教蔓延の防禦策はその任に耐え難いとの認識が拡がらざるを得ない状況にあった。ここに左院の出番があり、仏教界の進出を促す条件・基盤が整ったのである。

左院は〝宇内並立〟のため、国憲の確立、内治諸制度の充実を図るべく西洋文物制度の研究・移入を推進しようとしていたのであるが、そのためにも国内の人心安定は必須の要件であった。それゆえキリスト教蔓延は、共和政を排する〝国憲〟確立にとって最大の障害物と映ったのである。当時の為政者・識者のキリスト教理解がどの程度のものであったかは詳らかにしないが、キリスト教と共和政治を密接不離なものと考えていたことは推測できよう。明治四年十月四日の左院による寺院省設立建議はその代表的な例であろう。左院の性格・機能、ひいては教部省設置と左院との関係を知る上においても重要な建議と思われるので、引用・紹介してみたい。(6)

邪宗ノ患浸々乎トシテ日々迫ルノ勢アリ之レヲ防クノ術尤容易ナラサル儀ト奉存候訳ハ古来三百年ノ久シキガ間一ニハ厳刑ヲ設ケテ之レヲ懲ラシ二ニハ僧徒ヘ宗門ノ権ヲ委子且葬祭等ノ式ヲ設ケサセ殊ニ右宗旨ノ入来ルヲ厳禁シ古来之レヲ犯スノ徒ヲ戮スルヿ数十万人ニ及フト雖𪜈長崎近傍ニハ尚往々其遺種有之趣ニ候ヘハ之レヲ防クノ難キヿ亦推知ルヘシ即今ノ形勢ニテハ尤重ク御用意無之テハ不相済儀ト奉存候因テ建言如左御座候

一人ノ一念ヲ固メタルハ政令刑法ノ能ク移ス可キニ非ルヿハ古来聖哲ノ論ニモ判然仕居候処前文邪宗ノ儀ハ所謂教化ノ然ラシムル所ニシテ彼ノ一念ニ深ク侵入スルモノナレハ之レヲ防クニモ亦教化ヲ以テスルニ非サレハ恐ラクハ能クスヘカラス若シ此儘ニテ之ヲ閣《ママ》カハ仏ノ廃滅スルニ随フテ耶蘇教ハ次第ニ盛ニ相成共和政治ノ論起ルニ至ンヿモ知ル可カラサルナリ因テ宣教使モ担当仏徒モ尽力有之度是故ニ今寺院省ヲ相設ケラレ左ノ如キ目的ヲ立テ諸宗夫々相奉シ人民教化致シ候様有之度存候

一奉敬神祇候事

一君臣ノ大倫ヲ明ニスヘキ事

一国家ヲ保護シ忠愛ノ心ヲ存スヘキ事

但シ宣教ノ事ハ神祇省ニテ其儀アルヘケレハ爰ニ贅セス

一寺院省職制如左

卿

掌統判諸宗僧徒ノ事務

大少輔　大少丞録以下諸省ニ准ス

掌同上

大僧正勅任一宗一人

掌糺判一宗僧徒学問勤怠及進退

（中略）

右之通ニシテ僧徒ヲ督責シ僧徒ヲ以テ向十年ヲ限リ右三ケ条ノ目的ヲ以テ海内人民ヲ教導シ邪宗侵入ノ患ヲ防キ殊ニ人民ヲシテ

朝廷ヲ尊奉スルノ念益深ク相成候様致サセ度存候

辛未十月四日　左院

この建言で注目すべきは、左院は仏教に教法を期待したのではなく、専ら朝廷尊奉、愛国主義の宣揚を求めたことであろう。教法はあくまで宣教使の管掌としたのである。それとともに注意すべきは、寺院省の期限を「向十年」としたことである。これがいかなることを意味しているか定かではないが、恐らく国憲の確立に要する時間を十年と見たからではないか。それはともかくとしても、明治四年の後半からは各所・各人からキリスト教防禦策の充実を求める声がかつてなく大きく上り、明治政府としても本格的な対策を講じる必要に迫られていたのが実情であったといえよう。宣教使教法が限界に達していた以上、キリスト教という教法を防ぐには左院のいうごとく教法を以てするしかない、との認識は共通したものであった。儒仏の排斥から一変して儒仏〝収用〟策へと動き出したのである。しかしながら、この収用策とて政府部内で完全に意見の一致をみたものではなく、左院、神祇省、あるいは政府首脳個々人によって区々であったというのが真相であろう。だが当時の仏教界にあって彼らが、政教一致＝寺院省設立によるキリスト教防禦策に参画することが何は措て置き急務と思慮されたのである。明治四年九月、

教義ヲ総ルノ一官ヲ興シ、寺院ヲ管シ、僧徒ヲ督スルハ云ヲ得タス、凡ソ天下ノ教タル、管知セサル所ナク、督正セサル所ナク、而シテ専恣雑乱ヲ以テ国体ヲ傷ヒ、朝政ヲ妨クルノ害ナカラシメハ、庶幾クハ上下情斉ク政教相扶ノ域ニ至ラン、(7)

と述べて邪教防禦のための寺院省設立を建白した島地黙雷も政府と同じく、信教自由・政教分離の概念はおろか政府部内の教法策がどう確定されるかは関知するところではなく、この時点では、〝耶蘇教〟への恐怖と憎悪のみが支配的であったのである。かくして左院と仏教側はキリスト教政策に関して一致を見、かかる動きを基に左院は十二月二十二日、教部省設置を政府部内から初めて公式に打ち出すのであった。しかしてその建議の意図するところは何であったか。それは第一義的には、教部省の設置に主眼があったのではなく、その前提としての祭政一致、つまり伊勢神宮(天照大御神)の宮中遷座によって天皇を始め文武官員が忠孝の大道を垂範することであった。いわば天皇親祭の極を求めたものであり、これは神祇省も主張するところであった。しかしこれは当の神宮関係者や地元民の反対が多く、実現するには至らなかったのである。だがともかく、左院をはじめ神祇省にも祭祀と教法を分離して考える点では一致していたのであり、それは「後世或ハ祖宗ノ神霊ヲ誤リ認テ教法主ト看做サン事ヲ恐ル是教部省ヲ置所以也」という左院建議がそれを証している。「神教及ヒ儒仏」は教法であるが、天照大御神＝三種神器を敬することは君臣の大義を明らかにする要件であり、「忠孝ノ大道」の源泉であった。つまり教法を超越した、国家存立の絶対的基底であったのだ。天皇統治が天照大御神によって正当化されているとの観念を宣布することこそ重要な課題とされたのである。

だから別段、神道的幽冥観(それは一種の宗教である)などを持ち出す必要性を政府は感じてはいなかった。後年、伊藤博文は国家の基軸は神仏にはあらず、ひとり皇室のみと述べているが、その考えは明治政府が大体において有していたものであったといえる。だからといって政府(殊に左院)が神教と儒仏を同一に平等視していたという訳ではもちろんない。できれば神教に帰一することが望ましいと考えたのはいうまでもない。だが政治の次元では本音だけでは事は進まないのである。当面の施策としては神仏合同によるキリスト教防禦策が最も有効と考えたのであった。問題はいかにして、内には仏教を抱き込み反キリスト教戦線を布くかであり、外に対しては日本にも教法の自由があるかを知らしめることができるか、であった。さればこそ三条実美は左院の神道重視的な建議のみならず、他のやや宗教的に寛容な取調べをも合せて外務・兵部・文部の三卿輔に教法のあるべき姿を下問したのである。この狙いは、キリスト教解禁をめぐる政府部内の鋭い対立を宥和し、留守政府の分裂を何としても避けようとすることにあった。その対立は江藤と井上馨の両路線に象徴的に示されていたが、結局、江藤主導のもとに教部省路線が動き出すことになる。明治五年三月十四日、神祇省が廃され新たに教部省が設置された時、教部卿嵯峨実愛、同大輔福羽美静の任命とともに江藤が教部省御用掛兼勤となったことがそれを証していよう。教部省設置の原案が左院建議によるものか、あるいは三条の下問書によるものであるか、どちらであるかという疑問が出るのも当然かも知れぬが、問題は原案の有力さにあるのではなく、左院がいかに教部省設置とその政策に関与したか、であろう。教部省設置が左院建議ではなく、下問書によるものだとする下山三郎氏の意見もあるが(8)、要は左院以外のどの機関もしくは人間が教部省設置に向って実質的に活動したかである。教部省の設置は左院の存在を抜きにして語れないことはもはや自明であろう。ちなみに、左院が教部省設置の強力な推進母体であったことは、当時の外務省も承知しており、だからこそ「左院審議上陳之論」で「此左院ノ建議ハ閑散ヲ苦ミテ多事ヲ思出スニ近シ」と、強硬に教部省設置に反対したのである(国立国会図書館憲政資料室蔵「副島種臣関係文書」所収)。

三　教部省と京都府の対立

教部省設置は、いうならば江藤ら左院勢力と島地、興正寺摂信ら真宗を代表とする仏教勢力との合作であった。もちろん、神祇大輔福羽美静の思惑や、左院と仏教側の同床異夢を無視するわけにはいかないが、そのようなことは設置以前には露呈すべくもなかった。少なくとも仏教側は教部省の設立を歓迎せざるを得ない立場にあったのであり、何度もいうように失地回復の好機到来と見たことは事実である(大教院設立の熱意にもそれは見てとれよう)。ところが、江藤の存在は仏教側の期待を無残にも打砕くものでしかなかった。江藤は教部省事務章程、三条教憲、教導職々制を作成し、その基本路線の踏襲を確実にするため左院の高崎五六(中議官)、伊地知正治(大議官)をそれぞれ教部省御用掛となし、教部省ににらみを利かせたのである。その基本路線とは「釈徒をして断然其法則を更張し其教法を一洗し国体に本つき宇内の形勢に注眼し今日の事務に実着ならしめ人知を拡充し富強に至るの目的を戸ごとに説き人ごとに諭し神道に復帰せしめん」[9]という清涼寺雪爪の言に代表されるであろうし、又、常世長胤が回想するように「全ク此教憲ヲ以テ諸宗ノ僧侶ヲ神道ニ引返スノ策略」[10]であった。

一方、福羽美静は必ずしも神道一辺倒ではなく、神仏混淆の布教体制を望んでいたことは彼の後年の回想からも明らかであり、この福羽の姿勢は彼と長州閥(西本願寺と密接な関係にある)との特別な関係を思うならばごく自然のことであろう。しかし、明治初年以来神祇・宗教行政の中枢にあった、さすがの福羽も留守政府における薩摩閥には歯が立たず、五月二十四日には免職となる。この間の事情を大原重実は岩倉具視に宛てて次のように記している。

……神祇省被廃、教部省被置、右にて十分邪宗防の御手配も行届事ならは又々可然候得共、兎角議論のみ強く、又省中一変革、福羽は免職にて宍戸を大輔に、黒田東京府参事を少輔に被任候、福羽の説は神仏混淆と云、左院の説は是非神道を首に立て行くと云事にて、遂に其説の通りなりしと云風聞なり、如右論のみ盛んにて更に実効とては不相見、ケ様の事にて歳月を送り候内には、彼の教は盛んに入、不可防に至候と実に歎息之至に有之候、只今の国是は異教を法と刑を以禁せず、教を以禁すと云は、至極の義にて一言の申分もなく候得共、論はよくて実事の不挙は、実に遺憾無限事に候(11)

この大原書簡は明治五年六月十五日付のものであるから「論のみ盛んにて更に実効とては不相見」と断ずるにはいささか時期尚早の感がないでもないが、教部省政策の未来の不振を暗示しているものとはいえよう。ともかく、この薩摩閥と福羽の路線の喰い違いは設立当初の教部省の前途に深刻な影響を与えるのみならず、岩倉大使一行を欠いた留守政府を分裂の危機に追い込むものであった。それを防ぐためには長州と薩摩の人事上の均衡を図ることが必要であり、教部大輔には長の宍戸璣、少輔には薩の黒田清綱をそれぞれ任じてバランスを取ったのであるが、薩摩系の優位は動かなかった。左院の「是非神道を首に立て行く」という基本路線は変更されることはなかったのである。だが、かかる教部省の姿勢の真相を仏教側が知る由もなかった。形態は神仏合同(平等)、しかしその内実は神道重視、これが教部省政策の基本であったといえよう。

だが、このような教部省の一見曖昧な姿勢に鋭く反撥した者があった。無論仏教界ではない。他ならぬ仏教界の大勢力を擁する京都府からであった。この京都府の教部省政策に対する批判は、当の教部省・政府のみならず、教部省政策による勢力挽回を期していた仏教界にも深刻な問題を投げかけたのである。京都府は五月十八日付で正院に「教法宗門ノ儀ニ付建言」(12)と題して、仏教界のみならず教部省そのものに対する不信を明らかにした。それは一言でいえば、教部省の存在は仏教を利するのみであり、かつ教部省と仏教各宗の直結は地方官を無視しており、その治政の妨げとしかならない、というにあった。この京都府建言に対し教部省官員某は、教部省政策は仏教を利するにあるのではなく、あくまでも三条教憲を宣布せしめんがために仏教を動員しているのであり、又、僧侶を教正に任じたのは愚民対策としてである、旨を『教義新聞』紙上で述べてその本音を漏らしたのである。これを知って本願寺など仏教界が快しとしなかったことはいうまでもない。洋行中の島地黙雷にとっても座視することはできぬ内容のものであった。明治初期における政教問題はここに端を発したといっても過言ではないが、当の京都府の思惑は別の所にあった。つまり仏教勢力の抑圧にその主眼があったのではなく、教部省の存在そのものを疑問視したのである。すなわち、教部省は六月九日府県に宛てて、

今般教導職設置候ニ付テハ兼テ被　仰出候三ケ条ノ大旨ヲ体認シ各管轄内社寺ニ於テ追々説教可執行候条其管内老幼男女共稼業ノ余暇ヲ以テ信仰ノ社寺ニ詣リ聴聞可致旨一般末々迄無遺漏布達可有之候尤説教所之儀ハ教導職補佐ノ者共ヨリ取極可申出ニ付支悟之筋無之様可取計候事

との達(教部省達第三号)を出したが、これに対して京都府は、

今般教導職被置候ニ付テハ各管内社寺ニ於テ説教執行可致ニ付老幼共聴聞可致旨一般布達候様御申越ノ処於当府下ハ市郡共既ニ数十ケ所ノ小学校ヲ設ケ且兼テ相立候当府制法毎春読知致候事ニ付別ニ僧侶等ノ手ヲ仮ルニ不及況ヤ四民共夫々職業結専一ニ相営候間一秒時間モ可惜コトニ付迚モ説教聴聞杯ニ余暇ハ無之依テ御申越ノ趣布告難致此段御承知有之度候也

壬申六月十七日　　　京都府

教部省御中(13)

と述べ、教導職の人民説諭を無用とする態度を明確にした。この京都府の態度の背景には、明治四年七月十八日設置の文部省による近代的な教育制度施行に向けての動きが大きくあったことに注目すべきであろう。文部省が着々と学制の準備に取りかかりつつあるのと時を同じくして、教導職による国民教化運動は始まったのである。それゆえ、京都府にとっては教部省の施策はこと国民教導・教育に関する限り屋上屋を架すものとしか映らなかったのであり、ま

してやその施策が仏教勢力の擡頭を呼び起こす誘い水となるとするならば、当然黙視するわけにはいかなかったのである。ともあれ、この京都府の教部省政策に対する公然たる批判は、政府・教部省ならびに仏教界に深刻な打撃を与えたことは容易に想像できよう。

この京都府建言および教部省官員の投書が、洋行中の島地黙雷にも大きな衝撃を与え、ひいては彼の政教分離への姿勢を取らせるに至ったのであるが、国内においてもそれは大きは波紋を投げかけたのである。管見によれば、国内で目立ってこの京都府建言に対する反応が見られるようになるのは明治五年の九月頃である。無論、様々な立場からする種々の意見があったと思われるが、ここに二、三を紹介してみたい。まずその一は岐阜の長興寺春倪であるが、

謹議、頃日新聞雑誌ニ載スル京都府ノ建言ヲ読ムニ遍ク教法ノ利害ヲ論シ、頗ル仏者ヲ論破ス、其末流ニ至テ弊害有リト云ハ尚可ナリ、而シテ仏教ノ国家ニ必害アリト云ハ過貶ト謂ツヘシ、今ヤ
朝廷神仏ノ教ヲ以テ敬神愛国等ノ三条ヲ説キ、民心ノ方嚮ヲ知ラシメントス、此時ニ方テ真ニ其利害ノアル処ヲ弁論セスンハアル可ラス、臣等己ノ宗旨ヲ主張シ取テ抗弁ヲ好ムニ非ス、(14)

云々と述べ、さらに続けて「夫教法ハ人心ニ任セ、政府亦之ヲ制セス、只其ハ籍ニ至テハ皇族ト雖モ地方是ヲ管轄ス、況ンヤ神官僧侶ヲヤ、所謂三条ハ地方首トシテ之ヲ奉体シ、民政ヲ為スノ基本トス、然ハ則チ政事宣教ト唇歯相輔シ、其効ヲ益セシメントス、故ニ教義ノ事件ヲ直達セシムルハ民心維持ノ綱ヲ一定シ風化ヲ進ムノ捷勁ニシテ、別ニ権柄ヲ把テ地方ヲ蔑視スルニ非ス」として、あくまで教部省政策を仏教側から擁護したのである。かく擁護論が出たのも、教部省に対する批判がかなり根強かったためと見られ、ある建白者は「或ハ喋々其説(京都府建言―筆者註)ニ同シ、既ニ教部省ハ京都府建議以来陵夷不振遂ニ将ニ廃省ニ至ントス」(15)とまで述べるに至ったのである。教部省はまさに危機に瀕していたのであり、その危機は当然のごとく仏教勢力の失地回復策の挫折を意味していた。なぜなら、教部省・教導職の設置は既に述べてきたように仏教界の総意の結集ともいうべきものであり、教部省への批判はそのまま仏教

界の批判に直結するものと考えられたからである。かかる危機的状況に対して仏教者から早急の対応策が出されるのは当然であろう。次に紹介する西養寺(阿満)得聞の建言はその代表的なものであろう(16)(得聞は恐らく、この建言書を三条太政大臣に呈したものと思われる)。

〔教部省設置建言〕(題箋・仮)

去五月十八日、京都府ヨリ正院ヘ建言イタシ候ソノ趣意　朝廷教部省建置レ、僧侶ニ命シテ布教伝道セシム、ソレニ付、種々ノ義申シ述タリ、ソノ略ニ云、宗門ノ事、古今内外其害不少而政法家・学士・議論スルトコロ多ト雖モ、未タ能ク是ヲ圧絶スルヲ聞ス云々、仏法東漸ヨリ一千余年歴　朝ノ聖帝之ヲ崇信マシマシ、ソノ国家ニ裨益アル、国史等ニ明ナリ、億兆ノ人民合一帰嚮シテ敢テ邪教ニ趨ラス、ソノ実効アルコト勿論　朝廷ハ赫ヽタル天日ノ如クヨク照鑒マシマス、然ニ古今内外其害不少トハ何等ノ妄狂ソ、モシ国家ノ害タルモノハ疾ク芟除スヘシ、千有余年ノ久キヲ経テソノ行ルヽコト盛ナルハコレ正法ニシテ且善教タル所以ナリ、然而澆末ノ習僧侶道ヲ失スルモノナキニアラス、コレ人ノ罪ニシテ法ノ過ニアラス、古今聖帝崇信マシマシ、億兆信従ス、コレ圧絶スルモノアルヲ聞カサル所以ナリ、僻学者ソノ世ニ洽ク行レ、渥ク用ラルヽヲ視テ嫉妒忿悶ニ堪サルヨリ之ヲ誹議ス、草茅危言等ノ余唾ヲ嘗テ謾ニ言ヲ立、今マタ私論ヲ起シ、正院諸公ノ耳目ヲ汚ス、不遜ノ其シキニアラスヤ、方今教部省ヲ設ラレ皇国ノ教法ヲ宣揚シテ悪心ヲ転シテ善心トナシ、億兆ノ人民ヲシテ神ヲ敬ヒ、仏ヲ信シ、天理ヲワキマヘ、人道ヲ全シ皇上ヲ尊ヒ　朝旨ノ在トコロヲ知シメ、風俗ヲ日ヲ追テ美シク、開化大ニ行ハレハ外国モ只従テ則ヲ我文明ニ取ントス欲スヘシ、然ハ則チ邪教豈侵入ヲ得ンヤ、是故ニ僧侶ニ命シテ説教セシム、然ニ僧侶ノ説教ノミナラス祠官ノ説教ヲモ併テ拒絶セント欲ス、何ニ由テカ、カノ邪教ヲ圧絶スルコトヲエンヤ、今教法流布ヲ遏メハ皇上ヲ奉戴セサル外国ノ教師、代テ教導ヲ司ラン、今日ノ形勢此ニ注意スルヲ急務トス、曽テ邪教ノ害ヲ憂ス、却テ之ヲ誹議ス、蚩々ノ細民猶能　朝旨ノ垂クヘカラサルヲシル官員ニシテ　朝旨ニ悖ル獅子身中ノ虫ナリ、祠官ヲ併テ説教ヲ拒ムハ皇道布宣ノ道ヲ壅塞ス、豈臣子ノ為ナランヤ
朝旨ノ在トコロヲモテ速ニ億垂ニ知シメ奉戴セシムルコソ官員ノ職タルヘケレ、又説教ハ各地方官施行ノ政令ニ達スルノ理アランヤ、固ヨリ官員ト共ニ謀テ教ヲモテ政ヲ輔政ヲモテ教ヲ布ク、若祠官僧侶政令ニ違セハ罪ノ軽重ニ随テ刑ニ処セラルヘシ、是教法ノ過ニアラス人ノ罪ナリ、数十名ノ祠官僧侶力ヲ尽ストモ官員ニ非レハ政体立タス、又官員数十人集テ説諭ストモ一僧ノ説教ニシテ数千ノ民心ヲ開化スルニ及ハス、故ニ才ヲ用能ニ任スル所以ナリ、諸府県皆日ヲ遂テ教化ヲ布ク、独西京管下ノ人民未タ其化ニ浴セス、是官吏教導ヲ壅塞スルノ私意ヨリ出ツ、窃ニ国家ノ為ニ之ヲ憂フ、因テ忌諱ヲ憚ラス斧鉞ヲ怖レス、愚衷ヲ攄テ仰テ当路ノ諸賢ニ呈シテ以テ照覧ヲ請フ、多罪々々頓首謹言

壬申九月　　　　　　　　　　　　　　　　　　　　　　　　　　　西養寺得聞拝具

この得聞の建言書からも知られるように、五月十七日の京都府建言は教部省・仏教界にとってその根幹を揺がすに足るものであった。ましてや対キリスト教政策を重大任務とする教部省にとって、その省内から——恐らくはこの建言をめぐる論争を契機として——「宗門之儀ハ民心ノ帰依ニ有ル可シ」というのみならず、キリスト教の解禁を認めようとの姿勢を見せて「細々タル宗教ヲ以嘲ヲ他邦ニ招ク事勿ルヘシ」と公然と建白する者まで現われるに至ったのである。(17) 教部省はもはや風前の灯と化していたのであり、文部省との合併論が政府部内に取り沙汰された背景にはこの京都府建言が大きく作用していたことはほぼ間違いのないところであろう。

四　政教分離運動の擡頭

京都府建言によって教部省の存在そのものを疑問視する向きも出てきたことは既に述べたが、この動きが具体化し始めるのは明治五年の九月頃からであろう。教部卿嵯峨実愛は、十月十五日付で「今般以教部省可被併合于文部省風聞有之」(18)と記しており、両省合併論は少なくとも十月初旬段階にはかなり流布していたものと思われる。そして十月二十五日、「文部教部両省被合併候事」との布告が出されたのであるが、これは文面からも知られるように、文部省による教部省の併合ではない。「文部省ハ教部省ヲ平呑スル事能ズ、カネテ敗北セリ」と常世長胤が述べているように(『神教組織物語』)、教部省はその存続に成功したのである。これには、参議西郷隆盛に近かった東京府参事三島通庸が大いに力を尽したといわれる。この結果、嵯峨教部卿は免官となり、代って文部卿大木喬任が教部卿を兼任。また宍戸大輔、黒田少輔がそれぞれ文部大少輔を兼任し、ついで文部大丞の長熒、野村素介、少丞西潟訥が同じく教部大少丞を兼任して一応の文部・教部対等合併の形をとったのである。しかるにこのあと、十一月二十四日付で、先に教部省存続に尽力した三島通庸が東京府参事から教部大丞に転じることによって、教部省政策は大きく転換するに至るのである。すなわち、「黒田三島ノ両氏ハ、僅ノ徒ヲ率テ、皇道ヲ興ンノ素志止ム時ナシ」と常世長胤が述べるが如く、黒田、三島を中軸とする薩摩閥主導の教部省はより一層強力な神道(皇道)重視策を展開する。その具体策としては、宮地氏も指摘するように、大教院を頂点にして各地方に中小教院を設置、神官、僧侶を動員して三条教憲の趣旨を衆庶に周知徹底させることであり、さらには神葬祭の奨励に代表されるように神道の宗教的側面を促進させて仏教勢力を切り崩すことであった。

そもそも、前述したように教部省は左院の神道重視派の働きかけによって設置されたものであり、「是非神道を首に立て行く」勢力が設置時の教部省路線を決定し、黒田、三島らはそれを忠実に、そして一層強引に押し進めようとしたのであった。同じく教部省の設置を願い、排仏毀釈による痛手から失地回復を図らんとしていた仏教勢力の思惑とは全く異なった次元に立っていたといえる。とはいえ、表面上は仏教を優遇する素振りを示したのであり（その一例は教導職の最高位である大教正にいかに多くの僧侶が任じられたかを見ても知られよう）、少なくとも邪教（キリスト教）防禦には不可欠の宗教として認知していたのである。だが、当面の主要目的であったキリスト教防禦も、岩倉使節団の洋行によって政府部内に微妙な意見の相違を徐々に見るに至り、やがて表面的には〃黙許〃の姿勢を採らしめるようになる（本書第七章、参照）。

かかる状況にあって教部省および教導職にできることは、三条教憲、なかんずく「敬神愛国」と「皇上奉戴・朝旨遵守」を人民に周知徹底させ、明治新政府の正統性観念を植えつけることであろう。ゆえに教部省は、神官教導職にはひたすら〃敬神〃、つまり神道の宗教性を説くことを奨励し、その宗教的発展のための条件整備策を施行したのである。一方、僧侶教導職に対しては宗教（仏教）的説教を厳しく戒めて、三条教憲の範囲内での説教のみを許したのである（法談、説法という語そのものを用いることを禁止し、説教を用いるようにしたほどである）。こうした教部省政策に対して仏教側が強い反撥を示したことはいうまでもない。三条教憲による説教のみを僧侶に行なわしめることは「恰モ士人ニ商法セヨト言ヒ……是迄学ビシコトモナキ神典ヲ講スルハ実ニ迷惑至極ナリ(19)」というのが仏教側の偽らざる気持であったろう。だが、単なる反教部省的態度や感情、もしくは一揆（明治六年三月の越前大一揆など）のみで片づく問題ではなかった。こうした教部省政策に対しては教団の組織的反撃を以てせねばならず、それを率いる指導的理念、それに政治力が必要であった。そしてここにその切り札として島地黙雷に代表される洋行帰りの真宗系僧侶が登場するのであった。

島地は明治五年一月に梅上沢融、赤松連城らと共に洋行、彼地において具さに信教自由・政教分離の実情を知った彼は、帰国後直ちに政教分離を求めて教部省政策批判の活動を展開する。六年八月二十九日には、先の教部省官員の投書を引き合いにして、「乍恐御省ノ体裁御変制被為遊、僧侶ハ断然御除省可被遊候」との建言を教部省に提出。これに対し、九月、十月と再度島地に口諭、示諭があったが、いずれも彼を満足させるものではなかった。ついで十月五日付で、大教院での神仏混済に象徴される政教の混乱を非とする建白書を参議伊藤博文、同大隈重信に呈している。また同じ頃、真宗は七宗一同が神道から分離することを六宗管長に建議し、十月三十日には真宗管長代理権少教正藤枝沢依名で真宗の大教院分離を教部省に上請するに至った。これ以後、真宗教団は大教院分離運動へと進むのであるが(興正寺、仏光寺は脱落)、その運動を指導したのはいうまでもなく島地黙雷であり、その盟友として大洲鉄然、赤松連城、石川舜台、大内青巒等が各々活動したのである。

さらに島地はこの大教院分離運動を展開するに当って、ひとり真宗教団の力のみならず、長州系政府要人の力をも最大限に利用した。特に木戸孝允と島地との連絡は密で、木戸は六年十一月の時点で既に教部省を廃し、内務省中に社と寺の寮を置くことまでも考えている。かくして島地に率いられる真宗教団は木戸、伊藤、宍戸ら長州出身の政府指導者および長閥に近い太政大臣三条実美らの支援を受けて、大教院分離のみならず、教部省廃止へと突き進むのである。ところで、大教院分離運動といっても、当時のことであるからそれが直接的な示威・請願行動の形を取れる訳ではなかった。政府要人に対する個別的請願は別として、原則的には左院宛に当該運動の趣意・建白書を提出し、その審議を経て正院で決裁を受けることが通例であった。無論、島地もこの制度を大いに利用したのであり、大内、石川らの左院宛建白運動もそれなりの効果があったことは認められよう。

明治七年は、真宗教団の大教院分離運動が最も活潑に行なわれた年で、島地は本願寺僧侶として、大内は仏教青年として大いに政教問題に関して建議をなした。島地の建言書、上書類は多々あるが、その中でも重要なのは既に二葉憲香、福島寛隆、藤井貞文の諸氏が紹介された明治七年五月に出された長文の建白書であろう。これは福島氏が全文を紹介し、『島地黙雷全集』第一巻にも収録されているものであるが、いずれも草稿であり、日附・宛先を欠いている。管見によれば、この正本は七年五月二十四日付で左院宛に「教部改正建議」と題して提出されたもので、別紙の一として「教部失体管見」、二として「教部改正愚策」をそれぞれ添えている。この正本は草稿本とは字句や項目の順序などかなり異なった所はあるが、内容において大差はない。本章では全文を紹介することはできないが、ともかく該建白書が左院に提出されたことは確実である。

この建白に対し、左院は六月五日付で「御参考ノ為メ上申候也」と決したが、それは「方今教部ノ吏ニハ中外多少ノ議論モ有之候折柄」という認識によるものであった。ついで左院は六月七日、伊地知議長、内務課高崎議官の捺印により、

別紙山口県管下真宗妙誓寺住職島地黙雷建白ノ趣教部改正ニ深ク注意致シ候趣意ニ付一応教部省へ相廻シ可申哉相伺候也[20]

として、この建白書に対する教部省の意見を求めるのであった。ところが島地にこのことは通知されておらず、未だ回答なきを知って「命ヲ待ツ事此二十数日也」としびれを切らし、再度左院に六月十日付で「教部改正ノ儀ニ付再応建言」と題し、建議したのである。

ともかく、島地の建白書は教部省へ廻されることに決したのであるが、教部省は遅々として回答を示さなかったようである。左院に教部省の回答が届いたのは明治八年一月七日のことで、これは明治七年十二月二十八日付で教部省六等出仕鈴木魯が、「山口県管下真宗妙誓寺住職島地黙雷建白書三冊御廻有之一覧候処右は毎度論説多岐ニ渉リ候得共之ヲ要スルニ専ラ自己之宗教ヲ主張スルノ僻見ニ過キス殊ニ当省失体之論ニ至テハ事実相違之廉不少候[21]」云々と認め、左院書記官室宛に送付したものであった。この教部省回答を受けて左院は明治八年一月十日、次のような最終決定を行なった。

別紙山口県管下真宗妙誓寺住職島地黙雷建言教部改正ノ議嚮キニ之ヲ教部省ニ回議シ頃日同省ノ答弁ヲ得及チ反覆審按候処原議ノ説タル往々誤解ヲ免カルサルモノアリ然レ𪜈其論スル所頗ル激切ナルヲ以テ之ガ弁ヲ為ス亦力ヲ極メタルガ如シ故ニ該宗当日ノ持論此ニ拠テ見ルヿヲ得ベキノミナラズ本院モシ教義ヲ議スル有ラバソレ或ハ参考ノ用ヲ為スニ足ラン因テ建白書ハ本院ニ留置候方可然ト存候也(22)

このように、左院は島地建言を参考意見とすることに決したのであるが、左院が島地建言を却下せずに〝参考〟として留置したことには大きな意味があった。それは、端的にいうならば左院の教部省不信を意味することではなかったか。なぜなら、教部省は島地黙雷宛に「島地黙雷建白之内教部失体管見之条々示諭書」を出し、教部省なりの回答とその正当性を明らかにしていたのである。教部省としては、島地の教部省ならびにその政策批判は問題とするに足らないものであり、それは大内青巒の「神仏混淆改正之議」と同列のものであった。しかるに左院は、島地、大内のみならず、八年一月十八日に受領した石川舜台の「教部省改正ノ議」と題する建白に対しても、一月十九日付で、

別紙石川県管下石川舜台建白之趣勘査候所方今ノ形勢ニテハ神仏宗教ヲ競争シ不穏之兆ヲ生スルニ至ル云々神仏教導職及教部省之景況可見者有リ因テ将来参照之為メ書面本院ヘ留置可然存倶也(23)

と立案、一月二十三日に上申している。これらのことは明らかに左院が教部省に対していか程かの不信感を抱いていたことを示すものであろう。遠からず教部省に対して何らかの具体的措置が取られるはずであった。それが大教院分離指令であるか、はたまた教部省そのものの廃止であるかは容易には決しがたかったであろうが、政府部内でも相当慎重に審議が行なわれたのであろうことは間違いあるまい。このように〝教部省政策の是非〟についての論議が慎重になされた背景には、この問題が、単なる大教院分離や教導職の位置をめぐる純宗教上の問題に止まらず、前述したような長州閥と薩摩閥の政治的ヘゲモニイの争奪戦があったからであろう。教部省内部においては、大輔宍戸璣と薩閥の黒田少輔・三島大丞との確執は根深いものであったが、真宗側の大教院分離運動が激化するとともに、両者の対

立も激しくなり、明治七年十月段階では三島の酒田県令への転出が画策され、同年十二月には三島の酒田県令兼任が決った。木戸孝允をして「一層神道家に而……信仰自由など丶申事は些合点に入兼」ると評さしめた三島の事実上の教部省放逐は、木戸・伊藤博文・三条実美ら長州系要人を抱き込んでの島地の政治力の勝利ともいえよう。これを機に島地は政府へ最終決断を下すよう迫る。八年一月、島地は東本願寺の石川舜台と連署で太政大臣三条実美、左大臣島津久光、右大臣岩倉具視に宛てて大教院分離の早期断行を求める建白書を呈出。左院および正院は、もはや大教院分離を認める以外にないと思慮したと思われる。この後、左院は三月二十二日付で正院に、臨時御用取調掛の草した「教部省ヲ処分スルノ建議(24)」を正院に上申、議政官とはいえ政府機関内部から教部廃省論が呈されたことは甚だ重い意味を持っていた。結局この案は左院の廃止等もあって採用されなかったが、左院および政府首脳も大教院分離は勿論のこと、教部省の廃止による信教自由・政教分離はもはや避けがたい局面にさしかかっていることを悟ったであろう。左院が廃されて直後、大内青巒は正院宛に「宗教管理ノ衙門ヲ置クヲ要セサルノ議」を呈出したが、正院係官は「大ニ見ルヘキモノアリ因テ供高覧候也」として三条太政大臣、参議板垣退助等に上陳した。かくて五月三日大教院での神仏合同布教の差止が発せられ、大教院分離運動は一応の結着を見た。

五　むすび

明治五年から八年にかけて近代日本の宗教界は揺れ動いた。キリスト教防禦のため一丸となって国民教導に当るはずであった神仏両教は、本来の〝敵〟であるキリスト教攻撃から一転して、それぞれ互いを攻撃するようになった。もちろんきっかけは、政府教部省が仏教独自の布教を認めようとせず、神道色の押しつけを図ったからである。もはや仏教にとって信教自由は、キリスト教にとっての、ではなく自己自身の問題となって立ち現われたのである。これを理論的に指導し、組織的に運動化したのが島地黙雷らであった。しかし、信教自由・政教分離について関心を有していたのは何も島地らだけではない。洋行により外国の宗教事情を具さに観察した木戸孝允や伊藤博文などの政府要人もこの問題を強く意識していたのである。それに左院もやがて同調する。ただし、あくまでも日本の実情にふさわしい政教分離、の範囲において。それはやがて神官と教導職の分離、神社非宗教論へと進む。明治十四年の祭神論争を待つまでもなく、かかる日本型政教分離の用意はなされていたのである。(25)

(1)　教部省の設置に至る経緯や教部省時代の政策については、拙著『明治維新と国学者』第五章「教部省設置の事情と伝統的祭政一致観の敗退」、「日本型政教関係の形成過程」(『日本型政教関係の誕生』所収)、「祭政一致をめぐる左院の「政教」論争」(『國學院雑誌』八二—一〇)、福嶋寛隆「神道国教政策下の真宗—真宗教団の抵抗と体制への再編成—」(『日本史研究』一一五)、藤井貞文「島地黙雷の政教分離論」(『國學院大學日本文化研究所紀要』三六)、高木博志「神道国教化政策崩壊過程の政治史的研究」(『ヒストリア』一〇四)、狐塚裕子「教部省の設立と江藤新平」(福地惇・佐々木隆編『明治日本の政治家群像』、吉川弘文館、平成五年)等参照。なお本章で触れた問題に関しては拙稿「日本型政教関係の形成過程」でより詳細に論じており、ぜひとも参照されたい。

(2)　宮地正人『天皇制の政治史的研究』(校倉書房、一九八一年)一一〇頁以下。

(3)　左院の神祇・宗教政策への関与については本書第六章および拙稿「祭政一致をめぐる左院の「政教」論争」参照。

(4)　左院に関する初めての本格的な研究としては松尾正人「明治初期太政官制度と左院」(『中央史学』四)があり、最近のものでは西川誠「左院における公文書処理」(『日本歴史』五二八)がある。

(5)　東京大学史料編纂所編『佐佐木高行日記　保古飛呂比』五、一七三頁。

(6)　『公文録』明治四年左院之部、参照。

(7)　『島地黙雷全集』一(本願寺出版協会、一九七三年)九—一〇頁。

(8)　下山三郎「近代天皇制論」(家永三郎教授東京教育大学退官記念論集刊行委員会編『近代日本の国家と思想』三省堂、一九七九年)参照。

(9)『岩倉具視関係文書』七(日本史籍協会編、東京大学出版会覆刻、昭和四十四年)四四五頁。
(10)常世長胤『神教組織物語』(日本近代思想大系5『宗教と国家』岩波書店、一九八八年所収)。
(11)『岩倉具視関係文書』五、一五四―一五五頁。
(12)藤井「島地黙雷の政教分離論」、拙稿「日本型政教関係の形成過程」参照。
(13)『京都府史』政治部祭典類附録社寺沿革類。
(14)国立公文書館蔵『建白書　明治五年壬申自八月至九月　三』所収。
(15)広島県士族宮地六郎の建白書、同右所収。
(16)神宮文庫蔵『三条家文書』所収文書。
(17)教部省出仕福島昇の建言「宗門之事」、『三条家文書』所収文書。
(18)宮内庁書陵部蔵『続愚林記』四、明治五年十月十五日条。
(19)明治仏教思想資料集成編集委員会編『明治仏教思想資料集成別巻　教義新聞』(同朋舎出版、一九八二年)六二頁。
(20)国立公文書館蔵『明治七年建白書議按録』所収。
(21)(22)　国立公文書館蔵『建白書明治七年甲戌自三月至五月　一』所収。
(23)国立公文書館蔵『明治八年建白書議按録』所収。
(24)本書第六章参照。
(25)「日本型政教分離」の概念については安丸『神々の明治維新』二〇八―二〇九頁、および拙稿「日本型政教関係の形成過程」参照。

第六章　左院の神宮遷座論と日本型政教分離

一　はじめに

教部省は近代日本で初めての本格的な宗教行政官庁として出発した。明治五年三月十四日のことである。この教部省が設置された経緯については本書第五章および別稿で多少論じた[1]からここでは再述しないが、その設置に最も力を注いだのは左院であったことを再度確認しておこう[2]。いわば左院は教部省の産みの親であったが、奇しくも教部省は、やがてその産みの親ともいうべき左院によって葬り去られようとする。この左院による教部省廃止論はすぐには実現されなかったが、近代日本の政教分離問題を考える上で軽視できない意義を有しているといえよう。

そもそも教部省は、明治四年十二月二十二日の左院建議によってその設置が決定づけられたのであるが、それから約三年後の明治八年三月、当の教部省設置を企図した左院自体が自らの産物ともいうべき教部省の廃止を企てたのである(本章第五節参照)。この三年あまりの間に、一体何が起こったのであろうか。当初、左院が教部省に期待した機能は、(1)神儒仏各教を統轄して、生徒を教育し、人民を善導すること、(2)国体を蔑視する共和政治の学および民心を煽動する新教を抑え、かつ祖宗の神霊を教法主と人民が看做さぬように指導すること、であった。だが、左院はこれのみで教部省を置こうとしたのではなかった。教部省を設置するには、もう一つ重要な施策がその前提としてなければならなかったのである。それは、伊勢神宮(天照大御神)を東京(宮中)に遷座して、天皇はじめ百官が祭祀を管して「神教ヲ重ンシテ皇室ト共ニ国民ヲ保安スルノ誠心ヲ表セシム」(左院建議)べき体裁を整えることであった。

しかしこの神宮遷座案はいかにも大胆であり、当の神宮等の反対が強力なこともあって到底実現可能な案ではなかった。(3) ところが左院は決してこの案を捨てようとはしなかったのである。左院はその廃止に至るまで、この神宮遷座案に固執していた。だから左院にとって、この前提を欠いたままの教部省の存在は人民善導政策の片肺飛行としか映じなかったのであるまいか。ましてや教部省政策の不振は誰の眼にも明らかであり、信教自由・政教分離論は日増しに昂まっていた。徒らに、強引な教部省流の国民教導策を放置することは、左院の主目的である「共和政治」ではない〝確乎タル国憲御定立〟にとっても不利な状況を生み出すだけと思慮したのであろう。教部省は左院にとって〝鬼っ子〟だったのである。これは仏教界(殊に真宗教団)にとっても同じであったろう。

ともかく、わずか三年にして教部省は産みの親たる左院からすらも見捨てられるような状態に立ち至っていたのである。一体、教部省は何のために存在したのか。左院に呼応した神葬祭奨励・火葬禁止に代表される神道重視路線の忠実な踏襲が、やがて国民教導=国論統一ではなく、却って国論の分裂をも感ぜしめる状勢を生じた時、〝観察者〟たる左院は教部政策そのものの見直しを企てた。その時左院は〝教法としての神道〟を見限ったのである。「諸宗ノ僧侶ヲ神道ニ引返スノ策略」(4) は見事に失敗に終ったことを確認した左院は、来るべき時代の宗教措置=信教自由・政教分離の不可避を射程に入れつつ、日本に適した政教分離体制(日本型政教分離)を模索せんとした。神道を祭祀と宗教に分離すること、これが左院の「日本型政教分離」であった。極言すれば、教部省はこれを左院に学ばせるためにあった、ともいえよう。

以下、本章では左院の一貫した主張であった神宮遷座論に焦点を当て、その主張が実現されぬまま事態が推移し、さらには教部省に期待したキリスト教防御と国民教化の普及も実効があがらないと知った左院が、どのようにして「日本型政教分離」を模索したのかについて述べてみたい。なお、この「日本型政教分離」という概念は、本書第五章の注(25)でも触れたように、安丸良夫氏の『神々の明治維新—神仏分離と廃仏毀釈—』(岩波書店、一九七九年、二〇〇八

—二〇九頁）に示唆を受けたものであることをお断りしておく。

二　左院・教部省の神宮遷座論

前述したように左院と教部省には由縁浅からざるものがあった。明治四年十二月二十二日、左院は神宮の東京遷座、祭政一致の徹底、教部省設置などを建議し、翌五年一月十八日には、三条太政大臣が外務・兵部・文部三省の卿輔へ教部省設置の下問書を呈し、併せて左院建議をも添えたのであった。(5) かくして教部省の設置は廟堂において進められるに至ったのであるが、同年三月十四日の設置を見るまでには、かなりの曲折があった。それはともかくとしても、教部省の設置にあたり、左院副議長江藤新平、中議官高崎五六、大議官伊地知正治らが、教部省御用掛兼務となったことからも、左院と教部省に密接な関係があったことが知られよう。左院が教部政策に多大の関心を有したことが窺われるのであり、事実、明治六、七年に至ってもその関心は続くのである。

かかる左院の神祇ないし教部政策に対する関心は、前述したように明治四年十二月の建議にも明らかであり、以後も伊勢神宮の東京遷座を中心に、教部省と連絡を保ちつつ正院への働きかけがおこなわれるのである。

明治四年十二月の左院建議は、伊勢神宮の東京遷座や教部省設置がその主なものであり、祭政一致の徹底化と教部政策による国民教化活動と共和政治論抑制を主目的とするものであった。ついで翌五年一月には神祇大輔福羽美静、同少輔門脇重綾ら神祇省官員が連署して、伊勢神宮、熱田神宮の東京遷座および宣教使の拡大による国民教導策などを建議し、(6) 伊勢神宮の東京遷座が神祇省首脳部の間でも支持されていたことが窺われる。もちろんこれには福羽神祇大輔の独自の開明・合理主義が強く働いていたであろうことも推察に難くない。

ところで秋元信英氏によれば明治六年一月八日付で、教部少輔黒田清綱・教部大輔宍戸璣が連署して、皇太神宮の東京遷座や各地に皇太神宮を鎮祭することなど、六ケ条からなる建言を正院宛に提出し、左院も一月十七日付で正院宛に採用することを決めたという。さらに二月には、黒田・宍戸は先の建言の第二条にある各府県大社への皇太神宮鎮座の実現を迫る建言を成した。一月八日付の建言の第一条には、「已ニ旧冬モ建言ニ及候通」とあり、旧冬すなわち五年暮当りにも同様の建言を成していることが知られるのであるが、国立国会図書館憲政資料室蔵の「三島通庸関係文書」には、

臣等謹テ按スルニ天皇陛下ノ天職ハ、最第一ニ皇祖大御神ノ神勅ヲ政教ノ本願トシテ敬神ノ道ヲ尽シ、治世ノ政ヲ施シ給ヘキコト固ヨリ論無ケレバ、御維新ノ首務ハ皇太神宮ヲ皇都ノ地ニ還御ノ礼有テ、御親祭ノ誠ヲ尽サルヽヨリ至要ナルハ無シ、（傍点筆者）

云々と述べた草案が存し、また同文書中の「日本教法艸案」には、教化の方策として、「毎区ニ本部一ヲ置キ、天照太神ヲ斎キ奉リ以テ衆庶ヲシテ大教ノ由リ出ル所ト天恩ノ在ル所トヲ胆仰セシム」などとあることによって、六年一月八日付の黒田・宍戸建言には三島通庸の意見が強く表われているのではないかと思われる。このことは早くも原口宗久氏が明らかにされていることである。(7) このように、左院および教部省は伊勢神宮の東京遷座を建言したのであるが、同年三月二十九日には「伺之趣御沙汰ニ不被及事」として却下されるに至った。ところがなおも左院および教部省の一部は諦めず、四月にも「皇太神宮御遷幸建白」を草して進言しているのである。建言者は左院二等議官高崎五六、教部大丞三島通庸、権少教正田中頼庸、教部大録山之内時習の四名である。いずれも薩摩閥であることは注目に価いしよう。しかしながら、この建言がどこに提出され、どのように処理されたのかは不明である。(8) ともかく一応は、ここにおいて神宮遷座案は終熄したように見えるが、実はそうではなかった。明治七年四月の国幣中社都々古別神社権宮司水野秋彦の建白を契機として、左院は改めて神宮遷座論を主張したのである。その論の意図するところは、次節で紹介するように明治四年十二月の左院建議とほぼ同一であり、左院建議から二年以上経過した時点でも左院は強固

に神宮の宮中遷座論を保持していたのであった。

三　左院の祭政一致・敬神愛国論

明治七年四月、都々古別神社権宮司兼中講義の水野秋彦は「神祇の事とり行ひたまふ御つかさの論」と首題した建議を草した。その説くところは、神祇省、教部省と改められたことは「神祇もすてたまはぬやうに見えて、まことに神祇を重ミたまふものとハおもひ奉られす、かくてはいと／＼なけかはしき御事ならすや」云々と述べ、速に神祇官にその名を復さんことを主張、もしそれも不可ならばせめて「神祇省とハかならす直したまふへき」と迫るのであった。そして教部をその下寮とするならば、教導の実も挙るだろうというのである。水野はこの建白書を四月五日付で教部大輔宍戸璣宛に提出した。すなわち次のような建白理由を添えている。（以下の史料は国立公文書館蔵「建白書明治七年甲戌自三月至五月　三」に拠る）。

臣秋彦誠惶再拝謹言、臣愚嘗テ神祇官変シテ神祇省ト為リ、再変シテ教部省ト為リ、而メ神祇之政、其省之ヲ管ルヲ異ミ、且其ノ維新来盛典ヲ失ヒ、而メ新制未タ宜ヲ得サルカ如キヲ憂フ、乃チ時ヲ得テ建議以テ所思ヲ述ンヿヲ欲セリ、然ルニ今ヤ忝クモ権宮司之任ヲ蒙リ、兼テ中講義之職ヲ奉ス、仍テ聊論説スル所ヲ献ス、冀クハ一覧ヲ賜ヒ、其意少シク采ル可キアリト為タマハヽ、更ニ之ヲ議事ノ官院ニ伝達シタマハンヿヲ、臣秋彦誠恐誠惶謹言

都々古別神社権宮司兼中講義
水野秋彦　印

明治七年第四月五日
教部大輔宍戸璣殿

この建白を受けて教部省は四月十二日、次の如く左院宛に評議を付した。

岩城国都々古別神社権宮司水野秋彦ヨリ別紙建言差出候処、於御院御評議可有之事件ニ付、則致御廻候為、御落手有之度候也

明治七年四月十二日　教部大丞（三島通庸）

左　院

御　中

これに対し、左院内務課は四月十四日、左院副議長伊地知正治に左のように上申した。

明治七年四月十四日　内務課　高崎　宮嶋　牟田口　増田

副議長

岩城国都々古別神社権宮司水野秋彦建白之趣、致審議候処、其所論一時至当ナルガ如シト雖𪜈、抑神祇官之神祇省ニ成、又教部省ト相成候義ハ全く廟漠遠大制度沿革之然ラシムル所ニテ已ニ

御歴代御神霊乃チ

皇上御同体ニ有之、敬神之大道ハ親シク守リ被為在

御皇霊ヲ皇城ニ御遷座ニ相成、式部寮ヲ以テ其祭祀ヲ掌ラシメ玉ヒ、今日教導之事ハ一切教部省ニ付セラレ、大教院アリテ敬神愛国之道を全国ニ布教セラレ候上は、神祇道御尊崇之実、昔日之類に非す、然レハ今は敢て其名ノミに拘泥スヘキ者にアラサル勿論ナリ、因之建白之趣意ハ採用スヘカラスト雖𪜈、其志ハ深ク嘉賞スヘキ義ト存候也

当時、左院内務課には二等議官の高崎五六がおり、また国憲取調に活躍した宮島誠一郎もいた。さらにこの他、左院には後に内務省社寺局で神祇・宗教行政に深い関係を有した丸岡莞爾(四等議官)や桜井能監(五等議官)も在職し、

かつ神祇官再興運動にも熱心であった海江田信義も四等議官であった。この顔触れを見ても、左院がいかに、神祇・宗教行政を司る教部省に強い影響力を有していたかが知られよう。さりながら、左院は教部省を改めて、神祇官ないしは神祇省にまでしようとは考えていなかった。式部寮と教部省の存在で、敬神愛国の大道は十分に全うされると当初は考えていたようであった。

この日、左院は内務課の副議長宛上申を略々承けて、次のようにこの水野建議について教部省に回答した。

岩城国都々古別神社権宮司水野秋彦建白之趣、敬神之道ハ親ク
皇上御遵守被為在、式部寮ヲ以テ御祭祀ノ事務ヲ掌ラシメ、教導之事ハ教部省ニ付せられ、大教院之設等、敬神愛国之道全国ニ被為布候而、神祇御尊崇之実、昔日より篤し、敢て其名ニ拘泥スヘキニ非スト雖、建白書ハ本院他日之参照ニ留置候条、本人江其段御諭達有之度候也

左院書記官

七年四月十四日

教部省

大少丞御中

この左院の教部省に対する回答でも明らかなように、左院としては式部寮・教部省・大教院の存在により、祭政一致の大道と国民教化は昔日よりも強固になっているとし、敢えて〝名目〟にこだわる必要はないとしたのであった。ここには、薩摩閥の、神道重視の教部政策により国民教化はあくまでも推進できるとの考えが示唆されているといえよう。しかしながら、このような左院薩摩系官僚の神道重視の教部政策が政府主流には必ずしも共感を呼んでおらず、宍戸、木戸孝允、伊藤博文らの長州閥による仏教側援護策によって、その神道重視策が徐々に崩れて行くことは事実であり、これについては別稿でも少しく触れたところであり、あたかも仏教側(真宗)による政教分離論は島地黙雷を

始め、赤松連城、大内青巒などの有力僧侶や仏教家によって、明治七年頃にはますます活発化していた。(9) 左院がこのような動きを関知していない筈はないであろうし、抬頭する共和政治論を抑えるためにも、祭政一致・敬神愛国の大道をより強固にせんと図ったであろうことも、推察できるところである。そして、この祭政一致の徹底を図るためには伊勢神宮の東京遷座が必要であるとの論は、左院のかねて主張するところであり、明治六年四月付の高崎らの建白は既に述べた通りである。ところが、この主張は六年で終熄したのではなく、明治七年三月の水野建白を機に再び廟議に上るのである。そのことを示すのが左の文書である。

明治七年四月廿日

大　臣　　　　　副　議　長伊地知

参　議

別冊権宮司水野秋彦建白ノ旨趣致審考候処、教部省御取設ヨリ以来、教道ノ御世話不少候得共、今以実効彰々乎相見ヘ兼候ヨリ、神祇官ヲ復シ度旨秋彦上書ニ及ヒシコトナレハ、今一層敬神ノ御体裁ニ相運ヒ候様、御評議被為有度、左ノ両条上申候也

第一条

辛未八月壬申十一月本院建議ノ如ク、皇城内ヘ　天照大御神御鎮座

皇上御同体ヲ以、敬神ノ大道親敷御守被為遊、式部寮其祭祀ヲ掌リ、教導ノ事務ハ教部省ニ委任セラレ、全国ニ布教アラセラレ候ハヽ、神祇尊崇ノ実顕レ可申ト奉存候ニ付、前般建議ノ旨趣、篤ト御廟議奉仰度候事

第二条

上条ノ旨趣御採用難相成候ハヽ、大臣閣下ノ内御一人神祇伯兼務被為有、教部省ハ改テ太政官中ノ一等寮ニ被据置、従前ト不相更教導事務ヲ掌リ候様相成候時ハ、祭式ハ式部寮、教導ハ教部寮ト駢立シテ孰レモ神祇伯管轄シ

タマヒ、却テ体裁簡易ニシテ敬神ノ実モ相顕レ可申ト奉存候事

第一条に「辛未八月壬申十一月本院建議ノ如ク、皇城内ヘ」云々とあるが、これによれば明治四年八月と五年十一月の再度に亘って左院は略々同じような建議をなしたという。四年八月は神祇官が神祇省と改められ、改組された時期に当り、四年八月の左院建議もそのことと何か関連があるのかも知れないが、未だその建議は管見に入っていないので不明である。また五年十一月頃といえば、同年十月二十五日の文部・教部合併の動きを機に、三島通庸らが教部存続の運動を起した時期に当り、「壬申十一月建議」もやはりこれと関係するのかも知れない。いずれにせよ、左院が天照大御神の皇城内遷座(すなわち伊勢神宮の東京遷座案)に明治七年の時点までも固執していたことが窺えるのである。これについては再び後述するであろう。ともかく、左院としては、第二条にあるように、教部省を改組し教部寮となし、式部寮と合せて大臣兼任の神祇伯がこれを統轄するのが良策であり、実現可能と考えたのであった。そして、これにより祭政一致の国体の名実化を図ろうとしたといえよう。もちろんこの背後には財政事情がからんでいることは、いうまでもなかろう。

四　田中頼庸建白書と左院の神宮遷座論

前述したように、左院には様々な建白類が提出されたのであるが[(10)]、この建白の処理に主として当ったのは二等議官高崎五六であり、高崎は明治七年四月九日、建白書取扱規則改正掛に任じられている。建白は返却、参考留、上陳の三種に分類されており、前記水野建白は上陳扱いとなっている。高崎の存在が神祇官再興建言の取扱いにいかなる影響を与えたかむろん知るべくもないが、神祇官再興の議が活発化していたことは、疑いないところであろう。

明治七年四月十七日には、平田派国学者として筑摩県、伊那県に出仕し、のち飛驒一の宮水無神社の宮司となった

北原稲雄も、筑摩県十等出仕の肩書で「神祇官再興之議」を左院に建白している。すなわち、

微臣稲雄冒万死、誠恐誠惶頓首謹言、抑方今洋風頻ニ被行、皇国固有ノ大道既ニ頽廃不忍傍観、聊欲呈微衷、夫仏ノ本国ニ入哉其最初衆庶更ニ不信仰、仏ヨリ被設一策本地垂迹ノ忘(ママ)説ヲ主張シ奉惑朝庭(ママ)ヨリ妖僧頻ニ登庸、因果応報ノ因縁談ヨリ皇国神武之国体ヲ損シ、朝威漸衷(ママ)微、終ニ保元平治ノ及大乱、政権武門ニ移リシ以来、姦臣交恣、朝憲皇上ヲハ微々タル内裡ニ奉移シヨリ、当時ノ愚民将軍有ルヲ知テ天皇坐スヿヲ不知ニ至ル、然ルニ天運循環シテ維新ノ方今、尚祭政一致ハ有名無実ニ陥リ、神祇官ハ被廃止、微々タル教部省ヲ被建置ト雖モ、更ニ教則不相立神官僧侶ノ所説区々ニテ人民迷惑至レリ尽セリ、将洋学ノ弊タル哉男女同権ノ論ヨリシテ門閥ヲ廃シ、漸々溯ル秋ハ天皇陛下ノ至尊ニ至ラン、然時ハ吾皇国ノ国体宝祚隆盛天壌無窮ノ神勅君主専治ノ大道ニ悖戻シ、従テ神祇ヲタニ軽蔑スルニ至ラン、密ニ嘆、去年皇城炎城続テ皇子皇女御逝去、加ルニ神宮祭主薨去率テ大宮司卒去、本年大教院ノ焼亡累々ノ妖孽至小事計ニ不違、天下有志ノ者誰カ不慨歎哉、是所謂究理学ニ沈溺シ神明ノ冥助ヲ不仰シテ、猥ニ旧典ヲ排斥セラル、所ナラン哉、孝徳天皇詔曰先神事後他事ト告玉ヒ、後宇多天皇ノ御製ニ天津神国津社ヲ斎テソ吾葦原ノ国者治ルトノ大御詞又菅家遺誡ニハ凡治世之道者以神圀之玄妙欲治之、仁君之要政者撫民為本、民者神明之賓也、本朝之綱教者也於先王之法則太古之溥、和而治之矧又神孫之皇圀乎ト有如ク、将仏道渡来当昔鎌大夫物部尾輿大連ト同ニ天皇ヲ諌奉リ千代国家ノ王、天下者恒以天地百八十神、春夏秋冬祭拝為事、方今改拝蕃神恐致圀神之怒ト奏サン亊宣哉、仰願クハ神祇官御再興祭政一致ノ大典ヲ回復シ、洋教モ善悪用捨シテ、彼福沢諭吉カ如キ尊内卑外ノ説ヲタニ不知シテ、妄リニ皇国固有ノ大道ヲ誤リ、神国ノ風土ニ不応徒ハ速ニ追懲シ、神国ノ臣民ヲシテ方嚮一定セン亊ヲ、微臣稲雄冒死罪、誠恐誠惶頓首再拝

明治七年四月十七日

筑摩郡十等出仕　北原稲雄印

左院御中

さすがに平田派国学者として草莽の臣たるにふさわしい建言であり、かの『夜明け前』の青山半蔵を想起せしめるものがあるが、当の建白は、左院官員により、

建白文中福沢諭吉云々ト有之、右ハ其人ヲ擯斥スルニ当リ、建白ノ体裁ニ悖戻リタシ候ニ付、書面一ト先及返却候

との扱いを受けている(なお、余談であるが七年三月には、左院四等議官海江田信義が「建言取捨之説」を上申し、ついで前述したように高崎五六が建白書取扱規則改正掛となり、左院においても、多量の建白書をいちいち上陳する訳にもいかず、その体裁にも目を配ったようである。明治七年の神祇・政教関係建白書の概容については拙稿「明治初期の建白制度と政教事情」『明治建白書集成』第3巻月報、一八八六年、参照)。

ついで同年五月には神宮大宮司兼権中教正の田中頼庸が「神祇官ヲ復シ教導寮諸陵寮ヲ置之議」という建白を致した。この田中建白書は、その具体性において神祇官再興論の頂点に立つものであり、左院も実現可能な建議として廟議での評議を請うたものである。長文ではあるが敢えて紹介することにする。

臣謹テ案ルニ政教ノ国家ニ於ルヤ車ノ両輪ノ如ク、其一ヲ偏廃シテ不可ナルハ論ヲ待ス、蓋シ教ハ道ヲ修テ政ヲ佐ケ、政ハ道ヲ行テ教ヲ護シ、政教一致ニシテ毫釐モ相悖サルハ、国ヲ治メ民ヲ安スルノ要法ナリ、方今泰西ニ行ハル、基教ノ類ハ、其起源ヲ政府ニ依スシテ自立セシ、宗旨サヘモ其勢猶神法ヲ以テ国法ノ部属トセサルヲ得ス、加之実用窮理ノ学益盛ニ開テ宗教ノ勢漸ク衰微スト雖、各国亦自ラ信崇宗旨ヲ立テ、国教トシ官員忝ク其宗ヲ奉スル者ハ民ヲ治ルノ要務ニシテ、一日モ国家ニ欠クヘカラサルカ故ナリ、殊ニ魯西亜ノ如キハ其主親ラ宗徒ヲ統理シ、法皇ノ勢ニ居ル故ニ国法教法相分スシテ、政教一致ナルヲ以テ国民ノ其主ヲ翼戴シ遵奉スル、他ノ国々ニ比スレハ天地懸隔セリ、蓋シ魯国ノ宇内ニ跋扈シ隣境ヲ蚕食スル所以ノ者モ、必ス宗教ノ資ナシトハ云難

シ、況ヤ吾国ハ惟神ノ本教固ヨリ自ラ存スレハ、他ニ求スト雖モ人心ヲ一ニシ、国政ヲ輔ルノ方法ハナキニ非ス、故ニ時世ノ沿革盛衰ノ運アリト雖モ、教ハ天下万民ノ心ニ入テ、治安興廃ノ外ニ行ハル、所ハ古今ニ通観シテ瞭然タリ、然ルニ御維新ノ初ニ神祇官ヲ興シ宣教使ヲ置レテ本教ヲ保護シ、民心ヲ維持スルノ方法ヲ立ヌレトモ、当時不幸ニシテ官使ノ長次官ニ其人ヲ得サルニ依テ已ニ年月ヲ経レトモ一部ノ教書モ成ル能ス、一介ノ人民モ化スル能ス、遂ニ官ヲ改テ省トシ、尋テ省使ヲ廃シ教部省ヲ置レテヨリ今ニ至テ三年ニ及ヘリ、然レトモ当時草創ノ間、未タ遽ニ布教ノ実効モ顕サリシカ、漸漬積累ノ余稍、其効ヲ奏スヘキ進歩ノ期至テ、方今教部省及教導職等用心ノ最切ナルハ固ヨリ論ナク、地方官ノ保護モ亦隠然トシテ甚厚ト知ルヘシ、故ニ去年ノ秋ヨリ教導職ノ合議ヲ以テ、各府県ニ中小教院ヲ設立スル所凡ソ一百十所中教院四十三所、小教院六十四所、合議所三所教書ハ明治壬申九月ヨリ今年四月ニ至マテ、教部省ニテ許可スル所凡百九十八部ナリ、但シ教導職ニ長短アリ、教書ニ純駁アリテ其得失一ナラスト雖モ、昔日官使ヲ置レシ時ニ天下ニ一所ノ教院モナク、一部ノ教書モ成サルニ比スレハ、其功否得失如何ソヤ、然レハ方今ノ時機ヲ失スシテ本教ヲ保護シ、民心ノ一定スルノ方法ヲ尽サル、ニ於テハ、素ヨリ吾固有ノ教法ナレハ、彼外国教師ノ言語不通ニシテ吾民ヲ誘クトハ大ニ庭径アレハ、誠ニ国体ヲ建明シ、大道ヲ振起スルモ、亦此一挙ニアルヘシ、今謹テ其策ヲ陳スル左ノ如シ

神祇官ヲ復ス事

祭政一致ハ敬神治民ノ要務ニシテ帝統一系ノ国体儼然トシテ万世ニ興立スル所以ナレハ、固ヨリ外国ノ政府ニ関渉セサル宗教ト同日ノ論ニ非ス、彼魯国スラモ已ニ政教一致ヲ以テ、民ヲ化シ国ヲ治ムルコト前ニ陳述スルカ如シ、況ヤ方今吾民ノ新ヲ好ミ異ヲ喜ム日ニ一日ヨリモ甚ノミナラス、偶学問アルモ惑ヘル者アレハ、防禦ノ術ハ已ニ後レタレトモ猶施スヘキノ術ナシトセス、故ニ今日ノ計ハ教部省ノ名ヲ改テ神祇官ニ復スヨリ緊用ナルハ無シ、名ハ実ノ賓ニシテ細事ニ似タレトモ関係甚大ナリ、然シテ此官ヲ復スルニ於テハ、次官以下ハ今日ノ体裁ニ

テ可ナレトモ、伯ノミハ大臣ノ内ヨリ兼任セシメハ、今日布教ノ上ニ於テ有益少シトセス

教導寮ヲ置ク事

神祇官ノ内ニ一等教導寮ヲ置テ、神道各宗ノ教導職ヲ統轄シ、教義一切ノ事務ヲ総判セシムヘシ、殊ニ僧侶ニ神祇官ノ名目ニテ管轄シ難ケレハ、教部寮ヲ以テ寺院僧侶ノ事務ヲ処分セシメハ、今日教部省ノ体裁ヲ其儘ニ移シテ可ナルヘシ

諸陵寮ヲ置ク事

神祇官ノ内ニ一等諸陵寮ヲ置テ、神代以来ノ山陵及皇后皇子皇女皇妃ノ陵墓ヲ管理シ、陵祭守長一切ノ事務ヲ統治セシムヘシ、維新以来諸陵ヲ修繕シ所在ヲ探究シ今日ニ至テハ報本追遠ノ典モ挙サルニ非サレトモ、皇后皇子皇妃等ノ陵墓ニ至テハ未タ判然明了ナラサル所モ多ケレハ、今日ノ機ヲ失スシテ其所在ヲ探尋セスンハ終ニ後世埋設スルハ必然ノ理ニシテ、世界ニ比類ナキ世襲一系ノ吾国ニシテ其皇親ノ陵墓ノ分明ナラサルハ、実ニ慨歎ノ至ナレハ、願クハ速ニ此寮ヲ起シテ陵墓ノ事務ヲ処分セシムヘキコト緊要ナリ

右ノ通神祇官ヲ復シ、官中ニテ教導寮諸陵寮ヲ管理セシメハ、名正シク事挙ルヘシ、然シテ官寮ヲ置ル、ニ就テハ教部省ノ定額元数ヲハ其儘充行セラル、時ハ、別ニ財本ヲ出スシテ必ス費用ハ足ルヘシ、誠ニ願クハ方今ノ時勢ヲ察シ後世ノ患害ヲ慮給ヒテ、最第一ニ政府ヨリ敬神ノ誠ヲ竭シ、其ノ大道ヲ行テ、政教ヲ脩明シ国体ヲ維持シ給ヒテ、百官有司ヲ感化シ、延テ天下万民ヘモ及ス所ハ今日ノ首務ニシテ、皇室ノ大事是ヨリ急ナル無ケレハ、臣子ノ分トシテ黙止スル能ハス、此段献言致候条、何卒至急御裁決有之度、懇願激切ノ至ニ堪サルナリ、臣昧死再拝誠惶謹言

（『編纂建白書上 明治七年上陳之部中』）

というものである。この建白は教部省を通して左院に呈出されたものである。すなわち、

別紙献言書壱通其筋へ御進達被下度、此段相願候也

神宮大宮司兼権中教正

田中頼庸印

明治七年五月

教部大輔宍戸璣殿

（『諸建白書明治七年』）

とあり、別紙の建白書は左院宛に出されている。教部省はこの建白を受けて、左院議長に次の如く五月十三日付で廻達している。

神宮大宮司兼権中教正田中頼庸より別紙建言差出候間別紙致御廻候也

明治七年五月十三日

教部大輔宍戸璣

議長伊地知正治殿

（同上）

田中建白書は五月十五日、左院にて受理され、同二十日には左院内務課、議長、参議、大臣の決判を受けている。大臣決判は右大臣岩倉具視、参議は勝安芳、寺島宗則、大木喬任の三名であった。左院はこの建白について、左のような上陳理由を朱で付している。

別紙建議深ク審議スルニ、其所論施設ノ方法秩然具備、即今時勢不得止ノ建議、其言以ヲ採納スヘシ、熟思フニ、今ヤ我邦ノ急務先ツ第一国憲屹立シ、次ニ国教ヲ一定スルヨリ先ナルハナシ、御維新以来凡百ノ事業悉ク緒ニ就クト雖𪜈、国教一事ニ至テハ着手頗ル茫洋ニ属スルカ如シ、今ニシテ数年ヲ経ル、窃ニ患フ、国憲上不可言ノ禍ヲ生センコヲ、誠ニ深ク廟堂其患害ノ原因ヲ究メ、以テ其弊ヲ禦カスンハアルヘカラス西洋諸州文明国ト称スル、皆教法ハ衆ノ信徒ニ任シ、政府ハ唯其加害ヲ防クノミト、是説間然スルコナシト雖、我邦ノ地位未タ之ヲ言フニ足ラス、況ヤマタ各国帝王信徒ノ国教アルニ於テヲヤ、深ク其困ヲ探究セスンハアルヘカラス、今日ノ勢、外教ノ侵入ヲ禦カント欲ス能ハスト雖、陛下信願ノ国教ハ之ヲ一定シ、万民ヲシテ方向ヲ定メシムヘキナリ、右ニ付深ク慮ル所アリ、辛未八月壬申十一月本院建議皇城内ヱ天照大御神御鎮座主上御同体ヲ以テ敬神ノ大道ヲ御更張、教部省ト御改名天下ノ耳目ヲ一洗セラレ度云々ニ候処、神祇省ヲ廃シ、教部省ノ名称ニハ改メラレ候得共、一大緊要ナル御遷座ノ事ハ、今に至ル迄行ハレス、定テ御深議ノ存スルモノ在ルヘシト雖、此事二ツナカラ相待テ用ヲ為スカ如シ、然リト雖

大神宮御遷座ノ件ハ其事重大ニ〆、今俄ニ之レヲ行ヒ難キトノ御廟議ナルモ知ルヘカラス、若シ然ランニハ其策最下ナルカ如シト雖𪜈、今已ニ建議中ニ論スルカ如ク、神祇官ニ復シテ其名分ヲ正フシ、其基礎ヲ固守スル方可然、去ル四月廿日水野秋彦、神祇省復古云々ノ建議アリ、本院議案モ之ニ付シ上申セリ、冀クハ能ク其然ル所以テ参照シ前議ニ抵触セサランヿヲ抑教部省設立以降、教導職勉励地方官用心切実、其功浅キニ非ラスト雖𪜈、深ク天下後世ノ為メニ慮ル時ハ、寧ロ神祇官省ノ名称ニ復セラレ、伯ハ大臣ノ内ヨリ之レヲ兼子玉ヒ、教導ハ寮ヲ置キ之レニ司ラシメ、諸陵モ亦然ラハ名正シク事挙リ、或ハ国教ノ万一ヲ維持スルニ庶幾カラン乎、今山陵ヲ司ルノ官省ナシ、一ノ欠典ト云フヘシ、若シ之ヲ置カル、時ハ、其責ヲ塞クヘキナリ、然ルニ方今国内不足ヲ患フ、若シ定額ヲ増加スルカ如キハ、仮令良法アリト雖𪜈恐ラクハ行ヒ難カラン、今建議中ニ論スル旨趣ナレハ、当分教部省ノ定額ヲ移シテ之レニ先行スル趣ニ有之、然レハ只ニ其名称ヲ変スルノミニ〆、其事タル益容易ナルヘシ、将来此類ノ建白百出スルハ疑ヒ之ナク、旁以此度建白ノ趣意御採用神祇官省ノ名称ニ復セラレ可然、乍去此事重大、一人ノ建白ヲ以テ御変革相成難情実モ之レアルヘシ、如之定額云々ノ事由モ有之候得者、一往教部省ニ御下問相成可然、則チ御下問案勘査仰高裁候也

御下問案

別冊ノ通リ致建白候条其省ニ於テ其事ノ得失篤ト取調、異見早々可申出候、此旨及下問候事

（『編纂建白書上 明治七年上陳之部』）

この大臣、参議宛の上陳書にも、神宮遷座が「一大緊要ナル」事とし、あくまでも伊勢神宮の東京遷座に固執している左院の姿勢が、如実に表われている。そして、もしこのことが不可能であるというなら、神祇官省に名称を復し、

大臣が伯を兼任、教導、諸陵の各寮を統轄すべしというのであった。この上陳には恐らくは、高崎五六の意志が強く働いていたのであろう。それとともに、当の建白をなした田中頼庸の影響も無視できないであろう。田中は現に神宮大宮司であり、かつ神宮遷座の有力な提唱者であった。(11)同じ薩閥の高崎、三島らとともに、国学に造詣の深かった田中が、神学的な祭政一致の精神により、神宮遷座を強力に推進しようとしたことは、明治六年四月付の建白書からも明らかであろう。左院、教部省が伊勢神宮の東京遷座をかく熱心に主張したのも、かかる薩摩系の人物が左院、教部省に存在していたからに他ならない。ともかく、伊勢神宮遷座論は、左院の一貫した主張であり、後述するように左院の神宮遷座論は左院そのものが廃止される明治八年四月まで保持されたのである。

五　左院の教部省廃止論

以上、見てきたように明治七年は神祇官再興論が田中頼庸など有力神官層・国学者を中心に活発化し、また左院も積極的に神宮遷座論や神祇官再興論を主張したのであった。だが他方では大教院分離運動に象徴されるように、教部省政策が大きく動揺したのも七年のことであった。改めていうまでもなく、教部省を設置した主目的はいうまでもなく外教(キリスト教)蔓延を防禦することにあった。キリスト教は共和政治論を説き、国体を蔑視する思想の源泉と見られたのである。そのため、神仏合同の教導によりキリスト教の流入を防ぎ、「敬神愛国」の条理を国民に周知徹底させることが要求されていたのである。ところがその成果は芳しくなく、「只今の国是は異教を法と刑を以禁せず、教を以て禁すと云は、至極の義にて一言の申分もなく候得共、論はよくて更事の不挙は、実に遺憾無限事に候」(12)というのが当初からの実情であったろう。神仏の教法によってキリスト教の教法を禁ずることは不可能であった。信教自由はもはや時代の趨勢であったが、それを受け入れるには、十分安定した内政の確立がなければならなかった。教部省政策も本来は、この内政の安定に寄与すべく機能せねばならなかったはずのものだったのである。

ところが事実は逆に作用していた。神仏合同してキリスト教に対処するという本来の趣旨はいつの間にか消失し、却って内政の安定に役立つはずの神仏二教が相対立するという構図を呈してきたのである。大教院体制において、神仏が平等に国民教導の任に当るものとばかり考えていた仏教界にとって、教部省の強権的な神道首導路線の押しつけが顕著になるに従ってその不満は拡大していった。その不満を、理論的組織的に政府にぶつけた指導者が島地默雷であった。明治六年五月に帰国するや島地はすぐさま近代的な信教自由・政教分離論を武器に、強力な組織を挙げての政教分離運動＝大教院分離運動を開始した。(13) 明治六年十月の太政官分裂＝西郷・江藤の下野は、島地にとって最大の好機到来を意味し、従来の留守政府による教部省路線＝神道路線に大きな変更を迫る契機であった。これ以後実力者木戸は教部省廃止論を打ち出し、島地ら本願寺教団の動きを支援することになる。

こうして島地らは木戸・伊藤博文・宍戸教部大輔や三条太政大臣などの有力者の支持を取りつけ、大教院分離、教部省解体を狙うのであるが、一方、左院もこれらの事情を察知し、教部省政策の再検討を行ない始める。左院は七年六月、島地建白書をきっかけに教部改正の事に注目しだし、「神仏混淆改正」も将来已むなしとの空気が支配的になる。(14) それほどまでに島地らの運動は強力に推し進められたのであった。そして翌明治八年一月には太政官正院が大教院の分離を決定、大教院解散は時間の問題となるに至る。左院もこれに呼応するかのように教部政策の見直しを本格的に始めることになる。まず明治八年一月二十四日、左院九等出仕尾形厳彦は「教官ヲ廃シ国典ヲ定度儀ニ付建白」として、教部改正の口火を切った。(15)

仰冀ハ教部省ヲ廃シ神官僧侶教正以下ノ職名ヲ解免シ更ニ神祇官ヲ復シ天神天祖ヲ崇奉リテ敬神ノ実ヲ天下ニ示シ官国幣社以下ノ神官ハ神徳ヲ頌讃シ国体聖恩ヲ教諭スルハ固リ本分ノ職務トシテ別ニ教導ノ官ヲ命セス三条憲法ノ要領ヲ精蒐シ敬神(或ハ敬神愛国)ノ一条ニ約シ是ヲ本邦ノ大典ト定メ……

もとより神祇官の再興は左院のかねてよりの持論であった。しかし神祇官再興も伊勢神宮遷座もなされぬまま教部政策の混迷という事態に立ち至っていたのであり、教部も不振、神祇官再興・伊勢神宮遷座もままならぬという現状は左院にとって最悪と思われたのである。かくなる上は、教部省を処分し、その代りに神祇官を再興する以外に打つ手はないと左院は考えたのであろう。

明治八年二月二日、左院は太政大臣三条実美、左大臣島津久光、右大臣岩倉具視、参議寺島宗則ら政府首脳に、左のように神祇官再興の採用を求めた。(16)

教官ヲ廃シ神祇官ヲ復スルノ論ハ客年来上下之ヲ議スルモノ既ニ嘖々不絶ノ公論ノアル所ト奉存候尤其施行ノ緩急ハ御斟酌可有之儀ニ候得共其旨意ハ御採用ニ可相成儀ト奉存候間供高覧候也

この後、同院は院内に臨時御用取調掛を置き、松岡時敏、尾崎三郎(良)、横山由清、児玉淳一郎等が教部省処分の検討に当った。教部省解体論は既に在野からは存在していたとはいえ、政府機関の一部であり、しかも〃議政官〃として国憲の編纂、地方官会議の開催準備を通してその権能を強くしていた左院が公式に教部省廃止論を打出したことは、やはり画期的な出来事といえよう。あたかも当時大阪会議が開かれている時でもあり、征韓論政変や征台の役をめぐる政府部内の対立による政治危機は、かつてない昂まりを見せていた。かかる危機的状況において、国民世論を分断しかねない教部省の存在は左院にとって当然のごとくうとましく感ぜられたのであった。左院は三月二十二日、これまでの教部省処分に対する案を取りまとめて伊地知議長、佐佐木高行副議長の捺印を得て、教部省の処分案を各大臣、参議に呈した。以下、その案文を紹介する。(17)

神祇官復古ノ儀ニ付昨明治七年四月十三日水野秋彦建白書ヘ本院ノ議案相添上申候通リ去ル辛未八月壬申十一月

本院ヨリ

皇城内ヘ天照大御神御遷座　皇上御同体ヲ以テ敬神ノ大道ヲ御更張神祇省ヲ教部省ト改名有之度建議候処其後

教部省ノ名称ニハ改メラレ候得共御遷座ノ事ハ今ニ行ハレス定メテ御深議ノ存スル所有之ヘシト雖𪜈原来本院建議ノ主旨タル御遷座ノ事行ハレスシテ教部省ノミ設立セラレ候テハ敬神ノ基礎相立タス教義ノ根拠定マラス更ニ其詮ナキ事ト存候依之更ニ其体裁ヲ改メ神祇伯ハ大臣ノ内之ヲ兼任シ教導ハ別ニ寮ヲ設ケ之ヲ司トラシメ候ハヽ国教ノ万一ヲ維持スルノ一端トモ相成可申ト奉存候処爾後教法ノ利害得失ヲ陳述シ建議候者モ不少将又即今真宗分離ノ儀ニ付紛紜葛藤ヲ生シ候儀モ有之旁今日ノ形勢ニテハ神仏ノ甄別セス教部省之ヲ総轄候儀到底難被行ト被存候仍テ臨時御用取調掛議官ニ附托セシ別紙ノ通取調候条同省処分及神祇伯大《ママ》小副等更ニ御設置之儀篤ト御廟議被為在度此段上陳候也

教部省ヲ処分スルノ建議

国家維新ノ初神祇官ヲ置キ宣教使ヲ設ケ博士講義ヲ任ス夫レ宣教使ハ其名美ト雖𪜈其実ハ不可施行故ニ再ヒ神祇官ヲ改メテ神祇省ト為シ遂ニ又神祇省ヲ廃シテ祭祀ノ事務ヲ式部寮ニ属シ教部省ヲ置キ宣教使博士講義生ヲ改メテ大中少教正講義ヲ設ケ職制愈改テ教導ノ実愈不挙是其名ハ美ト雖𪜈其実不可施行ノ経験今日ニ於テ顕ハレタリト云フヘシ其実不可施行者何ヲ以テ然ルヤ全国人民ノ夥シキ大柢皆平素所存ノ宗旨アリテ其随喜ノ心朝権不可待而与奪其信仰ノ情国法不可得而勧懲レハナリ試ニ其所以ヲ論セン其随喜信仰スル所ハ茫昧幽眇ニシテ其形目観スルヿヲ得ス其声耳聴スルヿヲ得ス冥思闇想スル中ニ於テ神妙不可思議ノ救助利益必然之アルヲ篤信固守スルモノニシテ仏家者流地獄天堂ノ説因テ設ル所ナリ或ハ仏教ヲ排斥スルノ士アリテ地獄天堂ノ仮託タルヲ論弁スト雖𪜈徒ニ其必無ノ空理ヲ挙ルノミニシテ明ニ其必無ノ確徴ヲ示ス能ハス欲テ彼等ヲシテ地獄ヲ恐懼シ天堂ヲ望願スルノ必益篤ク益固カラシム且夫人心ノ同シカラサル其ノ面ノ如ク朝権国法ヲ以テスト雖𪜈一様ニ混同スル固ヨリ得ヘカラス天竺釈迦ノ教我邦ニ流伝シテ其支派或ハ伝教弘法両師ノ宗旨トナリ或ハ法然親鸞日蓮夢想ノ宗旨ト成レ

ルモノ人民ノ心随喜信仰猶其面ノ異ナル如クナレハ各派ノ宗旨世ニ駢ヒ行ハレテ其各自ノ信仰亦従テ盛ナルカ故ナリ然ルヲ教部省ヲ設ラレ此各派宗旨ヲ統管シ神官ト僧侶ト共ニ一大教場ニ於テ教正講義ノ職ヲ同シ人民ヲシテ宗旨ノ何如タルヲ分タス同シク其説教ヲ信仰セシメントス此其教導ノ実不挙ノ根本ニシテ其名美ト雖𪜈其実不可施行ノ経験是ナリ故ニ今教部省併大中少教正講義ノ職ヲ廃シ祭祀ノ事務ハ旧ニ仍テ式部寮ニ管掌シ神官ヲシテ所在官国幣社以下ノ祭祀ヲ奉セシメ説教ハ勝手次第ニ致サセ各派宗旨ハ人民自由ノ信仰ニ任セ朝権国法ヨリ敢テ差構ハス教則二条ヲ以テ国法ノ中ニ掲ケ示シ説教者ニ是ヲ遵守セシメ内務省ニ於テ神官併僧徒ヲ総轄シ其身分平常ノ支配ハ所在府県ニ委任スルニ如クハ無ルヘシ蓋シ人心ノ慮霊ナル其慾亦窮リ無ク之ヲ制持スル所無レハ冥思闇想ノ中ニ於テ必ス依頼スル所ヲ求ム自然ノ勢ニシテ人情ノ所不能不然朝権不可得而与奪国法不可得而勧懲者是カ為ナリ今其処分ノ方法ニ於テ内務省事務章程ニ補入スヘキ条件ヲ左ニ掲載シ此段仰高裁候也

内務省事務章程増補

一社寺廃立ノ事

一神官寺職ノ等級并ニ社寺例格ヲ改正スル事

一奏任神官ノ進退ハ具状上奏シテ命ヲ乞フ事

右上款

一判任神官并ニ寺職ヲ命シ及僧尼ヲ度スル事

一神官寺職都テ説教者ニ教則二条遵守スヘキ旨ヲ示ス事

但シ二条教則ニ悖戻スル者ハ地方ノ警察官吏ヲシテ取糺サシムヘキ事

一神官僧徒教場ヲ設ン事ヲ願出ルトキハ検査ノ上地主ノ本貫姓名ヲ以テ地券ヲ与フヘキ事

但シ有税地トシ区入費ヲ配当スル勿論タルヘキ事
一僧徒ハ華士族平民其本ノ身柄ヲ以テ支配スヘキ事
一寺職タル者ハ平民ト雖モ士族ニ準スヘキ事
一諸宗本山ヨリ其末寺ノ取締ヲナサシムヘキ事
一教義上ノ訴訟ハ其宗ノ本山ニ於テ判決セシムヘキ事
　但シ他宗ニ対スル教義上ノ訴訟ハ禁制ノ事
一教義ノ講社ヲ開ク者本山ノ添書ヲ以テ願出ルトキハ之ヲ免許ヲ与フヘキ事
一諸宗其宗旨教義ニ関スル著書本山ニ於テ監閲シ文部省ノ出板免許ヲ受シムヘキ事
右下款

教則二条
第一条
一敬神愛国ノ旨ヲ体スヘキ事
第二条
一皇上ヲ奉戴シ国法ヲ遵守スヘキ事
附神官僧徒教義上ノ争論禁止タルヘキ事
但旧ノ第二条ニ載セシ天理ハ尋常学者ノ能ク明ニスル所ニ非ス且人道ハ国法ノ中ニ詳示スレハ今此条ヲ刪去シ又旧第三条ノ朝旨ヲ改テ国法ト為スナリ

神祇伯大少副等ヲ置ノ建議

神祇尊崇ノ事ハ国家ノ大典ニシテ御国体ヲ維持スル最緊要ノ儀ニ候得ハ式部寮ニ於テ祭祀ヲ掌管スルトモ別ニ神祇伯ヲ置レ一等官トシテ大臣之ヲ兼任シ大少副大少佑ヲ三等以下ノ官トシテ式部頭助之ヲ兼任シ掌典神部ヲ統轄シテ例年ノ祭事ハ勿論祭主以下ノ神宮ヲ初メ官国幣社歴代易ニシテ両全タルヘシ依テ官等表相添仰高裁候也（官等表は略）

職制

神祇伯

神祇事務ヲ総判ス

大副

少副

職掌伯ニ亜ク

大佑

山陵及ヒ皇親ノ諸陵墓ヲ管理シ其祭祀一切ノ事務ヲ統知シ宮司以下ノ神官ヲ内務省ノ具状ニ依テ之ヲ進退黜陟スル事ヲ掌リ以テ神祇祭祀ノ旧典ヲ更張セラル、時ハ大ニ国体ヲ維持スル所アルヘシ而シテ其神祇官ヲ復興セサルモ従前式部寮中ニ於テ管理セシ所ヲ分チ神祇事務ノ方ハ大臣兼任ノ伯之ヲ総判シ式部兼任ノ大少副或ハ之ヲ代理シ大少佑之ヲ分判シ儀式典礼ノ方ハ式部頭之ヲ総管スル𪜈ハ其事簡

少佑

伯ノ命ヲ受ケ其事務ヲ分判ス

六　むすび

以上が左院の教部省処分案ならびに神祇伯設置の建議であるが、その要点は(1)教部省を廃し、その事務を内務省に移管すること、(2)教導職を廃し、信仰の自由を認めること（ただし、敬神愛国と皇上奉戴・国法遵守の教則二条は国法とし、その遵守を義務づける）、(3)神祇官は設置せず、大臣が兼任して神祇尊崇が国体維持の大本であることを示すこと、などであろう。だが、左院はこの建議が採用されないままにその使命を終えた。明治八年四月十四日、太政官布告第五九号により右院と共に左院は廃され、新たに元老院・大審院が設置されることとなったのである。

しかしながら、在野の政教分離論への対応はともかくとしても、左院という政府機関から政教分離論が発せられた意味は大きいといわねばならない。大教院分離運動の成功は、確かに島地らの活動に負うところ大なのであるが、それを政府内部から説いて回った左院の〝見識〟も当然に評価されて然るべきものであろう。神祇伯の設置は実現しなかったが、左院流の政教分離論がやがて実現されたことは周知の事実である。

従前、いわゆる日本型政教分離は、大教院解散、祭神論争の通路を経て明治十五年の神官教導職分離による教派神道の独立、十七年の神仏教導職の廃止を以て一応の決着を見た、ということがよくいわれている。むろん、これは正しい。しかし、その前史としての左院の活動を無視するならば、宗教史も政治史も平板な〝特定事実〟の羅列に終ってしまうだろう。政教問題が論議されているあの時期にあって、政治に携わる人間と機関が宗教に政治的に無関心であるはずはなかろう。日本型政教分離を促した、あの祭神論争に政府は突然「外部」から介入した訳ではない。すでに左院時代から政府は「祭神論争」に代表される宗教そのものに照準を合わせ、日本流の政教分離断行の機を窺っていたのである。

(1) 拙著『明治維新と国学者』第五章「教部省設置の事情と伝統的祭政一致観の敗退」、拙稿「日本型政教関係の形成過程」(『日本型政教関係の誕生』所収)参照。

(2) 下山三郎氏は、設置された教部省そのものの性格・機能は明治四年十二月の左院建議に沿ったものではなく、三条実美太政大臣の下問書に近いものであり、教部省設置は左院建議ではなく、この下問書によって設置されたものとしている(「近代天皇制論」『近代日本の国家と思想』所収、二七頁以下)。しかし、設置された教部省に江藤新平、伊地知正治、高崎五六ら左院の幹部が御用掛として任命されている事実は、教部省設置に左院が深く関与していることを明白に示している。筆者の下山氏の見解に対する批判は、拙稿「日本型政教関係の形成過程」三六頁以下を参照。

(3) 神宮遷座論についての研究は、西川順土「神宮御動座問題」(『神宮・明治百年史』補遺、所収)、同『近代の神宮』(神宮司庁、昭和六十三年)一〇九頁以下、秋元信英「明治初年の神宮遷座案」(『神道宗教』九六)参照。また史料としては『宗教と国家』二二三―三七頁および一六二―一六八頁参照。なお神宮遷座反対運動およびその裁判に関しては、手塚豊「明治四年・伊勢神宮動座反対騒動の裁判記録」(『法学研究』五八―八)参照。

(4) 常世長胤「神教組織物語」(『宗教と国家』、三七九頁)。

(5) この左院建議および下問書については、『宗教と国家』所収の史料・解題を参照(二二三頁―三〇頁)。

(6) 西川「神宮御動座問題」八九―九一頁、参照。

(7) 「三島通庸の政治理念―神道との関連―」(『神道学』三七)。

(8) 西川前掲論文、九七―一〇一頁参照。

(9) 拙稿「明治宗教行政史の一考察」(『國學院雑誌』八二―六)、「祭政一致をめぐる左院の「政教」論争」(『國學院雑誌』八二―一〇)。

(10) 筑摩書房刊行の『明治建白書集成』三および四に、明治七年分の膨大な左院宛建白書類が翻刻されている(三は一九八六年、四は一九八八年に刊行)。本章の諸建白書の紹介もこれを参照したが、元原稿の初出の段階では未だ翻刻・公刊されていなかったことを念のために書き添えておく。

(11) むろん、当時田中はすでに神宮大宮司であり、かつてのように神宮遷座を積極的には主張していない。この田中に対し、当時神宮少宮司であった浦田長民は神宮遷座論を主張する田中が大宮司に就任することに反対していた。浦田は神宮遷座反対論者であった(『宗教と国家』所収「神宮遷座得失論」三一一三五頁参照)。

(12) これは明治五年六月十五日付けの岩倉具視宛書簡(『岩倉具視関係文書』五、一五五頁)で大原重実が述べているものであるが、けだし教部省の不振を予想したものとして先見の明があったというべきであろう。

(13) 島地黙雷の信教自由・政教分離運動については、藤井貞文「島地黙雷の政教分離論」(『國學院大學日本文化研究所紀要』三六)、二葉憲香「島地黙雷の教制建議について」(『竜谷史壇』五〇)など多数あるが、比較的最近のものとしては新田均「島地黙雷の政教関係論―維新直後から明治六年前半迄―」(『早稲田政治公法研究』二五)、同「島地黙雷の治教論」(『皇学館大学神道研究所紀要』五)などがある。

(14) 明治七年六月、大内青巒が「神仏混淆改正建議」を左院に呈したのに対し、左院は「将来我国宗教ヲ措置スルハ建言者所論ノ外方法モアルマシク」として、信教自由・政教分離の不可避を見透していた(『明治建白書集成』三、四九四―四九九頁参照)。なお、拙稿「祭政一致をめぐる左院の「政教」論争」参照。

(15)(16)(17) 国立公文書館蔵『建白書自明治七年至明治十年』所収文書に拠る。

第七章　明治前期の政教関係と井上毅

一　はじめに

明治五年三月の教部省設置[1]から十七年八月の教導職制廃止にいたるまでの明治前半期における、国家と宗教（政治と宗教）との関係の葛藤・軋轢が生み出すさまざまな問題、いわゆる政教問題は、日本がかつて経験したことのない重要かつ緊急の政治的外交的課題であり、その一刻も早い解決が要求される課題であった。国家神道の形成・成立はこの課題の解決の過程であり、その産物であった。

もちろん、明治維新以前に政教問題が存在しなかったわけではない。古くは称徳女帝の道鏡事件、あるいは鎌倉時代における親鸞や日蓮に対する迫害、近世における織田信長の比叡山延暦寺や一向宗への弾圧・攻撃、さらには徳川幕藩体制下での切支丹、邪宗門に対する禁圧政策など、国家あるいは権力者がさまざまな宗教に対して保護や禁圧・弾圧を繰り返してきたことは周知の事実に属する。[2]

すなわち、井上毅の言葉を用いるならば、国家あるいは政治が宗教をどう「籠絡」するか、[3]という一点においては明治維新以前の政教問題も明治維新以後の政教問題も、その本質に決定的な差異があるわけではなかった。しかし、問題はその「籠絡」の手段・方法であり、さらに重要なのはそれを実効可能ならしめる環境である。鎖国と封建制という政治的環境が成立していたからこそ、切支丹禁圧も薩摩藩の一向宗禁止も機能したのであり、その政治的環境が消滅すれば、当然その手段・方法は変更を余儀なくされる。もちろん、環境が消滅したからといって、すぐさま手段・方法が新たな環境に対応し、変更されるというわけではない。意識せざる「反動政治」がある一定期間続くことはありうる。

ゆえに問題はその「反動政治」がどの程度続き、その期間において政治権力がどのような環境対応能力を身につけたか、ということである。あくまでキリスト教禁止政策を踏襲し、日蓮宗不受不施派を迫害し(4)、また鹿児島での一向宗の布教を禁止し続けるか(5)。それとも黙許、そして容認へと向かうのか。いうまでもなく、明治維新以後の国家は、一定期間の「反動政治」を経て、不受不施派の公認(6)やキリスト教の黙許、容認、そして公認へとその政策を変更した。そしてその一応の帰結が十七年の教導職制廃止による教団自治を認める「公認教」制度の採用であった(7)。これが前提となって、二十二年の大日本帝国憲法第二八条に信教自由が規定されたことはいうまでもない。

信教の自由は認める。これだけならば西洋各国が、長い血みどろの宗教対立、宗教戦争の果てに到達した信教自由権の確立(8)をわずか二〇年ほどで獲得した、素晴らしい成果であるというだけのことである。だが、問題はさほど単純ではない。なぜなら、キリスト教の解禁問題一つを採ってみても、それが一貫して外交問題と密接不可分なものであり、単なる国内問題としての処分・解決を許さない性質の問題であった(9)。また神社神道は古来天皇・国家と伝統的に密接な関係を有してきており、明治四年には「国家の宗祀」としての地位を国家が公認、以後国家はこの扱いをめぐって苦慮することになる(10)。さらには仏教も古代から天皇・国家と密接な関係にあるばかりでなく、その人心収攬に対する影響力を考慮するとき、廃藩置県後の明治国家は、その国民に対する影響力を「治安之器具」として有効に機能させる必要があった(11)。

このように明治国家は成立当初から、キリスト教、神社神道、仏教の各宗教と否応なしになんらかの関係を有さざるをえない情況に置かれていた。それぞれの宗教との関係をどう調整――「籠絡」――し、さらには統一的な国家と宗教との関係を形成・樹立するかという重要な課題を明治国家は背負って出発せざるをえなかったのである。とりわけ、「外敵」と「内敵」にたやすく転化しうると危惧されたキリスト教と仏教の扱いをどうするかという課題は、明治国家の「設計者」「構想者」ともいうべき井上毅にとっても、すこぶる頭を悩ます課題であり(むろん、神社神道と国家との関係が抱える問題――山県有朋のいう「神道者流之始末」[12]――も、国家にとって重要な課題であったことはいうまでもないが、少なくとも神社神道が国家の「敵」に転化する可能性はほとんどなかった)、純然たる法律論や制度論では解決のつかない、歴史的にも現実的にも非常に複雑で微妙な問題であった。この困難な課題を、井上毅を始めとする明治国家の設計者たちはどのようにして解決しようとしたのか。以下、本章では明治五年前後から十七年の教導職制廃止にいたるまでのキリスト教と仏教をめぐる政教関係の展開に焦点を当て、明治国家がどのような近代的政教関係を樹立しようとしたのかについて若干の考察を試みたい。

二　高札撤去と転宗処分

明治前期におけるキリスト教の解禁をめぐる問題については、本書第八章および補論3でも簡単に触れてあるが、本章でも改めて検討してみたい。

周知のように、明治維新政府は旧幕府の政策を踏襲してキリスト教・邪宗門を禁制とし、高札を掲げてその旨を改めて国民に周知徹底させようとした[13]。そして幕末以来の課題であった「隠れ切支丹」の処分に踏み切り、数千人の宗徒を各藩に移送、そこで説諭を加え、改宗させることにした[14]。この本貫地を強制的に離れさせ、遠い異郷の地で説諭を加えるという「切支丹処分」は長期間にわたって続行され、拷問や病気等による死亡者も多数出た。かかる日本の政策に対し、諸外国は人道的見地や信教自由の立場から日本に強い批判・非難を浴びせ、条約改正の予備的交渉を任務とする岩倉使節団にも大きな悪影響を与える結果となった[15]。

そもそも、一方ではキリスト教を厳禁しておきながら、他方ではキリスト教文明ともいうべき欧米の文物・制度を導入するために西洋人教師を政府に雇い入れること自体が二律背反的な政策であり、諸外国にとっては理解困難な政策であったともいえよう。この点の矛盾を当時アメリカの駐在少弁務使であった森有礼は「宗旨一条伺(16)」として政府に建言、政府が一切の宗教と関係を有さないことが最善の策であることを述べている。

宗旨一条伺

従五位守少弁務使森有礼

耶蘇宗ハ現今我国志慮アル者殊ニ深ク憂ヲ懐キ、邦家ノ存亡ニ関スル至重ノモノタルハ弁ヲ待タズシテ昭然ナリ、然ルニ

朝議一定セズ、一方ニハ令ヲ下シ厳ニ手ヲ付ク、数千ノ帰信徒ヲ処置スルアリ、一方ニハ全国ノ根本タル大学校ニ於テ、現在其宗徒ヨリ其教法ヲ広メン為メ遣シ置ケル僧官ヲ雇テ教師ト仰キ、或ハ飽迄嫌疑ノ者ヲ用ヒ、政府ノ官員ニ列セシムル等ノ如キ実ニ理解シ難キ、当今ノ景況殆ト混迷ノ次第、如此ニシテ将来邦家何ヲ以テ此大患ヲ避ケ、官員何ヲ以テ目標トセン、況ヤ万里海外ニ在勤スル者、其在留人民及学生等ヲ監督シ得べキ哉、伏テ願ハクハ今般速ニ廟堂協議ノ正裁ニ拠リ、其方向ヲ一定センコトヲ、猶宗門ノ儀ニ付聊カ愚存ヲ左ニ附シ、以テ御昭考ノ一助ニ供ス

第一宗門ヲシテ政法ニ関ラシムルハ多害少利且数種ノ異宗互ニ党ヲ植テ是非ヲ争ヒ、其争端終ニ防クべカラザルノ弊害ヲ醸シ政法ノ妨害ナル而已ナラス、邦家ノ衰頽概ネ此ニ根ス、故ニ政府ハ何宗旨ニモ係ラサルヲ以テ全良トス

第二政府ハ何宗旨タリトモ之ヲ認与シ支介ヲ附スル等ノ道理ナキコト

第三政府ノ官員ハ都テ何宗門ニモ属セザル者ヲ用ヒ、若シ宗徒ノ者ハ其任用ノ節脱宗ノ証ヲ出サシムルコト

第四人々智識ヲ広クシ道理ヲ明ニスレバ宗旨暗迷ノ患ナキ事了然タレハ、学校盛興ノ手段最大急務タルベキコト

明治四年辛未六月三日　アメリカ合衆国和新屯府ニ於テ

この森有礼の建言が政府にどの程度の理解をもたらしたかは不明であるが、後の伊藤博文や井上毅の政教分離思想につながる考えであることだけは事実であろう。いずれにせよ、政府部内に一部とはいえ、信教自由・政教分離思想が当時から芽生えていたことはもっと注目されてよい。[17] こうした思想が根底にあって、徐々にキリスト教の解禁、そして政教分離へと明治国家の姿勢が変化していったのである。単に「外圧」だけで消極的に変化していったわけでは決してない。とはいうものの、明治六年二月の切支丹・邪宗門禁制の高札撤去——事実上の黙許と誤解された——が、こうした信教自由・政教分離思想によってのみ決断されたわけでもなく、また外圧によってのみ撤去処分となったわけでもない。さまざまな要素、思想が複合しての結果であった。

明治六年二月二十四日、新政府は「自今諸布告発令毎ニ人民熟知ノ為メ、凡三十日間便宜ノ地ニ於テ令掲示候事但管下へ布達ノ儀ハ是迄ノ通可取計、従来高札面ノ儀ハ一般熟知ノ儀ニ付向後取除キ可申事」という太政官布告第六八号を発した。この布告の但し書きによって、明治初年以来掲示されてきた高札が撤去されることになり、徳川幕府の政策を踏襲した高札による切支丹禁制の掲示も「一般熟知ノ儀」[18]という理由で禁止されることになった。この措置によって「キリスト教禁制の、唯一の法的根拠が取り除かれた」[19]とか、政府がキリスト教を黙許する姿勢へと政策を転換したことを示すものという見方が一部には有力にあるが、実際には政府はキリスト教の解禁はおろか、黙許する意図もなかったことは明白な事実である(もちろん、それが事実上の黙許として一般に受け止められたことは、その直後の三月十四日に各地に預けられていた切支丹宗徒の帰籍となったことからも明らかである)。いずれにせよ、服藤弘司氏もいうように、切支丹禁制を含む高札の撤去は「一般熟知が、その場凌ぎの採るに足らない理由であったのみならず、切支丹札に対する外国の抗議も、飽くまで一つのきっかけをなしたものにすぎず、これを決して過大評価して

あろう。

はならない」[20]のであり、国内的問題や外交問題、そして思想面からの総合的判断が必要であろう。

ところで、高札がキリスト教禁制の「唯一の法的根拠」でなく、その撤去がキリスト教黙許の意思表示でもなかったことは、五年六月二十八日の自葬を禁止する太政官布告[21]の存在によっても明らかである。また政府がキリスト教を黙許するつもりがなかったことは、自葬禁止を続行したことだけでも十分察せられるが、同年五月十四日付けの、外務少輔上野景範の正院宛高札撤去にともなうキリスト教黙許の可否伺いとそれに対する正院の指令を見ても明らかであろう[22]。

外務省の正院宛伺いは、㈠高札撤去は異宗（キリスト教）の黙許ではないことの確認、㈡長崎県切支丹宗徒の動産・不動産の処分、㈢改宗しない切支丹宗徒も長崎復籍を認めたが、これ以上になんらかの「御沙汰」があるのかどうか、㈣今後新たにキリスト教信者が出現した場合、どのような措置を採るのか、の四点について政府の方針を質したものである。この伺いに対し、正院法制課は六月二日、

別紙外務省上陳ノ趣審按仕候処、宗法ノ事未来ノ景状実ニ推論スヘカラサル者有之、其異教ニ迷ヒ国憲ヲ妨ル者ノ如キハ法律ヲ以テ現ニ懲戒ヲ加ヘ候得共、其思想ノ自由ハ予シメ牽制束縛難致、然レトモ即今敢テ他ノ宗教ヲ黙許セラレ候御主意ニハ無之上ハ先以左ノ通御指令相成可然、因テ案書取調、参照書冊相添仰高判候也

指令按

第一条　高札面ハ臣民普ク熟知ノ義ニ付取除キ、自後百般ノ布令掲示致サセ候儀ニシテ素ヨリ異宗ヲ黙許セラルヘキ御主意ニハ無之事

第二　不動産ハ勿論、動産ノ内転移ノ節残置候物件夫々県庁ニ於テ取締相立、其朽腐ニ属スヘキ品類等ハ其砌入札払代価取立、誰レ分何程ト逐一簿冊ニ記シ、復籍後本人ニ付与致サセ候事

第三条　一般復籍被仰出候ハ全ク特別ノ御処分ニ付、此上ノ御沙汰ハ無之候事

第四条　信従シタル者ノ情況ニ就テ其時ニ詮議ノ次第可有之候事

と上申、これが十五日に決議され、外務省に指令されたのである。要するに、政府としてはキリスト教は従来通り禁制であり、黙許はしていないが、将来キリスト教信者が新たに出現した場合の具体的対応については白紙という立場であった。

問題は将来におけるキリスト教信者の増加、しかも旧来の切支丹宗ばかりでなく、新教たる「耶蘇教徒」の増加であった。長崎県に限定されていたキリスト教問題が、やがて日本全国に波及することは必然の情勢であった。もちろん、政府がこのきたるべき状態に対して手を拱いていたわけではない。明治五年三月以来の教部省による神仏教導職を動員しての対キリスト教防御は神仏一致しての共通課題であったし(23)、民衆のキリスト教に対する恐怖感・憎悪も、必ずしも「自らの宿命的な敵を生まれながらにして自覚していた天皇制イデオロギーの自己確立に向かっての闘争」(24)によって注入され、普及されたわけではない。それどころか、むしろ政府は民衆の反キリスト教意識の高揚・拡大(25)と諸外国のキリスト教解禁の要求という内外の二大圧力の狭間で苦慮していたというのが実情であった。高札撤去後間もない六年五月三十一日付けの、神道および仏教七宗の教導職教正連名の教部省宛懇願書はそれを雄弁に物語っている(26)。

だが、この神仏共同でキリスト教の国内普及を阻止するという作戦も、西本願寺と神道・仏教他宗との大教院分離をめぐる統一戦線の分裂(27)によって頓挫をきたすことになる。ここにキリスト教をめぐる信教自由の問題ばかりではなく、政教分離というきわめて近代的な問題が浮上してくることになる。この反キリスト教統一戦線の混乱はキリスト教の国内浸透にとって、またとない好機の到来であった。旧教も新教も、この混乱の間隙を縫って徐々にその教線を拡大していく。

外務省が憂慮したように、新たに公然と改宗を届け出る者が切支丹宗徒の本拠地ともいうべき長崎県にまず出現した。明治七年のことである。同年十月三日、長崎県第二五区紐指村の小川豊蔵、田中勇作、田中嘉作、松永平吉、芳村直作、田口万五郎の六名は県令宮川房之宛に「此度私共神儒仏三道ヲキラヒ切支丹宗江宗カヘ仕度奉存候ニ付、此段奉願候也」と願い出たのである。(28) 長崎県は早速この事件の処理方について教部省に伺い出たが、公然たるキリスト教への改宗届けは前例がなく、教部省も独自の判断は不可能として十一月二十五日、太政大臣三条実美宛に、

長崎県ヨリ切支丹転宗願ノ儀ニ付伺

長崎県伺切支丹転宗之義及詮議候処、同県ニ於テハ従来信依之徒不少趣、此際確ト指令不致候テハ後害難測候条、断然難聞届候ヘ共、是迄類例無之義ニ付為念別紙取添相伺申候、速ニ御指揮被下度候也

明治七年十一月廿五日　　教部大輔　宍戸璣

太政大臣　三条実美

と伺い出た。この教部省の伺いに対し、正院はなんらの指令も出すことができず、翌八年に入ってからはキリスト教への改宗届けはますます増加してきた。千葉県からは二月七日付けで小曽田村の教師戸田太玄他三名が改宗届けを出したと教部省に報告があり、また愛知県でも宮本千万樹が八月二十五日に県令鷲尾隆聚に「専ラ聖道ヲ以テシ一以テ聖命ニ応ヘ一以テ皇国ノ鴻恩ニ報ヒ参ラントス……若シ御届不仕シテ道ヲ講スルニ於テ罪アリトセハ大公大明ノ正断ヲ以テ審判ナシ玉ハンコトヲ」と陳述、改宗の意思の強靭さを訴えている。さらに静岡県でも八月二十九日付けで鈴木孫四郎が曹洞宗からカトリックへの改宗届けを出し、権令大迫貞清は九月二十日付けで教部省にその処分方を上申している。

このように長崎県のみならず千葉、愛知、静岡など各県から改宗者が出たのであるが、その動きは政府のお膝元の東京府下でも公然化したのである。これは政府にとっても無視できない事態であった。この事件は東京府下第十大区五小区鹿浜村在住の高橋市衛門一家が「耶蘇宗」に改宗し、神棚・仏壇を焼却したというものであり、戸長からその

届け出が八年六月十二日付けで東京府になされ、その処分方を東京府が教部省に上申したのである。教部省は早速この件の処分方について正院に上申、正院内務課は指令案としては異例の甲乙二案を上陳している。政府の対キリスト教政策の混乱ぶりが如実に示されている事件といえよう。当時の政府のキリスト教対策の姿勢を知る上でも貴重な史料であるので、その甲乙二案を次に紹介することにしよう。(29)

(甲案)別紙教部省伺東京府管下第十大区五小区鹿浜村住居農高橋市衛門儀、耶蘇宗信仰ニ就、地方管具陳之趣篤ト審案仕処、凡ソ事物上ニ就テ信否自由ニ任スル者ハ人民意想ノ真権ニシテ其志不可奪者ニ候ヘハ意想ノ権限ハ政憲律法ノ制駁スヘキ所ニ無之候得共、暴行非法国法政憲ヲ犯シ、成規法律ニ触ル、者ハ不可許ナリ、且ツ彼耶蘇宗ノ如キハ国家ノ制禁ニシテ別冊参照之通先年長崎県下浦上異宗ノ人民共復籍後外務省伺中第四条ヘ御指令之趣モ有之候ヘハ公然信徒ノ者有之候時ハ何分ノ御評議可有之、殊ニ市右衛門如キハ耶蘇信徒ノ是非ハ閣キ　天祖大神宮ノ霊代タル大麻ト共ニ我先祖ノ位牌仏像等自分共ノ浴シ候水風呂竈ニ焼却候趣不都合之次第ニ相聞候ニ付、右様心得違不致様於地方官篤ト説諭為致可然存候、依テ左之通御指令相相成可然哉、仰高裁候也

御指令按

伺之趣ハ心得違無之様於地方官篤ト説諭為致様可致指令事

(乙案)別紙教部省伺東京府下第十大区鹿浜村農高橋市衛門耶蘇教信仰ニ就キ地方官篤ク勘考仕ニ　天祖大神宮ノ霊代タル大麻ト共ニ我祖先ノ霊代タル位牌仏像等ヲ態ト自分共ノ浴スヘキ水風呂竈ニ焼却致候趣、右ハ上今上ヲ奉蔑如、下ハ先祖ノ霊魂ヲ軽侮致候姿ニ相聞不都合ノ次第ニ付、速ニ法ニ照サレ候ハステハ勧善懲悪ノ明教モ相立申間敷、然ルニ右乱行ノ由来スル原因ヲ風聞仕ニ、始メ耶蘇宗門ニ入時、教祖ノ霊前ニ於テ自今神仏ヲ敵視シ其神体仏像守札ノ類見ルニ従ヒ之レヲ詛ヒ唾ルヲ以テ誓約ヲ立テ、之ヲ洗礼式ト称シ之ノ祭ヲ行事シテ後其宗旨ヲ信従スル趣ニ候ヘハ、其誓約ニ出ル所行ヲ譴責スル時ハ如何様ノ事端ヲ開起センモ不可測債、今ノ景況ヲ推按

仕ルニ外教ノ不可制固ヨリ不俟論、現今彼ノ洗礼式ヲ奉シ信従スル者海内無数ニ可有之是ヲ追々公然スルニ至テ豈夫挙可罰乎、然レハ則市右衛門一家ノ御処分有之候共果シテ其詮有之間敷歟、況ヤ浦上異宗ノ人民ヲ暫時他境ニ教誨セシスラ御交際上許多ノ障碍ヲ招致セシニ今ヤ是レヲ刑センニ其罪跡ハ不忠不孝ノ明名ヲ以テ鳴スト雖モ外人等必ス他ニ説ヲ構ヘ議ヲ興シ如何ノ紛議弊害ヲ醸成センモ不可知、就テハ将来其事柄ノ得失御確定候迄左ノ通御指令相成可然哉、仰高裁候也

御指令按

伺之趣追テ何分ノ沙汰ニ可及候事

一読してわかるように、両案とも処分の内容そのものは非常に穏便なものであり、いずれも抜本的解決策には程遠いものであるが、注目すべき内容が全くないわけではない。というのも、甲案に「信否自由ニ任スル者ハ人民意想ノ真権ニシテ其志不可奪者ニ候ヘハ意想ノ権限ハ政憲律法ノ制馭スヘキ所ニ無之」と明言しているように、信教の自由を原則として認める一方で、「暴行非法国法政憲ヲ犯シ成規法律ニ触ル、者ハ不可許ナリ」として、その信仰の具現が法に低触した場合には当該信仰を認めないという立場を明確にしているからである。これが帝国憲法第二八条の「日本臣民ハ安寧秩序ヲ妨ゲズ及臣民タルノ義務ニ背カザル限ニ於テ信教ノ自由ヲ有ス」という条文に限りなく近い考え方であることに留意すべきである。(30)

この甲案に対し、乙案は信仰の内容そのものよりも、まずその信仰が具現化した場合の行動の不都合を問題としている。つまり、キリスト教への改宗意思の具体的表明たる神棚・仏壇の焼却は天皇および先祖への冒瀆であり、許せない行為というのである。しかし、にもかかわらず、その行為を「譴責」すれば外国から非難が集中し、どのような外交上の不利益が生じるかも知れないので、その「得失」を吟味し、政策が確定するまでは処分を保留すべきだとして、最初の強硬な姿勢を改めている。内政上の問題とはいえ、キリスト教問題の対処を誤れば、すぐさまそれが厄介

な外交問題に転ずることの可能性を、いかに当時の政府が危惧していたかを明白に示しているといえよう。

このように高橋市右衛門の「耶蘇教」改宗事件をめぐって正院内務課は甲乙二案を正院に上陳したのであるが、正院は八月八日付けで甲案を採用し、一部の文言を削除して「伺ノ趣ハ心得違無之様篤ト説諭為致候様可致指令事」と教部省に指令したのであった。説諭しても解決しなかったからこそ東京府、教部省はその抜本的処分方を伺い出たのであるから、この指令がなんの意味も持ちえなかったことはいうまでもない[31]。

教部省としては七年十一月の伺いに対してすらいまだ正院の指令がなく、また高橋事件での正院指令も不満足なこともあって、八年十月十日にも、

耶蘇教取扱之儀ニ付伺

耶蘇教取扱之儀ニ付千葉愛知静岡三県ヨリ甲乙丙印之通伺出候処、右ハ本年六月中東京府下該件ニ付相伺候書面ヘ別紙丁印之通八月中御指令之旨モ有之候条、右ニ照準シ指令方取計可申筋ト存候得共、此段一応相伺候也

明治八年十月十日　　　　教部大輔　宍戸璣

太政大臣　三条実美殿

追テ昨七年十一月中長崎県下切支丹転宗之件伺書上申致置候、右モ御指令相成度候也[32]。

としたが、正院からはなんの指令もなかった。そこで、同年十二月十三日付けで静岡県からまたもや改宗者が出たとの上申があったこともあって、再度二十日付けで「右事情切迫ニ付至急何分之御指揮有之度候也」と正院に伺い出たのである。

三　井上毅と法制局の対キリスト教政策

八年十二月二十日付けの教部省の上申にあるように「右事情切迫ニ付至急何分之御指揮」の決定を正院は迫られていた。同年七月、太政官内に法制局が設置され、(33)長官に伊藤博文が就任した。ついで九月二十二日、一等法制官に細川潤次郎、二等法制官に井上毅、古沢滋、尾崎三良、三等法制官に桜井能監、村田保、四等法制官に山崎直胤がそれぞれ就任、ついで同三十日に股野琢が四等法制官に就任した。(34)

法制局は「正院ノ下命ヲ受ケ法制ヲ起草修正スルノ所トス」とされ、その章程の第二条に「元老院及省使ヨリ正院ニ献議スル所ノ起案ハ正院ヨリ本局ニ下シテ議ヲ取リ其修正ヲ要スル者ハ修正案ヲ草セシム」とあるように、元老院や各省使からの正院宛上申などを審議し、上陳案を作成する部局とされた。よってこの教部省の上申も法制局で審議され、その上陳案が作成されることになったのであるが、この件に関する上陳案(意見書)を主として作成したのが井上毅であり、その意見書の原案が『井上毅傳・史料篇』第一所収の「外教制限意見案」(九一―一一頁)である。この意見書は該書では明治五年六月前のものと推定されており、中島三千男氏などもこの説を踏襲して議論を進めているが、(35)本書第八章でも指摘するように、これは井上が二等法制官に就任した後の八年十二月に起草したものであることは確実である。その理由は、㈠「外教ニ帰依スル者日ニ一日ヨリ多ク届書ヲ以テ公然官ニ告クル者アリ」と述べていること、㈡「昨年全権大使ノ欧米ニアルニ当テ」を「前年」と訂正していること、㈢「出版条例」の後に「第四条」を挿入しており、ここでいう「出版条例」とは明治五年の文部省出版条例ではなく、八年九月三日の太政官布告第一三五号「出版条例」のことである。その第四条は「草稿又ハ納本ヲ検査シテ世治ニ害アル者ト認ムルトキハ其出版又ハ販売ヲ禁シ或ハ刻版ヲ毀シタムルコトアルヘシ」というもので、井上はこの条文を適用して「外教書ヲ刻スルコトヲ禁ス」ることが可能と考えたのである。文部省の出版条例第四条は「図書ヲ出版スルニ先ツ其書名著述出版人ノ氏名住所書中ノ大意等ヲ具ヘ文部省ヘ出シ文部省ニテ検印シ彼ニ付ス此レ則チ免許状ナリ此免許ノ干支月日ヲ併セ刻ス可シ」というもので、この条文では「外教書」の出版を規制することはできないこと、㈣内務省が設立されたのは六年十一月のことであるが、文中に「内務司法両省」の文字があること、などである。この他にも、本意見書が明治五年のものでないことを示す傍証があるが、[36]以上の四点を挙げれば十分であろう。

この意見書の中で井上は、これまでの政府の対応を「政府ノ御指令ハ(精々説諭可致)ノ一語ニ過ギズ上下相欺キ日月ヲ因循ス幾ト児戯ニ類スルナリ」とかなり強い調子で批判している。これまでのような、信教の自由は認めざるをえないが、さりとてそれが表面化して「国法」に触れることは許せない。だからといって、国法に触れた場合においても外交関係を考慮するならば厳正に処分することにも躊躇がある。だから「諭説」という曖昧かつ無難な指令で時を稼ごうという姿勢はもはや許されない情勢になっている、というのが井上および法制局の考えであった。

井上は正院に対し、次の具体策を突きつける。「甲　旧法ニ因リ外教ヲ禁ス　乙　宗門ノ自由ヲ許ス　丙　制限ノ条則ヲ設ケ其内想ヲ寛シテ其外顕ヲ禁ス」の三策である。甲案は主権国家として採用も可能であるが、外国交際の実情からも不可能である。では乙案はどうか。これは「欧州文明ノ論」であるが、キリスト教各派が一斉に日本に浸透したならば、必ず各派間の対立・紛争を惹起し、流血の事態も予想される。かかる事態を制御する能力を日本政府は有していない。だからここ一〇～二〇年は採用不可能な策である。とするならば丙案しかない。つまり「トレランス」「宗旨ノ寛容」に類似した策を採用し、内面の信仰の自由は認めるが、それが外面に現れることは禁ずるというのである。実際このようなことが宗教を信仰する者にとって不可能なことはいうまでもないが、井上はこれが最も現実的な方策と考えたのである。井上は「第一外教書ヲ刻スルコトヲ禁ス　第二衆ヲ聚メテ外教ヲ講スルコトヲ禁ス　第三葬祭外教ノ式ヲ用ルコトヲ禁ス」という三つの制限を設ければ、「其内想ヲ寛シ」てもよいと考えたのであるが、これが一時凌ぎの策であることは井上自身「数年ノ防虞トナスニ足ラン」と述べていることからも知られよう。

ところで、井上毅がこのような具体的なキリスト教政策をいつごろから構想するようになったのか、著者には不明であるが、「明治七年十一月欧洲より帰朝せるを以て其年か翌八年頃の起草と推定」される「欧洲模倣ヲ非トスル説」[37]

に述べられている説に比較して、この意見書にはキリスト教に対する非常に強い危機感が込められている。「欧洲模倣ヲ非トスル説」にある「西教ハ我邦ニ入ルコト久クシテ速ニ浸潤スヘキニ其実情ヲ観察スレハ方今洗礼ヲ受ケタルモノ全国ノ男女百分ノ一ニ過キス反テ昔日ニ及ハサル何ソヤ(38)」という認識がわずか最大一年ほどの間に変化するのであろうか。

前述したように、井上が帰朝した七年十一月から八年にかけては公然と改宗を地方官に届けるというかつて前例のない事態が続出した一年である。権中法官、六等出仕、五等出仕歴任の中級官僚であったとはいえ、政府部内にいた井上がこの間の事情を知らなかったことは考えにくい。とするならば、この「欧洲模倣ヲ非トスル説」は「婚姻」「言語」「宗教」に焦点を当てて論じていることからして、井上馨外務卿・外務大臣時代の条約改正をめぐる、いわゆる欧化政策期に認められた草稿と考えたほうが妥当ではなかろうか(39)。この推測が正しいとするならば、井上は明治八年末の時点ではキリスト教に対して非常な危機感を抱いていたが、十年代の後半にはキリスト教国内浸透もさほど脅威ではなく、むしろ宗教全体を国家の直接統制から間接統制——つまり「籠絡」——したほうが適切と判断するようになったといえよう。「政府ニテ一タヒ宗教ニ干渉セハ往時白河法皇ノノ給ハセシ御心ノ儘ナラヌハ賀茂川ノ水法師ノ一言ハ早晩政治ヲシテ之ヲ発セシムルノ時アルヘシ(40)」(「欧洲模倣ヲ非トスル説」)という、宗教に対する政府の直接的干渉の不可を重視する立場に転換したのであり、そしてこれは明治十七年の山県有朋に宛てた一連の「宗教処分案」とも符合するのである。

それはともあれ、法制局は井上の当時のキリスト教認識に立った意見案をもとに十二月二十七日付けでまず丙案の採用・決裁を求め、その裁可がなければ「別紙ノ件々御指令文立案致シ難ク因テ至急御決裁ニ相成度事件重大ニ係ルニ就キ先ツ参按ヲ以テ仰裁候也(41)」と迫ったのであるが、正院はついに指令を出すことはなかったのである。

正院の指令がないまま九年に入った。九年も各地でキリスト教への転宗が続出し、教部省は四月二十八日、五月二十五日、六月二十四日、七月八日付けでそれぞれの件につき処分方を上申したが、正院はなんらなす術を知らなかった。改宗に関する上申は教部省だけでなく、違式違令の罪を摘発する司法省からもその処分方についての伺いが出されるようになった。いうまでもなく、主に自葬の禁止を破ってキリスト教徒がキリスト教式で葬儀を執行する事態が続出したからである。三月十二日には函館の自葬をめぐって上申がなされ、さらに七月十日にも司法卿大木喬任は太政大臣三条実美に宛て、

　耶蘇宗ヲ奉セシ者処分ノ儀ニ付、先般函館裁判所申出山中友伯外一人ノ儀相伺置キ未タ御指令無之候来、今般尚又長崎裁判所諸検事ヨリ別紙ノ通申出候処、総テ異宗ヲ奉スル儀ニ付テハ目下御詮議中ニ可有之候得共、右関係ニヨリ法令違反スル分ニハ無論相当ノ罰ヲ科シ候儀ト相心得候ヘトモ為念此段相伺候也[42]

として、違令たる自葬については当然刑罰を以て臨むことが相当であるとしたのであるが、正院はまたしても指令を出さなかった、否出せなかったのである。こうした事態を井上毅がどう見、いかに思っていたのかは不明であるが、政府の態度決定がひとりキリスト教への改宗問題の処分といった現実対応論・技術論だけで決定されるはずのものでなかったことは井上も十分承知していたことであろう。

　政府の無策の間隙を縫うかのように、改宗、自葬が続出し、さらには「外教書」の印行も公然の事実となってきた。十年三月二十二日、内務卿代理内務少輔前島密は右大臣岩倉具視に宛て「外教書中村正直訓点天道遡原云々去ル八年十月中伺置候処、猶ヲ又今般東京府士族原胤昭外一名ヨリ新旧両約全書ヘ略解並訓点ヲ付シ出版版権願出勘考候処、右原書ハ既ニ支那国ニ於テ翻訳セシモノ世上ニ伝播シ……且ツ条例中禁止ノ明文無之ノミナラス書中ノ趣意全ク勧善懲悪ニ帰シ候故、差止メ候理由更無之[43]」と上申した。この内務省の上申を承けて法制局では三等法制官の股野琢[44]が主査となって、正院に「外教漸次蔓延、殆ト制スベカラザル」として「此上如何処分可致哉、最前上申ノ見込書ト共ニ併セテ至急御裁可相成度[45]」と再度上申したのであるが、結果は同じであった。明治五年以来の教部省政策を抜本的に

見直さない限り、キリスト教に対して小手先の技術論で立ち向かうことは不可能であったからである。転宗、改宗にしろ、自葬禁止にせよ、すべては教部省政策、とりわけ教導職制度の存在を度外視しては解決できない構造にすでになっていたからである。教部省政策の廃棄と新たな宗教政策の模索、これこそが教部省なきあとの内務省そして井上毅を中心とする法制局の重要な課題であった。

四　内務省による教部省政策の転換

明治五年三月に設置された教部省の設立意図が直接的にはキリスト教――それは共和政治の元凶とされた――の日本国内への浸透防止にあったことはいうまでもない。[46]留守政府は岩倉使節団や外務省の強い反対を押し切って教部省設置を強行したのであるが、政府部内の不協和音を残したまま設置された教部省の前途は多難であった。[47]しかしキリスト教防御という大義名分をえて、失地回復を図ろうと意気ごむ仏教勢力の積極的協力もあって、教導職による国民教化政策はまずまず順調に滑り出した。元来、神仏混淆を異としない日本仏教の多数派にあっては、大教院体制下での神仏合同の国民教化策も別段不自由さを感じないものであった。[48]むろん神道勢力の葬儀執行への積極的関与には一抹の不安感もあったが、排仏毀釈で痛めつけられた真言宗、天台宗、そして日蓮宗などからすれば、国家公認の「宗教官吏」――設置当初の教導職の任務は「宗教官吏」というより、宣教使の後身たる「治教官吏」であったが、僧侶は必ずしもそうは認識していなかったことに注意[49]――となって国民に説教できる情況の到来は決して忌避すべきことではなかったのである。ともかく神道も仏教七宗[50]も名誉欲と使命感をある必度満足させながら、「敬神愛国」を軸にキリスト教防止と新国家の理念普及のために国民に向かって布教を行ったのである。

だがこうした神仏の蜜月時代も六年七月に西本願寺の島地黙雷が帰国したことによって大きく揺さぶられることに

なる。島地は「敬神」の内容が宗教的であることを批判して、神道および他の仏教六宗そして同じ真宗の興正寺の反対を向こうに回して、神仏合同の大教院からの西本願寺分離・独立布教を求め、いわゆる大教院分離運動に乗り出す。[51]宗派の数からいえば真宗教団は仏教七宗派のうちの一宗派にすぎず、しかも真宗教団が一致して教部省政策に反対ないしは批判的であったわけではない。[52]だが長州系政府有力者に圧倒的な影響力を有する西本願寺は東本願寺をも抱き込んで教部省政策の根幹、つまり大教院体制下での神仏合同布教、さらには教導職制そのものの廃止をも要求するようになる。[53]島地黙雷らの強力かつ粘り強い運動の継続によって、八年五月には大教院が解散され、神道と仏教はおのおの独自の布教体制を布くことになる。この大教院解散(分離)がやがては神道内部にも亀裂を生じさせ、神道界を二分する伊勢の神宮と出雲大社との対立・抗争に発展することは周知の事実であろう。[54]

仏教界の分裂も神道界の対立も、その根本的原因は国家が神官・僧侶を教導職という本来国家の「治教官吏」であったものを転じて「宗教官吏」として直接統制するようになったことにあった。[55]島地黙雷らは近代国家は宗教に干渉しないこと、つまり政教分離が原則であり、「宗教的敬神」の布教を教導職に強制する教導職制はその原則に背くものとして猛烈に批判した。[56]この島地の批判は八年の大教院分離によって一応鳴りを潜めたが、一方、八年三月に設立された「神道宗教の大本山」ともいうべき神道事務局を拠点とする国家の宗祀たる神社の神官が大多数を占める神道教導職にあっては、教導職としての立場を重視すれば自己の信じる「神道宗教」を布教することが教導職としての義務とされるようになったのである。つまり「治教」から「宗教」の布教者たる教導職へと転化したのである。だが、国家の宗祀を代表する神宮と出雲大社の神官が各自の宗教的立場の優位を主張し、対立・抗争をするならば「国家の宗祀」たる神社はそれぞれ独自の教義を有することになり、一宗派と同じものへと転化することになる。国家公認の教義は「敬神」しかなく、その「敬神」の内容を国家は規定できない。神社は古来、国家と密接な関係をもってきたが、国家は特定の教義を神社にもたせてきたわけではない。

だが、今や国家の宗祀たる神社の、しかも国家の「宗教官吏」たる神官教導職が、それぞれの教義を主張し、それをめぐって対立・抗争を続けている。宗教者である以上、各自の宗教思想があり、それを社会的に主張し、普及させようとするのは当然であろう。しかし、なべて一枚岩であるべき国家の宗祀たる神社が、仏教と同じように宗派に分裂してしまっては、国家はいく通りもの教義による祭祀を執行せねばならなくなる。これでは、あの欧州における国家宗教たるキリスト教の分裂・抗争の苦い歴史が日本において再現される危険性もある。国家が神宮あるいは出雲大社のいずれかの教義を支持すれば、反対する神社の勢力はあくまでそれを批判し、抵抗するだろう。これを未然に防ぐには神社から宗教色を払拭すること、つまり神官と教導職を分離するしかない。こうした考えが徐々に内務省内に台頭し、明治五年以来の教部省政策の見直し、転換が図られることになる(57)。そしてやがて十五年の神官教導職の分離、ついで十七年の教導職制の廃止へと進むのである。

もちろん、だからといって内務省による教部省政策の見直しや抜本的改革が急激に進展したわけではない。というのも、教部省政策、とりわけ教導職制がキリスト教の国内浸透防止や日本宗教の「近代化」に果たした一定の役割は疑いのないところであり、仏教教団が旧体制――肉食妻帯蓄髪の禁、無苗字制、僧位僧官制、得度制、本山の末寺支配制、地方官の僧尼得度免許制など――を払拭し、近代的宗教教団へと脱皮するに際して、教導職制の導入と維持が果たした役割は冷静に評価する必要があり(58)、教部省政策の全否定は明治四年段階の宗教の地方官支配時代への逆行を意味するからである。五年五月四日の達第一号によって僧侶得度および帰俗は地方官を経て教部省が最終的に指図することになり、地方官による専制的宗教支配は消滅した(これによって地方官による排仏毀釈が不可能となったことに注意(59))。さらに八年九月三日には、「四民僧尼ト相成候者云々辛未両度公達御取消之儀ニ付伺(60)」を正院に上申し、(一)「元来得度ハ宗内ノ私称ニ属シ候事ニテ仏門出入ハ人民ノ好尚ニ任セ強テ牽制可致筋ニ無之」こと、(二)「其上教導職試補以上ニ到リ初テ兵役被差免七年六月七十号公布専業宗徒ノ分限ヲ与ヘ候事ニ付、其節人体篤ト取調一宗ヨリ学業可相遂見込之者ニ限リ管長ヨリ試補申付候次第ニテ今日ニ至ラハ得度ノ当否差テ可議程之事ニモ無之」こと、を理由に明治四年の得度免許制の廃止を伺い出たのである。その結果、九月二十五日「僧尼ト相成度者出願及ヒ免許方ノ儀ニ付明治四年六月十九日布告並同十月十二日達トモ相廃シ候条自今管轄庁へ可届出此旨布告候事」という太政官布告第一四六号によって、明治四年六月に布告した地方官による僧尼得度の免許制の残存が最終的に廃止されたのである。

この布告によって僧侶としての身分は私的なものであるが、住職たる教導職試補以上の僧侶は公的なものであるという二重の性格を僧侶は有することになった。だが得度が自由で私的なものである以上、原則としてだれでも僧侶になれるのであるから、葬儀の執行も可能ということになる。葬儀の執行は神官——これはすべて教導職に強制的に兼補されている——と僧侶、そして神道教導職だけに認められており、自葬は厳禁されている。しかし、僧侶すべてが教導職を兼ねているわけではない。住職だけが教導職試補以上の教導職を兼ねることを強制されていたのであり[61]、他の僧侶は私的な身分で葬儀という公的儀式を執行することができる。この不整合を調整する方法は二つしかない、一つは自葬の解禁、つまりは教導職制の廃止、そしてあと一つは僧侶をすべて教導職制に編入し、教導職たる僧侶として公的性格を付与することである。

教部省は後者を選択した。廃省も間近となった九年十一月十五日、教部大輔宍戸は太政大臣三条実美に次の「僧尼称呼之儀伺[62]」を上申した。

僧尼之儀ハ従前得度以上之称ニ候処、八年第百四十六号公布之趣モ有之、今日ニ在テハ必竟宗内之私称ニ属シ制法上更ニ関係無之、而ルニ教導職試補之儀ハ具申付方夫々手順有之ノミナラス、従テ服役ヲ免セラレ寺院ニ住職シ説教差許候等制規モ有之、判然宗教者之区分ニ入リ候事ニ付、自今政府ヨリ認テ僧侶ト称スル処ハ試補以上之者ニ限リ候様致度、左モ無之当今之姿ニテハ未試補之者葬祭祈禱等執行不都合不少候条、別紙公布案相添此段相伺候也かくしてこの教部省の上申は元老院の検視を経て九年十二月十六日、「僧尼ト公認スル者ハ該宗教導職試補以上ニ限リ候条此旨布告候事」という太政官布告第一五六号によって僧尼の教導職制編入が実現された。ここに一宗内の宗教者はすべて教導職という公的性格を付与されることになったのである。宗門の教義を布教する私的な宗教者が、教導職という公的性格を帯びて葬儀という公的儀式を執行するという二重構造が誕生したのである。そしてその二重構造を支える柱はただ一つ、自葬の禁止だけであった。そのことは上記の教部省の上申書の内容からも明らかであろう。

だが僧尼公認を教導職制で行う方針も徐々に揺らぐようになり、十年一月には教導職未試補であっても「説教執行葬儀取扱等ヲ除クノ外総テ従前ノ通」と、教導職でなければ僧尼とは認めないとの方針は事実上変更された(一月二十五日付けの「仮令ヒ宗内ニ於テ得度ヲ致スト雖モ法衣ヲ着シ僧業等相営ミ候儀ハ難相成哉」という新潟県伺いに対する二月十九日付け指令[63])。また転宗改式に関しても離檀の承認書を不要とし、これまでの葬祭受け持ち者および地方庁に届け出ることだけでよいとした(十年三月四日、乙第二〇号)。さらに神官の家の葬祭についても「葬祭ノ儀ハ一家内ト雖モ各自ノ随意タルヘク事」と指令し、神葬祭の普及を図った教部省政策と際立った姿勢を採ったのである(十一年三月十一日付け滋賀県伺いに対する三月二十八日付け指令[64])。

そしてその教部省政策の最大の柱である教導職制の見直しの第一歩が、十年以来台頭してきた神官教導職分離論の影響を受けて省内で検討されることになる。折しも神道界はいわゆる祭神論争で紛糾しており、神社の宗教化は「国家の宗祀」たる神社の分裂をもたらしかねない情勢にあった。その原因は、神官が宗教者たる教導職を強制的に兼ねさせられていることにあるという認識が省内にも強まってきたのである。十三年十二月、内務省社寺局御用掛准判島田蕃根[65]は参議山田顕義に宛て「教導職ヲ廃スル議[66]」を呈出し、「今日断然教導職ヲ廃シ、神官ニハ従前ノ通リ位階ヲ与へ、僧侶ニハ僧官ヲ与へ、僧侶ハ門徒ヲ教化スルニ真俗二諦ヲ以テシ(忠孝仁義ヲ俗諦ト云フ転迷開悟ヲ真諦ト云フ)、神官ニハ其神社ニ於テ講社ヲ結ヒ人民ニ道徳ヲ教ヘシムレバ判然区分相立混乱ナカルヘシ」と述べ、教導職の廃止と神官の位階、僧侶の僧官の復活を求めたのである。周防・徳山の天台宗の寺院に生まれ、徳山藩大参事を経て、宍戸璣の勧誘によって教部省、内務省社寺局に職を奉じてきた島田はいわば教部省時代の政策の変転を知る生き字引であった。彼の見識と出自が山田にかなり影響を与えたことは十分想像できよう。

十四年十月二十一日、山田顕義は内務卿に就任、松方正義内務卿の方針を踏襲して神社の非宗教化を推進することになる。同年十二月二十二日、山田は神官教導職兼補の弊害を挙げてその分離を上申。(67) 全神官の教導職兼補分離は裁可されなかったが、官国幣社神官は教導職の兼補を廃し、葬儀に関与してはならないとされたのである。こうして十五年一月二十四日、内務省達乙第七号および丁第一号によって官国幣社神官の教導職兼補が廃止され、神社の宗教化を求める者は教派神道へと転ずることになる。(68) 彼らは教導職として留まり、新たな神道宗派を開いたのであるが、もはや教導職制の歴史的任務は終焉を迎えていた。国家の「治教官吏」として神仏合同で対キリスト教防御戦線を布き、「敬神愛国」の精神を国民に注入するという当初の使命は形骸化し、もっぱらその存在意義は葬儀の執行と「名誉」(69)にのみあった。他方、政府の立場からするならば肝心のキリスト教防御のための統一戦線が破綻し、あまつさえ神道界も教義をめぐって分裂、弱体化して当初の目的遂行を期待することは不可能な教導職制であるのに、それに兵役免除の特権(70)まで付与しているのは馬鹿げた政策であった。神仏教導職の全廃に向けて政府・内務省が動き出すことは必然の路線であり、その知恵袋として井上毅も一枚嚙んだのである。

五　井上毅と内務省の宗教処分案

明治十七年八月十一日、次の太政官布達第一九号が発せられて教導職が廃止された。

自今神仏教導職ヲ廃シ寺院ノ住職ヲ任免シ及ヒ教師ノ等級ヲ進退スルコトハ総テ各管長ニ委任シ更ニ左ノ条件ヲ

定ム
第一条　各宗派妄リニ分合ヲ唱ヘ或ハ宗派ノ間ニ争論ヲ為ス可ラス
第二条　管長ハ神道各派ニ一人仏道各宗ニ一人ヲ定ム可シ
　但事宜ニ因リ神道ニ於テ数派連合シテ管長一人ヲ定メ仏道ニ於テ各派管長一人ヲ置クモ妨ケナシ
第三条　管長ヲ定ム可キ規則ハ神仏其教規宗制ニ由テ之ヲ一定シ内務卿ノ認可ヲ得可シ
第四条　管長ハ其立教開宗ノ主義ニ由テ左項ノ条規ヲ定メ内務卿ノ認可ヲ得可シ
一　教規
一　教師タル分限及ヒ其称号ヲ定ムル事
一　教師ノ等級進退ノ事
　以上神道管長ノ定ムヘキ者トス
一　宗制
一　寺法
一　僧侶並ニ教師タルノ分限及ヒ其称号ヲ定ムル事
一　寺院ノ住職任免及ヒ教師ノ等級進退ノ事
一　寺院ニ属スル古文書宝物什器ノ類ヲ保存スル事
　以上仏道管長ノ定ムヘキ者トス
第五条　仏道管長ハ各宗制ニ依テ古来宗派ニ長タル者ノ名称ヲ取調ヘ内務卿ノ認可ヲ得テ之ヲ称スルコトヲ得

この布達によって、明治四年以来続いていた寺院住職・僧侶等の国家による最終的な任免権は全く消滅し、管長制度による教団自治のもとでの僧侶・教師の任免・進退制度が確立されたのである。むろん管長制そのものは明治五年十月三日の教部省番外達「自今各教導職管長別紙之通一宗一人ト相定各宗現在之正権大教正之内ニテ年番交替適宜望ニ相任候条此旨相心得一宗別ニ来ル十日限一同可申立事」によって天台、真言、浄土、禅、真、日蓮、時の各宗に管長を設けさせたことにはじまり、また教導職未試補の住職も九年五月二十六日に教部省達第一九号によって各宗派管長からの教導職試補の申し出をすべて認めることにしたことは、[71]事実上管長に僧侶・教師の任免権を認めたことになるから、この布達をあまり過大に評価することは禁物であろう。

こうして教導職制は廃止されたのであるが、一見するところ、これだけの内容の布達で教導職制が廃止になったのなら、教部省時代以来の教導職制廃止をめぐるあの激しい議論や運動はいったいなんのためにあったのか、という疑問が湧かないでもない。[72]だが、管長制、教規宗制の導入による国家の教団の間接統治はやはり画期的であったといえよう。

明治十六年十二月十二日、神官教導職分離という第一次教導職処分を断行した内務卿山田顕義に代わり、参議兼参事院議長の山県有朋が内務卿に就任する。参事院議官として有能な法制官僚ぶりを発揮していた井上毅に、山県が内務省が抱える重要課題である宗教処分問題を諮問するのは当然のことであったろう。前述したように、井上は明治八年十二月以来キリスト教を中心とする宗教問題にも取り組んでいたからである。山県が就任後のどの時点で教導職廃止を中心とする宗教処分に着手し、井上に下問したのか不明であるが、遅くとも十七年三月上旬までには下問していたことは確実である。

井上はこの下問に応えて三月十七日および十八日その構想を山県に書き送った。[73]その内容は、㈠宮中に「神祇伯ノ官」を設けて「国典ノ源流」とし神官に希望をもたせること、㈡僧官・度牒制を復活して僧侶志願者を抑制すること、㈢文部省に国学の研究・教授の学校を設立すること、㈣神社の管轄は宮内省か、それとも社寺局から神社局を独立させて扱うこと、というものであり、この実現こそが「神仏ノ為ニ安静ノ位置ヲ与フル」ことになると考えたのであった。しかし、これらはあくまで技術論であり、その前提には確固とした「国家にとって宗教とはなにか」という問いかけに対する解答が用意されていなければならない。つまり国家はいかにして宗教——特に仏教——を「籠絡」すべきか、ということである。井上は当然これを考え、自分なりの解答を見い出していた。

井上はいう。「宗教之事ハ政略上実ニ第一之問題にして此事之処分下手候ハヽ、将来以外ニ可懼之結果を生シ不可収拾ニ至るも難則歟[74]」と。そして「宗教已ニ行はるゝ時ハ政府たるもの幾分か此ノ宗教之力を仮て以て治安之器具なさざる事を得ず若し統御宜しきを失ひ宗教之勢ニ反向シ民心を激動する時ハ其結果ハ内乱を醸生《ママ》し外敵を引致するに至る」と述べて、宗教が政治上・治安上の「両刃の剱」であることを正確に見抜いている。ではどうすれば当時の日本の情況において、宗教を「治安之器具」とすることができると井上は考えていたのであろうか。井上はそれを実現するために、まず西欧における「宗教的寛容」(トレランス)の採用がもっとも適切であることを強調し、これを前提として次の三点の基本方策の採用を勧める。㈠「法律上宗旨ノ自由ヲ公布ストモ行政上認可教ト不認可教トノ別ナカルベカラズ」こと、㈡「宗旨ヲ以テ治安之具トセントナラハ国家多数ノ信仰アル宗旨ヲ用フヘ」きこと、㈢「宗旨ヲ以テ政略ト和合セシメントナラハ可成外国ヲ以テ中心点トスルノ教ヲ用ヒズシテ内国慣熟ノ教ヲ用フヘ」きこと、である。

この具体策が仏教を念頭において構想されたものであることはいうまでもなく、「現今ハ未タ仏教ヲ擯斥するの日にあらずして寧ロ仏教を牢絡するの時宜なるか如し」として、現時点での仏教利用を強調している。そして具体的な「仏教籠(牢)絡策」として、仏教宗派が「団結教会体」(コルポレション)であることを認め、それに「本山支配之権」を付与することや、それを前提に度牒制の採用、勅任たる僧綱の復活、学課終了僧侶に対する部分的兵役免除の特権付与などを挙げている。井上がなぜこれほどまでに仏教の取り扱いについて神経を使ったのかは不明であるが、恐らく西本願寺を中心とする真宗教団の強大な政治的影響力の存在が脳裏を離れなかったからであろう。教導職制を廃止して、仏教と国家との公的関係が断絶されれば、どのような事態が出現するのか。井上は「今日俄然是を門外ニ擯斥して邪魔とし視る時ハ彼徒も亦タ或ハ翻然として壘を対し参河一向派之徳川家を困めたるか如き意外之禍を引出さんも亦難料歟改革之柄ヲ執ルニ当テ深ク思慮を加へざるべからざるに似たり」と述べ、仏教と国家との公的関係の存続を考慮にいれないままでの教導職全廃措置について懸念を表明したのである。

山県がこの井上の意見にどの程度重きを置いていたのかは不明であるが、神社および府県社以下神社の神官教導職問題をも含めた宗教処分が緊急の課題であり[75]、その解決が急がれたことは確実である。社寺局の意見のみならず、井上のより詳細な構想を知りたいと思うのは当然であろう。そのより詳細な井上の意見が「山県参議宗教処分意見」[76]である。この史料を該著編者は「明治十六年」のものと推定しているが、文中に「新教々会ノ十六年十二月印行セル全国教会統計表」とあることを参考にして、新田均氏も指摘しているように十七年の起草であることは確実である[77]。本史料は前記「教導職廃止意見案」に比べて、より詳細より具体的なものとなっており、「今、宗教処分ノ綱要ヲ挙ケ、意見ヲ陳述シテ以テ閣議ヲ取ル」とあるように閣議提出用の草稿として認められたものである。

ところでこの「意見」でまず注目すべきは「本議教導職ヲ廃スルハ、即チ宗教処分ノ初歩ニシテ、其ノ嚮フ所ヲ一変スル者タルトキハ、将来前途ノ事、予メ其ノ大要ヲ今日ニ議定スルハ実ニ必要ナリトス」と述べ、教導職廃止が宗教問題のすべての解決策ではなく、その「初歩」にすぎないことを強調していることである。つまり宗教と国家(政治)との関係はどうあるべきかという方針を定めないで、いきなり教導職制を廃止すればいかなる後害を生じるかも知れないという持論をまず展開するのである。ついで仏教の「民心ニ浸漸スル、其ノ勢」の未だ強固なことを述べ、さらにその仏教とキリスト教との軋轢がもたらす「宗教ノ禍」を指摘する。だがキリスト教の処分問題は外交関係にも影響するので「尤モ慎重ヲ加ヘザルヘカラサルナリ」と注意を喚起する。

では仏教をも「籠絡」して、なおかつキリスト教を国内に軟着陸させるにはどうすればよいのか。井上は諸外国の「宗教ヲ処分スルノ道」を㈠神教政治(国教主義)、㈡宗教の自由放任、㈢政府による宗教の保護、の三形態に分類し、

㈢をさらに①「一ノ宗教ヲ特ニ保護シテ、佗ノ宗教ヲ容認スル事」、②「一ノ宗教ニ特許セズシテ、数派ノ宗教ヲ認可シ、保護ヲ与フル事」に分類する。井上にとって理想的な形態はいうまでもなく㈡であるが、「現今ノ勢俄ニ之ヲ実行シ難キモノアリ」として、その採用は将来の目標と見る。㈠は問題にならない。残るは㈢であるが、井上はその㈢のうち②の採用を勧める。具体的には「一、法律上宗教ノ自由ヲ認ム」「一、従来認可シタル宗教ニ向テ、保護ノ旧法ヲ存ス」「一、佗ノ宗教ハ之ヲ容忍ニ附ス」という「元則」を樹立することであり、この「元則」に従って、「第一　自葬ノ禁ヲ解ク、第二　教導職ヲ廃ス、此両条ハ自由ヲ認メ、干渉ヲ省ク者ナリ、第三　僧官ヲ復ス、第四　従前許可シタル寺院ノ免税権ヲ存ス、此両条ハ、保護ノ旧制ヲ存スル者ナリ、」という四箇条の具体策を施行すべきであるというのである。

以上のように、井上の宗教構想の根底には、「宗教(仏教)保護」の思想があった。だが内務省はこの井上の考えを真っ向から否定したのである(むろん、内務省としても井上のいう公認教制度の導入には同意していた)。十七年七月二十九日に上申された「教導職廃止並神仏各管長身分取扱等ノ件」は冒頭から「政府カ直接ニ宗教ニ関渉スルコト其弊害ヲ生スル既ニ多シ、而シテ未タ其ノ利ノ存スルヲ見ス、神仏両教ニ於テモ亦、政府直接ノ保護ヲ離レテ其宗制ヲ樹立スルノ利タルハ、少シク学操アル者ノ信シテ疑ハサル所トス」[78]と述べて、これまでの政府の宗教政策を厳しく批判。さらに井上毅らの教導職制に代わる宗教保護を講ずべきとの意見を暗に批判して「曰ク、然ラス、別紙真宗僧侶某及真言宗五千六百余寺ノ総代等カ建議、其保護ノ弊ヲ論スル皆能ク肯綮ニ中ル、以テ彼徒ノ情状ヲ見ルニ足レリ、政府ノ保護ヲ止ムルニ於テ豈ニ其不平ヲ鳴ラス者アランヤ」とまで断言して憚らない。つまり教導職を廃止したからといって、不平を唱える者はいないというのである。では保護の一面である「統制」がなくなり、宗教が「放縦自恣」に陥る危険性についてはどうか。上申案はこれに対して「若シ彼徒ノ放縦ヲ検束スルノ法ハ、宗制寺法等ヲ定ムル悉ク先ツ内務卿ノ認可ヲ得ルヲ要スルモノトセハ、政府ノ力直ニ彼徒ノ肉体ニ迫ル無シト雖モ、優ニ宗教組織ノ規定ヲ左右スルヲ得ヘシ」と述べ、管長による間接統制の機能を説く。いかにも内務官僚らしい「統治技術論」の展開がここには見られる。

これが内務省の主流意見であったから、井上のいう僧官の復活など論外であったが、(79) かといってなんらかの身分的措置は講じないというわけではなかった。同日上申された「神仏各管長待遇ノ件」では、「神仏教導職ヲ廃シテ之カ統一ノ法ヲ定ムルコト既ニ別紙ノ如クナルニ於テハ、政事ト宗教ノ関係其宜キニ適シ、旧来ノ積弊漸ク洗滌スルニ足ヘシ」と述べ、教導職の廃止は政教関係を正す措置であり、積弊を除去するものであると自画自賛している。しかし一方では、「然ルニ、従来教導職ニシテ勅奏判ノ官等ニ准セラレタル者ハ、其地位頓ニ下リ世間ノ秩序ニ於テハ復タ衆庶ノ瞻仰ヲ得ルニ足ルモノ無シ、是レ本ヨリ其本分ノ然ルヘキ所ニシテ姑息ノ情ヲ以テ之ヲ視ルヘキニ非ス、然レトモ、処分ノ方法徒ニ斯ノ如キニ止マリテ復之ヲ顧ルコト無キハ、或ハ軽忽ニ失スルノ嫌ナキコト能ハサルナリ」とも述べて、大教正、権大教正クラスであったこれまでの教導職管長の身分をいきなり剝奪することは——たとえ相応に戻っただけにしても——得策ではないとの判断も示していたのである。すなわち具体的には管長に「皇室ニ於テ平人ニ比シテ稍特別ナル待遇ヲ与へ」ること、つまり「歳首及四時ノ大節アル毎ニ、管長ノ参内敬礼」を許せばよいというのであり、爵位や官等は与える必要はないという意見であった。この上申案には管長を勅任官の「待遇」とするとも「取扱」とするとも記されていなかったが、閣議で「勅任官」の文字が入れられ、その身分は勅任官の取り扱いの例に倣うことが付加されたのである。(80) その結果、八月十一日には前記した太政官布達第一九号とともに第六八号「管長身分ハ総テ勅任官取扱ノ例ニ依ル」、第六九号「今般教導職廃セラレ候ニ付テハ従前教導職タリシ者ノ身分ハ其在職ノ時ノ等級ニ準シ取扱フ者トス」が神仏各宗派・一般に布達され、同時に第七〇号として官省院庁府県にもその旨布達されたのである。

こうして明治五年以来の教導職制は廃止されたのであるが、この教導職制と密接な関係にあった自葬の禁止の解除は明文化されなかった。ちなみに、この点に関して羽賀祥二氏は「教導職制の廃止、そして同日の自葬解禁の布達により、葬儀のもっていた公的性格も意味を失ない」と述べているが、誤解であろう。自葬禁止は明治十三年の旧刑法制定による違式違令の廃止および布達第一号によって「自然解除」とされたのである。すなわち自葬禁止は太政官布達第一九号を契機として「自然解除」となったのかどうかという内務省の伺いを、太政官第二局が十七年八月十五日参事院の議に付すことを上申し、内務省は再度九月二十七日付けで次の伺いを出した。[81][82][83]

今般第十九号布達ヲ以テ教導職被廃候ニ付テハ明治五年六月第百九十二号布告中葬儀ハ神官僧侶ノ内ニ依頼スヘキ旨記載有之候得共、該布告タル違式違令ノ廃止セラレタル以上ハ全ク裁制ヲ備ヘサルノ法律ニ有之、旁以テ自今自葬ノ禁ハ自然解除ニ属シ候儀ト心得可然乎、此段相伺候也

この上申案を参事院が九月三十日審査し、

別紙内務省伺教導職廃止ニ依リ自葬ノ禁自ラ解除候ヤ否ヲ審査スル処左ノ如シ

明治五年第百九十二号布達ヲ以テ自葬ヲ禁セラレ候処、本年第十九号布達ヲ以テ神仏教導職ヲ廃セラレ且五年第百九十二号布告ハ裁制ヲ備ヘサル法律ニ有之候得ハ旁以テ自葬ハ自然解除ニ属シ候儀ト認定ス

右ニ由リ指令按左ノ通ニテ可然哉上申候也

指令按

伺之通

と上申、これを十月一日に太政官第二局が「別紙内務省伺自葬ノ禁解除ノ件参事院意見ノ通御指令相成可然哉仰高裁候也」と上申し、十月二日付けで「伺之通」と内務省に指令されて自葬の「自然解除」が確定したのである。そして内務卿山県有朋は各府県長官に「明治五年第百九十二号布告ヲ以テ凡葬儀ハ神官僧侶ニアラサレハ執行ヲ許サス乃自葬ヲ禁止セラレタリ然ルニ嚮ニ教導職ヲ廃セラレルニ付テハ自今葬儀ヲ執行スルヲ得ルモノハ独神官僧侶ニ止マラス

乃自葬ノ禁ハ自ラ解除セル故ニ自今葬儀ヲ依托スルハ一々喪主ノ信仰スル所ニ任セ不可ナカルヘシ然共其墓地取締及葬儀ヲ執行スル場所ノ如キハ則其取締規則ニ依テ実地適当ノ警察ヲ施スヘシ」と口達、これによって、自葬は名実ともに解禁されたのである。ただここで注目すべきは、明治五年の自葬禁止が違式違令で廃止されて以後は「裁制ヲ備ヘサル法律」であり、それだけでも無効であるとの法理論は一切公にされていないことである。内務省がこのことを十三年以降も認識していなかったのか、それとも自葬禁止と教導職制を一体のものと一般に思わせ、教導職制処分までは自葬禁止が有効であるかのように偽装していたかどうかは明らかではないが、少なくとも井上毅にとっては旧刑法の制定によって該布告が無効となったとの認識はなかったと思われる。いずれにせよ、十七年十月の段階で自葬は名実ともに解禁され、転宗改式も届け出る必要はなくなった(十七年十一月二十四日、内務省訓令第一三三号)。[84] [85]

六　むすび

かくして明治五年以来一〇年以上にわたって近代日本の政教関係を規定してきた教導職制は消滅し、キリスト教も容認されて日本は新たな政教関係の時代に入ったのである。だが、一応の教団自治が認められたとはいっても、教団認可の骨格たる教規宗制の認可権を内務卿が掌握している以上、国家の宗教に対する監督権・統制権は強大であった。「内務省社寺掛長其人ヲ得、善ク神仏各管長ヲ統一シテ之ヲ駕御」するという内務省の宗教に対する恣意的統制は、統一的体系的な宗教法が樹立されない限り続行する運命にあったのである。以後の内務省による浄土宗や曹洞宗の内部対立・紛争介入はそれを明白に示している。[86]

こうした内務省に恣意的な宗教行政に対する批判は帝国議会でも採り上げられるようになり、明治二十八年の第八回議会で鳩山和夫らが「神仏各宗派ニ関スル法律案」を提出、その提出理由で百万梅治は「太政官ノ第十九号ノ布達ナルモノハ、憲法発布以前則チ専制時代ノ遺物デゴザリマシテ、宗教ヲ拘束シ、宗教ノ自由ヲ妨ゲルモノデゴザイマスレバ、勿論憲法ニ矛盾シタル法律」と述べた。[87]以後、これを契機として宗教に関する統一的体系的法律の樹立の必要性が政府内外で叫ばれるようになるが、さまざまな宗教界の利害得失が絡み合い、昭和十四年の宗教団体法の制定にいたるまでその制定が難航したことは周知の通りである。この第一回の宗教法案が議会に提出され、百万が太政官布達第一九号を「専制時代ノ遺物」と攻撃した時、井上毅にはすでに死期が迫っていた。はたして彼が長命を保ったならば、この百万の批判をどう受け止め、どのような宗教法案を胸に描いたであろうか。もはや宗教は、そして神道、神社もこりごりと思ったかどうか。あの明治国家の「設計者」さえ「籠絡」することが困難であった日本の宗教。近代日本における政教関係の難しさ、軋轢は太政官布達第一九号によっても、井上毅の「宗教処分構想」によっても、根本的に解消されることはなかったのである。

(1)　教部省の設置に関しては本書第五章、拙著『明治維新と国学者』第五章、拙稿「日本型政教関係の形成過程」井上順孝・阪本是丸共編『日本型政教関係の誕生』(第一書房、昭和六十二年)、下山三郎「近代天皇制論」(家永三郎教授東京教育大学退官記念論文集刊行委員会編『近代日本の国家と思想』三省堂、一九七九年)、高木博志「神道国教化政策崩壊過程の政治史的研究」(『ヒストリア』一〇四)等参照。
(2)　日本の宗教に対する法制度による統制の概略に関しては、拙稿「法と新宗教」(井上順孝他編『新宗教事典』弘文堂、平成二年)四六二—四八六頁参照。
(3)　井上毅は「既ニ宗教アルトキハ、政府ハ宗教ト相関連シテ以テ其力ヲ籠絡セザルコトヲ得ズ」と述べている。「山県参議宗教処分意見」、井上毅伝編纂委員会編『井上毅傳・史料篇』第六(國學院大學図書館、昭和五十二年)一六四頁。
(4)　日蓮宗不受不施派禁制・迫害の歴史については、宮崎英修『禁制不受不施派の研究』(平楽寺書店、一九五九年)、同『日蓮宗不受不施派の源流と展開』(平楽寺書店、昭和四十四年)、香川治良『房総禁制宗門史』(国書刊行会、昭和五十二年)参照。

（5） 鹿児島県は明治九年九月五日、参事田畑常秋の名で「各宗旨ノ儀自今人民ノ信仰ニ任セ候条此段布達候事」と管内に布達、ここに真宗の薩摩藩（鹿児島県）における伝統的な真宗禁制策は終止符を打ったのである。その背後には西郷隆盛の解禁意見が大きく作用したといわれている。なお薩摩藩での一向宗（真宗）の禁制および解禁については、桃園恵真『薩藩真宗禁制史の研究』（吉川弘文館、昭和五十八年）参照。

（6） 不受不施派の明治九年四月の解禁については、岡山県史編纂委員会編『岡山県史』第三〇巻「教育・文化・宗教」（岡山県、昭和六十三年）二五三―二六九頁に解禁にいたる基本的史料が収録されており、またその全容については国立公文書館所蔵『公文録』明治九年教部省伺「日蓮宗不受不施派允許ノ儀伺」に詳細な公文等が所収されている。教部省は八年以来東京府と岡山県に解禁願いを出していた不受不施派を「政治之妨害ニモ不相成哉ニ致思考」として、その解禁を九年一月三十一日付けで太政大臣三条実美に上申した。そして正院は岡山県令高崎五六の強い解禁要請もあって、四月七日付けで「伺之趣聞届候事」と教部省に指令、教部省は四月十日、布達第三号で「日蓮宗中不受不施派之儀自今派名再興布教差許候条此布達候事」と府県に布達したのである。

（7） 教導職制の成立、展開、廃止やその意義については羽賀祥二「明治国家形成期の政教関係――教導職制と教団形成――」（『日本史研究』二七一）が最も詳細に論じている。なお、新田均「明治十七年の公認教制度の採用に関する一考察――史料の翻刻と分析を中心に――」（『皇学館大学神道研究所紀要』七）も参照。

（8） この点に関しては、百地章「欧米各国にみる政教関係」（大原康男・百地章・阪本是丸『国家と宗教の間――政教分離の思想と現実――』日本教文社、平成元年）に要領よく纏められている。

（9） 鈴木裕子「明治政府のキリスト教政策―高札撤去に至る迄の政治過程―」（『史学雑誌』八六―二）参照。

（10） 本書第三章参照。

（11） この点に触れて井上毅は、「其他維新已後政府ハ仏教ヲ相談相手となし政略上之重大器械となし是勧誘し是を激奨したる事一ニして足らず」と正確にその事情を認識している（『井上毅傳・史料篇』第一、昭和四十一年、三九二頁）。

（12） 山県有朋は明治十七年の四月十四日付けと推定される井上毅宛書簡で「神道者之始末ハ、随分困難ニ可有之、多少之紛議を生候共、将来之大患を防キ、断然挙不致てハ、不相成儀と奉存候」と書き送っている（『井上毅傳・史料篇』第五、昭和五十年、二五五頁）。

（13） 維新政府は慶応四（明治元）年三月十五日、従来の幕府の高札を改めて、新たに高札を立て、その第三札で「切支丹邪宗門ノ儀ハ堅ク御制禁タリ若不審ナル者有之ハ其筋之役所へ可申出御褒美可被下事」と提示したが、アメリカ代理公使などから「耶蘇宗」を「邪宗」とするのは遺憾であり、高札を撤去するよう申し入れられた。これにより政府は閏四月四日に切支丹と邪宗門を分離した「一　切支丹宗門之儀ハ是迄御制禁之通固ク可相守事　一　邪宗門之儀ハ固ク禁止候事」との高札を改めて掲示した。

(14)　慶応四年閏四月十七日、尾張藩、紀州藩、長州藩、広島藩、土佐藩、彦根藩、津藩、加賀藩など三四藩におよそ四〇〇〇人の宗徒が預けられることになり、「悔悟不仕者ハ不得止可被処厳刑候」とされた。

(15)　この間の事情については、高木一雄『明治カトリック教会史研究(中)』(キリシタン文化研究会、昭和五十四年)二〇—二一五頁参照。

(16)　国立公文書館所蔵『公文別録二　自明治元年至同四年』所収。

(17)　例えば、明治六年一月二日付けの大隈重信・副島種臣宛伊藤博文書簡(日本史籍協会叢書『大隈重信関係文書』第二、二一—五頁)参照。

(18)　前掲、鈴木「明治政府のキリスト教政策」。

(19)　近年刊行された五野井隆史氏の『日本キリスト教史』にも「キリスト教は完全な信教の自由を保証されたのではなく、単に政府の黙許をえただけの状態におかれたにすぎなかった。政府は条約改正交渉進展のために、また対等条約締結のために必要な文明国家建設の体裁を整える上から、上辺だけの信教を外国に対して表明しただけであった」と述べられているが(吉川弘文館、平成二年、二九六頁)、キリスト教は黙許を政府から「え」てはいないし、また二月二十六日の副島外務卿のアメリカ、イタリア各国公使宛の口上覚書でも「信教の自由を外国に対して表明」はしていない(『日本外交文書』六、五八六—六〇二頁参照)。

(20)　「明治初年の高札」(手塚豊教授退職記念論文集編集委員会編『手塚豊教授退職記念論文集　明治法制史・政治史の諸問題』慶應通信、昭和五十二年)、八五頁。

(21)　太政官布告第一九二号で「近来自葬取行候者モ有之哉ニ相聞候処向後不相成候条葬儀ハ神官僧侶ノ内ヘ可相頼候事」とされた。本書補論3参照。

(22)　『公文録』(明治六年五月外務省伺「耶蘇宗徒御処置御決定ニ付佛公使ヨリ来書並答書」および同六月外務省伺「高札場廃棄ニ付異宗禁制ノ御趣意伺」)、前掲『日本外交文書』六、参照。

(23) 仏教勢力がいかにキリスト教を敵視していたかは、島地黙雷が四年九月に「果然則今ノ僧ヲ督シテ今ノ民ニ向ヒ、今ノ教ヲ正フシテ今ノ政ヲ布キ、民ヲシテ依定スル所アリテ、信従スル所ニ安セシメハ、之ヲ駆テ妖教ノ中ニ入ラシメント欲スルモ得ヘカラスシテ」云々と建言していることからも知れよう(『島地黙雷全集』一、本願寺出版協会、一九七三年、九頁)。

(24) 宮地正人『天皇制の政治史的研究』(校倉書房、一九八一年)一一二頁。

(25) もちろん、三上一夫氏が『明治初年真宗門徒大一揆の研究』(思文閣出版、昭和六十二年)でいうように、明治初年の真宗門徒にいわゆる「護法一揆」がすべて「反耶蘇」によるものでないことは確かであろうが、それを「あくまで方便的なもの」(二六頁)といえるかどうかは疑問である。明治元年十二月に結成された諸宗同徳会盟による真宗、浄土宗、真言宗など諸宗惣代連名になる二年三月の弁事宛「耶蘇天主之教、皇国之大害」云々という嘆願口上書を見ても、全仏教勢力が「反耶蘇」で統一戦線を組み、庶民に対して教化を図っていたことの事実は決して軽視されるべきではないはずである。拙著『明治維新と国学者』一四四頁以下参照。

(26) この嘆願書の中で神道・仏教七宗の教正は、民衆は高札撤去の措置を「洋教御開ノ為メ」と思っていると述べ、あまつさえ氏子調べまで停止したならば「皇上奉戴ノ念慮モ薄ク相移候」と懸念を表明している。本書第四章参照。

(27) この間の事情を記す基本史料として『公文録』(明治八年四月教部省伺「真宗分離并興正寺離末ノ儀」)、京都府立総合資料館所蔵「本願寺興正寺本末一件」等参照。

(28) 以下の記述は、国立公文書館所蔵『外教許否関係書類』による。

(29) 以下の史料は『公文録』(明治八年八月教部省伺「東京府下農高橋右衛門耶蘇教信仰ノ儀ニ付伺」)による。

(30) この案を起草したのは正院内務課であり、課長は高崎五六であった。高崎はその後、岡山県令として不受不施派の再興に尽力したが、それもこの案に見られる思想からであり、八年段階で政府部内には政治上・風俗上に問題のない限りは信教の自由は認めるべきだという考えが主流となっていた。それゆえ九年十月に元老院が起草した「日本国憲按」(国憲第一次草案)の第一四条にも「日本国民ハ各自ニ信仰スル所ノ宗旨ヲ奉スルコト自由ナリトス然レトモ民事政事ニ妨害ヲナスハ之ヲ禁ス」と規定され、また十一年の第二次草案もこれと同条同文であったのである。さらに十三年の第三次草案でも第一三条に「国民ハ各宗教ヲ崇信スルコトヲ得共政事風俗ニ害アル者ハ均ク禁スル所トス」とあるように、その主旨は全く同じである。こと信教の自由に関しては、植木枝盛などの急進的憲法構想は別として、ほぼこの元老院案を踏襲したものとなっており、最終的には帝国憲法第二八条へとつながっていく。この第二八条の制定過程でほとんど意見の対立がなかったことは、これが八年以来政府内部の常識であったからである。

(31)　少外史の谷森真男はこの上申原文に「本件ハ既ニ説諭ニ不服ニ付其処分ヲ伺シニ、心得違無之様説諭可致トハ更ニ如何ナル弁論ヲナシ如何ナル説諭ヲナスヤ、抑本件ノ如キハ一人一宗ノ事ナレトモ岩手新潟広島県ノ伺ノ如キハ或ハ教会ヲ開キ教法書ヲ刊行シ他人ヲ誘導スル等其関係ハ大ナルモノニシテ時々督促モ有之、然ルニ今其大ナルモノヲ閣キ、小ナルモノヲ論スルモ到底教法ノ処分確定ナキ間ハ是等ノ一二件ノミ御指令アリテモ無用」と付箋で述べている。

(32)　前掲『外教許否関係書類』所収。

(33)　法制局は七月三日に太政官正院法制課を廃して置かれたが、法制局職員が定められたのは九月二十二日のことである(国立公文書館所蔵『太政官沿革史　二十(法制局及六部参事院沿革)』、覆刻版『太政官沿革史』六、東京大学出版会、昭和六十二年、参照)。

(34)　日本史籍協会編『明治史料顕要職務補任録』三(東京大学出版会、昭和五十六年)五八―五九頁。

(35)　中島氏は「明治国家と宗教――井上毅の宗教観・宗教政策の分析――」(『歴史学研究』四一三)の中で「まず明治五年の『外教制限意見案』の分析から入ろう」と述べて、「この意見案は井上が司法省の役人となって以降、上申した意見案中、現存する最初のものである」と断定している。

(36)　たとえば「精々説諭可致」という語があるが、それが前述の高橋事件での正院指令を指していることは明白であるし(明治五年段階では非改宗者には「厳刑」で臨むことが原則であった)、またキリスト教式葬儀の執行には「刑法不応為若クハ違令ニ問ヒ」とあるが、自葬を禁じた太政官布告が出されたのは五年六月二十八日のことである。さらに文中に「裁判官」とあるが、各府県に裁判所が設けられたのは五年八月三日の司法省職制・事務章程によってであり、それが全国的に整備・充実されたのは八年一月の大審院設置からである。他にもこの「意見案」が五年に作成されたとは思われない傍証があるが、いずれにせよ六年二月の高札撤去という画期を前提としなければ構想できない意見であることは明白であろう。

(37)(38)　『井上毅傳・史料篇』第一、五一頁。

(39)　『明治天皇紀』(第六、吉川弘文館、昭和四十六年)の二十年四月二十日条には鹿鳴館時代について「宗教は基督教に由るべし、英語を以て国語と為すべし、……西洋婦人を娶り、以て日本人種を改良すべし」というのが当時の政府高官(伊藤博文、井上馨ら)の主張であったと記している(同書、七三二—七三三頁)。また文中に「十隻ノ軍艦ト六鎮台ノ鉄砲」とあるが、「軍艦」を常識的に考えて巡洋艦クラスのものとするならば、その保有が一〇隻となるのは明治十九年十月以降のことであり、また六鎮台は二十一年五月に廃止されている。よってこの文はこの時期に草されたと推測できよう。

(40)『井上毅傳・史料篇』第一、五二頁。

(41) 国立公文書館所蔵『法制局耶蘇教処分意見書』。

(42) 前掲『外教許否関係書類』。

(43) 国立公文書館所蔵『内務省耶蘇教版権願出ニ付法制局耶蘇宗処置意見書』。

(44) 股野琢(一八三八—一九二一)は竜野藩の儒者達軒の子に生まれ、教部省の一〇等出仕を経て四等、三等法制官となったが、十年一月十八日に正院廃止で法制局廃止により太政官少書記官となった、以後、同大書記官、内閣書記官、法制局参事官、宮内省内事課長、帝国博物館総長等を歴任した。これまで政府の宗教政策における股野の存在はほとんど注目されていなかったが、キリスト教政策、神社政策についても重要な意見史料を残している。

(45) 前掲『内務省耶蘇教版願出ニ付法制局耶蘇宗処置意見書』。

(46) 四年十二月の左院の教部省設置建議では「共和政治ノ学ヲ講シ国体を蔑視シ新教ヲ主張シ民心ヲ扇動スル類間々之レアリ」として、その防御のために教部省を設置することが必要であることを訴えている。

(47) 教部省設置に最も反対したのが外務省であることはよく知られているが、その最大の理由は外務卿副島種臣が教部省設置によって再度国学者・儒学者等の間に抗争が起きることを懸念してのことであった。

(48) そのことは当時僧侶が神葬祭をも執行しており、それを禁じた教部省の七年十一月八日付け布達第四号が出ていることからも知られよう。

(49) そのことは「三条教則」に「敬神愛国」「天理人道」「朝旨遵守」などとあることからも明らかであり、教部省設置に尽力した福羽美静らが教導職に期待したものは「敬神尊皇」「倫理」「仁愛忠義」などを国民に教化することであった。これが六年二月の「十一兼題」のように神道神学的になったのは、薩摩派神道グループの主導権掌握によってであるが、同十月の「十七兼題」では文明開化等「治教」に関する教化題目が圧倒的多数を占めるようになっている。だが、僧侶たちが教義布教のための教導職と思っていたことは大教院を教義研究のための機関として設立したことからも知られよう。なお、教部省は八年十一月の「信教自由の口達」でも「三条之教則モ行政上ノ事」と明言している。

(50)　天台宗、真言宗、浄土宗、浄土真宗、日蓮宗、禅宗、時宗の七宗派を指す。
(51)　島地黙雷が真宗の大教院分離を本格的に志向したのは、六年十一月の大教院規則第二条で教院に天照大神と造化三神を祀り、その礼拝を義務付けたことに端を発する。島地「大教院分離建白書」(『島地黙雷全集』一、三四―四〇頁)参照。
(52)　真宗の大教院分離六年十月三十日付けの真宗管長代理本照寺住職権少教正藤枝沢依の教部省宛願い出に始まるが、真宗内で大教院分離に反対したのは興正寺のみでなく、その後仏光寺派が宗内の反対を理由に大教院分離賛成の取り消しを七年二月四日付けで教部省に届け出ている。
(53)　前掲拙稿「日本型政教関係の形成過程」参照。
(54)　藤井貞文『明治国学発生史の研究』(吉川弘文館、昭和五十二年)、佐々木聖史「山田顕義と祭神論争」(『日本大学精神文化研究所教育制度研究所紀要』一五)参照。
(55)　前述したように、その原因は大教院神殿に造化三神を奉祀したことにあった。仏教側ではこれを宗教的神道と見るかどうかで争いが起こり、神道側では造化三神と天照大神との関係、それに大国主神との関係をめぐる神学的対立を惹起することになった。
(56)　島地が七年七月二十四日付けで左院に建白した「教部改正ノ儀」(国立公文書館所蔵『建白書明治七年甲戌自三月至五月二』および『島地黙雷全集』一、所収)参照。
(57)　神官と教導職の分離については護王神社宮司の半井真澄が十年二月内務省に建白している。その理由は神官は行政上の「一文官」であり、教導職は「宗法ニ教導スルモノ」であり、その性質が全く異なっているということにあった。これが後年の「神社非宗教論」につながることはいうまでもない。拙稿「明治宗教行政史の一考察」『國學院雑誌』八二―六参照。
(58)　羽賀祥二氏は前掲「明治国家形成期の政教関係」で「教導職制は近世から近代へ宗教制度＝政教関係が移行する際の過渡的制度であった」と把握している。
(59)　京都府は五年五月十八日付けで正院に教部省設置は仏教勢力を利するだけであり、従来通り仏教は地方官に管轄させるべきだと建白している。
(60)　『公文録』(明治八年九月十日教部省伺)。
(61)　「自今教導職試補以上ニ無之向ハ寺院住職不相成候此旨相達候事」と達せられた。

(62) 『公文録』(明治九年十二月教部省伺)。

(63) 『明治初期内務省日誌』下巻(国書刊行会、昭和五十年)二九二四頁。もっとも、このように実質的に教導職試補でないものを僧尼と認めることには刑法上問題があった。これについては十二年二十三日付けの司法省伺「僧尼公認ニ付九年第百五十六号改正ノ件」『公文録』明治十二年三月司法省一および『法規分類大全』刑法門一(原書房覆刻版、昭和五十五年)三三五〇頁、参照。

(64) 前掲『明治初期内務省日誌』下巻、三九三〇—三九三一頁。

(65) 島田は教部省権大録、八等出仕を経て、教部省廃止後は内務省社寺局の御用掛准判(月給二五円)となったが、世帯の小さな社寺局では唯一の仏教出身者であった。

(66) 宮内庁書陵部所蔵『山田伯爵家文書』一一、所収。

(67) 本書第八章参照。

(68) 十五年五月十五日、内務省達乙第三〇号によって神道神宮派、神道大社派、神道扶桑派、神道実行派、神道大成派、神道神習派の別派特立が認可され、九年十月別派特立した神道黒住派、神道修成派とともにいわゆる教派神道となった(別派特立の内務省上申案は太政官第二局の審査を経て、四月二十七日上申され、五月五日付けで「伺之趣聞届候事」と指令された。第二局の責任者は股野琢であった)。

(69) 大教正は官等二等、権大教正は官等三等に准ぜられて勅任官待遇、権少教正から中教正までは奏任官待遇、大講義から権訓導までは判任官待遇であった。この措置は教部省御用掛江藤新平、教部大輔福羽美静、教部卿嵯峨実愛が連署で教導職は「皇国ノ大道ヲ教ヘ候職ニ付テハ格別之訳ヲ以テ宮内省ヨリ何程カ年々被下候方ト存候」という五年三月二十日付けの伺いが基となり、ついで四月九日「凡一二級ハ勅任官六級以上ハ奏任官七級以下ハ判任官ニ准シ可申事」という伺いを出し、これが裁可されたのである。ちなみに七年十二月現在、勅任官待遇たる大教正、権大教正はそれぞれ神道が三名、四名、仏教が一一名、八名となっている。教導職が「名誉」のための側面を当初から有していたことは、公家・大名出身者の非役華族が高級教導職に任命されたことからも窺われよう。

(70) 七年六月二十五日の太政官布告第七〇号で常備兵免役規則の第五条に「教導職試補ノ者」が追加され、これは八年十一月の改訂徴兵令や十二年十月の同改正によっても変更なく維持された。教導職に兵役免除の特権を付与した過程については、前掲拙稿「日本型政教関係の形成過程」参照。

(71)「今般天台宗以下諸宗ハ本年十月限真宗四派ハ同十二月限悉皆試験補可申付段各管長ヨリ申出聞置候条此旨為心得相達候事」と府県に達せられた。この措置は七年七月十五日の達書第三一号で、寺院住職は教導職試補以上に制限されたことに起因している。ちなみに、七年二月十二日の融通念仏宗の一派特立、同二十二日の禅宗内の臨済宗、曹洞宗の宗名許可以来、仏教各宗は多数の宗派に分立するようになった。また「真宗四派」とは本願寺派(西本願寺)、東派(東本願寺)、専修寺派(高田派)、錦織寺派(木辺派)である。

(72)だが宗教教団に「教規宗制」を作成させて一定の自治のもとに教団を運営・維持させようとした内務省の意図を重視するならば、少なくとも井上毅の宗教処分案よりも現実的な構想であったといえる。そしてそのことは西本願寺の十一年の「東移問題」に端を発する「寺法制定」問題を抜きにしては語れない。この間の経緯については、平野武『西本願寺法と「立憲主義」――近代日本の国家形成と宗教組織――』(法律文化社、一九八八年)が詳細に論じている。

(73)『井上毅傳・史料篇』第一、三八六―三八九頁。

(74)以下の引用は四月十九日付け内務卿宛意見案、『井上毅傳・史料篇』第一、三八九―三九三頁による。

(75)明治十五年一月の官国幣社神官の教導職兼補禁止以来、国家と神社の関係をめぐるさまざまな問題が論議され、政府内部でもその対応策は一致を見ていなかった。本書第八章および新田「明治憲法制定期の政教関係」参照。

(76)『井上毅傳・史料篇』第六、一六二―一七一頁。

(77)前掲新田「明治憲法制定期の政教関係」。

(78)『明治十七年公文録』(太政官八月第一「教導職廃止並神仏各宗派管長身分取扱等ノ件」)。なお、前掲新田「明治十七年の公認教制度の採用に関する一考察」参照。

(79)僧官制の復活には西本願寺が猛反対していたことは本書第八章で指摘する通りである。なお、この僧官制の復活は二十六年にも内務省で復活が企図され、閣議提出案まで作成されたが実現しなかった(国立国会図書館憲政資料室所蔵『井上馨文書』参照)。

(80)付箋で「管長勅任官待遇トス」との修正意見が出された。この修正意見を誰が提出したのかは不明であるが、恐らくは伊藤博文、井上馨ら西本願寺に近い参議からであろう。この措置が十七年七月七日の華族令制定と密接な関係を有していたことは、両本願寺の管長をどう待遇するかで悩んでいた伊藤博文が二十一年十二月の枢密院の貴族院令の審議で「彼ノ本願寺ノ大谷氏ニ爵ヲ授ケラレザルハ、下等ノ爵ヲ授ケ却ツテ宗教上ニ不都合アランカト思考スルヨリ姑ク之ヲ授ケザルノミニテ一時ノ事ニ過ギザレバ」と述べていることからもある程度推測されよう。

(81) 前掲「明治国家形成期の政教関係」。

(82) 明治六年公布の「改訂律例」の「違令条例」には「第二百八十七条　凡制ニ違フ者ハ懲役百日軽キ者ハ一等ヲ減ス　第二百八十八条　凡式ニ違フ者ハ懲役二十日軽キ者ハ一等ヲ減ス」と規定されていたが、十三年七月十七日の太政官布告第三六号で刑法が制定され、第二条で「法律ニ正条ナキ者ハ何等ノ所為ト雖モ之ヲ罰スルヲ得ス」とされたが、違式違令を罰することは規定されていなかった。

(83) 以下の史料は『明治十七年公文録』(内務省十月第一「教導職廃止ニヨリ自葬ノ禁解除ノ件」)および国立公文書館所蔵「明治十七年第二局参事院回附考按簿」による。

(84) 「墓地及埋葬取締規則」全八条は十七年十月四日に太政官布告第二五号として制定された。この規則で注目すべきは第二条に「墓地及火葬場ハ総テ所轄警察署ノ取締ヲ受クヘキモノトス」とされたことであるが、その理由は「墓地及ヒ火葬場ハ風儀健康ニ関シ法律上ニ於テ警察ノ注視保護ヲ要スヘキハ当然ノ事タル、然ルニ従前ノ法律規則中之カ例規ヲ定メタル明文ナキヲ以テ、各地方区々ノ取扱ヲ為シ既ニ東京府下ノ如キモ墓地ハ警察ニテ之ヲ管理セサルノ習慣ナリ、今ヤ教導職ヲ廃セラレ自葬ノ禁ヲ解カレ候ニ付テハ其取締ノ一途ニ出テ、益々緻密精確ヲ加ヘサルベカラザル論ヲ俟タストス、是レ本条ヲ要スル所以ナリ」ということであった。『明治十七年公文録』(内務省十月第一「墓地及埋葬取締規則布達ノ件」)参照。

(85) 当然、明治五年施行のいわゆる壬申戸籍への宗旨記載も不要となり(森岡清美『家の変貌と先祖の祭』日本基督教団出版局、一九八四年、および前掲高木『明治カトリック教会史(中)』二四五—二四六頁参照)、また六年に制定された「犯罪逃亡之者人相書文例書式」にある宗門記載も不要となったのである(『公文録』明治六年十月教部省伺「犯罪逃亡人々相書宗門記載ニ付伺」参照)。

(86) 明治二十年三月三十日、内務省は訓令第二一号で浄土宗の知恩院、増上寺、金戒光明寺、知恩寺、清浄華院の五本山に対し、紛争を続けるならば「第十九号布達ニ拠リ自治ノ特権ヲ享有スルコト能ハサル者ト認定スル」と訓令している。また二十五、六年の曹洞宗の永平寺と総持寺との内紛にも内務省は介入しており、また島地黙雷も井上馨にその調停を依頼している。

(87) 前掲拙稿「法と新宗教」参照。

第III部　国家神道の形成と展開

第八章　神社非宗教論と国家神道の形成

一　はじめに

明治十年代は、日本近代の信教自由・政教分離にとってきわめて重要な画期をなす政策・行政が展開された時期であり、国家神道の形成・成立を考えるうえでも重要な意味を有する施策が展開された時期である。後年の神社非宗教論を決定・方向づけたとされる十五年の神官教導職の分離、あるいは宗教教団の教団自治を一歩前進させた十七年の教導職制廃止、さらには国家と神社の分離を促そうとした明治十八年から十九年にかけての「神社改正ノ件」などがそれである。

これら一連の政策が、教育勅語に「宗教・哲理」の要素を混入させることを拒否し、さらに議員の宣誓に際して「宣誓式ヲ誓詞ニ改メ神明ニ誓フ之文字ヲ良心ニ誓フ事……賢所参拝ハ別ニ単一ノ儀式トシテ誓詞ニ関係ナキ事」(1)を主張した井上毅の意見に直接的に帰結するかどうかは、俄には判断しかねる歴史的要素を多分に含んでいる。しかし、これらの政策が、安丸良夫氏のいう「日本型政教分離」の確立に向かって歴史的に展開されたことはほぼ間違いのないところであろう(2)。

ところで、「政府ハ宜シク教門ヲ統御スヘクシテ、而シテ之ニ干渉スヘカラズ」(3)という井上の政教分離論が、本書第六章で触れた左院のそれと共に「日本型政教分離」の典型であるとするならば、教門＝宗教の統御は何のために、そして何を手段としてなされねばならなかったのか。それは井上にあっては、宗教を国家支配のために必要不可欠な

「治安之器具」とすることが目的であり、手段は天皇そのものであったろう。そしてそれは、井上が「天皇の聖別化」を欠いてもなおかつ有効で円滑な支配を持続しうる政治システム[4]の設計を不可能と認識した時点で、「天皇の聖別化」作業として浮上してきたものと思われる。とするならば、「日本型政教分離」の進行は「天皇の聖別化」作業と表裏一体の関係にあり、その関係の安定・固定化を決定づけたものが教育勅語ということになろう。

このように、教育勅語を媒介項とする、天皇・国家と宗教との関係こそが「日本型政教分離」の姿であると安丸氏はいうのであるが、ではいったい神道・神社と天皇・国家との関係はどうなのか。「祭儀へと後退した神道(国家神道のこと—筆者註)を、イデオロギー的な内実から補ったのが教育勅語である」と氏はいうが、これはいつの時点を指していっているのであろうか。はたして教育勅語発布前後の政府、あるいは井上毅に、神社非宗教論を補完・強化するためにこそ教育勅語が必要であるという現状認識があったのであろうか。かかる理解は、中島三千男氏もいうように、当時の帝国憲法起草者が意図していた帝国憲法第二八条の「信教自由」の意味内容からは得られないものであり、神社が卓越した国家的保護を依然として当然のごとく享受していたとする見解から生じたものであろう[5]。

この時点で井上が神社に対して考えていたことは、せいぜい神宮・熱田神宮・上下賀茂神社などの皇室関係神社を宮内省に移管することと、官国幣社の保存金を十五年から三十年に延長し、かつ上地森林を官国幣社に返還することぐらいであった[6]。この考えは基本的には、「神社改正ノ件」に際して三条実美が十九年十一月に述べた「神社ノ盛衰ヲ以テ人民ノ信仰ニ任スル一応当然ノ事ナレトモ、千有余年国家尊崇ノ神社、帝国ニ関シ由縁アル格別ノ社ハ、人民ノ信不信ニ拘ハラス皇室ト与ニ悠久保存之事至当ト愚考仕候[7]」という意見を踏襲するものであった。ゆえに、同じく「日本型政教分離＝国家神道体制」とはいっても、この当時の井上らの政教分離論・神社非宗教論と後年の神社局独立以後の政教関係——特に国家と神社との関係——を同一に論ずることはできないはずである。

かかる視点に立って本章では、明治十年代初頭から政府内外で擡頭してきた神社非宗教論を背景とする宗教政策の展開が、国家と神社との関係にいかなる変化をもたらし、それが十年代から二十年代初頭の政教関係形成にどのような影響を与えたかを考察する。結論的にいうならば、明治十年代の神社非宗教論による宗教政策は、教導職制廃止、官国幣社保存金制度の導入を前提とする帝国憲法第二八条の規定によっていちおうの終結をみた、とする立場を本章は採るものである。ゆえに、明治十年代の神社非宗教論による宗教・神社政策は、そのまま「神社は国家の宗祀」というあの明治四年五月の太政官布告のテーゼを再確認した、明治三十三年の神社局独立、三十九年の官国幣社国庫供進金制度・府県社以下神社の神饌幣帛料供進制度、つまりは国家神道の成立には直結していないし、当然安丸氏のいう「日本型政教分離」説も質的に二段階にわけて再検討されるべきものであろう。井上の「神祇院ノ件各大臣皆捺印賛成ニテ西野文太郎大慶ト存候」というあの精一杯の皮肉にこそ、この質的差異が如実に表れているといえよう。

二 内務省による神社政策の修正

明治十年一月十四日教部省が廃止され、新たに内務省に社寺局が設けられてその事務を継承することになった。内務省に社寺・宗教行政を管掌させることは、同省の設置が決まった直後の六年十一月二十日の伊藤博文宛木戸孝允書簡にも「教部を被廃、社と寺との一寮を内務省中被差置候ても可然歟」(8)と述べられており、事実同省は徐々に教部省の社寺・宗教行政に関与しだすようになる。地方の招魂社の管轄を手始めに官国幣社の経費・営繕費についても教部省とその権限を争うようになり、また府県社以下神社の祭典費・神官給与の民費課出、神宮大麻の地方官関与についても教部省の方針と衝突する。(9)ことに神社に対する内務省の政策は教部省とはきわだって相違しており、官社はともかくとしても諸社は完全に「民祭の神社」とされ、国家と諸社との分離を推進しようとした。

このもっとも典型的な例は官吏と神官の兼務を否とした九年十二月二十八日付の「官吏神官兼務之儀ニ付上申」(10)に

表れている。これは同年十月九日付で福岡県令渡辺清が、従前地方官吏が官国幣社神官を兼務している例をあげて、地方官吏および区戸長が官国幣社以下神社の神官を兼務する場合、その官等の扱いをどうすべきかについて伺い出たことに端を発する。これに対し、内務省は「神官ハ僧侶トヒトシク民家之招ニ応シ常ニ私祭ニ携候者之儀ニテ等外ヲ不問民政官吏之兼務不可然儀トハ存候」と上申、その指令を仰いだ。この上申に対する指令の下問を受けた法制局は十年一月十二日、「官吏ニシテ神官ヲ兼ネ人民ノ請ニ応シ其礼金ヲ受ケ候等ノ事有之候テハ不都合ノ極」として、官吏の神官兼務を不可とする指令案を上陳、一月二十七日付で内務省にその旨指令された。

　そもそも神官と官吏の兼務は四年五月の「官社以下定額」に関する太政官布告で、国幣社長官は「府藩県大少参事ノ兼任トス」と規定されたことに由来するもので、実際にはそれがうまく機能しないことは教部省も認めていた。しかし、神官を僧侶と同一視するまでには徹底していなかった。また、地方官と教導職との兼務についても教部省は積極的であったが、これには内務省設置以前から太政官も否定的で、六年十一月十日に教部省が大分県令森下景端の権中教正兼務を上申した際も「上申之趣難被及御沙汰候事」と指令されている[11]。ついで七年六月二十八日にも教部省は相川県参事鈴木重嶺の中教正兼務を上申し、この時は太政官大内史の土方久元も「不得止儀トハ存候」としながらも、いちおう内務省に下問した。これに対し、内務大少丞は「一体治県専務之者旁ラ教導兼務致候儀ハ不都合之次第有之、自然専務之方疎漏ニ相成、或専兼両ガラ《ママ》完全セサルノ弊無之トモ難申」として反対、七月四日史官は不可の旨を教部大丞三島通庸に伝えた[12]。

　このように内務省は一貫して地方官の神官あるいは教導職兼務に民治上の立場から反対し、教部省時代に見られた祭政教一致(官吏の神官・教導職兼務)の名残は完全に払拭されようとしていた。大教院の解散を待つまでもなく、教部省時代においてさえ内務省流の祭教・政教分離は独自に進行していたといえよう。ましてや、教部省が廃止されて、社寺・宗教行政を内務省は一手に掌握したのであるから、その路線がさらに推進されるのは当然であろう。

十一年三月二十三日には神宮大麻の地方官不関与・受不受は人民の自由が達せられ（内務省乙第三〇号）、さらに神道四部制についても「元来各宗派分合ハ其志願ニ一任可致筋之処独神道ニ於テ行政上ヨリ其部分ヲ区別可致筋無之」と同年六月十二日に神道部分の廃止を上申している。[13] これには法制局も「当初為スベカラザルヲ為シタルモノニシテ……且当今教院事務改正ノ為メ差急候次第有之趣、主任者申立之旨モ有之」と同意し、七月六日廃止が達せられ、新たに神道は管長を選出せねばならぬようになった。これらの措置が、神宮大麻ですら特別扱いせずに宗教的なものとし、さらには神道事務局に結集する神道を宗教として扱おうとする内務省の態度の表明であることは安易に察せられよう（すでに教部省時代の九年十月には神道事務局から黒住派・修成派が別派特立していた）。[14] 神社と教派神道の分離への方向は、すでにこの時点で志向されていたといえよう。

かかる神道における宗教的要素を行政の範囲外にしようとする傾向は、必然的に神道を祭祀と宗教に分離して考えざるを得なくする。これはいうまでもなく、神社非宗教論へと展開する。だが、ここで注意すべきは同じく祭祀＝神社とはいっても官国幣社と府県社以下神社との区別があり、さらには同じ官国幣社でもその創建の由来や信仰・崇敬の形態に大きな相違があり、一概にすべての神社を非宗教、国民道徳的施設とするわけにはいかない。そこでまず内務省は府県社以下神社と官社との相違を明確にし、諸社は「国家の宗祀」でなく「民祭の神社」であることを公式に打ち出す。これは十二年十一月十一日の太政官達第四五号「府県社以下祠官祠掌の等級を廃し、身分取扱を一寺住職と同様とする件」となって具体化される。内務省は祠官・祠掌の給料の官費・民費支出が六年に廃止されたことによって「其実際ハ寺院住職ト同一ノ姿」とし、祠官・祠掌がいまだ官等を有しているのは「権衡」を欠き、不都合としたのであり、法制局も同意してこの達となったのである（井上毅がかかる内務省の宗教政策にどの程度関与していたかは明らかではない。ただ、十一年九月四日から十三年三月まで内務大書記官を務めていたから社寺局の宗教行政にも上官として参画していた可能性はあろう）。[15]

こうして大久保利通、伊藤博文が内務卿在任中に、国家は神道・神社との関係を急速に薄めるようになり、神道・神社をも含んだ政教分離への方向はもはや確実な路線となったのである。これは伊藤のあとを承けて十三年二月二十八日に内務卿に就任した松方正義も同様で、十四年七月九日には「政教全ク判カタレテ旧典古儀修習ノ者、亦奮励日ニ進」むようにするため、皇典講究所に御内帑金を下賜するよう上申している(16)。もはや教部省時代のように国家が宗教に直接関与・干渉することは実際上不可能でもあり、また得策でもないと内務省は観念していたのである。かかる内務省の方針がキリスト教政策およびそれと密接に関連する教導職制の見直しへと進むことはいうまでもなかろう。

三　神官教導職制の廃止

六年二月二十四日の太政官布告第六八号でキリスト教禁止の高札が撤去されたことは周知の事実であるが、当時の留守政府はこの措置がキリスト教の解禁はもとより黙許ですらないことを外務省に明言していた(17)。この方針は建前としてはずっと続くのであるが、本書第七章でも触れた八年六月の「高橋市右衛門一家耶蘇教改宗事件」に象徴されるように、政府はキリスト教の浸透に対してはもはや有効な手段・政策は打ち出せなかった(18)。

この事件より前の七年十月には長崎県令宮川房之から教部省に、はじめて管内人民が公然と「切支丹」に改宗すると届け出たことに対する措置の伺いが出された(19)。教部省は十一月二十五日付で正院に「此際確ト指令不致候テハ後害難測候条、断然難聞届存候ヘ共是迄類例無之義ニ付、為念別紙取副相伺申候速ニ御指揮被下度」と上申した。しかし正院はなんら具体的な指令を出すことは出来ず、前述したように八年の「高橋事件」でも「伺之趣ハ心得違無之様篤ト説諭為致候様指令可致事」と教部省に「指令」するしかなかった。この「改宗事件」は長崎、東京にとどまらず、千葉、愛知、静岡の各県からも同様の伺いが相次ぎ、教部省は八年十月十日付で七年の長崎県を含む四県の「改宗事件」についての正院の指令を仰いだ。そしてさらに教部省は十二月二十日付で、またもや静岡県から改宗者が出たとして「右事情切迫ニ付至急何分之御指揮有之度存候」と上申した。この上申に対し正院は法制局にしかるべき対策を下問、法制局は十二月二十七日付で大史と連名で「耶蘇教処分」についての意見を上申した。これが『井上毅傳・史料篇』第一に収録されている「外教制限意見案」[20]である。

この「意見案」は、キリスト教対策として「甲　旧法ニ因リ厳ニ外教ヲ禁ス、乙　宗門ノ自由ヲ許ス、丙　制限ノ条則ヲ設ケ其内想ヲ寛メ其外顕ヲ禁ス」の三案が想定され、甲案は現状では実現不可能、かといって乙案は時期早尚で危険が多すぎる。となれば丙案しかない。よって実行が可能なものとしては丙案しかなく、その具体的対応策としては「第一外教書ヲ刻スルヿヲ禁ス、第二衆ヲ聚メテ外教ヲ講スルヿヲ禁ス、第三葬祭外教ノ式ヲ用ルヿヲ禁ス」を提案している。しかし正院はこの法制局・大史による具体的なキリスト教対策に対しても明確な判断を示さず、うやむやで終わらせてしまった(当時、井上は二等法制官であり、宗教関係に明るかった三等法制官桜井能監、四等法制官股野琢[21]らとともにこの上申案を作成したものと思われる)。この後、九年にもキリスト教改宗者は続々と増加し、教部省のみならず司法省も函館・長崎両裁判所からのキリスト教徒自葬についての処分方を上申したが、やはり正院はなんら具体的指令を出すことは出来なかった。

かくして十年三月に至り、内務省はキリスト教の書籍出版も内容的に見て許可せざるを得ない状況にあると上申した。この上申に対し法制局(主査股野琢)は「耶蘇宗教ニ属スル事件ニ付テハ去ル八年十二月当局見込上申仕置候得共未タ御決済不相成、因テ考査スルニ今此外教書出版ヲ許スハ天道溯原出版モ皆許サザルベカラズ……然ル時ハ従来ノ慣習ヲ破リ明許ノ姿ニ相成」として「就ヒテハ此上如何処分可致哉、最前上申ノ見込書ト共ニ併セテ至急御裁可相成度」と上申した。だが、政府はなおも明確な指令は出せず、従来通りの、建前はキリスト教厳禁、実際は黙許という二重政策を踏襲せざるを得なかったのである。キリスト教書籍は実際に漢訳でも流布しており、「第一」の条目は有名無実と化している。「第二」の人民を集めて布教することを禁じることは外国人宣教師の場合には手が出せない状況であることはいうまでもない。

とするならばキリスト教が禁止されていることの具体的な法制は、葬儀執行が教導職のみに限定されているという、キリスト教徒が自己の信仰に反した葬儀をせざるを得ないような教導職制にしかない。ゆえに、教導職制の廃止がキリスト教解禁に直結することは自明の理であった。この教導職制については内務省も政教分離論や神社非宗教論の擡頭からその廃止を志向していた。

教導職制の廃止は早くから島地黙雷が主張してきたことであり、十年二月にも渥美契縁と連名で、一、寺院共有論、二、寺院地の民有地第二種編入、三、寺院住職の法類・檀徒による薦挙制、四、住職本籍の現住所化、五、「宗門ノ教導職」化の徹底など八箇条にわたる「社寺局改正意見」を建言した。(22)また島田蕃根も十三年十二月参議山田顕義に「教導職ヲ廃止スル儀」(23)を呈出、教導職の奉ずる三条の教則にいう「敬神」は皇祖天照大神を指しており、造化三神という漠然たる「神道者流ノ説」を神官教導職が主張していることを批判。さらに「元来神官ハ一ノ官吏ニシテ神社ニ奉仕スル者ナリ、然ルニ教導職ヲ兼ヌルヲ以テ教導用ヲ以テ他行シテ其神社ノ奉仕ヲ欠ク少ナカラス、僧侶モ亦兼務ト本業トヲ混乱シ、未タ自利ノ行ヲ修メス強テ他ヲ教導セント欲スル者アリ、就テハ今日断然教導職ヲ廃シ、神官ニハ従前ノ通リ位階ヲ与ヘ、僧侶ニハ僧官ヲ与ヘ、僧侶ハ門徒ヲ教化スルニ真俗二諦ヲ以テシ、神官ニハ其神社ニ於テ講社ヲ結ヒ人民ニ道徳ヲ教ヘシムレハ、判然区分相立混乱ナカルヘシ」との意見を述べて、教導職制の廃止を主張した。

ついで十四年一月には赤松連城が教導職制廃止の建言を社寺局長桜井能監、内務卿松方正義およびその念押しのため参議井上馨に呈した。さらに三月には東本願寺の権中教正渥美契縁・少教正鈴木慧淳が松方正義に教導職制を廃して、神道を非宗教たる「国家ノ大典」とすること、および僧官制を復古して大僧正以下が各自の宗教を宣布することが「皇化ヲ翼賛」することになると強調した。(24)この建議は神道祭神論争の勅裁があったすぐあとに出されており、神道非宗教論で政府を揺さぶるには絶好の時期であった。かくして前記したように松方は同年七月、政教分離を推進する方策として皇典講究所の設立およびその資金の下賜を三条実美太政大臣に上申したのである。

こうして教導職制廃止・政教分離・神道非宗教論(いまだ神社非宗教とは限定されていなかった)へと内務省は動き出す。十四年十月二十一日には内務卿が松方から山田顕義に交替し、以後十六年十二月まで山田は卿を務めることになる。内務卿に就任してから約二か月後の十二月二十二日、山田は神官が教導職を兼補していると、(一)祭典・教務いずれもどちらつかずになる、(二)教導職=宗教者として祭神を本尊視して「宗教忿争」を惹起しかねず、その禍が祭神におよぶ危険性がある、(三)一七万社もの府県社以下神社神官が教導職兼補であることは兵丁確保の面からも得策ではない、との三点の弊害理由を挙げて、神官と教導職の分離を上申した(25)(分離後は司祭の官を設けて神社・神官を別に管轄し、教導職は従来通り内務省が管轄するとしている)。この上申案はすべての神官の教導職兼補を解くとしていたが、結局、府県社以下神社神官は「当分従前ノ通」とされた。この措置によって官国幣社神官が「宗教忿争」を起こす可能性はなくなったが、一面からいうならば官国幣社およびその神官はすこぶる宙ぶらりんな立場に置かれてしまったことになる。宗教的活動は禁止される、かといって「国家の宗祀」としての名実は四年五月の太政官布告からは大きく後退したままでは、神官も意気消沈せざるを得ない(熱田神宮・出雲大社には十四年五月に、神宮には十五年一月にそれぞれ権宮司が増置されている(26)。また十五年九月二十一日には神官の官等が若干上がっている(27)。十五年以降の神社政策については後述する)。

ともかく、この神官教導職の分離によって教導職制の廃止に伴う神社をも含めた国家と宗教との関係の調節は大きく前進することになる。十六年十二月十二日、内務卿は山田から山県有朋へと交替。山県は井上毅に神祇・宗教政策の抜本的見直しを指示する。十七年三月十七日付で井上は山県に神道非宗教論を前提に教導職の廃止に伴う措置として、(一)神官に嘱望の目的を与えるために宮中に「神祇伯ノ官」を設けて「国典ノ源流」とすること、(二)僧官・度牒制を復して僧侶志願者を厳しく制限すること、(三)文部省に国学研究・教授のための学校を設け、「立国ノ不可欠ノ要務」とすること、(四)神社の管轄は宮内省に移管するか、もしくは内務省に神社局を設置して寺院管轄と区別すること、を提案した。ついで翌十八日にも「神仏ノ為ニ安静ノ位置ヲ与」えることが必要として前日の意見を敷衍している。(28)この意見を読んだ山県は四月十四日付で「神道者流之始末ハ、随分困難ニ可有之、多少之紛議を生候共、将来之大患を防キ、断然挙行不致てハ不相成儀と奉存候」(29)と神道・神社処分の決意を表明した。

さらに井上は四月十九日付でキリスト教対策をも含めた全般的な宗教政策に関する意見を開陳し、「一法律上宗旨ノ自由ヲ公布ストモ行政上認可教ト不認可教トノ区別ナカルヘカラズ、一宗旨ヲ以テ治安之具トセントナラハ国民多数ノ信仰アル宗旨ヲ用フヘシ、一宗旨ヲ以テ政略ト和合セシメントナラハ可成外国ヲ以テ中心点トスルノ教ヲ用ヒズシテ内国慣熟ノ教ヲ用フヘシ」の三点を前提に、いまだ仏教を退けるのは得策ではないとして、(一)本山の支配権を認め、(二)度牒制を復し、(三)僧綱を勅任とし、(四)学課修了者には一年壮兵の特権を与える、ことを提案した。また仏教とキリスト教との紛争に関しては、法律上各宗教の信仰自由は許すが、宗教上の諸特権は政府が認可した信徒三〇万人以上の「教会之組織」に限定すれば、当分はキリスト教側からの積極的攻勢は防止出来るとした(30)(もっとも仏教各宗派は十五年暮れころから「耶蘇教撲滅」運動に積極的であり、各地でキリスト教の講演会を妨害していた)(31)。

こうして井上は山県の下問を承けて具体的な宗教政策の立案に着手した。その成果が「山県参議宗教処分意見」(32)と思われる。これは「一、法律上宗教ノ自由ヲ認ム、一、従来認可シタル宗教ニ向テ、保護ノ旧法ヲ存ス、一、佗ノ宗教ハ之ヲ容忍ニ附ス」を原則として、「第一、自葬ノ禁ヲ解ク、第二、教導職ヲ廃ス、此両条ハ自由ヲ認メ、干渉ヲ省ク者ナリ、第三、僧官ヲ復ス、第四、従前許可シタル寺院ノ免税権ヲ存ス、此両条ハ、保護ノ旧制ヲ存スル者ナリ、」という実際の施策を述べたものである。この他に、(一)皇室の葬儀に関しては葬儀使を置く、(二)神宮祭主は二等官とする、(三)官幣社は宮内省の所管とし、国幣社は社寺局所管でその営繕費は廃止する、(四)新設神社には免税措置は適用しない(これはキリスト教会の免税要求を牽制するため)、(五)「国民愛国ノ情素ヲ養生」するため皇典講究所を文部省に移管する、(六)自葬を解禁し、埋葬規則を設ける、(七)僧綱を復して僧正を勅任とし一般僧侶の任免権を本山管長に与える、などを提案しているが、実際にこの年に施行されたのは教導職の廃止とそれに伴う自葬の解禁のみであった。いかに井上の意見が説得力があり、かつ山県が支持していたとしても、時の政治的状況は複雑であり、そうすんなりと一個人の力で宗教政策が全面的に転換できるわけではない(たとえば西本願寺の大谷光尊は七月十九日付で参議井上馨に僧官制の導入について「教導廃止ニ相成候所詮無之抑為宗教其功ナキノミナラス政治上而モ有害之事被存候若御取扱上ニテ何トカナラネハナラヌト申事ニ候ハ、管長ト一般僧侶ト区別相立候而モ可然歟」[33]と述べ、僧官制に強く反対している)。

しかし、山県が内務卿として、留守政府以来の政教関係の基本であった教導職制にとどめを刺したことはやはり画期的なことであり、これには井上が重要な役割を果たしたことは間違いない(むろん何度もいうように、教導職制の見直しをはじめとする宗教政策の基本的方針は社寺局が調査・立案していたのであり、井上の存在を過大評価することは出来ない。これは僧官制の調査を井上頼圀に依拠していることからも自明のことであろう)。

十七年七月、内務省は教導職制の廃止を上申、「政府カ直接宗教ニ関渉スルコト具弊ヲ生スル既ニ多シ」と決めつけて政教分離へと踏み出した。[34] もちろん全然政府が宗教に干渉しないというのではない。管長制による間接統治、まさに井上のいう「政府ハ宜シク教門ヲ統御スヘクシテ、而シテ之ニ干渉スヘカラズ」を狙ったものであった。八月十一日、太政官布達第一九号によって教導職制は廃止され、管長制による一定の枠内での教団自治権が付与された。これに伴い自葬禁止も十月二日には解禁が指令された。[35] そしてキリスト教も事実上解禁された。政府に残された課題は、仏教・キリスト教をいかにして「牢絡」するかであった。また神道関係者にとっては、いかにして神社を宗教から隔離し、「国家の宗祀」の名実を回復するかであった。同じ政府部内でも神社の扱いに対する見解には大きな隔たりが存在したのであり、それはいわば「西野文太郎派」と「井上毅派」の対立でもあった。

四　「神社改正ノ件」と神祇官再興問題

明治十年代の神社政策の帰結は二十年三月十七日に導入された官国幣社保存金制度（内務省訓令第一五号）とその翌日十八日の官国幣社神官廃止・待遇官吏化であった。これらの措置が国家と神社の分離路線に位置づけられることはいうまでもない。政教分離政策の神社版であった。ここに至るまでにはもちろんさまざまな迂余曲折があったのであり、国家と神社との関係をどう調節するかで政府部内にかなり鋭い反目・対立が存在した。端的にいうならば井上毅・山県有朋・松方正義は神社を国家からなるべく分離しようとし、これに対して山田顕義・佐佐木高行らは神社を国家的機構に位置づけようと努力した。

そもそも国家と神社の関係が公的に制度化されたのは明治四年五月の官社定額に関する太政官布告に端を発する。これによれば、官国幣社は固定的なものではなく、増加することが予定されていた。経費・営繕費の点から大幅な官社列格は困難であり、国家が率先して創建した国民道徳的・記念像的神社はともかくとしても、諸社からの官社列格はきわめて少数であった(36)。一方、四年五月の列格も必ずしも厳密な考証の結果からのものではなく、神社間の社格の不公平さも指摘されていた。要するに現行の官社制度の再検討の必要性が十年後に生じたのである。

そこで太政官第二局は十五年十一月、(一)現行の社格を有する神社の再調査・改定および新規加列神社の調査、(二)国家に大勲功のある「文武諸臣」の神社創建・列格の推進、を図るために「明治神社式」を確定するよう上申した(37)。この上申は十一月十一日回議に付され、十二月七日上奏・裁可されて、内務卿に「今般明治神社式御定可相成ニ付祭神社格ヲ審査シ意見具状可致此旨内達候事」と内達された（太政官第二局には股野琢がいたことに注意）。かくして官社制度の見直しが図られることになり、ついで十六年四月二十日には内務卿山田顕義から「准官社案」が上申された[38]。これは各地から官社昇格願が出されていることに対応しようとしたものであり、官社昇格は経費等の面から困難であるので、神官に官等を与え、若干の幣帛料を古社寺保存金から下付するという案であった。この上申に対し参事院議長山県有朋は現行の社格制度に混乱を来すとして、まず「明治神名《ママ》式」の編纂が先決で詮議はその後でよいとの指令案を五月三日上申した(この指令案は半年以上経った十二月二十一日に指令されている)。この間、相当の応酬が山田と山県との間であったものと推察される。ちなみに山田の内務省と山県の参事院の神社政策・行政に関する意見の相違・対立は、内務省が十五年四月二十二日に上申した官社宮司・権宮司の叙位に関する上申にも端的に表れており、参事院は八月七日付で「伺之趣難聞届候事」との指令案を上申したが、太政官第二局は「抑宮司ハ官国幣社ニ奉事セシメラル、主官ナルニ従来叙位ノ例ナキハ朝廷崇祀ノ意ニ背違スル者ト謂フベシ」として参事院の指令案を排し、内務省の上申を裁可させている[39]。

この「准官社案」の上申に先立って内務省は十五年六月に神社営繕費の増額を要求したが却下され、ついで九月十三日付で新列官社の新築費として一社一万円、修繕費として一社六五〇円の増額を要求したが、十六年度から五千円の増額が認められただけであった。そこで山田は十六年三月三十日、営繕費残額の次年度繰越だけでも認めるよう上申したが、この件を下問された大蔵卿松方正義は営繕費は「据置トナスヘキ性質ヲ有セス」と太政官第一局掛参議の山県有朋に回答、結局五月八日付で「伺之趣難聞届候事」と内務省に指令された[40]。このような山県、松方は神社関係費の抑制にきわめて熱心であり、この傾向が明治二十年の官国幣社保存金制度へと帰着するのである。

ついで十六年十二月には内務卿が山県に交替し、前述したように神社政策をも含む宗教政策の全般的見直しにとりかかる。神社政策に関してはまず十七年七月、「明治神社式」の調査が一段落し、国幣社で昇格すべき神社六社、新規の官社列格一六社を決定、上申した。これは翌十八年四月二十二日付で裁可されている[41]。

さらに十七年十二月一日には「祭典神社及神官関係ノ事務式部職ニ被移管度儀ニ付稟申」を上申した。[42] その要旨は、現行では神社関係の管轄が内務省(社殿の建築・修繕、社務・神官進退・社入金等)、宮内省(祭式)、大蔵省・地方庁(経費・遷座費)にまたがって錯綜しており、不便である。この弊害を解消するには神社を式部職に移管するのが得策である、なぜなら式部職の管掌する帝国の祭典・礼式はひとり賢所等の祭典のみならず神宮をはじめ全神社の祭典等も包含されているのであるから、こうすることが明治十五年の「祭教ヲ分離セシ精神」を貫徹することであると内務省はいうのであった(社寺局は宗教局と改称し、神仏宗教・寺院を管理させる)。この上申に対し太政官第二局は「一応尤に相聞ユ」としながらも「眼前事務上差支無之モノ」として、「上申之趣即今何分之難及詮議候事」との指令案を上申、十八年一月十六日指令された。

なお、この上申に井上毅が関与していたかどうか関心の持たれるところであるが、井上は十七年三月十七日付の山県宛意見では神社の宮内省移管あるいは内務省に神社局を設置するとしたが、「山県参議宗教処分意見」では官幣社のみを宮内省移管としている。はたして最終的な考えがどちらかはよくわからない。あるいはこの上申の趣旨の建言を千家尊福が十七年九月二十八日付で述べており、また社寺局長の丸岡莞爾の前職が式部権頭でもあり、また井上も兼任図書頭で宮内省に関係していたこともあって、社寺局としてはこの千家の意見を妥当として採用、上申におよんだのかもしれない。ちなみに宮内省のこの上申についての意見は、古来の「二十二社」および鹿島・香取・氷川・日吉(日枝のことか)の合計二六社を宮内省に移管すべきというものであった(むしろ井上はこの意見に同意したのかもしれない)。いずれにせよ山県の内務省が神社の宮内省移管によって完全に神社を非宗教とし、政教分離を制度的に確立しようとしたことは事実であろう。

ところで山県にしてみれば、千家がいうように同じく国庫から官社経費を支給するのなら、その出所を宮内省に変更しても問題はなく、かつ政教分離が制度的に明確になるのであれば一石二鳥であると当然思ったのであろう。不裁可は彼にとって非常に不本意であったと思われる。

こうして山県の内務省による神社の宮内省移管案は失敗に終わり、事態は依然として進展しなかった。官社列格あるいは昇格によって神社経費の増額は必至の情勢であり、政府内外の神祇官再興論も日増しに強くなってきている。一方、条約改正や議会開設を念頭に置けば政教分離の徹底は急務の課題である。かといって、全神社を非宗教として国家が面倒をみることは財政的にも不可能であり、かつ神社の種々の性格からいっても当然一律には論じられない要素を含んでいた。残された選択肢は、天皇と不可分の神宮を特別に扱い、自余の神社を国家から徐々に切り捨てることであった。この具体的提言が内務・大蔵両卿による十八年の「神社改正ノ件」であった。[43] その要旨は(一)神宮の扱いをさらに丁重にする、(二)官社を官幣社に統一し、経費・営繕費を廃して一〇年間補助金を下付する、(三)府県社以下神社の官幣社加列の制度を定める、というものであった。

この上申に対し、太政官第二局は六月十九日付で人民の神社崇敬の実情からいっても得策ではなく、人民の不信を買うものであるとして強硬に反対した。太政大臣三条実美もこの上申があまりにも急進的過ぎるとして、十二月十八日見送るよう指示し、いったんは「上申之趣目今詮議ニ難及候事」と指令された。しかし、同月二十二日太政官制が廃止され、三条は内大臣となり、伊藤博文が総理大臣となるにおよんで事態は一変する。十九年二月二十三日、内務大臣山県有朋、大蔵大臣松方正義は再度「神社改正ノ件」の上奏案を伊藤に進達した。内務省はこの案の理由として、(一)神宮の経費は官幣大社の約六倍とはいっても、その特別の地位と規模に比すれば決して丁重な扱いとはいえない、(二)往古といえども官社すべてに国庫から経費を支給した例もなく、また際限なく増加する可能性のある官社に経費を支給することは不可能、(三)一〇年間の補助金によって官社の自立を促進し、官幣社には幣帛料下賜と神官の奏判任待遇によって十分国家の神祇崇敬の実は挙げられる、とした。

この上奏案は三月二十六日閣議にかけられたが、またもや股野琢が猛反対し、結局上奏されたのは十一月十九日であった。内大臣三条実美も十一月、皇室ゆかりの神社の特別保護や保存金の年限を十五年に延長することを条件に「寡額ノ金円ヲ以テ敬神ノ主意ニ遺憾無キノ良結果ヲ得ルノ目的タル上ハ敢テ異議ヲ容ル、無キナリ」との意見を述べ、上奏の際には「官国幣社ノ名称ノ旧ノ如クシ十年間ノ補助金ハ十五年に改メラレタシ」との三条の意見に松方、山県、山田が同意した。かくしてこの修正意見の通り、上奏・裁可され、十一月二十二日付で内務・大蔵両省に指令された。これによって官国幣社は十五年後には各目上の国家との関係を除いては自立させられることに決し、その維持は人民の信仰如何に任せられることになったのである。

かくして明治二十年三月、官国幣社保存金制度の導入、官国幣社神官の廃止・待遇官吏化が実現され、官国幣社を含めた神社の国家からの切断策の第一歩が踏み出された。そして二十二年二月十一日、大日本帝国憲法が発布され、その第二八条で信教の自由が確認される。その日の朝、かつて神官に対して不敬行為をしたとして文部大臣森有礼が西野文太郎によって暗殺される。(44) この事件を契機に神社の将来に不安を覚えていた神社関係者は、政府に神祇崇敬の実を示すよう迫る。(45) 枢密顧問官の佐佐木高行らも二十三年十一月の国会開設の前に神祇問題を解決すべく猛運動を展開し出す。佐佐木らの神祇官構想は、井上が十八年十二月二十二日付で松方に宛た書簡で述べたような小規模なものではなく、「天下ノ耳目を驚カス」(46) ほどのものであった。佐佐木らの案は宮中にかなり大規模な神祇官を設置しようとしたものであり、その官員は伯以下約七〇名であった。これが「可成二三之重なる官員を置くに止メ、宮内省中ニ一ノ神祇官ヲ置ク様之重大なる事ニ至らざる方」という井上の意見と対立することはいうまでもない。さらにこの件に大きな影響力を有していた司法大臣山田顕義は、佐佐木らの案に対し、神祇官(院)を会計検査院や行政裁判所のような直隷独立官庁とするよう修正意見を出している。(47)

神祇官(院)を宮中に設けるか、それとも独立官庁とするかは本来重大な問題であるはずであったが、佐佐木らはさほど意に介していなかったらしい。現に佐佐木は「神祇官は独立せしむるも宮内省に置かるゝも之を撰ばず只速に設置する事」[48]と述べ、皇祖皇宗の祭典をも国務にしかねない危険性には一向無頓着であった。神祇官が皇祖皇宗の祭祀のみならず全神社を管轄するものとする以上、神祇行政・祭祀を国務の範疇に入れると、必然的に非宗教(皇祖皇宗祭祀)と宗教(宗教的要素の強い神社)とを混同せざるを得ない。井上はあくまでも皇祖皇宗の祭祀を宗教として国務に属させることに反対した。二十三年十月十日、神祇官問題に関して井上は総理大臣山県有朋の下問に対し、神祇院設置不同意を表明、結局は「西野文太郎派」は敗北した。むろん、この井上の反対意見は外務大臣青木周蔵のきわめて政治的なそれとはまったく異質であったことはいうまでもない。

五　むすび

皇祖皇宗(神宮・賢所・皇霊)および天皇に対する崇敬は、断じてひとり神道関係者のみのものではない。そのことを、維新以来の神祇・宗教行政の展開から井上は確と学んだのではないか。そしてこの年の十月三十日、「社会ノ師表」としての天皇は教育勅語を発布した。「アラユル各派ノ宗旨ノ一ヲ喜ハシメテ他ヲ怒ラシムルノ語気アルヘカラズ」[49]という井上の意見は、神祇院問題にも貫徹されたのである。非宗教たる皇祖皇宗の祭祀・崇敬によってのみ、天皇の「聖別化」[50]は可能と井上は思慮したのであろう。はたしてこの井上の思想と国家神道の形成とは、どのように絡み合うのか。なお検討を要すべき課題であろう。

(1)『井上毅傳・史料篇』第二、二五〇頁。
(2)『神々の明治維新—神仏分離と廃仏毀釈—』(岩波書店、一九七九年)二〇八—二〇九頁、参照。
(3)『井上毅傳・史料篇』第六、一六八頁。

(4)　山室信一『近代日本の知と政治—井上毅から大衆演芸まで—』(木鐸社、一九八五年)一三〇頁。
(5)　中島三千男「明治国家と宗教—井上毅の宗教観・宗教政策の分析—」(『歴史学研究』四一三)参照。
(6)　「神祇院設立意見」(『井上毅伝』史料篇第二、二八〇—二八二頁)。なおちなみに述べておくが、官国幣社保存金の期間が一五年から三〇年間に延長されたのは、なにも別段井上だけの提案によるものではない。内務大臣西郷従道はすでに九月二日付けで、保存金を三十年に延長すべく閣議に上請している(国立公文書館所蔵『公文類聚』所収「官国幣社経費ニ関スル件」)。
(7)　国立公文書館所蔵『公文別録』所収「神社改正ノ件」および『公文類聚』所収の同件文書による。
(8)　『木戸孝允文書』五、一〇三頁。
(9)　本書第三章および補論2、参照。
(10)　国立公文書館所蔵『公文録』明治十年一月内務省伺「官吏神官兼務ノ儀伺」。
(11)　『公文録』明治六年十一月教部省伺「森下大分県権令権中教正兼補伺」。
(12)　『公文録』明治七年七月教部省伺「鈴木相川県参事中教正兼補ノ儀申立」。
(13)　『公文録』明治十一年七月内務省伺「神道教導職部分廃止伺」。
(14)　これについては宇野正人「神道教派別派特立の過程—明治九年における展開—」(『維新前後に於ける国学の諸問題』國學院大學日本文化研究所編、昭和五十八年)を参照。
(15)　『公文録』明治十二年十一月内務省三「府県社以下祠官祠掌ノ等級ヲ廃シ身分取扱ノ件」。
(16)　『公文録』明治十五年内務省一月第一「皇典講究所設立ノ為メ金円下付ノ件」および藤井貞文「出雲大社教成立の過程—神官・教導職分離を中心として—」(『出雲学論攷』、昭和五十二年)参照。
(17)　これについては史料としては『公文録』明治六年六月外務省伺「高札場廃棄ニ付異宗禁制ノ御趣意伺」、『大日本外交文書』第六巻、参照。研究論文では鈴木裕子「明治政府のキリスト教政策—高札撤去に至る迄の過程—」(『史学雑誌』八六—二)、服部弘司「明治初年の高札」(手塚豊教授退職記念論文集『明治法制史・政治史の諸問題』慶応通信、昭和五十二年)および本書第七章等を参照。
(18)　この事件については本書補論3も参照。
(19)　以下のキリスト教改宗関係の記述は国立公文書館所蔵の『内務省耶蘇教書板権願ニ付伺・法制局耶蘇教処置意見書』

および『外教許否関係書類』による。

(20)『井上毅傳・史料篇』第一、九—一一頁。

(21) 股野琢(天保九年—大正十年、一八三八—一九二一)は竜野藩の儒者達軒の子に生まれ、教部省の十等出仕を経て四等法制官となり、以後太政官大書記官、内閣書記官、宮内書記官、帝国博物館総長等を歴任した。政府の宗教政策における股野の存在はこれまで注目されてこなかったが、キリスト教政策、神社政策に関しても相当に関与していた形跡がある。今後もっと研究されてしかるべき人物であろう。

(22)『島地黙雷全集』第一巻(本願寺出版協会、一九七三年)八八—九二頁。

(23) 宮内庁書陵部所蔵『山田伯爵家文書』の「十一神道ニ関スル書類」所収。

(24) 註(16)の藤井貞文論文参照。

(25)『公文録』明治十五年内務省一月第一「神官教導職区分ノ件」。なお、山田顕義をめぐる神道・神社非宗教論については佐々木聖使「山田顕義と祭神論争」(『日本大学精神文化研究所・教育制度研究所紀要』一五)および「神道非宗教より神社非宗教へ—神官・教導職の分離をめぐって—」(同紀要、一六)が詳細に論じている。

(26)『公文録』明治十四年内務省五月第六「熱田神宮、出雲大社ニ権宮司設置ノ件」、明治十五年内務省一月第一「神宮権宮司増員ノ件」参照。

(27) 神官官等は五年二月二十五日の太政官布告で神宮の祭主は一等、大宮司五等、少宮司六等、官国幣大社大宮司七等、少宮司八等などと決められたが、十年十二月八日の太政官達で祭主は三等、神宮宮司は六等と下げられた。しかし大中小社の宮司は同じであった。十五年の改定では中・小社宮司の官等が九・十等から八等に上がり(小社・別格官幣社宮司は九等もある)、神宮禰宜も奏任官とされた。

(28)『井上毅傳・史料篇』第一、三八六—三八九頁。

(29)『井上毅傳・史料篇』第五、二五五頁。

(30)『井上毅傳・史料篇』第一、三八九—三九三頁。

(31) 十五年十月二十日付の『二七絵入新報』には「紀州高野山に於て、来十六年一月を期し日本全国各宗教導職の仏教大会を開き、将来宗教の目的を定め、耶蘇教の蔓延を防がんと、目今其準備中なりといふ」と報道されており、これ以後各新聞にキリスト教演説会の妨害記事などが多く見られるようになる。

(32)『井上毅傳・史料篇』第六、一六二―一七一頁。
(33) 国立国会図書館憲政資料室所蔵『井上馨関係文書』一五〇。
(34) これは形式的には内閣建議であるが、内務省が直接起案したことはその用箋を見ても自明であろう。『公文録』明治十七年太政官八月第一「教導職廃止並神仏各管長身分取扱等ノ件」参照。
(35)『公文録』明治十七年内務省十月第一「教導職廃止ニヨリ自葬ノ禁解除ノ件」「墓地及埋葬取締規則布達ノ件」、参照。なお、教導職制の廃止に伴い兵役免除が問題となるが、九月五日内務省は「従前ノ宗派ニ属シ布教ニ従事スル者ハ徴兵事務条例第十八章第百五十三条ニ拠リ更ニ徴集ニ応スルニ不及儀ト相心得可然哉」と伺い出、参事院・太政官第二局も同意し、十一月八日「旧教導職タリシ者ハ其在職ノ時ノ等級ニ準シテ徴集又ハ召集ヲ猶予ス可シ、但旧徴兵令ニ拠リ処分セシ者ハ其儘閣クヘシ」と指令された(『公文録』明治十七年内務省十一月「旧教導職ノモノ徴兵募集ノ件」、なお陸軍省十月「旧教導職ノ者徴兵免否ノ件」も参照)。
(36) 四年五月以降に諸社から官社に列格した神社は霧島・宮崎・鵜戸などの皇室関係神社、あるいは月山・二荒山などの地方のごくわずかの有名神社であり、十八年四月二十二日以前に列格された神社は創建神社を含めて三八社であった。
(37)『公文別録』参照。
(38)『公文録』明治十六年内務省十二月第一「准官社格新置ヲ請フ件」および国立国会図書館所蔵『社寺取調類纂』四、参照。
(39)『公文録』明治十五年内務省九月第一「神宮祭主以下職員官等月俸更正並叙位ノ件」。
(40)『公文録』明治十六年内務省五月第一「神社営繕費据置ノ件」。
(41)『公文録』明治十八年内務省四月第一「神社昇格ノ件」および東京都板橋区・熊野神社所蔵『神祇省記録』。
(42) 国立国会図書館憲政資料室所蔵『三条家文書』。
(43) 以下の記述は註(7)の史料による。
(44) この事件に関しては中西正幸「森有礼の神宮参拝をめぐりて」(『神道研究紀要』六、加藤玄智記念学会)が詳細に論じている。
(45) この時期の神祇官再興運動については津田茂麿『明治聖上と臣高行』、大津淳一郎『大日本憲政史』第九巻、沼田哲「元田永孚と明治二三年神祇院設置問題」(『弘前大学国史研究』八〇、佐々木聖使「明治二十三年神祇官設置運動と山田顕義」

(『日本大学精神文化研究所教育制度研究所紀要』一八)参照。とくに沼田氏の論文は政府内部のこの問題に関する動向を的確に捉えており、注目に価する。

(46) 『井上毅傳・史料篇』第四、五〇九頁。

(47) 佐佐木高行、山田顕義らの神祇構想についての史料は「梧陰文庫」の神祇関係文書ならびに『山田伯爵家文書』あるいは国学院大学図書館所蔵・佐佐木家本『神祇官設置意見』等を参照。なお、二十五年のことであるが、明治天皇は山田顕義の枢密顧問官就任に際して、以後神祇官設置を唱道しないよう諭したという(『明治天皇紀』第八、一三頁)。

(48) 『明治聖上と臣高行』七〇八頁。

(49) 「教育勅語意見」(『井上毅傳・史料篇』第二、二三二頁)。

(50) この「聖別化」の語句を安易に山室氏から借用しすぎた嫌いがないわけではない。天皇を天照大神の子孫として神聖視するがゆえに、日本の統治者と観念したのは明治八年三月の大谷光尊の三条実美宛の建議でも明らかであり(島地黙雷の代書)、「聖別化」ではなく、「聖別」は、一般的にはほぼ自明のことであったと思われる。この語句は過大に使用することにはもちろん慎重であるべきであろう。

第九章　国家神道体制の成立と展開

一　はじめに

前章でも指摘したように、明治十年代における神社非宗教論の採用による政府の神社行政は、そのままでは国家神道の成立には直結しないものであった。神祇官衙設置が見送られ、さらには国家による神社(官社)切り捨て策(官国幣社保存金制度の導入)が続行している以上、「神社は国家の宗祀」を根本テーゼとする国家神道にはなり得なかったのである。だがその可能性が皆無というわけではもちろんなかった。その可能性とは、あくまでも神社は「国家の宗祀」であり、国家は神社を他の宗教とは区別して待遇すべきという神社関係者や議会人がいかにして政府の神社行政を転換させうるかにかかっていた。そしてその可能性の突破口となったのが、明治三十三年の神社局設置であった。

二　神社局の設置と国家神道体制の形成

明治三十三年四月二十七日、勅令第一三六号によって内務省に神社局が新設された。この措置によって、明治十年以来神祇・宗教行政を管掌してきた社寺局は宗教局となり、神社は他の宗教と明確に区別される行政の対象となった。(1)「国家神道」という用語も、この神社局新設による神社行政と宗教行政の制度的区別を前提として一般化するようになったものと思われる。たとえば、明治四十一(一九〇八)年三月二日の第二四回帝国議会(衆議院)での「神職養成部

国庫補助ニ関スル建議案委員会」での委員長の小田貫一は、

全体十五年ニ於テ、早ヤ既ニ宗教ノ神道国家神道ト云フモノハ明カニ分ッテ居ッタケレドモガ、政府ノ方ノ或一部分、又民間ノ大部分ナルモノハ神道ナルモノガヤハリ宗教部内デ相混同シテ居ッタト云フコトハ、事実ノ上ニ於テ免レヌトコロデ、吾々ノ主張スル神道ナルモノハ、所謂上ハ伊勢神宮ヲ始メ、下ハ郷村社ニ至ルマデ、国家的ノ神道ヲ主張スルノデアル、……社寺局ヲ以テ宗教ト混同シテ、此神社ノ世話ヲシヤウト云フコトハ、此等ハ甚ダ根本ト事実上政府トシテ斯ク為スベキモノデナイト云フコトカラシテ、屢々帝国議会カラ当局ニ向ッテ建議ヲシテ、遂ニ三十三年ニ至リテ、政府モ悟ルトコロアッテ以前ノ社寺局ヲ挙ゲテ神社局ト宗教局トシ、断然其主義ヲ明ニシ、従ッテ神社局ニ於テハ国家神道ナルモノヲ扱ヒ、宗教局ニ於テハ耶蘇、仏法及神道ノ各教派ニ属スルトコロノ、即チ宗教神道ヲ支配スル、斯ウ云フコトニナッテ居マシテ、従ッテ神社局ニ於テモ、国家神道ノ方ニ付テハ官国幣社ノ国庫支弁ノ法律案ヲ出サレ、従ッテ府県郷村社ニ至ッテハ神饌幣帛料ト云フモノヲ供ヘルヤウニトノコトデ、稍ヤ事実ガ明ニナッタコトハ、私ナド非常ニ満足シテ居リマス……(2)

と述べ、明治三十三年の神社局新設が、国家神道と宗教神道(教派神道)とを明確に区別した制度上の画期であることを自明のこととしている(これには小田もいうように、明治一五年の神官教導職の分離および神道教派の特立という大前提がある(3))。

この小田の発言にもあるように、神社と宗教の区別をたてるために神社行政を専門に行う官衙を設けるべきだとの声は帝国議会(特に衆議院)からしばしば政府に建議されていた。政府としても、この議会の圧倒的な攻勢を無視することはできず、三十二年七月四日には内務省は左のような「神社局設置ノ件」を提出、閣議を請うことにした(4)(「秘甲第二四九号」)

神社ト宗教トノ別ハ固ヨリ施政官衙ノ如何ニ依リテ定マルモノニ非スト雖モ、其官衙ヲ別ニスルハ帝国議会ヨリ提出セル建議ノ趣旨ニモ合シ、世人ヲシテ神社ト宗教トヲ混ズルノ憂ナカラシメ、神祇崇敬上其当ヲ得タルモノト認ム、是レ神社行政ニ関シ特ニ一局ヲ設クルヲ必要トスル所以ナリ、而シテ宗教ニ関スル行政事務ハ今後外教ノ管轄及宗教法規ノ制定、宗教取締ノ整備等ニ伴ヒ、其事務頗ル多端トナルヘク、加フルニ社寺局ノ管掌セル古墳墓旧蹟ノ保存等亦新ニ其方法ヲ講スヘキ要アルヲ以テ、是等事務ヲ管掌スル為メニ社寺局ハ之ヲ教務局トシテ其儘存置スルノ必要アリ、現今社寺局ノ管掌スル神社十九万余、神官神職一万五千余人、神道ノ教派十二、仏道ノ宗教四十一、教師神道十万余人、仏道六千余人(非教師三万三千人)、寺院七万余、仏堂三万八千余アリ、皆社寺局ノ監督ニ属ス、中ニ就キ神宮ハ勿論、官国幣社万般ノ事務ハ主トシテ社寺局ノ掌ル所タリ、古社寺保存ノ事務モ亦社寺局ノ管掌ニ属スルノミナラズ、外教ノ管轄ニ伴フ事務ノ増加ハ今後免ルヘカラサル所ナリト認ム、故ニ新ニ神社局ヲ設クルハ必要已ムヲ得サルモノト信ス、右ノ理由ナルニ依リ来年度以降本省内ニ於テ社寺局ヲ教務局ニ改メ、新ニ神社局ヲ設置セントス、右予メ閣議ヲ請フ、

明治三十二年七月四日

内務大臣侯爵　西郷従道

追テ本件神社局経費ニ関スル予算ハ大蔵大臣ニ送付セリ

この資料によって、当時すでに内務省は、神社と宗教の区別が行政官衙の区別によって決まるわけでないとしながらも、(一)帝国議会の建議もあるので行政官衙の区別によって神社と宗教との差異を制度的に明確にすることが得策であること、(二)神社以外の宗教行政事務はますます多端になることが必然であるので、従来の社寺局は教務局としてそのまま存置すること、を強く望んでいたことが明らかであろう。さらにいうならば、内務省は「国家の宗祀」としての神社にたいする行政が重要であると思慮したから神社局の新設を第一義的に考えたのではなく、実際は従来の社寺局の体制では増加する宗教事務・行政に対応することがほとんど不可能となっていたからこそ、神社局の新設に

踏みきろうとしたということである。つまり、明治三十二、三年の時点で内務省が積極的に神社の存在意義を認めて、そのためにわざわざ神社局を新設しようとしたとは考えられないのである。

ともかく、こうして内務省は神社局の新設の方向へと進み、三十三年度予算案に神社局新設と社寺局拡充の費用を盛り込んだ。そしてこの予算案が通過した後の三十三年三月五日、「内務省官制中改正ノ件」(「秘甲第四九号」)を閣議に提出した。(5) それは、

本省主管事務中、神社ニ関スル事務ト宗教ニ関スル事務トハ従来社寺局ニ於テ併掌シ来リタリト雖モ、両者共其性質ヲ異ニスルヲ以テ之ヲ混一シテ扱フハ整理上其宜シキヲ得ルモノニ非ス、且今ヤ本省ニ於テ神仏両道以外ノ各種宗教ニ関スル事務ヲ管掌スルニ至レルヲ以テ、社寺局ノ名称妥当ナラサルノミナラス、宗教ニ関スル事務ハ増加シ、神社ニ関シテハ現行ノ制規不完全ナルヲ以テ之ヲ整備スルノ必要アルヲ見ル、故ニ此際社寺局ヲ分テ神社教務ノ二局ト為シ、一ハ以テ両者ノ性質相同ジカラザルヲ明カニシ、一ハ以テ宗教及神社ニ関スル行政事務ノ増加ニ応ズルノ必要アリ(中略)依テ此際内務省官制中別紙ノ通改正セラレンコトヲ望ム

右閣議ヲ請フ

明治三十三年三月三日

内務大臣侯爵　西郷従道

勅令案

第五条　神社局　　第十条　教務局

この内務省案は多少の修正を受けたものの、四月二十七日の勅令第一三六号で神社局と宗教局の設置が決まった。

だが神社「局」とは名目のみで、高等官はわずかに局長一人のみで、他は一〇人ほどの判任官・属官がいるだけの「三等局」であった(6)(官制中では首位に置かれていたが)。政府・内務省にとって、神社行政を他の宗教と区別して神社局

の管掌としたことにさほどの積極的な意味はなかったのである。ただ政府は帝国議会および民間からの強力な神祇官興復運動の高まりを無視できず、いわば議会の御機嫌取りの格好で神社局を新設したにすぎない。

しかし、この神社局の新設で「敬神崇祖」の観念の昂揚にはずみがつき、明治二十年以来冷遇されていた「国家の宗祀」たる神社にたいする国家の待遇向上を求める声が全国的に湧き起こってきたことは事実であろう(府県社以下の神社は明治六年以来、国家の宗祀としての実質は失われ、明治十二年にはその名目も剥奪されたままであった)(7)。

こうして実質的な神社崇敬を政府に要求する潮流は帝国議会を中心に、日露戦争を契機としてますます勢いを増し、明治三十九年には官国幣社の保存金制度が廃止されて国庫供進金制度が確立された(8)。また府県社以下の神社にたいしても、府県・北海道地方費から神饌幣帛料が供進されることが可能となり、神社は「国家の宗祀」としての地位を徐々に獲得するようになった(9)。もっとも、かかる政府の措置は神社の側からいうならば至極当然のことであったろう。社領は上地され、境内地も従前とは比較にならないほど削減された神社が、その維持にどれほど苦労したことか。神官は激減し、伝統的な祭祀の執行もままならない状態を現出させたのは当の国家そのものであった。年額二〇万円ほどの国庫供進金や微々たる神饌幣帛料の供進——これとてごく限られた一部の神社にその可能性があったにすぎない——で、「国家の宗祀」としての体面を保持し、あまつさえ氏子・崇敬者に「敬神崇祖」を教化することは神社・神職にとって至難の業であったといえよう。依然として神社および神職は不遇な環境に置かれていたのである(10)。

だが政府はこんな事情にはお構いなしに、神職に神社の尊厳維持と氏子・崇敬者への「敬神崇祖」観念の普及を要求しつづけた。待遇官吏たる官国幣社の神職はともかくとしても、神職約一万五〇〇〇人の大多数を占める府県社以下神社の神職にとってはまことに辛い状況であった。信仰するからこそ、人民は神社を代々崇敬し、護持してきたのである。そしてその信仰心をより強くし、深くするために神職は存在してきたのである。だが、神社を非宗教としてその宗教的側面を極力押さえてきた政府の基本方針によって、神社・神職の活動範囲は著しく狭められた。低調な活動なかば強制されたものであり、それは必然的に神社維持の困難および神職の経済的困窮をもたらした。全国の神職が神社の地位向上および彼らの待遇改善を求めて起ち上がるのは無理もなかった。

明治三十一年に創設された全国神職会は神祇道の宣揚および神祇祭祀に関する行政の統一を目標として、神祇に関する特別官衙の設置を政府に要求する運動を一貫して展開した。(11) 全国神職会は貴族院・衆議院の議員に働きかけ、主として議会を通じて政府に神社および神官・神職の待遇改善・地位向上を迫った。こうした全国神職会の運動は一応の成果を挙げ、明治末期から大正初期にかけて神社制度は急速に整備されていった。ことに大正二(一九一三)年四月二十一日の内務省訓令第九号「官国幣社以下神社神職奉務規則」の第一条で「神職ハ国家ノ礼典ニ則リ国家ノ宗祀ニ従フヘキ職司」と明文化されたことは、すべての神社が「国家の宗祀」として国家から扱われることを意味するもので、画期的なことであった。この訓令によって、官国幣社はもちろんのこと府県社以下神社も「国家の宗祀」であると認定されたのであり、神社を非宗教とする国家の姿勢は一段と堅固なものとなった。建前としての「国家の宗祀」を付与されたすべての神社(および神職)にとって、もはや進むべき途はたったひとつであった。神社の宗教性を払拭あるいは薄めつつ、いかにして国民の神社にたいする信仰・崇敬を集めることができるか。この一点にのみ全力を集中するしかなかったのである(むろん、神職にその気と実力があるのならば、宗教性を有した「国家の宗祀」としての神社を認めさせることは不可能でなかった。だがこれは憲法に係わる最大の重要問題であり、国家の一貫した神社非宗教論を覆すことは、おそらくは神祇官衙を設置させること以上に困難な問題であったろう(12))。

かくして「神社祭式行事作法」(明治四十年六月二十九日、内務省告示第七六号)、「神社財産に関する件」(四十一年三月二十三日、法律第二三号)、「神社財産の登録に関する件」(同年七月二十日、勅令第一一七号)、「神宮神部署官制」(四十五年四月二十二日、勅令第八五号)、「神宮神職服制」(大正元年十二月七日、勅令第五三号)、「神宮祭祀令」(大正三年一月二十六日、勅令第九号)、「官国幣社以下神社祭祀令」(同、勅令第一〇号)、「官国幣社以下神社祭式」(同年三月二十七日、内務省令第三

号)など、神宮・神社に関する一連の制度が整備された。ここに形式・建前としての国家神道体制は成立をみたといってよいであろう。だが、形式の整備にもかかわらず、政府および神社界に残された課題はあまりにも多く、かつ解決は困難なものであった。国家の建前としての「国家の宗祀・神社非宗教」が強調され、制度化されればされるほど、末端神社の本音・宗教性は圧縮された形で露呈せざるをえなかった。他宗教との摩擦・抗争は避け難い情勢にあったのである。

これを避けるためには、次のふたつの方策しかない。すなわち、(一)国家が主に経済的な面で全神社の面倒をみることによって、神社の宗教的側面を不要とさせるか、(二)神社が国家と共同して、国民を否応なしに神社信仰・崇敬へと駆り立てる体制・社会状況をつくりだし、国家の財政的負担を軽くするか、である。むろん(一)は不可能である。だが(二)は神社界の能力もさることながら、外的要因をもうまく利用することによっては実現可能である(これには日露戦争という格好の前例がある)。こうして全国神職会およびその協力的立場にある政府・議会関係者、あるいは民間有力者は、この(二)の路線の実現を目指して奔走する。この動きは大正から昭和十年代にかけて精力的に継続されることになる。

三　帝国議会における神祇関係建議

明治天皇の崩御および大正天皇の即位・大嘗祭は神祇官衙の設置や敬神思想の普及に大きな活力を与えた。「明治大帝」を追慕する国民各層の声は崩御後、日増しに強くなり、「先帝奉祀神社」の創建運動となり、いやが上にも敬神思想の普及に寄与した。また即位・大嘗祭は、国民に祭祀を通じての敬神観念の重要性をあますところなく伝えた。

大正二年三月の第三〇回帝国議会(衆議院)で、関直彦らは「明治神宮建設ニ関スル建議案」を提出し、「政府ハ　明治天皇ノ神霊ヲ奉祀セムカ為明治神宮建設ノ計画ヲ立テ速ニ帝国議会ノ協賛ヲ求ムヘシ」と建議した。そして三月二十六日の本会議において満場一致で可決された。この建議案の可決を承けて政府は同年十二月二十二日に神社奉祀調査会の官制を公布（勅令第三〇八号）、「内務大臣ノ監督ニ属シ明治天皇ノ奉祀ニ関スル事項ヲ調査審議ス」ることにした。同調査会では敷地を代々木御料地に決定、三年四月二十九日には社名や社殿・境内・参道施設等について審議した。これ以降、同調査会はしばしば総会・特別委員会を開き、三年十一月三日には奉建費三〇二万円、その他諸費四〇万円の予算で四年度から起工し、九年度中に造営を終えることが決定し、あわせてこの事務遂行のために新官制が公布されることになった。ついで五年五月一日には明治神宮造営局官制が公布され（勅令第五七号）、同日内務省告示第三〇号で社名を明治神宮、祭神を明治天皇および昭憲皇太后とすること、および社格は官幣大社とすることが公示された。この明治神宮創建にさいしては、国民の奉仕が呼び掛けられ、宝物殿設計の一般応募制や境内樹木の献木、あるいは明治神宮奉賛会設立による外苑整備などが全国民的な規模で遂行された。明治神宮創建が国民にたいする敬神思想を普及する上で巨大な影響を与えたことは確実であろう(13)。

この明治神宮創建とともに、国家的行事として国民の敬神観念普及に力があったのは大正天皇の即位・大嘗祭の執行であろう。大正三年十二月七日、内務省は神社局長名で「御大典ニ付神社ノ記念施設ニ関スル通牒」を出し、大典にさいしては単なる記念碑を境内に設けることは却って神社の尊厳を汚すから、むしろ社殿修築や境内整備を記念事業としておこなうよう指示した(14)。まさに大典を契機として、神社そのものに氏子・崇敬者の関心を集めるためのものであった。

また四年四月二十三日には内務大臣大浦兼武が神社事務談合会で「殊ニ本年ハ十一月ヲ以テ御一代御一度ノ御大礼ヲ挙行セラル諸君ハ斯ル御大典ニ際シテハ十分祭祀ヲ鄭重ニシテ皇運ノ隆盛ヲ奉祝セラルベキハ勿論ナリ又此ノ機会ヲ以テ我国体ノ淵源及御大礼ノ次第ヲ十分国民ニ普及貫徹セシメ又神社ガ　皇室並国家ト最深ノ関係ヲ有スルコトヲ

周知セシメラル、様希望ス」[15]と訓示、この即位・大嘗祭を契機として神社と皇室・国家との結びつきの深さを国民に啓蒙するよう希望した。さらに大典が近づいた十一月八日には訓令第一二号で神官神職に祭祀の厳修によって「敬神崇祖ノ美風ヲ発揮シ益益国体ノ精華ヲ宣揚スルニ努メ」るよう指示した。かくして敬神崇祖は国体の精華の重要な要素であり、その中核となる施設が神社であることが、明治神宮創建や大正天皇の即位・大嘗祭によって一段と大掛かりに国民に啓蒙・宣伝されたのであった。

さらにこの大正初期における敬神思想の普及に大きな影響を与えたもので、逸することのできない事件は三年八月の第一次世界大戦(日独戦争)への参戦であろう。この参戦がアジアにおけるドイツの軍事力と権益を排除し、日本がその後継者とならんとの野望から発したものであることはよく知られている。明治天皇の崩御という精神的危機に加えて昭憲皇太后の崩御がつづき、日本はいわば虚脱状態に陥っていた。そして世界情勢はますます不安定の度合いを強めつつあった。政府は否応なしに国民統合を迫られていた。国民を精神的に統合する中核としての敬神崇祖の観念は、ここでも魔法の杖の役割を果たすことが期待された。八月三日の地方長官議会で内務大臣大隈重信(総理大臣)は「国民ヲシテ斉シク神祇敬粛ノ念ヲ固ウシ軍国ノ民心ヲ振張セシメンコトハ此際切望ニ堪ヘサル所ナリ」と訓示し、さらに神官神職に向けては「軍国ノ士気」を高揚するよう求めた。[16]

このように、神社および神職に課せられた敬神崇祖観念の啓蒙・普及による国民統合策への国家の期待は決して小さくはなかった。八月二十三日、開戦の詔書が出され、二十九日には神武天皇陵、先帝四陵および神宮、靖国神社に勅使が差遣されて宣戦奉告祭が執行された。また各官国幣社にも地方長官が勅使として参向、祭典が執行された。さらに内務省令第一七号で府県社以下神社においても適宜宣戦奉告祭を執行するよう指令された。また神官神職にたいしても「各位ハ宜シク聖旨ヲ奉戴シ協力一致斎粛恭敬神祇奉仕ノ途ニ於テ格別悃誠ヲ致シ些ノ遺憾ナキヲ期スヘシ軍国士気ノ作興後援ノ事業ニ関シテモ亦能ク其ノ職分ヲ竭シ以テ時局ノ為ニ貢献セムコトヲ望ム」と訓令された(八月二十七日、内務省訓令第一三号)。こうした訓示・訓令に神社界はもちろん呼応、全国神職会はその指導に当たったのである。

明治神宮創建、即位礼・大嘗祭、さらに第一次世界大戦といった、大正初期の大きな出来事によって神社の存在意義をいやが上にも高められた。国民の間に「敬神崇祖」の観念が大きく普及したかのように思われた。だが現実には神社は依然として確固たる地歩を国民の間にも国家にも占めていなかった。つまり大多数の神社および神職はみじめな状態にあったのである。神職や帝国議会の多くの議員は、この現状は政府の神社政策・行政の怠慢・軽視から生じたものであると考えた。政府が真に国民の間に敬神崇祖の観念を普及すべきと思っているのなら、政府はもっと神社・神職の地位・待遇の向上を図るよう努力すべきであると思ったのである。むろん、こうした考えは明治後半から多くの議会人が抱いていたものであった(17)。いまこそ姑息な、場当たり主義の神社行政ではなく、名実ともに国家の宗祀としての統一された神社制度の確立による神社行政が必要であると議会人は考え、その実行を政府に迫ったのである。国家・皇室の重大な出来事にさいしての一過性の敬神崇祖ではなく、日常的な敬神崇祖を国民に定着させることを望んだのである。

しかしこの希望が実現されるには、神社はあまりに多くの難問を抱えすぎていた。むろんその難問は、主に国家のこれまでの御都合主義的な神社行政が産み出したものであったといえよう。神社の宗教活動を大幅に制約しておきながら、たいした経済的手当ても施そうとはしない。総理大臣や内務大臣が敬神崇祖をお題目のように唱えさえすれば、国民は神社信仰・崇敬し、それで神社が成り立っていくとでも考えているかのようである。多くの神職・議会人はそう思ったであろう。神社の合併を平然と奨励し、その跡地や山林に群がるハイエナのような人間の出現を助長している、そんな政府の姿勢にいったいどれだけの敬神崇祖の観念があるというのか、真に神社のありかたを憂える人たちはまさに痛憤の極みにあった。この痛憤を政府にぶちまける場所は帝国議会しか存在しなかった(18)。

この怒りはたびたび帝国議会において政府にぶつけられた。大正七年三月の第四〇回議会(衆議院)において岩崎勲らは「神祇ニ関スル特別官衙設置建議案」(19)を提出した。その内容は、

祭政一致ハ我ガ国体ノ精華ニシテ敬神崇祖ハ我ガ教育ノ淵源ナルヲ以テ政府ハ内務陸軍海軍ノ三省朝鮮台湾両総督府及樺太庁所管ノ神社行政ヲ統一シ左記事項ヲ管掌セシムルカ為神祇ニ関スル特別官衙ヲ設置スヘシ

神祇ニ関スル特別官衙管掌事項

一　祭祀ニ関スル件
二　神社ニ関スル件
三　神社修造ニ関スル件
四　神官神職任免ニ関スル件
五　神官神職養成ニ関スル件
六　神社調査ニ関スル件
七　雅楽ニ関スル件
八　公的礼式ニ関スル件
九　其ノ他神祇ニ関スル一切ノ件

というものであった。この建議案の提出理由のなかで岩崎は、(一)祭政一致は日本の原則典礼であり、それにともなう敬神崇祖の観念は国民性の枢軸である、(二)日清日露戦争後、敬神観念が高まり神社局の設置となったが、その所管事項は神社会計の監督と神官神職の任免に主として留まり、国家風教の源泉たる祭祀典礼の重任に応えるような体制ではない、(三)しかるに大戦という重大時局に遭遇し、いまこそ国民性の統一を図らなければならないのに、その核たる神社行政は統一を欠いたままである。これでは朝鮮、台湾、樺太を含めた国民性の統一は保てない、(四)また

神官神職の養成の方策もはなはだ不十分である、などと述べ、「先ヅ我ガ大和民族ノ国民性ニ対スル大動員ノ先駆トシテ」神祇官衙を設置すべきと政府に迫ったのである。

この建議案は「神祇ニ関スル特別官衙設置建議案委員会」の議に付され、三月十一日に第一回の委員会を開き、十九日の第五回委員会まで審議がおこなわれた。このなかで第七項および第八項が削除され、「九　其ノ他神祇ニ関スル一切ノ件」を第七項と修正して委員会で可決された。政府もこの建議案そのものには異論がなく、神社行政の統一も不可能ではないという見解を示した。委員会での可決を承けて、二十日に衆議院で全員賛成で可決された。衆議院での建議案可決によって、帝国議会における神祇関係の諸問題をめぐる論議は以後ますます活発となり、衆議院では大正十年の第四四回帝国議会においても第四〇回議会と同様の建議案を提出、可決された。さらに大正十二年の第四六回帝国議会においても貴族院に「神社及祭祀ノ制度ニ関スル建議案」が提出され、政府に速やかに神社および祭祀についての調査機関を設けることを建議した[20]。

こうして貴族院・衆議院においても圧倒的多数の賛同を得て、神祇制度の調査・整備を政府に要望したのであるが、政府では予算・経費の問題等から神社局の拡充で当分対処すべきとの意見が大勢を占め、さらには議会解散や内閣の更迭などによって、神祇官衙の設置はおろか、神祇制度の調査機関の設置さえも流動的であった(大正十二年七月二日に勅令第三二七号で神社調査会官制が公布されたが、翌十三年十一月には廃止された)[21]。また神社界においても八神殿の有無などをめぐって、神祇官衙の性格についての意見が対立し、まず神社界の意見統一が先決問題であるということになった[22]。

一方、第一次世界大戦後の世界の政治情勢は激動をつづけ、日本にも深刻な影響を及ぼした。ロシア革命や社会主義思想の普及による社会運動の激化、戦後恐慌の襲来、日本共産党の結成、関東大震災による経済的社会的大打撃、虎の門事件の勃発、護憲運動の高まり、政党政治の不振、普通選挙法と抱き合わせによる治安維持法の制定・公布、等々、まさに日本の政治・経済・社会は大揺れに揺れていた。社会の情勢を見るに聡い議会人が、神祇に関する建議を提出し、政府に「国民性」の統一を求めようとするのは自然のことであったといえよう。

短いがこれまでにない激動と不思議な解放感に満ちた「大正」という時代が終った。大正天皇の大喪儀、そして新帝の即位・大嘗祭という敬神崇祖の観念を普及する一連の最重要儀式が始まり、そして終了した。[23]内実はともかくとしても、もはや日本は世界の強国の一員であった。その強国の統治者たる天皇の儀式は、強国にふさわしく盛大かつ厳粛におこなわれねばならなかった。大喪儀と大嘗祭、これこそまさしく「崇祖」と「敬神」の最大の具現であった。そしてさらには伊勢の神宮の正遷宮も四年には執行された。大喪儀、即位・大嘗祭、そして遷宮という一連の国家的儀式・祭祀の執行によって、国家と「敬神崇祖」の密接不離の関係は事実として国民の眼前に差し出されたのである。仏教界・キリスト教界から執拗に繰り返し出されている神社非宗教をめぐる問題[24]に決着をつけるうえでも、国家としての神社にたいする確固たる姿勢・対応を明確に示す必要があった。

四　神社制度調査会の設置と神社非宗教問題

議会とともに神祇に関する特別官衙の設置運動を強力に推進してきた全国神職会は大正十五年十月二十一日に財団法人となり、その組織は整備・強化された。ついで十一月十二日からの第一回評議員会で「神祇ニ関スル特別官衙設置促進ニ就テ」の決議を採択し、さらに当時問題となっていた神社非宗教論についても「神社対宗教問題ノ解決ハ神社ノ本義ヲ明カナラシムルヨリ急ナルハナシ吾人ハ益々神社奉仕ノ実ヲ挙ゲテ神社本来ノ意義ヲ明カナラシメムコトヲ期ス」と決議した。全国神職会は会長に貴族院議員として神祇関係の建議に深く関与した江木千之を迎え、神社制度調査会の設置による神社・祭祀制度の調査・研究、会報の拡充・強化(月刊『皇国』から旬刊『皇国時報』へ)、会館の建設など、その活動を飛躍的に活発化させた。[25]

こうした全国神職会の活動に呼応し、政府においても神社制度に関する調査機関の必要性が本格的に検討されるようになった。昭和四年八月二日、内務大臣安達謙蔵は総理大臣浜口雄幸宛に「内務部内臨時職員設置制中改正ノ件」(「四神制第一号」)を提出した。[26]

神社法規整備統一ノ為大正十五年度ヨリ事務官及嘱託ヲ置キ目下調査研究中ノ処現時ノ世態ニ鑑ミ急速ニ其ノ目的ヲ達成スルノ必要アリ而シテ神社ノ制ハ国体ト密接ナ関係ヲ有スル重要事項ナルノミナラス永年ノ慣行地方ノ民俗等其関繫スル所頗ル広汎複雑ニシテ之カ整備ノ方針ヲ樹立スルニ付テハ権威アル諮問機関ニ諮リテ慎重審議スルノ必要アルニ依リ新ニ神社制度調査会ヲ設置スルト共ニ予備調査ニ従事スヘキ職員ヲ増置シ以テ神社制度整備ノ促進ト万全トヲ期セントス仍テ内務部内臨時職員制中改正案ヲ提出ス

右閣議ヲ請フ

この案の具体的内容は、大正九年九月の勅令第三九六号の「内務部内臨時職員設置制」にある「第一条ノ三　神社行政ニ関スル調査ニ従事セシムル為内務省ニ左ノ職員ヲ置キ神社局ニ属セシム　内務事務官　専任一人」とあるのを、「第一条ノ三　神社制度ニ関スル調査ニ従事セシムル為内務省ニ左ノ職員ヲ置キ神社局ニ属セシム　内務事務官　専任一人　考証官　専任一人　内務属　専任二人　考証官補　専任一人」と改めるものであった。そしてこの勅令は公布の日から施行されるものとされ、またその改正理由として「神社制度整備統一ノ促進ト万全ヲ期スル為予備調査ニ従事スヘキ職員ヲ増置スルノ必要アルニ依ル」を挙げている。この勅令案は八月十二日に閣議決定され、ついで十四日に裁可、二十二日に公布、即日施行された。

またこの勅令案の提出と同時に、同じく「四神制第一号」として「神社制度調査会官制制定ノ件」も提出された。[27]その提出理由としては「神社制度整備統一ノ促進ト万全ヲ期スル為諮問機関ヲ設置スルノ必要アルニ依ル」とされて

いる。神社制度調査会の調査事項についてはその案に、

調査事項

一、法律上神社ノ性質ニ関スル件
一、経済上神社ノ性質ニ関スル件
一、神社財産ノ帰属並其ノ処分ニ関スル件
一、官国幣社ニ対スル神饌幣帛料ニ関スル件
一、社格制度ニ関スル件
一、府県社以下神社ト地方団体ニ関スル件
一、氏子ノ所属並其ノ権利義務ニ関スル件
一、神符守札ニ関スル件

委員予定

学識アル者　五人　内閣　一人　宮内省　二人　内務省　五人　大蔵省　一人　司法省　一人　文部省　一人
貴族院議員　四人　衆議院議員　四人　神官神職等　六人　計　三十人

とある。

この勅令案は八月十四日に裁可され、十二月十日に勅令第三四七号「神社制度調査会官制」として公布、即日施行された。会長は山川健次郎(枢密顧問官)、委員は川崎卓吉(法制局長官)、関屋貞三郎(宮内次官)、九条道実(掌典長)、斎藤隆夫(内務政務次官)、潮恵之輔(内務次官)、内ケ崎作三郎(内務参与官)、池田清(神社局長)、三条西実義(神宮大宮司)、河田烈(大蔵次官)、中川健蔵(文部次官)、筧克彦(東京帝国大学教授)、清水澄(行政裁判所評定官)、水野錬太郎、上田万年、塚本清治、花井卓三、柳原義光、白川資長、千秋季隆(以上、貴族院議員)、元田肇、粕谷義三、藤沢

幾之輔、中村啓次郎（以上、衆議院議員）、高山昇（官幣大社稲荷神社宮司）、賀茂百樹（別格官幣社靖国神社宮司）、春田宣徳（郷社牛島神社社司）、平沼騏一郎（日本大学総長）、江木千之（枢密顧問官）、今泉定介（前神宮奉斎会会長）、神崎一作（神道大教管長）の三〇名であった。（他に幹事として法制局参事官・入江俊郎、掌典・星野輝興、神社局長・池田清、内務書記官・飯沼一省、内務事務官・足立収、考証官・宮地直一が任命されている）。

神社制度調査会の第一回総会は四年十二月十七日に開かれ、席上安達内相はつぎのように挨拶した。

……先年以来宗教法案ノ審議セラルルニ当リマシテ、政府ハ速ニ法律ヲ制定シテ神社ノ本質ヲ明カニシ、而シテ宗教トノ区別ヲ判然ナラシムベシトノ要求ガ出マシタノデ、政府ハ之ニ対シマシテ神社制度整備ノ必要ハ之ヲ認ムルモ、統一シタル法律ヲ以テ神社ニ関スル一切ノ重要ナル事項ヲ規定スルヲ適当トスベキヤ否ヤニ付テハ尚十分慎重ナル攷究ヲ要スベキ旨答ヘ来ツタノデアリマス、御承知ノ通リ神社ノ制度ハ国体ト密接ナル関係ヲ有スル重要ナル事項デゴザイマシテ、（中略）軽々シク是ガ整備ノ方針等ヲ樹立スルヲ許サナイノデアリマス、故ニ此ノ道ノ権威タル各方面ノ方々ニ十分慎重ナル審議ヲ遂ゲテ貰ヒマシテ、神社制度整備ノ上ニ万遺憾ナキヲ期スルガ為ニ本調査会ヲ設立スルコトト相成ツタ次第デアリマス、……(28)

との安達内相の挨拶にもあるように、神社制度を整備統一する最も重要な目的は、神社の本質を明らかにして、神社と宗教との区別を明確にすることであった。周知のように、明治十五年の神官教導職分離以来、政府は「神社非宗教」を一貫して主張しており、その法制的・制度的区別は明治三十三年の神社局設置によって確立した。しかし、それはあくまでも国制上のことであって、伊勢の神宮および官国幣社はともかくとしても、府県社以下神社にあっては「宗教色」(29)を全く払拭してその存在を維持することは不可能であった。いくら政府が「信徒」を「崇敬者」と名称を変えてみても、神社そのものの「宗教性」を払拭したことにはならない。政府もこれをよく承知していた。だからこそ神社制度調査会を設置しなければならない状態に追込まれたのである。

この神社の「宗教性」をめぐる問題は明治初期に島地黙雷が本格的に論じはじめて以来の重要な問題であり[30]、形式的には前述したように神官教導職の分離や神社局の設置で解決済みの問題であった。しかし、神社の「宗教性」が一片の法令や制度の手直しで消滅すべくもなく、近代日本を通じての未解決の問題として論じられつづけた。ことに大正末期からの第二次宗教法案の草案を審議する文部省の宗教制度調査会では、この問題をめぐって激しい論争があり、西本願寺の花田凌雲や宗教学者の姉崎正治は神社での行為・活動がまぎれもない宗教上でのそれであることを厳しく指摘し、政府当局の「神社非宗教論」の欺瞞性を追及した[31]。西本願寺などの真宗教団は「国家の宗祀」としての神社から一切の宗教色を払拭することを政府に要求し、各地で神社の宗教行為を批判・非難する運動を展開した。こうした西本願寺を中心とする「神社非宗教」の徹底を要求する運動は、神社制度調査会発足直後の五年一月十三日に政府に提出された真宗一〇派の要望書で頂点に達した。その概要は(一)正神には参拝する邪神には参拝せず、(二)国民道徳的意義において崇敬し、宗教的意義においては崇敬せず、(三)神社にたいしては吉凶禍福の祈念はせず、(四)この意義を有する神札等は拝受せず、というものであった[32]。

この要望書にたいし神社界は東京府神職会名で「要するに、神社は我が邦政治の根基、国民道徳の根幹、国民信仰の理想的対象にして之を単に政治の機関と為すは誤なり。又之を純道徳的崇拝の対象と為すも誤れり。況んや之を宗教的崇拝の対象と同一にせんとするが如きは愚も亦甚しきものと言ふ可きなり」という意見書を神社制度調査会に提出した[33]。政治・道徳・信仰のすべてにわたる根幹が神社であるという言や大なるかな、である。にもかかわらず、神社の維持が一にかかって「宗教的崇拝」を基本にしてきたことはまぎれもない歴史的現実的事実であろう。それは政府も痛いほど承知している事実なのである。

だが政府は神社制度調査会においても、この神社非宗教問題については真剣に検討しようとはせず、新聞から「この重要なる案件(神社の非宗教的性質の決定―筆者註)はさしおきて、官国幣社の維持方法なぞを討議せしめつつあるが、実は官国幣社の維持方法より先づもつて官国幣社、延いては一般神社の性質を決定的に解決したる後に議せらるべきものではあるまいか」(34)と注文をつけられる始末であった。政府・内務省としては安達内相の前述した発言にもかかわらず、なるべくは外面的・制度的な問題の整備を急ぎたかったのであるが、もはや神社をめぐる状況はその本質問題を度外視して論じられるはずもなかった。

神社の本質をめぐっての真宗教団および神社界からの応酬があった直後の五年二月二十八日に開かれた会議では、内務大臣諮問の「官国幣社以下神社ノ維持経営ヲ確実ニスル方策如何」が審議されたが、水野委員や神崎委員から神社と宗教との関係を論ずるべきとの意見が早速出されている(35)。しかし、内務省は対外的・公式的には従来の神社非宗教論を繰り返し強調し、お題目のように「敬神崇祖」の重要性を唱えるのみであった。たとえば六月二十六日の各府県の学務部長会議でも「神祇ヲ尊ヒ祭祀ヲ重スルハ建国以来一貫セル皇国ノ大道ニシテ国民生活ノ基調国民道徳ノ根帯一ニ此ニ存セリ随テ神社祭祀ノ意義ヲ普及徹底セシムルハ為政ノ要諦」と述べて、「敬神崇祖」観念のますますの普及の重要性を訓示している(36)。こうした訓示が繰り返されるかぎり、実際に「神社問題」に対処しなければならない地方官はあくまで神社非宗教論の立場で行政に臨むしかない。そして「敬神崇祖」が国家の基本理念であるかぎり、国家意志に忠実たらんとする地方官吏が国民に「敬神崇祖」の観念を普及するための行政指導・措置をおこなうことは理の当然であった。かかる行政指導が「強制」にいつでも転化しうることはいうまでもない。神社は宗教ではない、ゆえに神社の崇敬は信教の自由の埒外である、だから神社参拝をよしんば強制し、義務づけたとしてもそれは信教の自由を侵害したことにはならない。この詭弁以外の何物でもない論理が徐々に確立されていく。まさに帝国憲法の起草者が予想だにしなかった論理が展開されはじめたのである(37)。

だが「敬神家」の集まりである神社制度調査会の委員にあっては神社を崇敬すること、つまり神社参拝や神棚の奉斎は国民としての義務以前の当然の行為としか考えられなかったようである。だからこそ水野委員の「例ヘバ神社ニ小学校生徒ヲ参拝サセ或ハ神棚ヲ拝マセルトイフヤウナコト、小学校生徒ニサフイフ参拝ヲサセルコトハ、コレハ崇敬ノ意志ヲ以テサセル……但シ神社ノ式ニ列セシメル、サウシテソレヲ信仰セシムルガ如キ行動ヲナストイフコトハ所謂宗教的行動、例ヘバ今御祓ヒトイフコトヲヤル、サウスルトソノ事柄ハ神社ニ対シ強制的ニ信仰セシムルコトニナル、ソコニ行クト信教ノ自由トイフモノガ殺ガレルヤウニナル[38]」という発言になるのであろう。つまり神社の社頭へ行って単に頭を下げるだけなら問題はないが、そこで祓いなどの「宗教的行動」を強制的におこなうことは信教の自由の侵害になるというのである。要するに水野らのいう「敬神」とは、神前で頭を垂れることなのである。それは偉人や上司に敬意を表することとなんら差異はないはずであるというのが大方の委員の考えであった(むろん、江木千之や花井卓蔵、筧克彦らの委員は神社の宗教的側面を認めつつ、それをいかに国法上に位置づけるかについて努力したが、その具体的方策はついに打ちだせなかった[39])。

しかし、多くの仏教者やキリスト教者はそうは思っていなかった。神社において明らかに多くの宗教行為がおこなわれている以上、神社はたんなる世俗的な敬意の対象ではありえない。国家の理念としての「敬神」を貫徹しようとするならば、政府は神社から一切の宗教色を払拭すべきであるし、それが不可能ならばよろしく一般宗教と同様の地位に神社を置くべきというのが彼らの主張であり、運動であった。

だがここで注意すべきは、こうした真宗教団やキリスト教者の運動が広く国民大衆の間に普及・浸透したかというと、それはそうではない。前述したように、大正から昭和への「代替わり」にともなう一連の皇室における儀式・祭祀や神宮の式年遷宮は、多くの国民に日本が「敬神崇祖」を理念とする国であることを具体的視覚的に示したし、国民の多くもこの「敬神崇祖」の観念を具体化すべく、その眼を神社へと向けた。もちろん、こうした風潮が「御大典」や式年遷宮のみで一挙に出現したわけではなく、その背景には明治以来の小学校における学校行事の一環としての神社参拝や村落共同体レヴェルでの神社の祭祀・行事への集団的参加といった実績があったからである[40](しかし、このことがすぐさま神社の経済状態に好影響を与えたわけではない。多くの神職は依然として貧しかった)。この明治以来の小学校や村落での神社参拝を否定的に捉え、国家主義やひいては軍国主義イデオロギー政策の一環とする見方も当然あるが、大多数の民衆が神社を身近なものとして親しんでいたことも事実であろう(もし、そうでなければあの南方熊楠に代表される神社合祀反対運動の意義の大部分は説明がつかない)。大多数の民衆レヴェルにおいて、神社崇敬と神社信仰との間に埋め難い溝が存在したとは思えない。

しかしながら、多数の国民大衆がそうであったからといって、他の人びとが無視されてもいいわけではない。ことに「宗教的潔癖性」を非常に重視する宗教を信仰している人びとにとっては、たとえ国家が神社は宗教でないといくら強調しても、そこに「神霊」が存在するとされている以上、たやすく「異教の神」に頭を垂れることはできない。ましてやそうすることが国民の義務でもあるかのような風潮の出現は、堪え難い精神的(時には肉体的)苦痛であったろう。だが、神社制度調査会にも政府・内務省にもかかる少数者の苦痛を真剣に受け止める度量の広さはなかった。それは多くの国民も同じであった。少数者の苦痛を切り捨てて、全国民に「敬神崇祖」の観念を普及・徹底させること、やがてこれが国家および大多数の国民の統一意志となる。その最大の契機が昭和六年の満州事変であり、それ以降の準戦時体制であった。

五　準戦時体制下での神祇院創設

大正天皇の大喪儀、昭和天皇の即位・大嘗祭、そして神宮の式年遷宮という「敬神崇祖」に密接に関連する国家的儀式・祭祀の執行によって、国民の間に敬神観念はさらに普及・浸透した。小学校における神社参拝はもはや定例行事となり、神社参拝を拒否したり、敬遠することは「皇国臣民」ではないような扱いをされることが増大してきた。

この傾向は満州事変の勃発による神社への戦勝祈願が盛んになるとともに一層助長された。だからこそ政府は神社が宗教的側面を強め、かつ国民の間から神社宗教論が擡頭することを極度に怖れた。大日本帝国は国教を定めておらず、したがって「国民の義務」に反せず、かつ「安寧秩序」を妨げないかぎりにおいていかなる宗教の信仰も認めるという基本方針を堅持しようとしていた。もしも「国家神道においては国家を超え国家を律する普遍的規範は存在せず、戦争という国家の行為がまるごと正当化されている」がゆえに「神社は急激に浮上し」[41]たとするならば、政府がファシズム的に、神社が宗教であろうとなかろうと文句をいわせず、しゃにむに神社参拝を強制させることも可能であったろう。

だが「国家の行為がまるごと正当化」された満州事変後にあっても、政府は神社非宗教問題に腐心せざるをえなかった。六年十二月二十一日に開催された神社制度調査会の第二二回特別委員会において委員長の江木千之はつぎのように述べている。

今日ハ前回ニ水野委員カラ御話ガ出マシタ、或ル宗教家ノ申ス神社ニ於ケル宗教的行為ヲ止メル様ニシタイ、神社ガ果シテ宗教デナイナラバ神社ニ於ケル宗教的行為ヲトリノケヨト云フ意見ガ段々出テ居ルガ、其ノコトニツイテ審議シタラ良カラウト云フ御意見ガアリマシタ、是ハ至極御尤ナコトデ、勿論此ノ前ノ会ニ於テ折々此ノ点ニ論及シタコトハアリマスケレドモ、マダ之ノミヲ問題トシテ議ヲ凝ラシタコトハナイノデアリマスガ、丁度議会モ開会ガ切迫シテ居リマスシ、議会ガ開ケルト又直キニ是ハ質問ナドガ起ルデアラウト思ヒマスシ、政府ニ於テモ是ニ対シテ答弁セラレナケレバナラナイ、其ノ答弁モ此ノ調査会デヨク審議シテ置イテ、調査会ノ意向ト齟齬スル様ナコトガナイ様ニナレバ至極結構デアラウト思ヒマス、何レニシテモ此ノ問題ハ今年ノ議会ニ議ヲ凝ラシテ置クコトガ必要デアラウト思ハレマス[42]

つまり政府にとって依然として神社非宗教問題は重要な問題として残っていたのである。むろんこの背景には、明治三十年以来の宗教法制定による宗教の統一的行政・統制という永年懸案となっている重要な課題があった。ましてや国論の統一による準戦時体制への国民動員を至上課題とする当時の国家にあっては、神社界よりもはるかに巨大な組織と動員力を有する宗教界を掌握するかしないかは、極論すれば国家の存亡にも係わることであった。国家理念としての「敬神崇祖」を維持しながら、いかにしてそれと摩擦を起こさせないで宗教をあらゆる国策に動員する体制を創出することができるか、これが最大の命題であった。そのためにも、政府は必死になって宗教団体を取り込む努力をしなければならない。宗教界に有無をいわさず、神社参拝等の「敬神崇祖」を押し付けられるほどの「ファッショ」的力量は、いまだ当時の国家にはなかったのである。

政府・内務省にいえることは、神社は宗教ではないから神社への(強制)参拝は信教の自由を侵害したことにはならない、という「弁解」であった。「弁解」しながらの「強制」がいかに迫力のないものであるかはいうまでもなかろう。昭和九年九月二十二日付で出された天主公教会東京大司教の学生生徒児童の神社参拝についての照会にたいし、政府(文部省)は「学生児童生徒ヲ神社ニ参拝セシムルハ教育上ノ理由ニ基ツクモノニシテ此ノ場合ニ学生生徒児童ノ団体カ要求セラルル敬礼ハ愛国心ト忠誠トヲ現ハスモノニ外ナラス」(九月三十日、雑宗第一四〇号)と回答しているが、まさに神社は「敬礼」の対象でしかなかったのである。かかる政府の神社観がいかに神社の活力を減退させるものであったかは、想像に余りある。在野の神道家や敬神家が内務省のこうした神社観を批判し[43]、また多くの国民大衆が神道系の教団あるいは類似宗教へと走るのも無理のないことであった。宗教でない、たんなる道徳的崇敬の対象物たる神社であるがゆえに強制参拝も許容されるという内務省の論理の帰結が、神社制度の外面的整備でしかないのは当然であった。この論理を受容できるのは、信仰なき儀礼執行者と神社を国旗・国歌と同列にしかみていない近代合理主義者たる官僚だけであろう。

かくして政府は神社制度の整備のみを目指す(むろんこれとてさほど積極的に遂行したわけではなかった)。神社制度調査会も、宗教や信仰に関わるこむずかしい議論は止めて、ひたすら世俗的な制度論にうつつをぬかすようになる。しまりのない議論が延々と継続されるが、できることといえば議会がとうの昔に提案していたことをもっともらしく建議することだけであった(十一年十一月十七日、政府にたいし「政府ハ神祇ニ関スル行政機関ニ就キ速カニ考究善処スルト共ニ祭祀ノ根本ニ関シ深ク方途ヲ講シ益々之ヲ明ラカニシ以テ斯道ノ興隆ニ資セラルルノ要アリト認ム」と建議)。

この政府の神社制度の整備は、満州事変、満州国建国(七年三月一日)、国際連盟脱退(八年三月二十七日)、十年の天皇機関説問題に端を発する「国体明徴」運動の高まり、十一年の二・二六事件、十二年七月の日中戦争(支那事変)の勃発など、いわば準戦時体制を窺わせるような事態が恒常化するにしたがい、それと平行するかたちで進展していった。こうした非常時ともいうべき時代において、「国体」による国民統合を図ろうとする動きは政府・帝国議会の主導によってますます強力に推進・展開された。こうした動きに反する行為や言論・思想は不敬罪・治安維持法を主とする種々の治安法によって抑圧され、取り締まられた。しかしこうした治安法による強制的な国民統合策は、宗教にはあまりなじまない性質のものであった。宗教そのものを律する統一的な宗教法による大枠の規制宗教団体・結社を一元的に掌握・統制し、なおかつそれに漏れるものを治安法で規制することが得策と政府は考えたのであった。つまり宗教法では飴を、治安法では笞を用意して宗教にたいする万全の体制を敷こうとしたのである。

かかる治安法体制の強化、宗教法(宗教団体法)制定への意欲は日中戦争の泥沼化によって加速度的に強まっていった。統一的宗教法制定への政府の強い意欲は、当然のごとく神社制度の整備・充実と密接に連関しており、全国神社会も神社制度の整備や神祇官衙の設置を強力に政府・議会に働きかけ、盛んにキャンペインをおこなった。この動きは十四年一月の平沼騏一郎内閣の成立によってさらに促進された。「国民精神の昂揚」「教育の刷新」を標榜する平沼内閣は神社制度の整備にも積極的な姿勢をとり、二月二十五日に開かれた第七四回帝国議会貴族院予算委員会第三分科会での千秋季隆の神祇官設置に関する質問では、木戸幸一内務大臣が十五年度以降の早期実現を答弁している(平沼自身は十五年度に設置の意向を答弁)。

平沼内閣の積極的な姿勢によって神社制度は急速に整備への方向へと動きだし、八年以降漸次充実されてきた内務省神社局も十四年度に至って飛躍的に強化・充実された[44](局内に指導課、造営課の新設、神社局参与の新設、勅任考証官の新設など)。さらに日中戦争が長引いたことにより、戦死者を祀る招魂社の整備・充実も緊急の課題として浮上、三月十五日には招魂社が護国神社と改称され、これまで不安定だった招魂社制度が整備されだした[45](むろんこの招魂社問題については神社制度調査会で審議されていた)。

かくして皇紀二千六百年に当たる昭和十五年を迎えた。国中が奉祝ムードで湧き返り、官幣大社橿原神宮の大拡張や官幣大社近江神宮の創建、神社社格の昇格などが大々的におこなわれた[46]。この紀元二千六百年を機に政府(近衛文麿内閣)は神祇官衙の設置を決意、名称を神祇院とすることを十月二十四日上奏した[47]。この上奏は枢密院の審議に付され、枢密院では同月二十九日から審査委員会が開かれた。

審査委員会ではまず安井英二内務大臣が案の大綱を説明、ついで質疑応答に入った。中でも注目すべきは、神祇院が直接祭祀を執行する機関ではなく、神社行政の充実のための機関とするとの内務大臣の答弁があったことであろう。これは天皇の祭祀大権に関係する重要な問題であり、清水澄委員からも「国の祭祀」と「宮中の祭祀」と「合一」について質問があったが、飯沼一省神社局長は今後十分に調査研究する旨答えたに止まった。委員会では原案通り全会一致で議決することになり、十一月一日委員長の有馬良橘は、……神社ニ関スル行政ハ従来内務省ノ一局タル神社局ニ於テ之ヲ掌理シ来リタルガ近時其ノ事務繁劇ヲ加ヘ為ニ神社、祭祀及神職等ニ関スル基本的調査研究並敬神思想ノ普及等ニ至リテハ到底現在ノ機構ヲ以テシテハ之ガ遺憾ナキヲ期スル能ハズ、仍テ今回其ノ規模ヲ拡大シ機能ヲ強化スル為メ政府ニ於テハ内務省ノ外局トシテ神祇院ヲ新設スルノ議ヲ定メ」云々として、神祇院の創設を認めるよう枢密院本会議に報告した。この審査委員会の議決を承けて、枢密院は十一月六日、神祇院の新設を可決、上奏してその裁可を仰いだのである。

かくして昭和十五年十一月九日、勅令第七三六号により神祇院が創設された。その官制第一条には「神祇院ハ内務大臣ノ管理ニ属シ左ニ掲クル事務ヲ掌ル　一　神宮ニ関スル事項　二　官国幣社以下神社ニ関スル事項　三　神官及神職ニ関スル事項　四　敬神思想ノ普及ニ関スル事項」とあり、神祇院創設によってはじめて「敬神思想ノ普及」が国家の公式の事業とされたのである。ここに至って、純然たる機構・制度としての「国家神道」にはじめてイデオロギー・思想が付加され、いわゆる神道指令の内容に見られる「国家神道」理解が可能となったのである。この変化は国家神道を研究する上において決定的に重要な変化である。だからこそ内務省当局も内部資料の「神祇院関係質問予想事項並ニ答弁要項」の「五、神祇院ノ管掌事項ニ特ニ敬神思想ノ普及ニ関スル事項ヲ加ヘタル理由如何」を挙げ、左のような仮定答弁を用意したのである。(48)

神祇行政ノ内容ハ多岐ニ亘リマスガ、帰スル所ハ敬神崇祖ノ美風ヲ昂揚シ、愈々国体観念ヲ明徴ナラシムルニアリマスコトハ申ス迄モナイコトデアリマシテ、現在ト雖モ此ノ方面ノ徹底ニ努メテ居ル次第デアリマスガ、従来ハ人員経費等ノ関係上、直接一般国民ヲ対象トスル啓発指導ニ十分力ヲ注ギ得ナカツタ憾ガアリマスノデ、神祇院ガ創設セラレマスニ於テハ大イニ此ノ点ニ努力致シ度イト考ヘ、特ニ神祇院ノ管掌事項ノ中ニ之ヲ掲ゲタ次第デアリマス。

神社局が設置されて以来四十年余にして、ようやく国家神道が直接国民に向かって敬神思想の普及に乗り出す体制がここに確立したのである。しかしながら、その体制はいかにも貧弱であった。神祇院には総裁官房の他に総務局(庶務課・考証課・造営課)と教務局(指導課・祭務課・調査課)が置かれたが、敬神思想の普及に従事する指導課には二名の教務官(奏任)と若干の属(判任)が配属されたのみであり、それも主として神官・神職の養成、教養、指導に従事したのである。敬神思想や国体思想の一般国民にたいする普及力からいうならば『国体の本義』(十二年)や『臣民の道』(十六年)などを出版した文部省(特に教学局)の比でないだろう。神祇院が一般の国民向けに刊行した図書は、敗戦の色濃くなった昭和十九年六月二十六日付で発行された『神社本義』ぐらいのものであった。つまり神社局および神祇院を中心とする制度としての国家神道は、組織として敬神崇祖の普及・啓蒙を国民におこなうことは伝統的にはしていなかったし、できなかったのである。法令で決められたこと以外は現実には実施できなかったし、また前例を踏襲することが最も無難と考える内務省のエリート官僚は神社行政以外には関心を持たなかった。戦時下での戦病死者の葬儀に関しても官国幣社の神職の不関与はもちろんのこと、府県社以下神社神職が関与することにも消極的であった。また制度によってその融通性がきわめて制約されていたことは、たとえば戦争の完遂祈願祭すらも神祇院の専断で神社に執行させることができなかったことに象徴的にあらわれている。まさしく制度としての国家神道は、おのれそのものである制度によってしか機能できなかったのである。

たしかに小中学校の児童・生徒に神社参拝が「強制」され、一般国民にもそれが奨励された。政府は「敬神崇祖」を唱えつづけた。「はじめに」で述べたように、神社局官員も私的著作において神社崇敬は「臣民の義務」であり、それに背いた者は「国憲によつて取締まら」れると述べてもいる。だが義務や強制によって「敬神崇祖」が神社に関心のない者にまで定着されるはずはない。崇敬・信仰は義務感や強制によって生じるものではないからだ。そのことは「我々とても神社と一般宗教との混同を防ぎ、その本末を立てることは当然すぎる程当然の事なりと信ずる。然し、祭祀が単なる形式と化し、道もなく教もないと観じ、又しか観ぜしむるが如き主張と策略とに対しては、飽くまで排撃しなければならぬ。……神社を単なる道徳的崇敬の対象物としてのみ、その参拝を理論づけ、更に憲法第二十八条の信教の自由規定によつて、神社信仰の信不信が勝手気儘なりと主張するところに、西洋流の学問と宗教との立場がある。西洋の辿つた道をそのまま日本も一応は辿つて来た様である」との戦時中の一官社宮司の慨嘆からも窺われよう。

祭祀の執行と神社の維持以外は何もできなかった神社局・神祇院の官僚と神官・神職。これが制度としての国家神道の本姿であった。神祇院官僚および神官・神職からただの一人も公職追放者がでなかったという事実こそ、制度としての国家神道が「超国家主義」「侵略主義」「軍国主義」等の様々なイデオロギーといかに縁の薄いものであったかの証明であろう。

六　むすび

いったい、政府はなぜ神祇院を創設し、そしてそれに何を期待したのであろうか。その公式見解を見てみよう。そこには信仰なき国家神道の弱さが如実に表れている。

神祇祭祀ハ我ガ国体ノ基根デアリ国民道徳ノ源泉デアリマス、コノ故ヲ以テ古来神祇ニ関スル行政機関ニ付テハ、国政上特別ノ注意ガ加ヘラレ、以テ神祇崇敬ノ趣旨ヲ明徴ニセラレタノデアリマスガ、現在ノ制度ハ内務省ノ一局ニ於テ僅ニ其ノ事務ヲ処理致シ居ル状態デアリマシテ、之ヲ立国ノ本義ニ鑑ミルニ、其ノ機構ニ於テ遺憾ノ点ガ少クナイノデアリマス、今ヤ皇国未曾有ノ非常時局ニ際会シ、真ニ国体ヲ明徴ニシ皇国精神ノ発揚ヲ期スルノ要緊切ナルノ秋ニ方リ、新ニ神祇院ガ創設セラレマスニ於テハ、神祇祭祀ガ我ガ国体ノ基根ニシテ之ガ行政ノ機関ニ付テモ国家ガ特別ノ考慮ヲ払ヒ居ルコトヲ明カニシ、時局下国民精神ノ振作ニ及ボス効果ハ少クナイト考ヘマス、更ニ翻ツテ神社行政ノ現状ヲ観マスニ、近時事務繁劇ヲ加ヘ日常ノ事務ニ忙殺サレ、神社行政ノ基本タルベキ神社及祭祀ニ関スル各種ノ調査及神社並神職ニ関スル制度ノ研究ノ如キ神社局機構ノ現状ヲ以テシテハ、到底其ノ全キヲ期スルヲ得ナイノミナラス敬神思想ノ普及徹底ニ付テモ甚ダ不十分デアリマスノデ、今日国民各方面ノ熱望モアリ、慎重考究ノ結果茲ニ神祇院ヲ創設致シマシテ愈々神社行政ノ伸張ヲ期シタイト存ズル次第デア

リマス(49)

これが国家神道の「総本山」たる神祇院を創設する政府の目的および理由である。要するに神祇院の創設は、国家が国体の基幹である神社祭祀に力をいれているという姿勢を国民に具体的に示すためのものであり、それによって国民もますます「国民精神」を奮い興すであろう、というのである。とどのつまりは、国家は国民にだけ「敬神崇祖」を要求しているのでなく、国家自らも神祇院の存在によって「敬神崇祖」を実践しているのだ、ということを示すためにこそ神祇院の創設が必要なのであった(むろん本音は事務の繁忙であったろう)。「時局下国民精神ノ振作ニ及ボス効果ハ少クナイト考ヘマス」という消極的な文言は、決して謙遜してのものではない。内容を欠いた空疎なスローガンたる「敬神崇祖」を糊塗するために造りだされた明治十五年以来の制度としての「国家神道」の正体が、この言には正直に表現されているだけのことである。敬神の基本たる神霊の妙に触れることもなく、崇祖の基盤たる葬儀に関与することもない神祇官僚(大部分の神官・神職も含む)に、国民の精神・内面を指導すべき何物があるというのだろうか。不敬罪、治安維持法そして宗教団体法の存在と適用によって、辛うじて「敬神崇祖」の観念の国民への普及は支えられ、維持されていた。国家神道はただこれを傍観していただけであった。何もせずに傍観者でありつづけた神祇院(神社局)当局者が、GHQによって神祇院が廃止されるなどとは夢にも思っていなかったのは当然であろう。(50)

(1) 社寺局については國學院大學日本文化研究所編『神道要語集 宗教篇二』(神道文化会、昭和六十一年)の「社寺局」の項を参照。
(2) 『第二十四回帝国議会衆議院 神職養成部国庫補助ニ関スル建議案委員会議録(速記)第二回』三頁。
(3) これに関しては拙稿「明治宗教行政史の一考察」(『國學院雑誌』八二―六)および「国家神道についての覚え書」(『現代のエスプリ』二八〇)参照。
(4)(5) 筆者所蔵「神祇院調査資料」による。

(6) 『神社局時代を語る』(神祇院教務局調査課、昭和十七年)での水野錬太郎の発言(六―九頁)および飯沼一省「神社行政回顧」(温故会編『想出の記』、昭和五十四年)参照。
(7) 前掲『国家神道とは何だったのか』八九―九〇頁、参照。
(8) 本書補論1、参照。
(9) 櫻井治男『蘇るムラの神々』(大明堂、平成四年)参照。なお明治末期の府県社以下神社を主とする神社行政については森岡清美『近代の集落神社と国家統制』(吉川弘文館、昭和六十二年)が有益である。
(10) 前掲、本書補論1および拙稿「国家神道とは何だったのか」(政教関係を正す会、研究会報告第三号)参照。
(11) 全国神職会編『全国神職会沿革史要』(昭和十年)、塙瑞比古『国会開設前後に於ける神祇官興復運動』(笠間稲荷神社社務所、昭和十六年)、小室徳『神道復興史』(神祇官興復同志会、昭和十八年)、葦津大成「神祇官興復運動に於ける神職の活動」(『明治維新神道百年史』第五巻、神道文化会、昭和四十三年)等、参照。
(12) たとえば昭和十四年一月に神社局の内部資料として作成された「宗教団体法案ニ関スル質疑応答資料(一)(二)」と題された想定質疑・応答を見ても、「神社非宗教論」をいかにして防御するかに最重点が置かれている。それには「神社ガ宗教ニ属スルヤ否ヤハ学問上別ニ研究ノ方法モ御座イマスガ之ヲ国家ノ制度トシテ考フル場合ハ現行法制ニ基キ其ノ性質如何ヲ決定セラルヘキモノト考ヘマス」とあるように、あくまで法制度を基本にして神社の性質を決定することに固執していた。
(13) 『明治神宮外苑志』(明治神宮奉賛会、昭和十二年)、および山口輝臣「明治神宮の成立をめぐって」(『日本歴史』五四六)参照。
(14) 『神社協会雑誌』第十四年第一号、三八―三九頁。
(15) 『神社協会雑誌』第十四年第五号、一頁。
(16) 『神社協会雑誌』第十三年第九号、三九―四四頁参照。
(17) その代表的人物は衆議院では大津淳一郎であり、貴族院では男爵の高木兼寛であった。
(18) 神社合祀問題をめぐって、衆議院では中村啓次郎が、貴族院では高木兼寛、江木千之などが執拗に政府の政策の誤りを追及した。なお『江木千之翁経歴座談(下)』(江木千之翁経歴座談刊行会、昭和八年)、五六五―五八八頁参照。
(19) 『帝国議会　衆議院議事速記録34』(東京大学出版会、昭和五十六年)四二四―四二五頁、五六三―五六四頁、参照。

(20) 前掲『江木千之翁経歴座談(下)』参照。

(21) 神社調査会は行政整理のため廃止されたが、内務省は神社制度の専門的調査の必要性から、その規模を縮小して内務省内に新たに神社調査会を設置することを内閣に要望した。これは五月八日の閣議で認められ、「神社ノ祭神社格社号由緒其他神社ニ関スル重要ナル事項ヲ調査審議スル」(規程第一条)ための、会長一人、委員一五人以内の神社調査会を発足させた。会長には内務次官の湯浅倉平が就任、委員には三上参次(東京帝国大学教授)、上田万年(神宮皇学館長)、佐伯有義(掌典)、宮西惟助(官幣大社日枝神社宮司)、賀茂百樹(別格官幣社靖国神社宮司)などが就任した。

(22) 全国神職会は昭和二年五月の第二回評議員会で神社制度調査会を設置することにし、「神祇官並に八神殿の性質、沿革、神祇官の組織、職掌、他の官衙に対する位置、八神殿奉斎の目的、祭神の性質並に鎮魂祭との関係を講究し、更に神社の本質、神社と他の宗教との差異につき研究審議」することにした(『全国神職会沿革史要』四二頁)。

(23) 大正天皇の大喪儀については国立公文書館所蔵『公文類聚』、『大正天皇御大葬奉送誌』(東京市役所、昭和二年)、『大正天皇御大喪儀記録』警視庁、昭和三年)等を参照。また昭和天皇の即位・大嘗祭については『昭和大礼京都府記録』(京都府、昭和四年)、『昭和大礼要録』(内閣大礼記録編纂委員会編、昭和六年)、『昭和大礼東京府記録』(東京府、昭和六年)等参照。

(24) これについては赤澤史朗『近代日本の思想動員と宗教統制』(校倉書房、一九八五年)一二九頁以下参照。

(25) 前掲『全国神職会沿革史要』、六五—七二頁参照。

(26)(27) 『公文類聚』。

(28) 『昭和四年十二月十七日　神社制度調査会議事録(第一回総会)』三頁。

(29) 明治二十年八月七日の「府県社以下神社神職登用規則」(内務省令第一〇号)の第八条には「氏子(氏子ナキトキハ信徒)」云々とあったが、明治三十六年二月十八日の「府県社以下神職任用規則」(内務省令第四号)の第一二条には「氏子総代若ハ崇敬者総代」と変化している。

(30) 島地黙雷は明治八年大谷光尊名で「皇太神ハ皇室ノ御宗廟ニ付何宗ヲ問ハス崇敬致シ」と三条実美太政大臣に述べ、以後の神社非宗教論の発端を開いた。これについては拙稿「日本型政教関係の形成過程」(井上順孝・阪本是丸編『日本型政教関係の誕生』第一書房、昭和六十二年)参照。

(31) 前掲、赤澤、一二九頁以下参照。

(32)『神社協会雑誌』第二十九年第三号、三七―四〇頁。
(33)『神社協会雑誌』第二十九年第四号、五五―六〇頁参照。
(34)『大阪朝日新聞』昭和五年二月十二日号。
(35)『神社協会雑誌』第二十九年第四号、七一―七二頁参照。
(36)『神社協会雑誌』第二十九年第七号、一頁。
(37) 田川大吉郎『国家と宗教』(教文館、昭和十三年)六八頁以下参照。
(38)『昭和五年七月十二日　神社制度調査会議事録(第一回特別委員会)』七頁。
(39) 筧克彦の学説については『大日本帝国憲法の根本義』(岩波書店、昭和十一年)参照。
(40) 学校行事としての神社参拝については山本信良・今野敏彦『大正・昭和教育の天皇制イデオロギー〔I〕学校行事のイデオロギー的性格』(新泉社、一九八六年)二七四頁以下参照。
(41) 前掲、赤澤、二〇〇―二〇一頁。
(42)『昭和六年十二月二十一日　神社制度調査会議事録(第二十二回特別委員会)』二頁。
(43) 前掲、葦津、一六一頁以下参照。
(44) 神社局の予算は昭和八年度の一、三六六、七三四円から漸次増額され、昭和十四年度は二、五二九、一五七円となった。職員も八年度の五一名から十四年度は一五〇名を超えるまでになった(むろんこの大部分には臨時の雇員が含まれている)。ちなみに官国幣社の経済について触れておくが、戦前の国家神道時代にあっては官国幣社の経費はすべて国庫で賄われているという誤解がよくある。しかし、国庫供進金は官国幣社経費の約四分の一程度であり、その他は圧倒的に社入金である。昭和九年度の官国幣社全体の決算額は国庫供進金が約五八万円、社入金は二五〇万円であった。
(45)『皇国時報』第七〇二号(昭和十四年三月二十一日)の内務省神社局「招魂社制度の改善整備に就て」参照。
(46) 京都府の官幣中社白峰神宮、山口県の同赤間神宮が官幣大社となり、また愛媛県の伊曽乃神社が国幣中社に、愛知県の尾張大国霊神社、長野県の穂高神社、富山県の雄山神社、佐賀県の千栗八幡宮が国幣小社にそれぞれ県社から昇格した。
(47) 国立公文書館所蔵『枢密院議事録』『公文類聚』による。
(48)(49)『公文類聚』。
(50) 神祇院関係者の見通しの甘さについては『神道指令と戦後の神道』(神社新報社)、W・ウッダード、阿部美哉訳『天皇と神道』(サイマル出版会)、『神祇院終戦始末記』等参照。なお神社局長、神祇院副総裁だった飯沼一省の神社行政の回顧については内政史研究会『飯沼一省氏談話速記録』(内政史研究会資料第七九、八〇集)参照。

第十章　国家神道体制の成立と動揺

一　はじめに

神社についての統一的法規(神社法)制定の必要性は、戦前の日本においてしばしば主張され、論じられてきた問題である。神社法を制定するかどうかは政府のみならず、議会および神社界、宗教界共通の課題でもあった(1)。にもかかわらず「明治以後の神社法制を最も特徴づけるものは、それが統一的法規の体系をもたず、明治維新いらい逐次公布された単行法規——布告・達・勅令・省令・訓令・告示・通牒・回答等々——の集積として存在したことである」と西田廣義氏が述べているように(2)、体系的法規たる神社法はついに制定されることなく日本は敗戦を迎え、ついで神道指令の発令によってこれらの単行法規も廃止されることになり、神社と国家の公的関係は消滅したのである。

他方、神社法制定と深い関係を有する宗教法も明治三十年代初頭以来、たびたびその制定を望む声があがり、政府もいくたびか法案を議会に提出したが、さまざまな理由・要因によって制定は難航し、結局昭和十四年四月八日に宗教団体法として成立・公布を見た(法律第七七号。施行は十五年四月一日から)。宗教に関する統一法規は曲がりなりにも制定されたのであるが(3)、神社法は制定されることなく、相も変わらず単行法規の積み重ねおよび修正によって神社行政が遂行されたのであった。

この点に関連して村上重良氏は「同調査会(昭和四年発足の神社制度調査会—筆者註)は、神社法の制定を目的として発足したにもかかわらず、宗教制度調査会で論議の焦点となっていた神社と宗教の関係の究明に対応する、神社の本質問題の論議で行きづまり、結局、当面している個々の神社制度の改善、整備を審議することになった」と述べている。(4) つまり村上氏は神社制度調査会設立の目的は神社法の制定にあったが、宗教制度調査会で論議の焦点となっていた神社の宗教・非宗教性をめぐる神社の本質問題に対応するため神社の本質問題を論議せざるを得なかった、しかし結局、結論は出ないまま個々の神社制度について審議せざるを得なくなった、というのである。

しかし、この村上氏の指摘は史料による裏づけに乏しく、表面的な「結果」から推測しただけの誤解であることは疑問の余地がない。なぜなら、以下本章で明らかにするように、当初、政府・内務省が神社制度調査会を発足させたのは「個々の神社制度の改善、整備を審議」するためであって、当初から神社の本質問題、いわんや神社法の制定を審議するために神社制度調査会を設置したわけでなかった。神社制度調査会に期待されたのは、統一的な神社法の制定を審議することではなく、単行法規の整備と調整にあったというべきであろう。というのも内務省には新たに神社法の制定を必要とする意見と、神社の歴史的性格から神社を一律に規制する統一的な神社法は神社にはそぐわず、単行法規の整備・統一こそが急務であるとの意見が併存しており、後者の意見が主流となって神社制度調査会が設置されたものと考えられるからである。

ところで統一的な神社法の制定は、単に神社制度だけではなく、神社行政機関をどのように国家に位置づけるかという問題にも直結する。これが宗教(団体)の場合なら、国家と宗教(団体)との関係は純然たる行政問題であり、その行政のための法を制定すればすむことである。しかるに神社の場合は神社行政だけでは収まらない重要な側面がある。いうまでもなく、天皇の祭祀大権(5)である皇室祭祀と国の祭祀(神社祭祀)をどう調整し、統合するかという問題である。この問題は神社の本質問題にも当然密接に関連してくる。だがそのような重大な問題を審議し、結論を出すほどの「権威」も「能力」も神社制度調査会にはなかった。神社制度調査会にできることは限定された個々の神社制度の改善、整備を審議し、その結果を答申すること、および神祇に関する特別官衙の設立を建議することだけであった(これは内務省当局も同様であった)。

政界・官界・学界・神社界・宗教界の「権威」を網羅した神社制度調査会ですら、国家・天皇と神社との関係はかくあるべし、という統一的見解は出し得なかった。明治四年に発明された「国家の宗祀」という魔力を秘めた言葉の語義を誰もついに明確にすることはできなかったのである。本章の目的は、その「国家の宗祀」をめぐって悪戦苦闘した——実際は知識人の暇談義といってもよいが——神社制度調査会および内務省神社局がいかにして「時勢が斯道の興隆に向いて来てゐる時代」においても「無力」であったかを検証することにある。それは「国家神道とは何だったのか」を追究する一つの試論であり、本書における一応の結論でもある。[6]

二　神社制度の整備

前章でも触れたように、大正期に入ってから、神社制度はさまざまな面で飛躍的に整備された。まず大正二年四月には内務省令第六号で官国幣社以下神社の祭神・神社名・社格・明細帳・境内・創立・移転・廃合・参拝・拝観・寄附金・講社・神札等に関する件が公布され、神社に関する基本的な規定となった(本令の施行は大正十五年七月一日から)。また同じ日に「官国幣社以下神社神職奉務規則」も省令第九号として公布され、これによって府県社以下神社の神職も「国家の宗祀」たる神社の奉仕者と改めて認定された(明治二十三年の「府県郷村社神官奉務規則」では「国家の宗祀」という言葉はなく、それがあるのは「官国幣社神職奉務規則」だけであった)。ついで翌三年には「神宮祭祀令」、「官国幣社以下神社祭祀令」、「官国幣社以下神社祭式」が相次いで制定され、神社の生命ともいうべき祭祀・祭式が統一整備された。[7]

大正四年はあたかも大正天皇の即位礼の年に当たり、また明治天皇を奉祀する神社創建の計画も順調に進んでいっ[8]

たことなどもあって、国内には「神祇崇敬」と「崇祖」の観念がみなぎるようになってきた。また官国幣社および府県社以下神社の祈年祭・新嘗祭・例祭に対する神饌幣帛料の金額に関する件も八年から九年にかけて改めて制度化され、さらに十年には神宮神官および官国幣社神職の俸給規定も整備された。こうして神社制度は国民の敬神観念の高まりを背景にして徐々に整備され、充実していった(この背景には帝国議会での神祇崇敬の実践を政府に求める声が大きく存在し、政府がそれを無視できなくなってきているという事情がある)[9]。

大正十二年一月に開会された第四六回議会には、帝国議会開設以来一貫して神祇崇敬の立場から神社の地位向上を訴えてきた大津淳一郎らが前回の議会に引き続いて「神社調査会設置ニ関スル建議案」を衆議院に提出した[10]。この建議案は「府県社以下神社経費国庫補助ニ関スル建議案」および「乃木神社昇格ニ関スル建議案」と一括して委員会で審議された。提出者の目的は神社調査会を設けて「モウ少シ権威アリ、威力アリ、威勢アル所ノ一定ノ官衙ヲ設ケラレテ、祭祀一切ノ事ヲ掌握シテ貰ヒタイ」(荻亮委員)というものであった。そしてその調査会の具体的な調査事項として荻は、(一)「神社行政管掌官衙ノ組織」、(二)「神社法の制定、(三)社格制度の改正、の三点を挙げている。

ところで大津たちが考えていた「神社行政管掌官衙ノ組織」とはどのようなものであろうか。大津自身の委員会での説明は「今日ノ神社局ヲ内閣ニ属シテ神祇官トシテ、神祇長官ハ総理大臣之ヲ兼ネト云フノデ、何時デモ総理大臣ハ神祇官長官トシテ、総理大臣ハ任命ト同時ニ神祇官トナッテ、次官ヲ置カレテ、次官ハ之ガ事務ヲ執ル、所謂局長ノ事務ヲ執ラルルヤウニシテ行カレタラドウデアラウカ」というものであった。これはかつて、明治四年の廃藩置県前後に右大臣・太政大臣であった三条実美が神祇伯を短期間兼任したことがあったが、この形式に近いものを大津たちは考えていたのであろう(当時の太政官職制では太政大臣が「祭祀大権」を輔弼することになっていた)[11]。

こうした大津らの意見に対して政府委員の山田準次郎神社局長は、現に内務省内に訓令による神社調査会があり[12]、それを充実することは必要と思うが、新たに調査会を設置してそこですべての神社に関する問題を調査し、結論を出すということには消極的な姿勢を示した(山田は調査会を設置したとしても、その議論は「其場ノ思付ノ議論」になりかねないと危惧している)。このように山田は調査会の設置に難色を示したが、内務大臣の水野錬太郎は「神社ニ関スル調査会ヲ設ケルコトニハ、何等異議ガナイノミナラズ、出来得ベクンバヤリタイ」と答弁している。水野のこうした決意および大津らの熱心な趣旨説明が効を奏して、委員会に出席した加藤友三郎首相および市来乙彦蔵相も神社制度調査会の設置そのものには基本的に同意したのである。

大津らの建議案が原案どおり可決され、政府は同年七月二日付けで神社制度調査会を設置した(勅令第三二七号)。調査会は内務大臣が会長となり、内務大臣の諮問に応じて「神社ニ関スル重要ナル事項ヲ調査審議」し(官制第一条)、かつ「神社ニ関スル重要ナル事項ニ付関係各大臣ニ建議スルコト」ができるとされた(同第二条)。同調査会は早くも活動を開始し、神祇官衙の調査・設置に向けて動き出したが、生憎の関東大震災によりその動きは頓挫した。第二次山本内閣が虎の門事件によって引責辞職をしたあとを受けた清浦内閣は官衙の設置に意欲的で(神社界にゆかりの深い水野が内務大臣、江木千之が文部大臣であった)[13]、十三年一月二十一日の第四八回議会(貴族院)での演説において清浦首相は「今回新ニ神祇ニ関スル特別官衙ヲ設置シ、神社行政ノ刷新ヲ図ラムト致シマスノモ、一ニ我ガ国体ノ精華タル敬神崇祖ノ美徳ヲ奨メテ、健全ナル民風ノ作興ヲ期セムトスル趣意ニ外ナラヌノデアリマス」[14]と述べた。しかしこの清浦内閣も護憲運動によって退陣を余儀なくされ、神祇官衙設置への動きはまたも頓挫してしまった。そして当の神社制度調査会そのものも十三年十一月には廃止されてしまうのである。

神祇官衙の設置が頓挫した背景には緊縮予算や行政整理の問題、あるいは震災や虎の門事件といった不慮の災害・事件等の問題など財政的社会的な要因があったことはもちろんであろうが、神祇官衙をどう意義づけるかといった内部的問題の未消化も大きな要因であった[15]。設置されるはずの神祇官の総裁には皇族を推戴することを神社界は希望していたのであるが、造神宮使庁、明治神宮造営局の総裁(皇族)との調節が難航して、結局妙案は浮かばなかった。これも神社制度が統一的に整備されていなかったゆえである。そこで当時の神社局はまず統一的な神社法の制定こそが緊急の課題と認識するようになる。

「蓋シ神社行政ノ根本的確立ハ神社ニ関スル根本法ノ制定ヲ前提トスベク、神社行政ニ関スル行政機関ノ組織問題ハ神社行政ノ根本的確立ヲ前提スルノデアルカラ、神社行政ニ関スル根本法ナク、従ツテ神社行政ノ根本的確立ヲ見ザル今日ニ於テ、之ガ行政機関ノ組織如何ヲ云為スルガ如キハ、全然其ノ前提ヲ誤レルモノデアル(16)」という神社局長佐上信一の発言がそれを示している。これは西田氏がすでに指摘しているところであるが、当時の神社局が神社法制定に意欲を示したのは局長の佐上の個人的意向がかなり強く働いたものとも思われる。十四年十月に神社局が編纂して刊行した『神社法令輯覧』も佐上局長時代に編纂されたものであるし、佐上自身も「其の当時の私共の考では、……是は神社法と云ふやうなものを作つて神社制度を確立して置く必要があると云ふので、丁度足立収君が主任事務官として之に当ることとなり、色々研究されました」と述べている(17)。しかし、神社局長を務め、内務次官や法制局長官等を歴任した内務官僚の長老であった貴族院議員の塚本清治などは、神社法の制定には批判的であった(18)。この塚本の立場の方が内務省の主流ではなかったかと推察される(塚本は神社制度調査会の有力委員でもあった)。

たとえ当時の神社局が神社法制定に意欲を持っていたとしても、神社局が独自で神社法を調査・立案するにはその陣容はあまりに貧弱であったことだけは確かであろう。神社制度調査会は大正十三年十一月に廃止されてしまったから、当分は神社局が独自で神社制度の調査・整備をおこなわなければならなかった。だがその任務に従事するのは九年九月十日に設置が認められた内務事務官一人であった。内務省は「内務部内臨時職員設置制」(勅令第三六九号)で「第一条ノ三　神社行政ニ関スル調査ニ従事セシムル為内務省ニ左ノ職員ヲ置キ神社局ニ属セシム　内務事務官　専任一人」と官制を改めたが(19)、これも行政整理で消滅し、再度十五年三月三十日に同様の勅令第二五号によって神社制度の調査に従事する事務官を確保したのである。なお大正十二年二月現在の神社局職員は局長以下嘱託雇員までわずか二五名であり、他局の一課程度の職員しか神社局にはいなかったという(「金は無いむ省、貧者局、ああどうしようか、考証課」という状況は昭和八年頃までつづいていたようである)[20]。

三　神社制度調査会の設置とその任務

大正天皇の崩御、そして昭和天皇の即位と歴史は大きく転換し、昭和二年には明治節が制定され[21]、ついで三年には昭和天皇の即位礼が挙行された。さらに翌四年には神宮の第五八回遷宮が施行された。昭和初期における国民の敬神観念はいやが上にも高まっていったのである。遷宮も間近に迫った昭和四年の八月六日、内務大臣安達謙蔵は地方長官会議で「目下財政緊縮ノ際特ニ神社制度調査会ヲ設置シ慎重審議ヲ以テ神社行政ノ改善振興ニ寄与セム」との決意を表明した。いよいよ政府は神社行政の抜本的な改革に着手しようとしたのである。それは「方今時運愈々複雑多岐ヲ加ヘ動モスレバ我建国ノ精神ヲ忘レ国体ト相容レザルノ言動為スモノナキニアラサル[22]」(八月二十六日、学務部長会議での安達内相訓示)状況に政府がいよいよ危機感を募らせたからであった。(田中義一内閣は三年三月十五日の日本共産党に対する検挙・捜索――いわゆる三・一五事件――以後、治安維持にやっきとなり、同年六月二十九日には緊急勅令で治安維持法を「改正」し、「国体変革」を目指す組織者や指導者には死刑または無期の刑を導入していた)。

自己の政治的無能力を隠蔽するために政府がことさら「敬神崇祖」を利用しようとしていたことは歴然としていた。「当時の実情としては、内務省を志望される人で、神社の仕事をやりたいという人はおそらく一人もいなかったのではないでしょうか。(笑い)私は、戦争中ずうっと神祇院の副総裁をやりましたけれども、せっかくいい人を見つけてきましても、すぐほかの局へとられてしまうのです[23]」、こう飯沼一省氏は明るく語っているがそれが実情であったろう。あの飯沼氏ですらこういっているのであるから他は推して知るべしであろう。心にもない「敬神崇祖」を訓示でしゃべりまくってさえおれば、国民の思想は善導できると考えていた総理大臣や内務大臣がいかに多くいたことか。だからこそ彼等にとっては神社は非宗教であるべきだったのであろう。真に敬神家の総理大臣であったのは平沼騏一郎ぐらいであろうか。それはともかくとしても、政府は「敬神崇祖」を前面に押し出すしかなかった。これは国民大多数の圧倒的な信念であり、信仰であったからである。八月二日、安達内相は「神社制度調査会官制制定ノ件」を閣議に提出した。それはつぎのようなものである。(24)

神社法規整備統一ノ為大正十五年度ヨリ事務官及嘱託ヲ置キ、目下調査研究中ノ処、現時ノ世態ニ鑑ミ急速ニ其ノ目的ヲ達成スルノ必要アリ、而シテ神社ノ制ハ国体ト密接ノ関係ヲ有スル重要ナル事項ノミナラズ、永年ノ慣行、地方ノ民俗等其ノ関繋スル所頗ル広汎複雑ニシテ之カ整備ノ方針ヲ樹立スルニ付テハ権威アル諮問機関ニ諮リテ慎重審議スルノ必要アルニ依リ、新ニ神社制度調査会ヲ設置シ以テ神社制度整備ノ促進ト万全トヲ期セントス、仍テ神社制度調査会官制案ヲ提出ス

右閣議ヲ請フ

昭和四年八月二日

内務大臣　安達謙蔵

内閣総理大臣　浜口雄幸殿

神社制度調査会設置の理由として内務省は「神社制度整備統一ノ促進ト万全ヲ期スル為諮問機関ヲ設置スルノ必要アルニ依ル」ことを挙げ、その調査会の調査事項として、

一、法律上神社ノ性質ニ関スル事項

一、経済上神社ノ性質ニ関スル事項

一、神社財産ノ帰属並其ノ処分ニ関スル事項

一、官国幣社ニ対スル神饌幣帛料ニ関スル事項
一、社格制度ニ関スル事項
一、府県社以下神社ト地方団体ニ関スル事項
一、氏子ノ所属並其ノ権利義務ニ関スル事項
一、神符守札ニ関スル事項

という八項目を挙げていた。そして「委員予定」として「学識アル者五人、内閣一人、宮内省一人、内務省五人、大蔵省一人、司法省一人、文部省一人、貴族院議員四人、衆議院議員四人、神官神職等五人」計三〇人を挙げている。(25)かくして神社制度調査会官制案は閣議に提出され、八月十四日には裁可されて同年十二月十日勅令第三四六号として公布されたのである(同調査会の主任には飯沼一省内務書記官が充てられた)。

さらに内務省はこの神社制度調査会官制案と同時に「内務部内臨時職員設置制中改正ノ件」も閣議に提出した。これは神社制度調査会設置のための「予備調査ニ従事スヘキ職員ヲ増置シ、以テ神社制度整備ノ促進ト万全トヲ期セントス」るためのものであった。増置の職員は内務事務官、考証官、考証官補各一人および属二人であった。この案は十二日には閣議決定され、二十二日勅令第二六一号として公布された。こうして神社制度調査会はいよいよ発足することになったのである。

ところで前記した神社制度調査会の調査事項を見ても明らかなように、その事項には神社法の制定という文言は見当たらない。いずれも個別的な調査事項である。これによっても、当初の調査会の目的がまずは個々の神社制度の調査とその関係調節にあったことは明白である。事実、四年十二月十七日に開催された第一回総会で安達内相は、

……先年以来宗教法案ノ審議セラルルニ当リマシテ、政府ハ速ニ法律ヲ制定シテ神社ノ本質ヲ明カニシ、而シテ宗教トノ区別ヲ判然ナラシムルベシトノ要求ガ出マシタノデ、政府ハ之ニ対シマシテ神社制度整備ノ必要ハ之ヲ

認ムルモ、統一シタル法律ヲ以テ神社ニ関スル一切ノ重要ナル事項ヲ規定スルヲ適当トスベキヤ否ヤニ付テハ尚十分慎重ナル攷究ヲ要スベキ旨答ヘ来ツタノデアリマス、[26]

と述べ、神社制度調査会の直接の設置目的が「統一シタル法律」、つまり神社法の制定にあるのではないことを強調している。これは神社制度が「永年ノ慣例ヤ地方ノ習俗等、其ノ関スル所頗ル広汎複雑ヲ極メマシテ、軽々シク是ガ整備ノ方針等ヲ樹立スルヲ許サナイ」[27]性質のものであったからに他ならない。

官国幣社はともかくとしても、一一万にも上る府県社以下神社をすべて同一の神社法規で律することは至難の業であり、それくらいのことはいやしくも神社局に職を奉じる者にとっては経験上自明のことであった。神社局の幹部官員はその多くが地方官としての前歴を有しており、地方地方によって神社の様相、神社に対する国民の崇敬態度・感情が一様でないことを身に染みて感じていたのである。[28]それは画一的な神社合祀策に対する国民のさまざまな対応からも察知できたことである。[29]いかに政府・内務省官僚の敬神観念が形式的なそれであったとしても、わざわざ国民に定着している独自の敬神観念を無視して画一的な神社観を強制するほど神社局は軽率ではなかった。

神社制度調査会の設置目的がまずは現行の神社制度の見直しにあり、その主要な任務が前記八項目の調査および審議にあったことは疑問の余地がない。会長の山川健次郎がいうように、「徒ニ其ノ完了ヲ急グガ如キハ最モ慎ムベキコト」[30]が神社制度調査会には強く要求されたのである。以上のことから、「調査会は、神社法の制定を目的として発足した」という村上氏の所説が「誤解」であることは明らかであろう。政府・内務省の方針はまず具体的個別的な神社制度から審議に入り、個々の問題点を明確にした上で全般的な神社制度の調整・整備を考えようとしたのである。しかし個別の神社制度を論議することは必然的に神社の本質問題に直結する(内務省はそれを望んではいなかったであろうが)。これは五年一二月二十八日に開かれた第一回総会で早くも論議されているところである。[31]内務省は「官国幣社以下神社ノ維持経営ヲ確立スル方策如何」という個別的な神社制度に関する諮問を出したのであるが、水野錬太郎委員は内務省側に対し、それを審議する前提として神社と宗教との関係や神社法制定の意志の有無について政府は態度を明らかにするよう要求している(神道本局の神崎一作も同様の質問をしている)。つまり、神社制定調査会は発足早々から個別的問題を常に神社の本質的問題として審議せざるを得なかったのである(神社や宗教およびそれらの行政に一家言を持っている多彩な委員から同調査会が構成されている以上それは当然のことであった)。

かくして神社制度調査会の当面の任務は「神社ノ維持経営ヲ確立」する大前提として、まず「神社とは何ぞや」という本質的大問題を論議せざるを得ないことになった。この背景には、神社制度調査会での実質的審議をおこなう特別委員会の委員長に江木千之が就任したことや委員に花井卓蔵、筧克彦といった「論客」が存在していたという人的要因もあった。[32]ともあれこの大問題をめぐって神社制度調査会は第一回の特別委員会(五年七月十二日)から第二三回の特別委員会(七年一月二十三日)まで延々と議論を繰り広げることになる。そしてその議論が打ち切られるのは江木千之の死去という「偶然」の結果からであった。

四　神社供進金制度と招魂社制度の整備

昭和七年八月二十三日、神社制度調査会特別委員長の江木千之が死去した。江木の死去により同調査会も新たな展開を迎えることになる。九月十九日の第二四回特別委員会で委員長に水野錬太郎が就任し、水野はこれからの委員会の方向として神社の本質問題についての審議を継続するか、それとも本来の諮問事項である「官国幣社以下神社ノ維持経営ニ関スル件」を審議するか、どちらにするかを問うた。筧委員は本質問題の解決がすべての神社制度問題の解決につながると主張し、当該委員会で熱心に本質問題を弁じたが、堂々めぐりの感は免れず、[33]委員会の趨勢は自然と個別の神社制度の審議へと向かっていった。

以後、神社制度調査会は特別委員会では神社維持に関する審議を精力的におこない、主として府県社以下神社の維持・経営に関する諸問題が論議された。九年三月二十八日に開催された第三八回特別委員会では地方公共団体からの神社経費支出に関する「神社制度調査会始ツテ以来ノ答申」(千秋季隆委員)案が出され、四月十三日の第四回総会でこの特別委員会の報告に基づき内務大臣に答申することが決定された。[34] それは「府県社以下神社ニ公費ヲ供進スルヲ急務ト認メタリ、即チ府県社以下神社ノ維持経営ハ主トシテ氏子及崇敬者ノ奉賽ニ俟ツヘキモ神社ハ国家ノ宗祀ナルヲ以テ府県及市町村等ノ地方公共団体ヨリ公費ヲ供進シテ崇敬ノ誠ヲ致スハ当ニ然ルベキ義ナリトス、尤モ現在地方公共団体ヨリ神社ノ経費ニ対シ支出スル例ナキニアラザルモ寄附又ハ補助ノ名目ヲ以テシ其ノ額モ僅少ニ止ル、是甚タ遺憾ナルヲ以テ爾今地方公共団体ハ供進金ノ名目ノ下ニ相当額ノ公費ヲ供進シ以テ敬神ノ実ヲ挙グルヲ極メテ緊要ト認ム」というものであり、この答申によってはじめて政府は府県社以下神社に対する公費供進制度を確立することにしたのであった。

この答申を承けて内務省は七月五日、府県制施行規則および市町村制施行規則を改正した。すなわち府県制施行規則(大正十五年六月二十四日内務省令第一八号)の第三三条第四号の「補助金」を「供進金、補助金」に改め、別記の府県歳入歳出予算様式の「経常部　第一款　神社費金　第一項　神社費金」を「第一款　神社費金　第一項　神饌幣帛料金　第二項　供進金」とし、新たに「臨時部　第一款　神社費金」を追加した(内務省令第一五号)。また市町村制施行規則(同第一九号)の第三六条第四号の「補助金」を「供進金、補助金」を改め、別記の歳入歳出予算様式の「経常部　第一款　神社費」の第二項として「供進金」を追加し、臨時部にも「神社費　供進金」を追加した(同第一六号)。

この施行規則改正にともない、内務次官は左のような依命通牒を各地方長官に発した。

今回府県制施行規則及市町村制施行規則中改正相成候処神社ノ費用ハ主トシテ氏子及崇敬者ノ奉賽ニ俟ツヘキコト勿論ナルモ地方公共団体モ亦神社ニ公費ヲ供進シ以テ崇敬ノ誠ヲ致スハ当ニ然ルヘキ義ニ有之而シテ之カ予算

ノ形式ニ付テハ従来之ヲ寄附補助等ノ科目ニ計上シ区々ニ渉ルヲ以テ今回地方公共団体ノ予算様式中ニ供進金ノ科目ヲ設ケ之ヲ整理スルヲ適当ト認メ改正セラレタル次第ニ有之候条右御了知ノ上財政上支障ナキ範囲内ニ於テ相当額ノ供進金ヲ奉賽シ以テ敬神崇祖ノ実ヲ挙グル様致度尚管下市町村ニモ此旨御示達相成度[35]

さらに同日付けで神社局長も地方長官宛に、この改正が「地方公共団体カ神社ニ対シ崇敬ノ誠ヲ致スヘキ所以ヲ弥々明徴ニシ敬神崇祖ノ実ヲ示サムトスル趣旨」ではあるが、これが却って神社を崇敬・維持すべき氏子・崇敬者の「神社離れ」を危惧して「氏子崇敬者ノ奉賽ハ神社発展ノ根幹ヲ為スコト毫モ従前ト異ラサル[36]」ことを氏子・崇敬者および神職に周知徹底、督励するよう依命通牒を発している。こうして無格社をも含めた府県社以下の神社にも地方公共団体からの神社費供進が制度化されることになった。ちなみに昭和十一年度の道府県予算の神社費は総額で一三六、一〇一円であり、同年度における市町村からの神社供進金の総額は一、二二四、二二九円三四銭であった[37]。

このように神社制度調査会としてはじめて答申した府県社以下神社に対する公費供進金問題は一応の成果を挙げたが、調査会が審議・答申しなければならない問題は山積していた。氏子制度、神社財産、神社整理・招魂社制度の整備等々の問題であるが、その前に調査会が早急に審議すべき問題は官国幣社の国庫供進金の問題であった。この問題は九年五月九日の第三九回特別委員会から審議がはじまり、十月十一日の第五回総会で官国幣社の「国庫供進金並営繕ニ関スル制度ヲ充実スル」ことを求めた答申が内務大臣になされた。この答申により昭和四年度以来年額七五万円であった官国幣社国庫供進金は十二年度より年額一〇〇万円に増額されることになったのである(もっとも全額が供進されるのではなく、その内二割強ほどの金額は各社共通金として神社局で留保して管理することになっている)。

神社制度調査会はその後、氏子制度等の問題を精力的に審議したが、昭和十二年の支那事変(日中戦争)の勃発によって新たな検討課題が浮かび上がってきた。いうまでもなく戦死者等を祀る招魂社の問題である。招魂社の歴史的沿革についてここで述べる余裕はないが[38]、その管轄は同じく内務省神社局であっても、一般神社とは非常に異なった扱いをされてきた（というより「差別」されていたといったほうが正確であろう）。招魂社は「神社としては未だその発達途上にあるもので、従つて制度としては、改善整備を要する」[39]点が多々存在していたのである。

招魂社制度の問題点は、(一)正規の神職が設置されておらず、一般神職のような任用資格もなく官吏の待遇も受けていないこと、(二)祭祀の規定が欠如していること、(三)地方公共団体からの神饌幣帛料も供進されていないこと、などであろう。こうした不備をいつまでも放置しておくわけにもいかず、かつ前述したように支那事変の勃発によって招魂社や忠魂碑、忠霊塔への軍部および国民の関心は非常に高まっていた。このため内務省は十三年十月二十二日、神社制度調査会の第一〇回総会で「招魂社ノ制度ヲ改善整備スルノ方策如何」を同調査会に諮問した。[40]児玉九一神社局長は審議事項として、①招魂社の名称の是非あるいは改称、②祭祀の規定、③受持神職の身分・待遇、④神饌幣帛料の供進、を挙げている。もちろん神社局としては全くの叩き台なしで審議をしてもらおうとしたのではなく、一応の参考案は用意していた。それはつぎのようなものである。

招魂社制度改善整備ニ関スル参考案

招魂社ノ沿革ト現状ニ鑑ミ其ノ社名ヲ護国神社ト改称シ概ネ府県社以下神社ノ制度ヲ適用スルト共ニ尚其ノ特性ヲ参酌シ大略別紙要綱ノ通制度ノ改善整備ヲ図ルヲ以テ適当ト認ム

招魂社制度改善整備要綱

(一)社名及社格ニ関スル事項

社名「招魂社」ハ之ヲ「護国神社」ト改称シ、社格ハ従前ノ通之ヲ附セサルコト

(二)祭祀ニ関スル事項

祭祀ニ関シテハ府県社以下神社ニ関スル法令ノ適用ヲ明ニスルト共ニ新ニ其ノ鎮座祭及合祀祭ヲ大祭ニ加ヘ且祭式及祝詞ヲ其ノ実情ニ適合セシムル様考慮スルコト

(三)神職ニ関スル事項

現行受持神官ノ制度ヲ廃シテ新ニ左ノ区分ニ依リ府県社以下神社ト同様社司、社掌ヲ置クコト

(1)内務大臣(外地ニ在リテハ其ノ長官)ノ指定スル護国神社

社司　一人

社掌　一人

(2)其ノ他ノ護国神社

社掌　若干人

(四)神饌幣帛料供進ニ関スル事項

現制ニ於テハ所謂官祭ノ制ヲ存シ明治八年以降百四社ニ限リ毎年定額ノ国費ヲ給スルモ右ハ其ノ儘之ヲ存置シ別ニ地方公共団体ヨリ其ノ例祭、鎮座祭及合祀祭ニ付神饌幣帛料ヲ供進シ得ルノ途ヲ開クコト

(五)財産及会計ニ関スル事項

財産及会計ノ取扱ニ関シテハ府県社以下神社ニ関スル法令ノ適用ヲ明ニシ以テ財産ノ保護ト金銭出納ノ精確トヲ期セシムルコト

この五項目のうち、神社制度調査会でも最も問題となったのは(一)の社名・社格に関する事項と(四)の「百四社ニ限リ毎年定額ノ国費ヲ給スルモ右ハ其ノ儘存置」することに関してであった。社名に関しては「奉公」(筧克彦委員)、「靖国」(手代木隆吉委員、佐藤与一委員、河野省三委員)といった社名案が提唱され、なかでも鎮座地を冠した「〇〇靖国社」と改称するのが最も適当であるとの意見が多数を占めたが、「靖国ノ御名前ニ付キマシテハ今迄ノ経過カラ申上ゲマスト軍部ノ方ニ於カレマシテハ他ニ及ボシタクナイト云フコトガアリマス」と児玉神社局長が述べているように、陸軍当局にあっては「靖国」という名称は東京にある別格官幣社靖国神社だけに是非とも限定したいという意向が強

固に存したのである。これは軍部だけの意向ではなく、内務省も同様であったろう。

また、社格に関しては河野委員等から県社などの社格を付与したほうがよいとの意見が出たが、招魂社制度の整備調査に十三年の初頭以来従事してきた内務省当局は社格は付与しないということで意見統一ができており、結局神社局の原案が通った。また(四)の国庫からの供進金については、祭神が同じであるのに区別があるのは不当であり、全廃するかあるいはすべての招魂社(護国神社)に供進すべきという意見が出されたが、現状ではいわゆる官祭招魂社(護国神社)制度は存続させ、後日改めて検討することに決定した。こうしてほぼ神社局の参考案の線で審議が進み、十二月十五日に開かれた第一一回総会で特別委員会の清水委員長から水野錬太郎会長に報告がなされ、同日末次信正内務大臣に答申されたのである。答申は参考案に(六)として「護国神社ノ創立ニ関スル事項　護国神社ノ創立ニ付テハ市町村等ヲ其ノ崇敬区域トスルモノハ独立神社タルト境内神社タルトニ拘ラズ原則トシテ之ヲ認メザル様考慮スルコト」が追加されている。

この神社制度調査会の答申を承けて内務省では招魂社制度の整備に着手したのである。すなわち十四年三月十五日には「招魂社ハ之ヲ護国神社ト改称ス」(内務省令第一二号)ることになり、明治二十七年二月八日の勅令第二二号の第一条以下の改正によって護国神社にも正規の神職が設置されることになった。また祭祀制度も整備され、「官国幣社以下神社祭祀令」に「護国神社ノ鎮座祭及合祀祭ハ之ヲ大祭トス」ることが新たに追加された。これにともない、祭式も整備され内務省令第一三号で新たに「護国神社例祭、鎮座祭及合祀祭祭式及祝詞」が制定され、また神饌幣帛料も供進され得ることが規定された。ついで四月一日、全国の招魂社は護国神社と改称され、同日付けで社司を置く護国神社の指定(いわゆる指定護国神社制度)が告示された(内務省告示第一四二号)。こうして招魂社は名実共に神社として再発足することになったのである。この再発足——招魂社制度の整備——神社制度調査会がどの程度実質的な原動力となったかどうかについては、以上の記述から自ずと明らかであろう。神社制度調査会も神社局も招魂社の整備を自ら積極的におこなおうとしたわけではなく、支那事変を契機とする国民の戦死者に対する慰霊の真心が招魂社の整備を促したのであろう。そういう意味では軍部がその国民意識を吸収しようとしたことは当然だったともいえよう。(41)いずれにせよ国家神道の「総本山」は国民および軍部の意識には無縁だったのである。

五　国家神道体制の終焉

神社制度調査会は神社費供進問題と招魂社の整備という課題について一応の審議をおこない、答申を出すに至ったのであるが、これらの課題の解決が昭和期にまで持ち越されたということ自体に本来は注目すべきであろう。明治維新以来、神社は国家の宗祀として他宗教に比較して隔絶した地位と特権を国家から付与されてきていたという理解が通用しているが、実情は決してそのようなものではなかった。神社制度調査会や内務省神社局にできることは、「時勢」に便乗して神社制度の不備・不統一をいくらかなりとも整備することであった。国家の宗祀としての神社およびその祭祀と天皇の祭祀大権をどう調整するか、という明治初年以来の大問題についてはついに解答を出すことはできなかった。「時勢が非常に有難いことになった(42)」から国家は神社制度を整備しようとしただけであって、非常時であれ平時であれ、国家と神社の根本的関係はどうあるべきであるか、についての考慮はほとんど払われていない。「神社局長としましては、どうも神祇道の日本国に於ける何と申しますか地位と、それに応ずる行政機構をどうするかと云ふことに付いて、どうしても自信のある考へが出来ませぬのでどうも困つたのであります(43)」という正直な発言があるように、内務省当局にも神社制度調査会にも国家と神社との根本的関係についての明確な位置づけはできていなかったのである。

だからこそ神社制度調査会も昭和十一年十一月、政府に対して「神祇ニ関スル行政機関ニ就キ速カニ考究善処スルト共ニ祭祀ノ根本ニ関シ深ク方途ヲ講シテ益々之ヲ明ラカニシ以テ斯道ノ興隆ニ資セラルルノ要アリト認ム」というはなはだ抽象的な建議しかできなかったのである。これに比べて神社界の神祇に関する特別官衙設立要求はかなり具体的なものとなってきていた。具体的というのは機構的にという意味であって、国家の宗祀としての神社と天皇の祭祀大権との関係についての明確な認識に基づいたものではないということである。

というのも、十四年六月八日に内閣総理大臣平沼騏一郎に出された神社界代表の神祇官衙設立に関する建白書にも「右官衙ハ普通行政事務ノ範囲ノミニ止ルコトナク国家ノ祭祀礼典ヲ司ル権威アル中枢官衙タラシムルコトヲ要ス」(44)とあるだけであって、皇室祭祀と神社祭祀との関係をどう調整するかについてはなんら具体的方策を有してはいなかったからである。それは同建白書自身が「宮中祭祀ノコトニモ重大ノ関係アルヘキヲ以テ此等至重ノ問題ヲ審議考究スル為速カニ最モ権威アル審議機関ヲ設置スルコト」を要望していることからも明らかであろう。この祭祀の問題が解決されない限り、神祇官衙をいくら設立してもそれが神社局の拡大の域を出ないことは明白であった。皇室祭祀(宮中祭祀)と神社祭祀をいかにして有機的に統一し、天皇の祭祀大権を補翼する神祇官衙を設立できるか、これこそが明治初期の神祇官・神祇省廃止以来の神祇官興復運動の最終目標であった。

しかしこの神祇官興復は究極的には近代の皇室祭祀(宮中祭祀)を否定しなければ実現できない性格のものであったといえる。なぜなら、明治後半以来一貫して神祇官興復運動に精力的に従事してきた大津淳一郎が宮中三殿をして「これは全く皇祖の遺詔に非ず。洋拝者が神道を宗教と見誤り、外国交際の前途宗教の衝突を恐れ、神祇のことは、唯宮中に秘め隠し、国民の全般に関係を及ぼさざることを勤めたるに起因するものならん」(45)と述べているように、大津たちにとっては神祇官を消滅させた結果として成立した宮中三殿の祭祀は国民とは無縁の「宮中に秘め隠」された祭祀でしかなかったのである。つまり大津にあっては、神祇官が神殿を有して天皇の祭祀大権の補翼機関となると共に全国の神社の祭祀をも補翼機関として管掌し、かつ国務の補翼機構としても神社行政を管掌すべきである、というのが理想的な祭政一致の制度であり、神祇官のあるべき姿だったのである。前記の神社界代表による神祇官衙設立の建白書がかかる趣旨に基づいたものであることはいうまでもない。

こうした明治初年度以来の神社制度・祭祀制度を根本的に改めようとする神社界の神祇官衙設立要求がたやすく政府に受容できるわけがなかった。これは単に「ここまで膨大な機構の設置」(46)に政府が難色を示したというような財政問題ではなかったのである。近代における天皇の祭祀大権をどう理解するかという根本的本質的問題だったのである。明治五年以来約七〇年におよぶ近代の祭祀制度を全否定するような神祇官衙設立案を呑むことは到底不可能であり、また神社界にもそれを認めさせるだけの力量はなかった。結局、実質的には神社局の拡充の途を神社界も受け入れるしかなかったのである。神社界がしぶしぶ妥協した内務省の神祇院設立案は神社行政を担当する国務機関の拡大であり、国民の精神・信仰に直接関係するものではなかった。

紀元二千六百年に当たる昭和十五年の十月二十二日、近衛内閣は内務省の神祇院設立案を閣議決定し、二十四日には「神祇院官制」などを上奏し、枢密院に諮詢せられんことを請うた。(47)枢密院では二十六日に審議委員の指定があり、有馬良橘が委員長、窪田静太郎、清水澄、松浦鎮次郎、潮恵之輔、二上兵治、三土忠造が委員となって、二十九日に審査委員会が開かれた。委員会では安井英二内務大臣が「神社祭祀及神職等ニ関スル基本的調査並ニ敬神思想ノ普及等ニ至リテハ到底現在ノ機構ヲ以テシテハ之ガ遺憾ナキヲ期スル能ハズ、仍テ今回其ノ規模ヲ拡大シ機能ヲ教化スル為メ政府ニ於テハ内務省ノ外局トシテ神祇院ヲ新設スルノ議ヲ定メ」たと提案理由を説明した。

これに対し窪田委員は神社界をはじめとする神祇官衙設置要求についての当局の見解や神祇院を内閣直属としない理由について質問。安井内相は神祇院が祭祀を執行すべきという要望は「尚相当考慮ヲ要ス」と答え、また内閣直属の件に関しては神祇院設立が実現した後で研究すると答えた。また清水委員は宮中祭祀と国の祭祀(神社祭祀)との合一について質したが、飯沼神社局長は「祭祀ノ合一ニ付テハ今後充分ニ調査研究スベキ」問題であるとして具体的見解は述べなかった。窪田、清水委員らの質問は天皇の祭祀大権に直接関連する重要な内容を含むものであったが、政府側は「祭祀ヲ行ハズ神社行政ノ伸張ヲ期セシメントスル要望」に応じたのが神祇院設立であるとの姿勢に徹していたから、論議は自ずと実務論とならざるを得なかった。つまり委員としては案そのものが実務的行政的なものである以上、祭祀大権に関する神社祭祀の本質論議を展開する余地は与えられていなかったのである。

よって審査委員会での審議は形式的行政的なものにほぼ終始し、委員会は原案通り可決することになり、十一月一日、有馬委員長は原嘉道枢密院議長に「按ズルニ本案ノ神祇院官制ハ現下ノ世局ニ際シ殊ニ神祇祭祀ヲ尊重シ、敬神崇祖ノ美風ヲ振作スルノ必要アルニ由リ神社ニ関スル行政機構ヲ拡大整備シ、以テ神社行政ノ更張刷新ヲ図ラントスルモノニシテ其ノ趣旨ニ於テ妥当トスベク」という審査報告を提出した。枢密院は六日に本会議でこの報告を可決し、その旨を上奏、裁可を仰いだのである。かくして昭和十五年十一月九日、勅令第七三六号によって神祇院官制が公布され、神祇院が設立されることになった。

新設された神祇院にはそれまでの神社局にはなかった新たな管掌事項が加えられた。「敬神思想ノ普及ニ関する事項」である。この敬神思想の普及こそ神社行政の主眼であり、最大の目的であったはずである。これがようやく正規の神社行政の所管事項とされたのである。これを神社局の怠慢というか、無力の表れというかは別としても、いかに国家神道の「総本山」たる神社局がイデオロギーとしての敬神崇祖観念とは無縁の、純粋に行政的な機関であったかだけはこれからも明瞭であろう。

神祇院の教務局指導課は続々と「敬神思想普及資料」を出版したが、それはあまりにも専門的で一般国民に理解できるものではなかった。(48) 神祇院が国民向けに神社の意義、敬神思想に関する書籍である『神社本義』を刊行したのは敗戦の色が濃くなった昭和十九年六月のことである。神社の意義を知ることなしに敬神思想の普及は不可能であろう。その神社の意義を最も端的に示している言葉は「国家の宗祀」である。「『国家の宗祀』といふ言葉は良い言葉ですね。

矢張りさういふことは言つた維新当時の人は偉い。さういふ簡潔の文字で百世易らない文句が出来たと思ふのですが、さういふ風に達観しなければ駄目ですな[49]」とある元神社局長は述べているが、その「国家の宗祀」について『神社本義』には、

かやうに神社については、古今必ずしもその制を一にしてゐないが、重要な国務としての神社の事を執り行ふのは同じであつて、これは総べての神社が国家の宗祀であることを、事実の上に証するものである。国家の宗祀とは、神社の本質を最もよくいひ現はした言葉であつて、明治四年五月の太政官布告には、「神社の儀は国家の宗祀にて一人一家の私有にすべきに非ざるは勿論の事に候」と見えてゐる。これは本来神社が個人的な信仰の対象として祭られるものでなく、国家が尊び祀るものであることを明らかにしたものであつて、教派神道十三派が主として宗教上の信仰に基づいて成立し、宗教として取扱はれてゐるのとは類を異にする[50]。

と説明されている。これが国家神道における神社の意義の公定解釈であり、敬神思想普及のための基本理解であった。ここに見られるのは国家と個人という浅薄かつ単純な対立的構図でしかない。個人の信仰が国家につながるという理解は微塵もない。「世俗合理主義の行政官が、神社の精神指導の一切の権をにぎって、いはゆる無気力無精神の風が著しくなり、在野の神道意識に燃える国民からは痛烈な批判を浴びせられるにいたった[51]」と葦津珍彦氏が述べているように、国民の神社信仰は国家の法制的形式的な神社非宗教論とは無縁のものである。それは古来、朝野を問わず篤い信仰・崇敬を集めてきた神社が明治維新以前に変わらぬ国民の信仰を獲得し得ていた事実からも明らかである。神社信仰の多様性、地域性を無視して、神社を「国家の宗祀」という魔法の言葉で総括しさえすれば敬神思想が普及できると思っている内務官僚の創出した国家神道が国民に対して無力であり、なんらのイデオロギー的効果も発揮し得なかったことは、神祇院官僚のただ一人さえGHQから追放されなかったという事実が雄弁に物語っている。神祇院の官僚や行政官的神官神職が無事であったことは大慶至極であるが、それは明治十五年以来「神社と宗教との区別を明

にすることは得たが、神社信仰そのものまでも宗教的色彩を帯びず、又帯びてはならぬとの錯覚又は政策[52]」の結果である。それが神社にとって、そして天皇の祭祀にとってこれまた大慶至極であったということにはなるまい。神祇院の設立がはたして真に「敬神崇祖」の国民普及に寄与したかどうか、これが今後の重要な検討課題であろう。

六　むすび

明治五年に神祇省が廃止されて以来、多くの人間が神祇官興復運動に従事してきた。その努力が全く酬われなかったわけではない。それは本章の概略的記述からも推測できることである。しかしその結果は神社界や神道人が求め続けていた理想とは程遠いものであったというべきであろう。神祇祭祀をどう国家的に位置づけるかという根本問題に眼をつむり、あるいは問題を先送りにしたままで、「時勢」の要請のみに頼った神社行政機構の整備・拡充があたかも「敬神崇祖」の国家による実践であるかのごとき施策が、真に国民の「敬神崇祖」を高揚させるものであったのかどうか。「神祇祭祀が我が国体の基根にして之が行政の機関に付ても国家が特別の考慮を払い居ることを明らかにし、時局下国民精神の振作に及ぼす効果は少くないと考へます」と神社局は述べているが、「敬神」の要たる祭祀の意義についてさえ不問に付し「崇祖」の原点たる神葬祭すら抑制していた官僚神道(国家神道)にどれほどの国民がその精神・信仰を鼓吹されたであろうか。

確かに神祇院の設立によって神社行政機構は従前の神社局に比較して相当充実したことは事実である。だがそれは結果的には単に一部の神官神職の地位向上や名誉欲を満足させるだけのものでしかなかったのではないか。そうでないというには、まだまだ調査研究せねばならぬ問題があまりにも多く残されている。

(1)　明治期の神社法制定の動きについては拙稿「明治期の神社法関係草案―解説と翻刻―」(『神道宗教』一一八)参照。
(2)　「明治以後神社法制史の一断面―「国家の宗祀」の制度的充実と神祇官興復運動―」(神道文化会編『(明治維新)神道百年史』第四巻所収、昭和四十三年)六一頁。
(3)　宗教法の制定や宗教団体法については小林和幸「山県内閣「宗教法案」と貴族院内諸会派」(『日本歴史』四七三)、赤澤史朗『近代日本の思想動員と宗教統制』(校倉書房、一九八五年)等を参照。
(4)　『国家神道』(岩波書店、一九七〇年)一九九頁。
(5)　天皇の祭祀大権については美濃部達吉『改訂憲法撮要』(有斐閣、昭和二十一年)、同『日本国憲法原論』(有斐閣、昭和二十七年)の関係項目を参照。
(6)　明治初期において国家が「国家の宗祀」をどう解釈していたかについては本書第三章参照。
(7)　これらの法令については内務省神社局編『神社法令輯覧』(帝国地方行政学会、大正十四年)、神祇院総務局監輯『最新神社法令要覧』(京文社、昭和十六年)を参照。
(8)　明治天皇を奉祀する明治神宮の創建については『明治神宮造営誌』(内務省神社局、昭和五年)、『明治神宮外苑志』(明治神宮奉賛会、昭和十二年)、前掲山口「明治神宮の成立をめぐって」参照。
(9)　帝国議会、特に衆議院での神祇崇敬運動の実態に関しては大津淳一郎の『大日本憲政史』第九巻の「第六章　神祇制度と憲政との関係」にかなり詳細な記述がある。
(10)　これに関する記述は『帝国議会衆議院議事速記録』42(東京大学出版会、昭和五十七年)六〇二―六〇三頁および『帝国議会衆議院委員会議録』37(臨川書店、昭和六十一年)三五七―三七九頁を参照。なお貴族院でも江木千之らが「神社及ビ祭祀ノ制度ニ関スル建議案」を提出、可決している。
(11)　明治四年六月二十七日に右大臣三条実美が神祇伯を兼任し、ついで七月二十九日の太政官職制の制度により太政大臣に就任した三条が継続して神祇伯を兼任した。太政官職制には「太政大臣　一員　天皇ヲ輔翼シ庶政ヲ総判シ祭祀外交宣戦講和立約ノ権海陸軍ノ事ヲ統知ス」とある。なお明治二三年九月二十四日付けで各大臣および枢密院議長宛に丸山作楽、千家尊福、佐々木高行らが連名で呈出した神祇官衙設置建白書では皇太子を神祇総裁にすることが要望されていた。
(12)　内務省内の神社調査会は大正九年六月二十一日に発足したものであるが、それは単に神社の昇格などを審議した程度の機関であった。神社界はこれを不満として「神社調査会設置ニ関スル建議案」を議会に提出するよう努力したのである。

(13) 水野錬太郎については『水野博士古稀記念　論策と随筆』(水野錬太郎先生古稀祝賀会事務所、昭和十二年)、江木千之については江木千之翁経歴談刊行会編『江木千之翁経歴談』上・下(江木千之翁経歴談刊行会、昭和八年)参照。
(14) 『帝国議会貴族院議事速記録』44、二六―二七頁。
(15) 全国神職会は神祇に関する特別官衙の名称を神祇官とし、内務大臣の管理下に置き、その総裁には皇族を勅命によって奉戴することを予定していた。『全国神職会沿革史要』(全国神職会、昭和十年)三〇―三一頁参照。
(16) 『神社協会雑誌』、第二十四年第一号所収「神社法制定の必要」による。
(17) 『神社局時代を語る』(神祇院教務局調査課、昭和十七年)七三―七四頁。
(18) 『神社局時代を語る』一三一―一三二頁参照。なお塚本は大正四年十月四日から同十年四月二十一日まで神社局長の任にあり、九年十月九日から地方局長も兼務した。後には社会局長官、内務次官、法制局長官、内閣書記官長を歴任して貴族院議員となった内務官僚の長老であった。
(19) この他に「第一条ノ二　神社ノ社殿修築及境内整理ニ関スル事務ニ従事セシムル為内務省ニ左ノ職員ヲ置キ神社局ニ属セシム」として技師一人、属一人、技手七人が神社局に配属された。
(20) 温故会編『想出の記』(昭和五十四年)所収の池辺弥「考証課から調査課へ」を参照のこと。
(21) 明治節は昭和二年三月四日の勅令第二五号によって祝日とされたのであるが、この明治節制定に尽力したのは大津淳一郎らであった。大津らは昭和二年一月の第五二回帝国議会(衆議院)に「明治節制定ニ関スル建議案」を提出、二十六日の本会議で満場一致で可決されたのであった。この背景には大正天皇の崩御により、先帝崩御日の祭日たる七月三十日の明治天皇祭が自動消滅したことがあった。
(21)(22) 『神社協会雑誌』第二八年第九号所収。
(23) 『飯沼一省氏談話速記録』(内政史研究会、内政史研究資料第七九、八〇集)。
(24) 以下の記述は国立公文書館所蔵『公文類聚』の「神社制度調査会制定ノ件」および「内務部内臨時職員設置制中改正ノ件」による。
(25) 会長には男爵山川健次郎、委員には川崎卓吉(法制局長官)、関屋貞三郎(宮内次官)、九条道実(掌典長・公爵)、斎藤隆夫(内務政務次官)、潮恵之輔(内務次官)、内ケ崎作三郎(内務参与官)、池田清(神社局長)、三条西実義(神宮大宮司・伯爵)、河田烈(大蔵次官)、中川健蔵(文部次官)、筧克彦(東京帝国大学教授)、清水澄(行政裁判所評定官)、水野錬太郎(貴

族院議員)、上田万年(同)、塚本清治(同)、花井卓蔵(同)、柳原義光(同・伯爵)、白川資長(同・子爵)、千秋季隆(同・男爵)、元田肇(衆議院議員)、粕谷義三(同)、藤沢幾之輔(同)、中村啓次郎(同)、高山昇(官幣大社稲荷神社宮司)、賀茂百樹(別格官幣社靖国神社宮司)、春田宣徳(東京府・郷社牛島神社社司)、平沼騏一郎(枢密院副議長・男爵)、江木千之(枢密顧問官)、および在野の神道界を代表した今泉定助(神宮奉斎会)、神崎一作(神道本局)、の計三〇名が就任した。なお衆議院議員の元田、中村はいずれも神祇崇敬を政府に迫った神社界にゆかりの深い人物であり、殊に中村は南方熊楠を支援して神社合祀政策を批判した代議士として有名である。

(26)(27)『神社制度調査会議事録(第一回総会)』三頁。

(28) たとえば当時の神社局長である池田清は岐阜県、京都府、大阪府の警察部長や兵庫県内務部長を歴任している。

(29) このことを最も痛切に感じていたのが皇典講究所所長や全国神職会会長を勤めた江木千之であった。江木は神社合祀政策が実施される以前に内務省県治局長や茨城、栃木、愛知、広島、熊本の各県知事を歴任し、地方の神社の実態をよく承知していた。

(30) 註(26)の二頁。

(31)『神社制度調査会議事録(第二回総会)』参照。なお当日欠席した委員は塚本、三条西、川崎、上田、江木の五委員であった。

(32) 花井卓蔵については大西源二編『花井卓蔵全伝』上・下(花井卓蔵全伝編纂所、昭和十年)を参照。筧克彦の神道思想については平易なものとして『風俗と習慣と神ながらの実修』(普及版、春陽堂、昭和十四年)がある。

(33) 清水委員は「二年半も経つて然も尚ほ本問題に触れないと云ふことは、内務大臣の諮問の御趣旨にも副はないと申すよりも、少し道草をし過ぎるやうな感じが致す」と発言しているが、これが大方の委員の本音であったろう。『神社制度調査会議事録(第二十四回特別委員会)』四頁。

(34)『神社制度調査会議事録(第三十八回特別委員会)』二頁。

(35)(36)『最新神社法令要覧』(京文社、昭和十六年)三八一頁。

(37) 岡田包義『神祇制度大要』(政治教育協会、昭和十一年)三五八—三六〇頁。

(38) 招魂社の歴史については小林健三・照沼好文『招魂社成立史の研究』(錦正社、昭和四十四年)および本書補論2参照。

(39) 前掲、岡田『神祇制度大要』八〇頁。

(40) 以下の記述については『神社制度調査会議事録(第十回総会)』一―三〇頁参照のこと。
(41) 宇佐美毅「神社局の思い出」(前掲『想出の記』所収)には「第二は招魂社の問題で、戦争の影響もあり軍部の熱心な希望もあって、招魂社は神社にすべきであるとの論が盛んになっていた」と述べられている。
(42)(43) 前掲『神社局時代を語る』一二九頁(塚本談話)、一〇三頁(館啓二発言)。
(44) 『皇国時報』第七一一号。
(45) 大津、前掲『大日本憲政史』第九巻、二七二頁。
(46) 赤澤、前掲『近代日本の思想動員と宗教統制』二二九頁。
(47) 以下の記述については国立公文書館所蔵の『公文類聚』および枢密院関係文書を参照。
(48) たとえば「敬神思想普及資料 六」の山田孝雄『神道思想史』(神祇院指導課、昭和十七年)は十六年六月に神祇院が主催した第一回神祇講習会での講義の速記録であるが、これが神職向けの刊行物であることは明白であろう。
(49) 前掲、『神社局時代を語る』一三四頁(塚本談話)。
(50) 同書、三二一―三三頁。
(51) 『国家神道とは何だったのか』(神社新報社、昭和六十二年)二〇七頁。
(52) 阪本健一『明治神道史の研究』(国書刊行会、昭和五十八年)一〇〇頁。

補論1　近代の神社神道と経済問題

一　はじめに

明治維新以降、神社神道は大きな変化と試練に遭遇することになった。近代の神社神道の歩んだ道が決して平坦なそれではなく、むしろ茨の道の連続であったというならば、おそらくは奇異の感を与えるかもしれない。多分そう思うのが普通であろう。「国家神道」制度によって、神社神道は他宗教とは隔絶した手厚い保護を国家から受けていたではないか、それが茨の道・試練の連続であったというのは事実誤認も甚だしい、こういう反論がただちに返ってこよう。

なるほど、「祭祀と宗教の分離によって、宗教ではないというたてまえの国家神道が、教派神道、仏教、キリスト教のいわゆる神仏基三教のうえに君臨する国家神道体制(1)」という言を無条件・無批判に受け入れるならば、国家神道すなわち非宗教たる神社神道は、国家によって「神仏基三教」を従えて君臨する「宗教界の帝王」の地位を与えられたことになろう。辛い道程どころか、幸せそのものの道を歩んだではないか。筆者とてそう思わざるをえない。だが、はたして本当にそんなにバラ色の道を神社神道は一直線に、楽しくランランランと歩んだのであろうか。それにしてはあまりにも怨嗟の声が多く聞こえるのはどうしたことなのだろう。

圧倒的多数の神職が農業や教職の副業——収入の大多数を占める副業！——を持たざるをえない状況。大正十年の時点でその経済的困窮ゆえに優秀な学生は教員を目指し、「比較的学力才能の劣りたる者が、却つて宮司に志願すると云ふ傾向」を、当の神職養成機関の最高責任者から指摘されるという屈辱。(2)ましてや世間の眼はなおさら厳しく、「矢張頭の悪い子が神職のあとを継ぐ運命」にあるとまで噂され、そして「神職を以て無学無識となしてこれを軽蔑」する現実が厳として存在していた。(3)

もしも国家神道・神社神道が「宗教界の帝王」として君臨したのであったならば、帝王にふさわしい人物が集い、またその地位に即応した経済的待遇が保障されてしかるべきはずではなかろうか。むろん、品位・誇り・学力・見識といったものは、直接その職種の経済的劣悪さに関係するものではない。しかし、かといって全く無関係というのも現実を無視した観念論・精神論の域を出ない。国家が神社をして「国家の宗祀」と規定し、それにふさわしい神職像をもとめている以上、神社に奉職する神職にある程度の経済的基盤を保障してやることは当然の責務ではないか。こう神職たちは思ったのである。自己の才能・努力を棚に上げて、またぞろ国家にすがりつこうとするのか、という批判もあったろう。

だがいかなる神職であれ、「神職ハ国家ノ礼典ニ則リ国家ノ宗祀ニ従フヘキ職司ナルヲ以テ平素国典ヲ修メ国体ヲ弁シ操行ヲ正シクシテ其ノ本務ヲ尽ス」(大正二年四月二十一日内務省訓令第九号「官国幣社以下神社神職奉務規則」第一条)ことが国家によって厳しく要求されたのであり、常に品位ある言動か否かの監視を地方庁は怠らなかったのである。すべての神職に、である。俸給は安い、世間からは軽蔑の眼で見られる、国家の監視は厳格。こんな職業(?)に進んで飛び込もうとする人間は、よほどの強靭な精神力と不動の信念・志を有した人間に相違ない。僧侶や教派神道の教師、キリスト教の牧師・神父にはかかる制約はない。だからしていくら使命感に燃えた神職であっても、つい愚痴の一つも出ようというものではないか。ここに至ってつい考えてみたくなる。いったい、たいして優遇されたとも思われない戦前の神職が奉仕した「国家の宗祀」たる神社とはなんであったのか、そしてその神社を支えた一番の主体たる神職の境遇とはいかなるものであったのか、について。以下、本稿では明治期の神社神道の歩み・姿を主に経済的側面から概観し、以て国家神道の実態の一面を考察してみたい。

二 「国家の宗祀」の意味するもの

戦前においては神社は「国家の宗祀」とされていた。むろんこの「国家の宗祀」という言葉はさほど古いものではなく、本書第一章、第三章でも触れたように明治四年五月十四日の太政官布告にはじめて公式に使用されたものである。この布告の段階における「国家の宗祀」という言葉が、いかなる積極的意味を持っていたかについてはなお検討の余地が多々あるが、ここでは詳論する余裕がないから触れない。ただ、該布告におけるこの語の用法は、神社世襲廃止にかかる修飾の域を出ないことだけを指摘しておくにとどめる。もっとも、昭和十九年に刊行された神祇院編纂の『神社本義』は、

国家の宗祀とは、神社の本質を最もよくいひ現はした言葉であつて、明治四年五月の太政官布告には、「神社の義は国家の宗祀にて一人一家の私有にすべきに非ざるは勿論の事に候」と見えてゐる。これは本来神社が個人的な信仰の対象として祭られるものでなく、国家が尊び祀るものであることを明らかにしたものであつて、教派神道十三派が主として宗教上の信仰に基づいて成立し、宗教として取扱はれてゐるものとは類を異にする(4)

と説明しており、この語をことさら「個人の信仰」に対する「国家の尊崇」という意味に理解している。しかし、よくこの布告を読めばすぐに了解されるように、神社が国家的公的な宗教施設であるがゆえにそれを私的に世襲して維持・管理・運営することはけしからん、と述べているにすぎない。つまり、神社は私有財産・不動産ではなく、官有・共有のものであるとの宣言である。かかる宗教施設の官有・共有論はひとり神社のみでなく、寺院にも貫徹されたのであって、さればこそ政府は寺院境内の住職住居ですら私有物とはみなさなかったのである。(5)

ともかく、明治四年五月の布告にいう「神社は国家の宗祀」という用語は、特定神職家による神社の私有・世襲を廃することを主たる目的として使用された言葉であって、この語によってすべての神社がただちに「国家の尊崇」を受け、一般人民の信仰とは一線を画するものであることを意図したと解することには無理がある。事実、本書第三章で考察したように、国幣社ですら「国家の宗祀」には該当しないという大蔵省の有力な見解も存在したのであり、まして府県社以下の神社においてをや、というのが政府・行政当局の「国家の宗祀」に関する理解であった。かかる理解は少なくとも明治二十年の官国幣社保存金制度導入までは政府部内に有力に存在したのであり、この理解・見解の打破・是正こそがいわゆる神祇官興復運動の主眼であったといえる。

明治四年の「神社は国家の宗祀・神職世襲廃止に関する件」および「官社以下定額に関する件」という二つの太政官布告が近代の神社制度および神社行政にとって基本的な指針を与えたものであることは否定しがたい。にもかかわらず、この布告はあくまでその当時の「時代的制約」を色濃く有したものであるがゆえに、それに全面的に依拠して通時代的に神社行政を貫徹しうる「不動の制度」としては機能しえなかった。というのもこの布告が出されたのは廃藩置県以前であり、かつ未だ神祇官が太政官外に特立していたときであった。四年七月十四日の廃藩置県以後、国家体制が大きく変容し、神祇官も太政官下の神祇省となったことによって、この布告と現実の政体・官制の間には容易に埋めがたい溝が必然的に生じるようになる。その最たるものは国幣社の扱い・位置づけに関するものであった。

布告には国幣社長官は府藩県大少参事の兼任あるいは華士族新任とあり、これが中央・太政官レベルでの右大臣・太政大臣の神祇伯兼任と対をなすものであることは容易に理解されよう。しかしこの大臣の神祇伯兼任も四年八月八日の神祇官の神祇省改組により消滅し、したがって国幣社長官(宮司)の府藩県大少参事兼任も空文化・形骸化する。また華士族の宮司新任も四民平等という立場から時代遅れと評されるに至る。人事の面からだけでも国幣社制度は見直しをされざるをえないことになる。

つぎに問題となるのが国幣社(そして府藩県崇敬の神社とされた府藩県社も)の経済的側面である。国幣社に関しては布告の「規則」に「国幣社祈年ノ幣帛官祭ノ支度等凡テ公事ノ入費公廨ヨリ出スヘシ」「同上式年ノ造営年分ノ営繕等ハ公廨入費ノ外タルヘシ尤地方ノ見込ニ任セ或ハ従来ノ処分ニ任スモアルヘシ」とされ、祈年祭や官祭は公廨(地方庁費)からの入費、式年造営・費年間営繕費等は公廨以外の入費(藩知事家禄からの寄付金等)とされたが、廃藩置県により府藩県三治一定体制が否定されたため公廨費は大蔵省に一元化されてしまう。つまり国幣社を財政的に維持する主体の「国」、つまり藩が消滅したことによって国幣社は官幣社あるいは府県社のいずれかに分類する必要性が生じてくる。神官の給与はともかくとしても、式年の造営費や年間の営繕費までは国家がいちいち面倒見切れないというのが大蔵省の立場であった。この布告が府藩県三治一定体制を前提として出されたものである以上、大蔵省が府藩県といった準国家の「国家の宗祀」たる国幣社を純然たる中央集権的国家の「宗祀」には出来ないというのにも一理はあろう。事実、大蔵省は国幣社の造営修繕費の官費支給の廃止を五年十月に上申しており、それは六年五月十五日付で布告されている。

しかし氏子が皆無あるいは極めて少なく、かつ社領が上地されており、それに旧領主からの寄付金も、又、営繕費の官費支給もないとなれば国幣社の維持は絶望的となる。当時の国幣社のほとんどは旧一の宮であり、延喜式内の名神大社であった。だから歴史的には国司あるいは領主による篤い崇敬を受け、奉幣や社領の寄進、社殿の造営・営繕に預かってきたが、それが社領の上地や領主の消滅によって不可能となった。これは府藩県社についてもいえることであって、代々領主が崇敬してきた神社は必ずしも領内人民が信仰・維持する神社とは一致しない。いわばそれらは準国幣社であり、社領の上地、領主層の消滅は神社経済に大きな打撃を与えた(むろんこの上地の打撃は国幣社・府藩県社のみならずすべての神社に及んだ)。政府はこの上地や旧領主からの寄進廃止による神社経済の破綻を救うために、四年以降は旧社領の現収納高の五分を給与することにしたが(半租給与)、上地は現有境内地を除いて収納田畑地のみならず山林・耕作可能な荒蕪地にも及んだから、神社経済だけでなく神社の存在基盤そのものにも巨大な打撃を与えた。これについて吉井良晃は「神宮を始め奉り、諸社の神領を悉く収公し、剰さへ、神職私墾の田の上地・境内地の没収縮少等に及び、二千年来無風の安全地帯に、俄然突風襲来、神職の安眠を驚かし、神社経済に大打撃を与へ、経営を困難ならしめ、江戸時代に比して、著しく衰微の運を将来した」(6)と述べている。以上見てきたように、神社の経済的基盤を掘り崩し、あまつさえ世襲を廃する大義名分としての「神社は国家の宗祀」という政策は神道国教化政策ではなく、神社衰頽化政策と呼ぶべきであろう。

もちろん当時の政府は旧弊打破・人材登用を積極的に政策理念として掲げたから、何も従来の神社制度・祭祀制度を踏襲すること、あるいはそれを強化することが「神祇重視」策とは考えなかったであろうし、そう考えねばならぬという積極的理由はない。伝統的な神祇道家である白川・吉田両家の神社・神職支配の否定、神宮祭主家の解任は「国家の宗祀」布告以前であるし、そういう意味ではすべての私的及び封建的神社支配の排除は明治維新直後から志向されてきたものともいいうる。(7)まさに「神職の安眠」は最大の旧弊として否定されなければならなかったのであろう。この論理からいえば、寺院の僧侶も神社の神職もまさに区別はなかったのである。「神孫相承ノ族タリト雖モ一旦世襲ノ職ヲ解キ改補新任タルベシ」という強い決意は、出雲大社の千家・北島、阿蘇神社の阿蘇、宇佐神宮の到津・宮成、熱田神宮の千秋、日前・国懸神宮の紀、住吉神社の津守など上代以来の名門祠職家をも例外とはしなかった。

かかる徹底した世襲・封建的特権(社領)の廃止は必然的に神社のありかたの過激な改変をもたらした。そもそも神社とは、祭られる者——祭神——の鎮座するにふさわしい環境と祭る者——祠職と氏子・信仰者・崇敬者——の存在によって成立・維持されるものであろう。だが、上地はその環境を現有境内地のみに限定し、世襲廃止による神社と社家との分離・断絶は伝統的祭祀形態——信仰・崇敬の発現形態——の消滅へと向かわしめた。全国の多くの神社で社家がその神社から去ることを余儀なくされ、祭祀の伝統を継承することが困難な状態となった。

しかしこうしたものいいはやはり一面的なものといわざるをえない。版籍奉還に代表される封建的特権の否定は世論の大勢であり、ひとり社寺のみがそれを旧来の例外的特権として保持することは許されなかった。世襲や社領といった、神社(社家)にとっての当の伝統こそが「旧弊」として弾劾されたのである。そのような伝統は「神祇を重んずるということを知らしめ、以て人心を収むる為(8)」にはかえって有害と思慮されたからであろう。

「社入ヲ以テ家禄ト為シ一己ノ私有ト相心得候儀天下一般ノ積習ニテ神官ハ自然士民ノ別種ト相成祭政一致ノ御政体ニ相悖リ其弊害不少」と布告でいうように、世襲――神社私有――による祠職という特別の階級の存在は神社を閉鎖的・因習的なものとし、かつ神社そのものよりも社家の維持・繁栄を専らとするような本末転倒を生みやすいと政府は考えたのである。社家の公私混同の是正・神社経済の明朗化を図り、また神仏混淆的祭祀を払拭するためにも社領の上地、世襲の廃止は断行されねばならなかったのである。

「神社は国家の宗祀」との言は、まさに神社の閉鎖性打破の宣言であったといえよう。それは『神社本義』がいうような、神社は国家が崇敬するものであり、人民の私的信仰とは一線を画すものだとの理解からではなく、あるいは往々にして誤解されているような神社の国家的公的維持、つまり国家による神社の財政的保護・援助を直接に意味するものでもなく、第一義的には国家の崇敬、人民の信仰のために神社は開放さるべきであるとの観念から発せられた言というべきであろう。神社に限らず、世襲がその組織・企業の私物化・公私混同の大きな要因となりうるとの指摘は現代においても広く存在する。祠職の世襲の是非は、神社経済の明朗化・健全化を考える上で今日においても最も重要な問題であろう。むろんそれは神社経済の問題だけでなく、神社存立の中核たる祭祀奉仕の伝統保持とも密接な関連を有する。明治四年の社寺領上地に端を発する世襲廃止をも含む一連の神社改正は、いまなお、神社とはなにか、神社とはいかにあるべきかといったラディカルな問題をわれわれに提起しているのであり、その歴史的意義のより緻密な分析・検証が要請されている。

三　社領上地の影響と税制

近代の神社制度の改編はいうまでもなく明治四年の一連の神社改正によって樹立されたものであるが、前述したようにそれは時代的制約を免れなかった。官国幣社制度一つを採ってみても、当時の政府部内にはさまざまな意見が存在し、決して不動の制度とは思われてはいなかったのである。まして社領・土地を中心とする神社の経済的財政的側面に問題を限定するならば、なおさらそれは問題を含んでいたといえる。

明治四年一月五日の上地令によって社領はことごとく収公され、その現収納高の半分が給与されることとなった。しかし、旧領主からの寄付米は半租給与の対象とされなかったから、出雲大社のように旧藩主寄付米で主として維持されていた神社の受けた痛手は甚大であった。また半租給与とはいっても、従前の社入が半減することになるのだから神社を維持するためには相当の経費削減が必要不可欠であり、いずれにせよ上地令は全国の神社――むろん寺院も――に深刻な経済的危機をもたらしたのである。さらにこの上地は田畑といった作物収穫地にとどまらず、墓地を除く山林・荒蕪地、神官・人民の居宅にまで及んだから広い意味での神社境内地は消滅し、伝統的な神社の景観は変容を余儀なくされた。現在、大きな神社の近くにある公園もかつてはその神社の境内地であったものが多い。それは明治六年一月十五日のつぎの太政官布告第一六号に由来している。

三府ヲ始人民輻輳ノ地ニシテ古来ノ勝区名人ノ旧跡等是迄群衆遊観ノ場所(東京ニ於テハ金龍山浅草寺東叡山寛永寺境内ノ類京都ニ於テハ八坂社清水ノ境内嵐山ノ類総テ社寺境内除地或ハ公有地ノ類)従前高外除地ニ属セル分ハ万人偕楽ノ地トシ公園ト可被相定ニ付府県ニ於テ右地所ヲ択ヒ其景況巨細取調図面相添ヘ大蔵省ヘ可伺出事

神社と公園が隣接していることが不相応とはいえないだろうが、神社の近くにあまりにもモダンな公園が出現することには問題があろう。ましてや、その公園地がかつては神社の聖域の一部であったとするならばなおさらである。今日、都市化と神社の関係が問題となっているが、まさにその端緒は明治初期の旧境内地の上地にあるといえよう。

ここでもうひとつ考うべきは神社山林の問題であろう。神社山林もいうまでもなくすべて上地されたのであるが、山林と神社は古来密接な関係を有しており、神社という聖域にとって山や森が不可欠であることは論ずるまでもない。その山林の所有・利用を封建的特権としてすべて上地させ、収公することは神社の尊厳維持を著しく困難にし、かつ甚大な経済的打撃を神社にもたらした(9)。

かかる一方的な上地にたいする批判に政府も漸く耳を傾けるようになり、明治二十三年四月五日には「官有森林原野及産物特別処分規則」(勅令第六九号)で「第一条　農商務大臣ハ左ノ場合ニ限リ官有森林原野及其産物ヲ競売ニ付セス随意ノ契約ヲ以テ貸渡又ハ売却スルコトヲ得　八　社寺建築営繕ノ為メ該社寺上地ノ木材若クハ土石ヲ売渡スト キ」として、上地山林の産物の神社(寺院)への限定的売却を認めた。ついで二十四年四月八日には農商務省令第五号「社寺上地官林委託規則」が制定され、風致・水源涵養を破壊しない限りにおいて竹木伐採(相当価格の二分の一を所轄大林区署に納付)や副産物(樹実や落葉落枝等)収得が認められた。

このように上地山林に関しては政府も社寺に特例的にその利用を認めたのであるが、もう一歩進んで社寺にその還付をすべきとの意見も議会を中心に有力となってきた。まず明治二十六年第五回議会で十二月十八日、愛知県第九区選出の今井磯一郎は「森林山野ニ関スル建議案」を提出、「全ク官有タラザルベキモノニ限ツテ十分ノ保護経営」すべきだとして、社寺に上地山林を還付すべきことを説いた(以下、帝国議会議事録からの引用は東京大学出版会刊行の『帝国議会衆議院議事速記録』による)。ついで翌二十七年の第六回議会において今井は「社寺境外上地還付ニ関スル法律案」および「社寺林法案」を提出したが、六月二日に解散で流れた。そこで再度今井は、神祇官興復運動に尽力した議会人として有名な大津淳一郎らと前記法案を二十八年一月十五日の第八回議会に提出したが否決され、さらに今井は第九回議会にも同様の「社寺林地保管法案」を提出、二十九年三月二十三日の第三読会で可決された(政府はこの法案が実質的には上地林の社寺への還付だとして不同意であった。この法案が貴族院に提出されたときも農商務省の高橋琢也山林局長はその旨念を押している)。しかし貴族院は会期切れで通過せず、第一〇回議会にまた提出された。当時政府は森林法案を提出しており、それとの関係上からも第一読会は延期すべきとの早川龍介の提案があったりしたが、結局解散で流れた。

かくして今井の提出法案はそれ自体としては廃案となったのであるが、第一三回議会には出水弥太郎が提出者となって該法案を出している。この今井、出水らの努力は決して無駄となったわけではなく、政府にもかなりの影響を与えたものと思われる。というのも政府は第一〇回議会に「国有土地森林原野下戻法案」および「国有林野法案」の二法案を提出、結局これらは可決されて、明治三十二年には「国有林野法」(三月二十三日法律第八五号)および「国有土地森林原野下戻法」(四月十七日法律第九七号)となって結実したのである(出水はこの両法案が今井、出水らの提出した「社寺林地保管法案」の要素がかなり盛り込まれているとして該法案を三月八日撤回した)。ついで同年八月三日には「社寺保管林規則」(勅令第三六一号)が制定された。これらによって明治初期に上地された神社山林等は再び神社の所有あるいは保管が可能となり、神社の尊厳維持はもちろんのこと経済的にも大きな支えとなったのである。神祇官設置に関する大津淳一郎、早川龍介ら議会人の活躍は現代の神社界にもある程度は知られているが、この今井磯一郎、出水弥太郎らの神社への貢献も忘れてはならないであろう(むろん寺院もである)。

ところでこの社領・旧境内地の上地が神社にとって大きな打撃であったことは既述の通りであるが、これは旧神官にとってもそうであった。世襲廃止の布告により旧来の社家はその多くが奉仕神社を離れたのであり、その総数は家族を含めて明治五年度で一〇万人余り、六年度で七万六〇〇〇人余りとなっている(うち戸主の男一万五四一八人、女七二人)。七年度には士族・卒・平民への編籍が進んだので、戸主の旧神官は男が一八四〇人、女が一八人で家族は七〇五六人の計八九一四人となっている(戸籍寮七年戸口調)[10]。この数字から推測するに、約二万の社家が世襲廃止によって神社を離れたものと思われるが、これら旧神官の生活は困難を極めたものであったろう。

むろん政府としても旧神官の生計救済のためには意を用いたのであり、五年七月二十五日には大蔵省達第九三号で、旧社人の上地された宅地を低価で払い下げることとした。ついで十年三月十三日には太政官布告第三二号で、各社領朱黒印地・除地の収額から配当を受けてきた旧神官については配当現米を禄制現米に引充てて金額に換え、五か年分の合計を配当禄公債証書として一時に下賜することにした。これを承けて大蔵省は同月十九日達乙第一二号で旧神官の配当禄調査規則を府県に達し、旧神官の救済を図った。しかしその条件はかなり厳しく、書類不備や無知のために配当禄を下賜されなかった旧神官も多数存在した。こうした配当禄漏れの旧神官の救済策はそれから二〇年以上後の帝国議会でも論議され、明治三十二年の第一三回議会および翌三十三年の第一四回議会で衆議院議員松島廉作が「配当禄処分法案」「旧神官配当禄処分法案」を議会に提出している。しかしこの法案は大蔵省理財局はもちろん議会の賛同もえられず、廃案となっている。

かくして旧神官の救済は万全とはいいがたいものであったが、旧来の特権を剝奪され家運が傾いたのは多くの士族も同じであり、ひとり旧神官のみが没落したわけではない。これも変革期特有の悲劇というよりほかはない。このように上地・世襲廃止によって旧神官は不運をかこったのであるが、それでも明治二十八年八月七日には内務省令第一〇号で「明治元年以前ニ於テ五代以上引続キ其神社ニ奉祀シタル者ノ子孫」にして直接国税年額二円以上を納税している者は試験を経ずして社司・社掌になることができるようになった。これにより官国幣社の旧神官はともかくとしても、諸社の旧神官およびその子孫は累代奉仕の神社に復帰できる可能性が与えられた。これもひとつの旧神官救済策といってよいだろう。この「府県社以下神社神職登用規則」によって、現代においても伝統的な社家が存続しえたのであることはいうまでもない。

ところで、神社・寺院には除地といって朱印・黒印地以外に租税を免除された土地があった。現代でいうならば固定資産税の免除地というところであろうが、この除地も当然上地されたわけである。つまり上地によって神社は現有境内地のみになってしまったのであるが、その税制措置はどうなっていたのであろうか。この問題は現代の宗教法人と税制との関係を考える上においても重要な示唆を与えてくれるはずである。

明治政府は明治五年の壬申地券の発行に続き、翌六年には地租改正条例等によって新地券を発行、それに対して金納定額地租を課した。これは従来都市のほとんどが地子免除の特権であったものを、地税負担公平化のために導入したものであり、明治四年十二月から東京府下ではじめられた。この地券発行は五年から本格的に作業が進んだが、社寺地は一般地と異なり、なお調査の必要があるとの教部省の上申により、政府は東京府に対して七月二十九日その見合わせを指令(社寺現有境内については地券発行地租収納規則第二五号により暫定的に無税とされた)。ついで六年三月二十五日、太政官布告第一一四号で地所の名称区別を定め、「神地(宗廟山陵及ヒ官国幣社府県社ノ在ル所ヲ云)以上ノ地所ハ地券ヲ発スルニ及ハス唯其坪数ノ広狭ヲ検シ地方官ノ帳簿ニ記載シ置クヘシ　除税地(市街郡村ニ属スル埋葬地制札地行刑場道路堤堰及ヒ郷社寺院ノ類当分此部ニ入ル)右地所ハ地券ヲ発セサルモノトナシ其地方庁ニ於テ坪数ヲ検シ其帳簿ニ記載スルノミトス」とした。さらに七年十一月七日には太政官布告第一二〇号でこれをつぎのように改定した。

官有地

第一種　地券ヲ発セス地租ヲ課セス区入費ヲ賦セサルヲ法トス　一神地(伊勢神宮山陵官国幣社府県社及ヒ民有ニアラサル社地ヲ云)

第三種　地券ヲ発セス地租ヲ課セス区入費ヲ賦セサルヲ法トス　一民有地ニアラサル堂宇及墳墓地

第四種　地券ヲ発セス地租ヲ課シ区入費ヲ賦スルヲ法トス　一寺院大中小学校説教場病院貧院等民有地ニア

ラサルモノ

これによって官国幣社、府県社および民有地でない社地は官有地第一種とされ、地券が発行されず、地租・区入費(のちの地方税)が課されないことになった。しかしこれだけでは郷村社の取り扱いがなお不明確であったので、内務省は八年五月二十三日郷村社を民有地第三種に編入するよう上申、七月二日「民有地　第三種地券ヲ発シテ地租区入費ヲ賦セサルヲ法トス　一官有ニアラサル郷村社地及ヒ墳墓地等ヲ云」と布告された(太政官布告第一一四号)。この布告を承けて内務省は八月二日、達乙第一〇一号で民有地の郷村社地は除税とし民有地第三種に編入するよう府県に達した(なお九年六月十三日の太政官布告第八八号で旧来の民有地第一種、第二種が統合されて第一種となり、第三種が第二種と改称された)。ついで、より名称区別を明確にするため九年五月十八日「神地ト称スルモノハ……官国幣社府県郷村社地ノ一区域ヲ為シタルモノナリ」として村社以上は地租・区入費を課さないことを明文化した。ただ「無格社」については七年六月二十二日付の三重県宛地租改正事務局指令で「村社ノ儀ハ除税地ノ積取調其以下ハ従前ノ儘据置ヘシ」とされ、村社以上の神社とは違って地租・区入費は課せられている。

このように神社境内地に関しては官有地(国有地)、民有地を問わず除税扱いとすることが原則とされたのであるが、これは後になって税法的にも整備され、地租法には「第二条　左ニ掲グル土地ニハ地租ヲ課セズ　但シ有料借地ナルトキハ此ノ限ニアラズ　三　府県社地、郷村社地、招魂社地」「第八十八条　本法ハ国有地ニ之ヲ適用セズ」とあり、官国幣社(すべて国有地であるから第八八条により地租免除)以下無格社を除くすべての神社および招魂社の境内地には地租が賦課されず、登録税も地方税も賦課されなかった(無格社には登録税は課されたが、地方税は賦課されなかった)(11)。

このように神社(および寺院も)には税法上の優遇措置が講じられたのであり、これが現行の宗教法人に適用されていることはいうまでもない。しかしこの背景には、以上述べたような社寺領の上地という大きな犠牲があったことを忘れるべきではないだろう。

四　神社経費国庫支給の変遷

これまで述べてきたように、上地・世襲神官廃止等の一連の明治初年の神社改革によって神社はかつてない危機に見舞われた。旧神官が神社と無関係になることは、その神社の祭祀継承を困難なものにし、伝統的な氏子・崇敬者との人的関係の希薄化にもつながる。しかし「国家の宗祀」たる誇りを持って、新規に神職に補せられた者、あるいは一旦解任されてもう一度新たな使命感を燃やして伝来の祀職を継いだ者、これらの先人がただたんに旧を懐かしむことなく新時代の神社のありかたを求めて生きていこうとしたことも事実である。

だがこのような生き方とて、ある程度の経済的余裕がなければそう簡単にできるものでもなかろう。つまり、神社を維持するに足る相当程度の経済的裏づけがどうしても必要となる。むろん、このことに関しては政府も少しは考慮したのであろう。明治五年二月二十五日には官国幣社以下郷社に至るまで神官給禄が制定されている。このとき府県社神官以上には大蔵省から給禄が下行され、郷社の祠官・祠掌にも氏子民費から給料が出ることになった。しかし翌六年二月二十二日には郷社祠官給料の民費課出が廃止され(太政官布告第六七号)、ついで同年七月三十一日にも府県社神官の月給の大蔵省下行が廃止され、郷社祠官同様人民の信仰に任されることとなった(太政官布告第二七七号)。この背景には地方官および大蔵省による民費課出(地方税賦課)は人民への負担増という意識が大きく働いており、それは左院の意見からするならば「人民ヲ保護スルヨリ論スレハ大蔵省ノ見込ヲ是トスヘシ」であり、「神道ヲ権崇スルヨリ論スレハ教部省ノ見込モ亦非トス可ラス」という大蔵・教部両省の対立を経ての措置であった。

かかる神社経費をめぐる大蔵省と教部省の対立は、官国幣社経費の国庫負担および社寺への半租給与の見直しへと当然進み、七年九月三日には半租給与廃止・逓減禄制度導入(太政官布告第九三号)を条件に官国幣社の経費の官費支給の定額が布告された(太政官布告第九二号)。この官国幣社経費はいうまでもなく「全国之諸社寺朱黒印地除地之歳入之内ヲ以テ之ニ充テ候目的」があったからこそ可能であり、決して別の財源からわざわざ経費を捻出したものではありえなかった。元来、朱印地だけでも社領の石高は一五万石あまりあり、それに黒印地・除地を加えると全国の神社の社領石高は相当の量に上ったものと思われる。大蔵省にしてみれば、これの相当部分を「国家の宗祀」たる官国幣社に配分し直しただけのことであり、あとの神社・寺院は逓減禄によって徐々に切り捨てるだけの話であった。かくして社寺禄は明治十七年度からは全廃となり、神社経費も十年十二月八日の神官減員によって大幅に削減されることになった。

ちなみにこの神官削減策は官国幣社のみならず、まさしく「国家の宗祀」そのものである伊勢の神宮にも及び、大少宮司制が廃され宮司一員となり、国庫の支給も明治六年度以来の年間一万五〇〇〇円が約九〇〇〇円に減額された(神宮では明治十五年一月に権宮司が設置され、官幣大社熱田神宮・出雲大社には十四年五月に権宮司が増員されている)。この神宮経費が増額されるのは官国幣社保存金制度が導入される明治二十年度になってからで、これは明治十八年以来の「神社改正ノ件」で「皇大神宮ハ帝室ノ根本国家之宗祀奉祀之礼宜ク最鄭重ナル可シ」との大蔵・内務両卿の意見が採用されたためである。この結果神宮費は明治二十年度から年額一万六六九三円となり、ついで二十三年度からは二万七一一三円に増額された(明治三十三年度から五万円に増額。これは三十二年の内宮炎上等を考慮した措置である)。しかしこのうちの約一万円は営繕費に充当せねばならなかったから、祭典費・俸給費といった一般経費を賄うには非常に困難な財政状況であったと思われる。このように神宮ですら「国家の宗祀」の体面を保つには程遠い状況にあり、まして他の官国幣社の場合にはなおさらのことであった(明治十五年以来宗教的活動が制限されていることに注意)。

さてここで官国幣社保存金制度が導入される以前の明治八年度から十九年度までの国庫支給の神社経費および社寺禄支給の額を参考までに見てみることにしよう(歳出予算、『法規分類大全』財政門による。カッコ内の説明は大蔵省の予算説明)。八年度は神社費が二二万円で、そのうち神宮司庁費が一万五〇〇〇円で官国幣社費は二〇万五〇〇〇円。九年度神社費は同じく二二万円で、社寺禄は一八万七九二四円。十年度神社費は一八万六〇〇円(神社経費ハ神官俸給ノ改正ニ由ル)で、社寺禄は一六万七〇四三円。十二年度神社費は一三万五〇〇〇円(神社ハ往年ノ実費ニ依リ其存余ヲ節減シタルニ由ル)で、社寺禄は一二万五二八一円(社寺禄ハ成規ニ依リ逓減セシト前年ニ於テ繰上渡アルニ由ル)。十三年度神社費は一三万五〇〇〇円、社寺禄は一〇万四四〇〇円。ただし府県費に神社営繕費として七万九六九〇円。十四年度神社費は一四万二五五〇円(靖国神社寄附金ヲ陸軍省ヨリ控除シテ茲ニ編算セシニ由ル)で、社寺禄は四万七〇四四円。十五年度神社費は一四万七七五〇円(神社費ハ日枝、阿倍《ママ》、結城及ヒ古四王ノ諸神社ヲ官国幣社ニ列セラレ諸費ノ増加アルト又従前開拓使ノ経費ヨリ支弁セシ札幌神社外一社ノ経費ヲ茲ニ移算スル等ニ由ル)で、社寺禄は三万二六一八円。府県費の神社営繕費は十四年度と同じ。十六年度神社費は一五万一七八九円(神社費ハ小御門、常磐、豊栄、照国ノ四神社ヲ別格官幣社ニ鶴岡八幡宮ヲ国幣中社ニ列セラレタル等ニ由ル)で、社寺禄は一万三一八四円。府県費の神社営繕費は八万四六九〇円。十七年度神社費は一五万四二七三円(神社費ハ二荒山神社ヲ国幣中社ニ列セシト太政官十六年第五七号達ニ因リ宮司俸給ヲ増加セシ等ニ由ル)で、営繕費は十六年度と同じ。十八年度は神社費が一一万五七五四円、神社営繕費が六万三五一八円(神社費ハ国幣中社中山神社ノ経費ニ於イテ四九円五〇銭増加スト雖モ会計年度ノ改正アリシカ為メ三万八五六八円五〇銭ヲ減少スルニ由ル)。十九年度は神社費二六万八二一三円となっている(このなかには官国幣社営繕費約八万四〇〇〇円および招魂社費・同営繕費約一万一〇〇〇円が含まれている)。

以上明治八年度から十九年度までの神社費等を概観してきたが[12]、基本的には神社費はかつての社領収入の範囲での支給であり、いわば全神社の社領収入が官国幣社という限られた神社に分配された形となって表れたといえよう。大多数の府県社以下神社からすれば踏んだり蹴ったりの態であるが、当の官国幣社といえどもさほど満足すべき状態でもなかった。特に神官からするならば、大した官費支給でもないのに神社会計をきちんとせねばならず、また宗教活動を極度に制約されながらも社入を増加させるためにあれこれと一段と努力しなければならなかった(もちろん、近畿地方を中心とする古代の名社・朝廷の崇敬神社等の中には中世以来衰頽に向かい、明治維新以降官社に列せられることによって辛うじて神社の維持が可能となったものも少なくはない。これらの神社からすれば「国家の宗祀」として年間の神社維持費が官費支給されることは大いに結構なことであった)。

それに給料とて他の官吏に比べれば格段に低く、これは近代を通じて一向に変わらなかった。たとえば明治十年十二月八日の太政官達第九一号で制定された神官の官等および月俸によれば、官国幣大社の宮司は七等で二五円、禰宜は一一等で九円、主典は一六等で七円、同中社宮司は九等・一五円、禰宜は一三等・八円、主典は一七等・六円、同小社・別格官幣社は宮司が一〇等・一〇円、禰宜・主典は中社に同じ、となっている。これは同じ官等の一般官吏の約三分の一から四分の一の月俸であった(十五年九月二十一日に「神宮祭主以下官国幣社職員官等」で官等が若干改定されたが、月俸には変化はなかった)。

以上見てきたように、明治四年五月の「神社は国家の宗祀」という布告はあるものの、国家による神社の位置づけ・取り扱いは主として経済的理由から徐々に消極的になっていった。というよりも、そもそもは神社の土地であったものからの「上がり」を、官国幣社という特定の神社に反対給付したに過ぎないともいえるものを、これすら惜しむようになっていったというほうがより正確かもしれない。そしてその決定打が明治二十年三月十七日の官国幣社保存金制度の導入であった(内務省訓令第一五号)。この官国幣社保存金制度導入の経緯については本書第八章で多少触れたが、その導入については政府部内にも異論があり、やがて議会でも問題視されるようになる。

五　保存金制度から国庫供進金へ

官国幣社保存金制度[13]は当初の案では明治二十年度から一〇年間官国幣社に保存金を配付して神社永続のための資金を積み立させ、それによって十一年目からは神社が国家の保護なしで独立できるようにしようとしたものであったが、裁可前に一五年間と修正された。この保存金制度は一社当たり、官幣大社で一六〇〇円前後、官国幣中社で約一〇〇〇円、同小社・別格官幣社約八〇〇円となっており、各神社はこの保存金のうち半額を毎年複利で積み立ることが義務づけられたが、これではあまりにも経常費が少なすぎるので、明治二十三年十一月二十七日内務省訓令第四号で年限を三〇年に延長し、積立金の割合も五分から三分五厘としたが、それにしても経常の一般経費や営繕費に充当できる金額は知れたものであり、官国幣社の衰頽は日を追って激化していった。当時、折から帝国議会が開設されたばかりであり、以後議会でも神祇官復興建議をはじめとする神社問題が毎回のように取り沙汰されるようになる。神社経費問題の論議も明治三十二年の第一三回議会で衆議院議員の大津淳一郎らが「官国幣社経費復旧建議案」を提出して以来、議会でも圧倒的賛成を得て政府に圧力をかけた。特に三十三年二月の第一四回議会では神社局独立の予算案が通過したこともあって、神祇関係議員は活気づき、大津とならび神祇官興復運動に議会人として功績のあった早川龍介は「官国幣社国費支弁ニ関スル建議案」を提出、つぎのように説明した。

昨年ノ議会ノトキニ是ハ全会一致デ通リマシタコトデゴザイマスガ、其時分ニ政府委員ノ話ニハ、是ハ政府ノ方デモ既ニ此ノ官国幣社ノコトハ、是マデハ唯保存費トナッテ金額ガ出テ居リマシタガ、ドウモ保存費ト云フ名称ノ下ニ置クノハ甚ダ相当ノコトデナイヤウデアルカラ、之ヲ国庫費ノ中ヘ組入レルヤウニ致シテ、次ノ議会ニハ其案ヲ出スト云フトデゴザイマシタガ、御承知ノ通局員ノ手ガ足リマセヌタメニ、調査ガ十分ニ届カヌト云フコトデアリマシテ、当議会ニハソレガ出マセンデゴザイマシタガ、諸君ノ御賛同ヲ得テ所謂神社局ナルモノガ別ニナリマシテゴザイマスルデ、次ノ年度ニハ十分ニ調査ヲシテ、ドウゾ之ヲ普通ノ予算ノ方ニ組入レテ貰ヒタイト申ス、是ハ文章ニ書キマシタ通デゴザイマス、ドウゾ御賛成ヲ願ヒマス

この建議案も賛成多数で通過し、政府もいよいよ官国幣社保存金制度の見直しをせざるをえない状況に追い込まれた。しかし一挙に保存金制度廃止・国庫供進金導入ともいかず、まず保存金制度の手直しから着手した。それは保存金の使用区分の改正であり、三十三年七月二十四日付で内務大臣西郷従道が閣議に提出したものであった(14)。その内容は、近年の物価騰貴により各神社の営繕費・経常費等が欠乏し、かつ職員の給与も著しく安いので人材を得ることも困難となっている(内務省によれば当時の宮司の年俸は大社で二一三円、中社で一九四円、小社で一六八円が平均であった)。これは物価は上がっているのに保存費は長らく据え置かれていることに因るものである。しかし財政難の折、保存費を増加することは不可能である。よって保存金の使用区分を改正し、経常費の割合を増すことによって当分の危機を乗り切ろうというものであった。むろん抜本的な方策ではなく、その場凌ぎといってよいものであるが政府としては精一杯の努力であったろうし、神社関係者にとっても一歩前進と感じられたであろう。

この内務大臣請議に対し内閣当局は七月二十六日つぎのように内申した。

別紙内務大臣請議官国幣社保存費ノ件ヲ案スルニ近年物価騰貴ノ為メ各社ノ経費営繕費著シク欠乏ヲ告ケ社殿追々大破ニ及ヒ臨時営繕費ノ支出願出ル者逐年増加シ此ノ儘荏苒推移セハ復タ如何トモスヘカラサルニ至ルヘク又神職ノ如キ其俸給実ニ少額ニシテ啻ニ其人ヲ得難キノミナラス其体面ヲ保ツニ頗ル困難ナルノ状況ヲ以テ各社経費及ヒ営繕費ノ不足ヲ補フハ目下ノ急務ナルモ更ニ保存金ヲ増加スルハ国庫経済ノ許シ難キモノアルヘキヲ以テ神社費予算ハ将来ニ於テモ非常ノ場合アルニ非サレハ之ヲ変更セス単ニ保存金額ノ使用区分ヲ改正シ従来三分五厘ヲ将来各社独立ノ資ニ充ツル為メ蓄積シタルヲ減シテ五厘トナシ非常臨時共通営繕費一分五厘ヲ増シテ二分

五厘トナシ経費経常営繕費五分ヲ増加シ七分トナシ以テ目下焦眉ノ急ヲ救フヘシ尤モ独立資金トシテ蓄積スヘキ金額ヲ減少スルトキハ保存金下付年限(現制明治五十年度迄)ヲ延長スルノ要アルヘシ之レハ他年実際ノ必要ニ応シ更ニ詮議ニ付セラルヘシト云フニアリ右ハ目下ノ状況不得止モノト被認大蔵大臣ヘモ協議済ノ趣ニ付請議ノ通決定相成然ルヘシ

指令案

官国幣社保存費ノ件請議ノ通

かくしてこの請議は閣議で了承され、七月三十日上奏裁可された。これによって当初一五年後、ついで三〇年後に官国幣社の国家からの独立、つまり非「国家の宗祀」を目論んだ保存金制度は事実上骨抜きとなり、かつての神社費国庫支給の時代とほとんど内容的には変わるところのない制度となってしまった。それは議会の神社関係議員を大いに勇気づけることになり、明治三十四年の第一五回議会には大津淳一郎ほか八名の議員がつぎの「官国幣社国庫支弁ニ関スル法律案」を提出した。

第一条　官国幣社ノ経費及営繕費ハ国庫ニ於テ之ヲ支弁ス

第二条　前条ノ金額ハ既ニ保存費ト称シ下付シタル金額ヲ以テ之ニ当ツ

第三条　未タ保存費ノ下付ヲ受ケサリシ神社ニ対シテハ前条ニ準シ其ノ社格相当ノ金額ヲ支出ス

第四条　既ニ保存費ト称シ下付シタル神社ノ蓄積金ハ営繕費トシテ各社ニ蓄積スルモノトス

附則

第五条　本法ハ明治三十五年四月一日ヨリ之ヲ施行ス

第六条　明治二十年三月内務省訓令第十五号同二十三年二月第四十一号ハ之ヲ廃止ス

ついで翌三十五年の第一六回議会にも大津らはほぼ同じ内容の法律案を提出、同時に「府県郷村社社費ニ関スル法律案」および「市制町村制中改正法律案」の神社関係二法案も提出した。この法律案提出の理由を大津はかなり詳細に述べているが、とりわけ官国幣社保存金制度に関しては内務省の訓令で特別資金を支出することの不可をいうにあった。この法律案は委員付託となり、第三読会も賛成多数で確定した。政府・内務省も基本的にはこの法律案に賛成で、内部で種々検討したものと思われるが、政府が本腰を入れてこの問題に取り組んだのは日露戦争後の三十九年三月の第二二議会においてであった。政府が賛成とはいっても、本心から官国幣社を「国家の宗祀」と認めて国庫供進金を支出するのが当然と思慮したからとはとても思えない。むしろたかだか年額二〇万円の支出で議会が納得し、神職を含めた国民が好感を示して国民精神の高揚に資すればこんなに安い買い物はないと判断したからにすぎない、といったほうが適切だろう。つまりあの官国幣社保存金制度導入の口火を切った明治十八年の「神社改正ノ件」に反対した太政官第二局の股野琢が述べた「(保存金制度は)今日眼前ノ経済上ニハ格別利益ヲ見スシテ却テ之カ為メ民心ニ謂レ無キノ感覚ヲ与フルハ政略上ニ於テ之ヲ論スルトキハ決シテ策ノ得タルモノト謂ヒ難カルヘシ」という論の妥当性を二〇年後に悟ったにすぎない。いずれにせよ議会の圧力および日露戦争での神社崇敬の高まりが、政府をしてこの法律案を提出せしめた大きな原動力であったと推測してもあながち大きな誤りではなかろう。

かくして官国幣社保存金制度は撤廃され、三十九年四月七日法律第二四号として「官国幣社経費ニ関スル件」が発布され、翌四十年四月一日より施行された。そしてこれまた大津淳一郎らの議会での運動による府県社以下神社の神饌幣帛料供進制度も同年四月三十日勅令第九六号で制定された。ここに議会関係者による広義の神祇官興復運動は一応の成果を見た。議会開設によって従来の神社保護政策はかなりの攻撃を受けると思慮した政府の「議会対策」ともいうべき神社に対する消極的政策は、当の議会から反発を受けるという皮肉な結果となったのであった。以後これを契機に議会は、本書第九章、第十章でも触れた通り、貴・衆両院において神社制度の整備・充実や神職の待遇改善、神職養成費の国庫助成など、さまざまな要求を政府に突き付けることになる。

六　むすび

以上、明治初期からの政府の神社行政・政策の展開を主に経済的側面から概観してきたのであるが、その姿勢は決して一貫したものとはいえないことがこれでほぼ明らかになったことと思う。その原因は様々あろうが、ともかく「国家の宗祀」の意味が政府にも国民にも曖昧であったことが最大の原因であろう。この曖昧さは大正・昭和期に入っても続くのであった。

明治後期から末年にかけて神社局の独立および官国幣社国庫供進金制度・府県社以下神社神饌幣帛料供進制度が制定され、神社は明治四年の「国家の宗祀」布告に近づいたように一見思える。しかし、明治四十二年、第二五回議会の貴族院予算委員会で男爵高木兼寛は、相変わらず神社界に優秀な人材は集まらず、神職は世間から重要視されていない、その原因は待遇が劣悪だからだと述べている。かかる理解は「はじめに」でも引用したように二〇年後の大正末期・昭和初期においても変わっていない。吉井良晃が「国体の消長に係かる敬神祭祀の局に奉仕する者の待遇として、之を古に顧みて、深く遺憾なしとしない[15]」と述べたのは昭和十年のことであった。

(1) 前掲、村上重良『国家神道』一一八―一一九頁。
(2) 皇典講究所専務理事桑原芳樹「神職養成に就て」(『神社協会雑誌』二四―四)。なお桑原は神宮少宮司、神宮皇学館長、橿原神宮宮司等を歴任して皇典講究所専務理事に就任した神社界の長老であった。
(3) 前掲、赤澤史朗『近代日本の思想動員と宗教統制』六九―八〇頁。
(4) 同書三二―三三頁。なお『神社本義』は「尊厳なる我が国体に基づく神社の本義を闡明して、国民の神祇崇敬の念を愈々篤からしむると共に、惟神の大道に則とる臣民の道を明らかならしめんが為編纂」されたものである。

(5)　羽賀祥二「明治国家形成期の教導職制と教団形成」(『日本史研究』二七一)参照。
(6)　吉井『神社制度の研究』(雄山閣、昭和十年)一八九頁。なお吉井は県社西宮神社社司として全国神職会監事、内務省神社制度調査会委員等を歴任したいわゆる民社(諸社)の立場を代表する神職であった。
(7)　この点に関しては、拙著『明治維新と国学者』六〇頁以下参照。
(8)　「福羽子爵談話要旨」(前掲、加藤隆久『神道津和野教学の研究』二九一頁)。
(9)　たとえば官幣大社松尾神社の場合、社領九〇〇石、山林約一〇〇〇町歩が上地されている(『松尾大社境内整備誌』松尾大社社務所、昭和四十六年、四四―四五頁)。
(10)　修史局編『明治史要　附録概表』参照。
(11)　戦前の神社境内地と税制については前掲、岡田包義『神祇制度大要』一五四―一五六頁参照。
(12)　明治中期の神社経費の概要については新田均「明治憲法制定期の政教関係」(前掲『日本型政教関係の誕生』所収)参照。
(13)　官国幣社保存金制度の史料については前掲、新田「「神社改正之件」に関する史料の翻刻と解説」参照。
(14)　国立公文書館蔵『公文類聚』第二四編一四社寺門「官国幣社保存金額ノ使用区分ヲ改正ス」参照。
(15)　吉井、前掲書、二六七頁。

補論2　靖国神社の創建と招魂社の整備

一　はじめに

靖国神社[1]は〝国家神道の重要な一支柱〟として成立し、また地方招魂社の整備策は佐賀の乱に始まり、西南戦争に終る一連の不平士族の乱の鎮圧を目的とした軍事的・政治的方策であった、とする論がある。いかにもダイナミックな近代天皇制イデオロギーの分析視角ではある。だが、かかる分析・把握が本当に〝科学的歴史学〟の成果として導き出されたものであるかどうかは、なお検討を要する課題であろう。本稿はその課題に対するささやかな試論である。結論めいたことをいうならば、筆者は右のような論は、その論が問題としている時点では歴史的に成立しえないと考える。

まず前者であるが、この論が成立するにはその前提として陸軍省・太政官が一致した〝国家神道〟観のもとに、東京招魂社を位置づけようとした軌跡が認められねばならない。特に教部省政策を経ての内務省による神祇・宗教政策との有機的連関が明らかにされねばならない。宮地正人氏のひそみにならっていうならば〝国家神道〟という語は決して「魔法の杖」ではない。後者に関しては、その一連の行政が「突如として」明治七年二月の佐賀の乱を契機に始まったのではないことをいっておこう。双方の論に対する筆者の見解は、先記した課題の筆者なりの追究から自ずと明らかになるだろう。ただし、前記したように本稿はあくまでも靖国神社(東京招魂社)や地方招魂社の創建段階について多少の考察を加えたものであり、この課題追究の前提作業に過ぎないことはいうまでもない。

二　東京招魂社の創建と整備

明治二年六月二十九日(旧暦、以下特記しない限り同じ)、東京招魂社が創建され、[2] 勅使五辻安仲弾正大弼参向のもと、軍務官知官事小松宮嘉彰親王、同副知官事大村益次郎らが祭員となって招魂祭が執行された(当初は二十八日に執行の予定であったが、同日は神祇官への行幸のため一日遅らせることとなった。行政官布告)。当日の招魂祭で合祀されたのは、戊辰の役での戦歿者三五八八柱であった。大村と共に東京での招魂場創設を意図した木戸孝允は、同日の日記に「今日於二九段歩兵屯所一招魂場開場。早朝より発砲及二数刻一。」と記している。東京招魂社は初め木戸の意見によって上野の寺中をそれに充てることになっていたが、病院建設の計画が持ち上り、大村も上野は「亡魂の地」として敢えて上野に固執しなかったので、結局九段坂下の元幕府歩兵屯所跡に決したという。[3] 大村らが現地を見分したのは六月二十二日のことであったが、これより前の六月十日には既に諸藩宛に「近々招魂祭被行候ニ付昨年来為追討出兵ノ諸藩戦死届ノ儀未相済向モ有之候ハ、急々取調神祇官へ可届出事」[4] との達が出されている。戊辰の役は五月十八日の函館五稜郭開城で終結しており、明治元年十一月以来計画していた東京での招魂祭も、ようやく執行可能な状勢を迎えていたからであろう。ただこの時点で注意すべきは、この達にもあるように招魂祭のための戦死者取調べには、神祇官が未だ関与していたという事実である。神祇官は既に慶応四年(明治元年)京都の河東操練場で初めての大掛りな招魂祭を営んでおり、東京での招魂祭も当然神祇官が執行して然るべき筋のものであったと思われる。しかし、京都や江戸城での一時的な招魂祭ではなく、社地を選定して仮とはいえ社殿まで建造しての招魂祭であり、またその推進はひとり軍務官が当ったのであるから、神祇官は自ら引いたのかも知れない。社地と社領のあてがなければ新社の造営は不可能であり、神祇官にはとてもその力はなかったであろう(大村は社領に上野寛永寺の寺領を見込んでいた(5)。また神仏判然策やその他の神祇・宗教行政の展開を遂行していた神祇官には人的にもその余裕はなかったと思われる(新たに国民教導策にも着手せねばならなかった)。かくして東京招魂社は名実ともに軍務官の専管となり、後の陸海軍管理へとつながるのである。

創建の招魂祭が終って一段落ついた八月八日、兵部省(『太政類典』には軍務官とあるが当時は既に兵部省となっており、かつ文中にも大村兵部大輔とあるので兵部省とする)は、招魂社囲込や赤心隊・報国隊の隊員雇入のため、是非ともかねて宛行を願い出ていた上野寛永寺の元寺領一万石を早々に給うよう上申した。この結果八月二十二日には永世祭資料として一万石が下附されることになったのであるが(6)、兵部省は同年十二月十九日弁官に宛て「即今大蔵省頗ル切迫」を理由に五〇〇〇石を返上することを願い出、翌二十日その旨聞き届けられたことが達せられた(7)。かくして招魂社費も一応下されたので、報国隊・赤心隊の隊員六四名は招魂社の社務を執ることになったのである(8)。しかしこれらの元隊員たちも明治四、五年には大部分が退職し、明治七年二月九日(新暦)の時点では、社司が元報国隊員の辻村吉野等五名、社掌が二名の総計七名と激減している(同日付でこれらの者は陸軍省の十四等、十五等および等外の出仕となった。ちなみに十三等は伍長に相当するが、明治六年五月八日の陸海軍武官官等表には十四等以下の官名は記されていない)。

社司・社掌の異同はあったが、創建当初から東京招魂社は祭典には力を入れ、明治二年七月十二日には兵部省は大祭日を正月三日(伏見戦日)、五月十五日(上野戦日)、五月十八日(函館降伏)、九月二十二日(会津降伏日)の四度としたき旨を弁官に伺い出ている(9)。弁官は五月十八日を五月十五日に改めても「不苦候事」と回答、ついで弁官は九月二十三日、「九月廿二日ハ御誕辰ニ付」として九月二十三日を祭日とするよう通牒した。さらに十月、神祇官は伏見戦日に当る正月三日こそ「御一新の基ヲ被﹂定候」として大祭日にし、勅使を立てるよう弁官に伺い出、許可された。ついで明治五年五月七日、社殿完成にともない正遷宮が執行され、招魂社は一段と充実整備された。同じ頃陸軍大輔山県有朋は、五月十八日の祭典を五月十五日に合併執行するよう招魂社に達し、以後年三回の大祭日となった。[10] 同年九月十五日には正院から勅使には式部寮官員を以て差遣することが達せられ、[11] 九月二十三日の大祭には六等出仕戸田忠至が参向することとなった。さらに同年十一月、太陽暦の採用により十二月三日を以て明治六年一月一日とする太政官達があったため、翌六年三月九日陸軍省は招魂社大祭日も新暦に直すべきか、また勅使は神宮の他には差遣されていないが招魂社はどうなるのかを伺い出た。この下問を受けた式部寮は、勅使は諸社には地方官が仰せ付けられているから、同社も陸軍省の長官を仰せ付けて然るべきと三月十三日回答、ついで十七日、正院と式部寮は大祭日は新暦に比準し、勅使は十一月祭にのみ差遣と達した。[12] この新暦採用により大祭日は一月三十一日、六月九日、十一月十二日と定められたが、[13] その換算が不正確であったためか同年九月には再度改められ、[14] 一月二十七日、七月四日、十一月六日と変更された。なお同年七月四日、祭日の際に行なわれる打揚げ花火の使用の禁止が決定された。これは司法省が申し入れ、法制課が同意した結果である。[15] ともかく年三回の大祭日と月三回の月次祭が執行され、式部寮官員の勅使差遣の決定や「招魂社大祭式」の改定(六年五月十八日)や『招魂社年中祭式祝詞』も成って、東京招魂社はいよいよ整備されたかに見えたが、当の陸軍省にとってはまだまだ不十分なものであったろう。その不十分さは神官の未設置と招魂社経費にあった。前者は東京招魂社が別格官幣社靖国神社に改称列格された直接の原因でもあるので後述することとし、次節では取り敢えず経費の問題について触れることにする。

三　東京招魂社の経費

明治六年七月の地租改正によって明治政府は、明治九年中までに地租を金納化するよう目指した。これにともない、招魂社寄附米も当然その対象となったのである。この寄附米が金に換算され、どのような扱いをされるかは陸軍省にとって重大な関心事であった。明治八年十月七日、陸軍省は招魂社費額の扱いについて左のように上申した。

招魂社ノ儀ハ海陸軍両省ノ所轄ニテ会計上ニ関シ候廉ハ当省ノ担当ニシテ猶同社御寄附米モ従来定額外別途御渡シ相成有之候処然ルニ本年七月後経費予算帳ニハ其雛形ニ基キ右米代金八千七百五十円□《定カ》額外常費ノ部ニ加置候得共元来経費中ニ可組入筋ニモ無之ト相考此分ハ従前ノ通別途御渡ノ儀追テ可相伺心得ニテ定額内外総計六百九十五万九千七百四十九円ノ内右米代相除キ差引六百九十五万円ヲ以陸軍一般八年七月ヨリ九年六月マテノ経費ニ分賦施行可致ニ付大科目流用ノ儀相伺候処其後経費額金六百九十五万円ヲ以悉皆可取賄云々御達ノ趣承知候右ハ充分手ヲ詰全ク定額常費ニ属シ候分ノミヲ見積リ其段及上申候儀ニ付額金ノ内ヲ以御寄附米代差繰ノ目途ハ難相立則定額ノ内米代分不足ニ有之候乍去猶熟考今一層ノ減シ方取計六百九十五万円ノ内ヲ以繰合可致候ヘ共必然若干ノ不足相立可申ト存候間其節ハ従前ノ通別途御渡相成度兼テ此段及上申候也(16)

この上申書に対し大蔵省は十月二十日、

陸軍省上申招魂社御寄附米ノ儀ニ付御下問ノ趣敬承仕候右ハ予テ上申致シ置候通各庁ノ予算ニ基キ歳入ヲ以歳出ニ分賦御確定々額内外臨時費トモ総テ該額ヲ以仕払筈就テハ此上増額可支出目途無之ニ付一層注意不足ノ生セサル様可致旨御達相成度仍テ別紙返進此段上答仕候也(17)

と正院に上答した。この大蔵省の上答を承けて正院本局第二科では左のような議按を草し、伺い出た。

別紙陸軍省上申招魂社御寄附米ノ儀大蔵省上答トモ併セテ審按候処今般諸省経費御確定相成候儀ニ付今更別途御渡金可相成筋無之儀ト被存候条最前御達費額ヲ以テ精々注意弁給可致ハ勿論ノ儀ニ付左ノ通御指令相成可然哉此段相伺候也(18)

かくして陸軍省が上申した別途招魂社費は大蔵、正院事務当局の不賛成によって十月二十七日、正院から「上申ノ趣難聞届候条不足相立サル様注意可致事」との指令が出た。しかし陸軍省はこの指令に対して満足せず、陸軍卿山県有朋は翌十一月太政大臣三条実美に宛てて、招魂社は陸軍のみの戦死者を祀るものではないのに、ひとり陸軍省だけが経費を負担するのは「判然不ㇾ仕候」といい、さらに寄附米も廃止になるのなら祭典は教部省へ任せるようにしてほしい、またそれも不可ならばやはり寄附米代金を別途支給してほしい、と再び寄附金の別途渡しを迫った。[19] ちなみに当時の教部省定額金は七万円、独立費目の神社費は二二万円であった。招魂社一社に七〇〇〇円以上の金を出せるはずはなかったのである。

招魂社費の別途支給については以上のようなやりとりがあったのであるが、実際には招魂社寄附米五〇〇〇石は廃止されたわけではなかったのである。というのも翌九年二月二十八日に大蔵省は「地租改正ニ付本年以降収額悉皆金納可相成筈」につき、「本年七月以降渾テ石代ヲ以交付可致筈」として陸軍省へもこの旨達するよう上申したのである。[20] これを承けて正院本局第五科では四月十一日「陸軍省招魂社寄附米ノ儀モ金額ニ改正御達相成度旨允当ノ筋ニ付該省草案ヘ貼帋ノ通リ御達相成可然哉御指令按左ニ相伺候也」と述べて、招魂社寄附米を金額に改正することを伺い出た。[21] つまり明治八年度の予算には招魂社の寄附米五〇〇〇石は考慮に入れられていなかったというのであろう。だが山県がはっきりと「永世ノ御寄附米ヲ御廃絶相成候儀ニモ候ハヽ」と述べていることもあるので、大蔵省が五〇〇〇石を計算に入れないで見過ごしたのか、あるいは知っていて予算を計上したが、陸軍省の強硬な突き上げによって折れたのか、その点は不明である。かくして四月二十日、

招魂社寄附米ノ儀当分減額ノ高ニヨリ本年七月以降金額ニ改正年々金七千五百五十円可下渡候条以来寄附金ト改称可致此旨相達候事[22]

との達が下った。しかしこれも単に五〇〇〇石を金円に換算しただけのことであり、別途経費として陸軍省定額経費に上積みしたわけではなかった。結局、招魂社費の年額金七五五〇円は明示されたのであるが、それは依然として陸軍省経費に組入れられたのであり、陸軍省が念願していた別途支給は靖国神社と改称列格されてから約二年後の明治

十四年五月十一日に聞き届けられた。(23)

このようにして東京招魂社経費支出の経緯を見てくるならば、村上重良氏がいとも簡単に「東京招魂社の経費は、この種の国費支出としては群をぬいた巨額であり、政府が招魂社の役割に、いかに大きな期待を寄せていたかを物語っている」(24)(傍点阪本)と断言する根拠の薄弱さが自ずと知られるであろう。金をくれないのなら教部省に面倒を見させるべきだという山県有朋の弁を、氏はどう理解するのだろう。ことほどさように政府が招魂社に大きな期待を寄せていたというのなら、それこそ政府挙って東京招魂社費七五五〇円を別途支給して、その期待の大きさを示してもよさそうなものではないか。氏の読み込みは文字通り「額面通り」であり、陸軍省の期待をそのまま政府の期待にすりかえる論理は、「近代天皇制の全構造」(25)が全く一枚岩であったというに等しい。氏の専門とする宗教学にあっても、そのような構造分析・理解は遠慮されているのではなかろうか。ましてや、氏が招魂社費の巨額とそれに対する政府の期待の大きさ――一体、いかなる期待か一向に不明であるが――を強弁せんがために次のような例まで挙げられては、当の引用された伊勢の神宮もただただ困惑するばかりであろう。すなわち、

伊勢神宮の経費は、一八七三(明治六)年一〇月に、年額金一万五〇〇〇円とさだめられていたが、実際には、定額の三割余を社入金(社頭の収入金)であてていたので、国庫支出の経費は、この時期には毎年九〇〇〇円程度であった。(26)

という、恐るべき計算をされるのである。それこそ実際には、定額金だけでは維持経費に事欠いたので社入金をプラスしたということ、つまり一万五〇〇〇円に六〇〇〇円を足した二万一〇〇〇円ほどが神宮の経費とされたということなのである。(27)何らの経緯も知ろうとしないで書くのならばただ単に七五五〇円が東京招魂社の寄附金とされた、これは巨額といえる、それだけの記述で済むのではないか。いずれにせよ、以上のことから巨額とされる東京招魂社の経費は、政府が招魂社に「大きな期待を寄せていた」からこそ支出されたわけではないことだけは明らかであろう。

四　東京招魂社と勅使差遣

神社に非ざる東京招魂社が、他の官幣社に比して優遇されていた事実は確かにある。特に皇室の「殊遇」は大江志乃夫氏が、東京招魂社・靖國神社の「特異な性格」の第一に挙げているほどである。[28] 東京招魂社時代は三度の行幸があり、靖国神社となってからも四度の行幸があった。『靖国神社史』が「されば皇室の御殊遇は申も恐し、国家の敬待亦異るものなり」(「緒言」)と述べるのも、これまた大江氏がいうように当然であろう。勅使の参向が群を抜いて多かったことも東京招魂社の特異さを如実に物語っている。東京招魂社には創建鎮祭の時以来、明治六年の太陽暦採用によって十一月祭のみ勅使参向が決まるまで、七度勅使差遣があった。以後十一月の例祭には必ず勅使が差遣されているが、その他特別に大きな臨時祭にも勅使が立てられることになった。それは明治七年八月二十八日に執行された、同年の佐賀の乱での戦死者のための合祀祭に際してである。この時には式部権助兼大掌典従三位橋本実梁が勅使として参向している。これ以後、大きな合祀祭には勅使が立てられることになったのであるが、それは『靖国神社史』がいうように「此の合祀祭執行の日には、必ず勅使参向ありて」ということではない。同書はつづけて、「殊に明治八年七月三日と同九年一月廿六日との如きは、各一名の合祀者の為めに荘重なる祭典を挙げ、陸海軍の大官之れが祭主を奉仕し、勅使として祭文を納められしが如き、誠に祭神に対する叡慮の厚きを推知し奉るべきなり」と述べる。この記述を基にして村上氏は次のように述べている。

一八七六(明治九)年一月二六日、例大祭の前夜に、江華島事件の戦没者一名の招魂祭が行なわれ、祭主をつとめた海軍少将伊東祐麿が勅使を兼ね、祭文をささげた。海軍の一「水夫」の合祀に、勅使が参向することは、きわめて異例であり、民意を朝鮮にたいする強硬策に向けるねらいもあって、あえてこのような処遇をあたえたの

であろう。(29)

まずもってこの論に対していうべきは、海軍にとっては一水夫とはいえ、初の戦死者（正確には戦傷死者）であったという事実である。一水夫であろうとなかろうと、戦友の死を悼む感情は自然であり、その合祀祭に海軍が勅使を立てるよう申し出ることも別段異とするに足らない。だが実際には勅使は差遣されていない。これは『靖国神社史』がいう明治八年七月三日の一人のための合祀祭の時も同じである。つまり、両度とも勅使は立っていないが、両度とも陸軍省および海軍省は勅使を立てるようには願い出ている。

明治八年七月三日の第五回合祀祭で合祀されたのは、七年の佐賀の乱で戦死した福岡県士族貫族隊の矢柄到であったが、矢柄は七年十一月二日の第三回合祀に漏れていたのである。そのため八年四月四日に合祀の達が下り、それを承けて陸軍省は来る七月四日の例大祭に合わせて招魂祭を営むこと、そしてついては勅使を差遣されたき旨を上申したのである。

昨七年佐賀県之役戦死候福岡県貫族隊矢柄到招魂祭之節勅使参向之儀伺

昨七年佐賀県下暴動之際兵事ニ斃候福岡県貫族隊矢柄到招魂祭之儀本年四月四日御達ニ付来ル七月四日施行致度候付テハ初度祭ニ付定規ニ不拘当日　勅使御差立相成度尤以来祭日之儀は一月廿七日合祀可致候此段相伺候也

明治八年六月廿四日　陸軍卿山県有朋

太政大臣三条実美殿

これを承けて土方久元正院大内史は六月二十四日、坊城俊政式部頭に対して、

昨七年佐賀之役戦死候福岡県貫族隊矢柄到招魂祭之節　勅使参向之儀ニ付別紙之通陸軍卿上申之処右は昨年中同様之者一同合祀可相成処全く脱漏之儘ニ而追上申有之合祀被　仰付候義ニ付今般殊ニ此者一人之為ニ　勅使参向ニハ及間敷義ト存候尤合祭之式被行候節祭主は陸軍省ニテ担任祭文は御寮ニテ御調同省江御差渡ニ相成可然哉

御打合および候

と照会、これに対し坊城式部頭は翌二十五日、

昨七年佐賀之役戦死候福岡県貫族隊矢柄到招魂社へ合祀之節　勅使参向云々御見込御打合之趣異存無之候祭文取調之都合有之候間御伺定之上御通知有之度候也

と土方に回答した。この回答をもとに正院では六月二十八日三条太政大臣、各参議が出席して決裁が行なわれ、

伺之趣ハ　勅使参向無之尤合祀之式執行之節祭文ハ式部寮ヨリ相渡候事

との指令が下ったのである。

明治九年一月二十六日の海軍水夫松村千代松の合祀祭もこれと全く同じであった。松村の合祀伺は八年十一月三十日に川村純義海軍大輔名を以て伺い出、十二月四日正院に上陳され、同十二日「陸軍省申談可取計事」との指令があった。当初、海軍省は勅使参向までは述べていなかったが、合祀祭直前の九年一月二十三日に至って急に勅使参向の有無を伺い出たのである。

雲揚船乗組松村千代松義招魂社へ合祀之節勅使参向可相成哉伺

先般朝鮮国ニ於テ戦死致候雲揚船乗組故松村千代松義正第九十号ヲ以テ招魂社へ合祀之儀伺済ニ付陸軍省へ打合本月廿六日午後七時祭事執行可致候処勅使参向可相成義ニ候哉此段奉伺候也

明治九年一月廿三日　　海軍大輔川村純義

太政大臣三条実美殿

この上申に対し正院第二科では左のよう議按を上陳、指令を乞うた。

別紙海軍省伺雲揚艦乗組松村千代松義招魂社へ合祀ノ節勅使参向可相成哉ノ儀右ハ昨八年六月中陸軍省ヨリ佐賀ノ役ニ戦死候福岡県貫族矢柄到招魂祭ノ節勅使参向無之類例ニ照シ左ノ通御指令按取調此段相伺候也

御指令按

伺ノ趣ハ　勅使参向無之尤祭文ハ式部寮ヨリ相渡候事

この指令按は一月二十五日上陳され、三条太政大臣、大久保参議などの花押、捺印により承認され、同日海軍省にこの旨指令された。

以上述べてきたことによって、明治八年七月、九年一月の各一名の合祀祭には勅使が立たなかったことがわかる。(30)ちなみに靖国神社の社務日誌の同日条にも「勅使参向無之」と明記してある。賀茂百樹宮司が社務日誌および公文を参照していなかったとしたら、怠慢のそしりは——勅使差遣という最重事である——免れないであろうし、もし知っていて敢えて〝祭文〟の奏上にかこつけて勅使参向としたならば、それは靖国神社の〝特異さ〟を強調したいがためであったろう。もっとも、村上氏のような所論はもはや論外というべきものであり、氏が強調する「客観的実証的」記述の真相を自ら明らかにするだけのことである。第一、勅使を参向させることでどれほど「民意」を朝鮮に対する強硬策に向けることができるであろうか。東京府民にすら一いち合祀祭を執行することを〝布告〟してはいないのである。(31)海軍は省内に一月二十四日に来る二十六日夕刻からの合祀祭には礼服を着用して参拝せよと達し、但し書きとして伊東祐麿が祭主になることを副えているだけである。

五　地方招魂社体制の整備

東京招魂社はいうまでもなく帝都東京に創建された中央の招魂社であるが、各府藩県においても主に出身藩兵の戦死者を祀る招魂社や招魂場、墳墓が設けられるようになった。

明治維新政府は当初、京都東山の霊山に一社を設け、「癸丑以来唱義精忠天下ニ魁シテ国事ニ斃レ候諸子及草莽有志ノ輩」の霊魂を合祀する予定であった（慶応四年五月十日太政官布告）。これと同時に伏見戦争以来の戦死者をも東山に「新タニ一社ヲ御建立」して、同じく永くその霊魂を祭祀することを布告した。これが基となって現在の京都東山にある京都霊山護国神社となったといわれている。ともかくこの布告によって京都東山を始め、各地に招魂社、招魂場および墳墓が創建されるに至ったのである。当時、招魂社（場）は山口に二三、鹿児島一八、京都一三、福岡、宮崎各六、長崎五、長野四、北海道、山形、秋田各三、栃木、滋賀、福井、広島各二、など全国各地に相当数あったらしいが（小林健三・照沼好文『招魂社成立史の研究』に拠る）、いずれも藩費や藩民の自主的建設によって成立したものであったろうから、明治四年七月の廃藩置県を境にして、その維持が困難となったことは想像に難くない。それは照沼好文氏も述べるところであり、当然のことでもあるといえよう。すなわち照沼氏は「明治六、七年頃を境界に、招魂社の運営は、旧藩から新政府の保護、管理へと移行する時期であったと思はれる(32)」と述べ、この新しい地方招魂体制への移行を示す文書として、明治六年十一月九日附の大蔵省口演なるものを挙げている。この部分は村上氏も全く同じように記述している。筆者は寡聞にしてこの「口演」なるものは未見であるが、大蔵省が明治六年後半に至って地方招魂社の除税のために調査を開始したことは明らかな事実である。すなわち、明治六年九月二十八日、大蔵省事務総裁兼参議大隈重信は三条太政大臣に対し次のように伺い出た（以下は『公文録』「明治六年大蔵省伺」に拠る）。

戊辰ノ役ハ開国以降屈指ノ大業不朽之偉績ニシテ千歳青史ニ照耀可相成義ニ有之就テハ当時敵愾戦死致シ候者之為深キ叡旨ヲ以テ西京ニ招魂墓東京ニ招魂社盛大御設立相成旧藩主ニ於テモ盛意奉戴追々戦死ノ地ニ於テ墳墓或ハ其封土ニ招魂社取設有之然ル処版籍奉還今日ニ至リ候上ハ政府御祭祀重複之筋ニ相成候ヘ共従来各所祭祀有之神祇ノ内ニモ儘重複モ有之義ニ付旧藩主各自応分取設候其誠意水泡ナラシメス願クハ御存置相成地所ハ除税地ニ組込墳墓招魂社共費額相立毎歳地方官ニテ修繕祭祀候様特別御定有之度候然ルニ於テハ既死忠臣ノ魂魄ヲ弔慰シ後ハ万世人民ノ義気ヲ奮発セシメ今ニ在テハ孤児老親幼妹遺孀ノ如キ東京招魂之祭祀ニ与ルヿ能ハサル者モ尚ホ

感恩奮励一層報国之志ヲ相増可申与存候右ハ追々地方官ヨリモ地税及祭費之儀伺出候ニ付此段相窺候也

明治六年九月廿八日

大蔵省事務総裁

参議大隈重信

太政大臣　三条実美殿

この大隈の上申に対し、正院の杉浦譲権大内史は十月十二日、次のように大蔵省に掛合った。

過日招魂場地税並修繕祭祀之儀ニ付御窺相成右ハ各社墳墓等之除地ニ可相成分何程且修繕祭祀料大略幾計ト相成可申哉至急御取調御回有之度此段及御掛合候也

十月十二日

杉浦権大内史

大蔵大少丞御中

この掛合に対して大蔵省租税寮は左のように回答した。

招魂社地税并修繕祭祀料ノ儀ニ付云々御懸合ノ趣致承知候右者各地方ニ関渉シ概数而已ニテモ早急取調ハ難相成候間御允可之上ハ速ニ布達実際ノ景況為申出敷地ノ増減并修繕祭祀料ノ定額等当否精密ニ調査致シ候見込相立猶可申伺筈ニ付左様御承知有之度此段御回答及ヒ候也

明治六年十一月五日

租税権頭松方正義

権大内史杉浦譲殿

すなわち租税寮としては早急の招魂社地の取調べは不可能であるが、ともかく除税の許可を先に取ってから早急に調査するというのである。この回答は正院当局を納得させるものではなく、十一月七日杉浦は松方に宛てて次のように返答した。

招魂地税并修繕祭祀料之儀ニ付御回答之趣致承知候右ハ此件譬御許容相成候ニモ凡其概略ヲ不押候テハ忽チ量為

ノ計算ニ響キ合議難出来強チ允許ヲ差急候条件ニモ無之ニ付手数二途ニ出不申様前御掛合通大略書御取調ノ上御差出有之度此段及再答候也

かくして大蔵省は一応の取調べを余儀なくされた。先の照沼氏のいう口演とはこれを承けてのものであろう。この取調べは十二月の初めには一応終っていたらしく、かなりの速さで調査したものと思われる。大蔵省はこの取調書をもとに十二月四日、次のように再度回答した。

招魂場地税并修繕祭祀料ノ儀ニ付大略ノ取調可差出旨再応御懸合之趣致承知即各府県当地出張所詰合官員へ致尋問処別紙之通申出候尤宮城県等十七県之儀当地限リ相分リ兼候ニ付本県往復之上可申出筈ニ付申出次第御通知可及候佐賀県之如キハ就中壮大之趣ニ相聞候得共自余ハ概市山麓丘上等無税之地ニ設有之或ハ社寺境内へ合祀イタシ候等ニテ約リ良田有税之地へ取設候分ハ僅少之様被存候将又祭典之儀は制限相立官費或ハ民費等御許可之上ハ取調巨額之費程ニ不立至様注意罷在候乍併尚精細取調申出候様各府県へ布達可致哉右ハ御允許相成候上ニ而布達候方可然とも存候ニ付先以別紙相添御回答旁一応及御協議候也

明治六年十二月四日　　大蔵大少丞

杉浦権大内史殿

この十二月四日付の大蔵省回答により招魂社除税等の儀が正院において審議されることになり、十二月二十八日に左のような指令が下された。

伺之趣招魂社地除税及ヒ官費ヲ以テ祭祀修繕ノ義ハ伺之通ニ候条地方官見込取調其省へ伺ノ上費額相定候様可申達尤各地散在ノ墳墓ハ従前ノ通可取計事

この指令により招魂社の官費支給が具体化するのであるが（この時点では墳墓は対象外になっていることに注意）、招魂社が地方に散在している以上、その管轄の内務省が各府県に令して行なわしめるのは当然であった。明治七年二月十五日[33]、内務省は内務卿木戸孝允名で乙第一二号達を府県に出し、墳墓の官費修繕を告げ、来る四月三十日(照沼氏、村上氏共十日とするも誤り)を限って修繕費用や常費高を取調べるよう指示した。ついで三月十七日、乙第二二号達により招魂社の地税免除、官費支給が府県に達せられた。しかしこの時点ではいくらの官費を支給すべきかは具体的に決定しておらず[34]、その費額を定めるよう内務省が伺い出たのは七年の十二月二十三日であった[35]。未だ正確な招魂社の実態や墳墓の数、埋葬者数などは不明であったのであり、八年一月になって地理寮が各招魂社、墳墓の一覧表を作成したのであった[36]。内務省は早速これをもとに一社当りの祭祀料と修繕費および墳墓修繕費等についてその費額を見積ったのであるが、その算定基準に関しては大蔵省と大きな相違があった[37]。すなわち大蔵省は招魂社はともかくとして、墳墓の場合は一境域に埋葬の分は数に拘らず一墓所として扱うべきこと、故に招魂社・墳墓とも祭祀料、修繕費は一定とし、それは招魂社にあっては祭祀料は官国幣小社の三分の二、修繕費は同じく一〇分の一、墳墓修繕費は同じく四〇分の一とするのが適当との意見を上申した。また同時に神饌料として一人宛別に二五銭を給することも申し添えている。この結果、一社の定額は三五円とし、そのうち一〇円が祭祀料、二五円が修繕費、六円二五銭を墳墓修繕費と定めるよう上申した。この計算によれば、内務省案の祭祀料三〇六二円三四銭に対し大蔵省試算は二四〇五円二五銭、墳墓修繕費は内務省九三六円九四銭に対し、大蔵省は三〇〇円であった。この内務・大蔵両案に対して左院は四月十日、次のように上陳した。

内務省伺招魂場祭祀料及墳墓修繕費ノ儀大蔵省上答共併セテ審議候処一般ノ制限相立候儀ハ当然ノ事ニ有之候然ルニ右制限方法ノ儀内務省ノ見込ハ他ノ例規ニ拠ラスシテ空ニ算計相設候様相見ヘ且墳墓修繕費ニ至ツテハ増員スルニ随ヒ其費用モ亦増加スルノ法ニ候ヘ𪜈一墳墓ニシテ数人合葬スル可有之然ルヲ神饌料同様人員ニ随ヒ増加スルハ穏当ナラス大蔵省ノ方ハ官幣小社ノ例規ニ准拠シ取調候儀ニ付大蔵省ノ見込御採用相成可然且又府県ヘハ該省ヨリ布達ノ積伺出ニハ候ヘ𪜈右ハ開拓使ヘモ関渉致候儀ニ付旁太政官ノ御達ニ相成方ト存候仍テ左按取調上

陳候也

この結果、四月二十四日太政官達第六七号として使府県へ招魂社、墳墓の費額が達せられたのである(照沼氏も村上氏も招魂社定額を四五円、祭祀料を二〇円、神饌料を五〇銭としている。いかなる典拠にもとづいたものか理解に苦しむが、恐らくは内務省神社局監修の『神社法令輯覧』か)。

かくして版籍奉還、廃藩置県に端を発した地方招魂社の国家による管理体制が実現され、八年八月二日には従軍殉国者の墳墓招魂場、経費定額の外は新築増建を禁じた(38)。これは東京招魂社に合祀されているゆえに重複し、かつ地方を盛大にするのは「御趣意ニ反対シ」ているかのごとき印象を与える、という理由からであった。さらに八月九日には、招魂社、墳墓の経費の官私を立てるよう達し、最寄りの祠官が管掌するよう指令した。これは七月二十七日内務省が伺い出、内務課と財務課が歴査し、議按した結果である(39)。ついで同年九月二十三日内務省は各地方の招魂社の名称の区々なのを、すべて招魂社に統一したき旨を伺い出た。その理由は「官費祭祀相成候ニ付名称判然不致テハ後来必ラス紛説ヲ生シ忠敢義烈ノ霊魂合セラレ候御趣意ヲモ夫却可致ニ付」というにあった。これを承け第二科は同二十七日に「允当」として上陳、十月七日に許可され十三日、内務省乙第一二二号として東京府を除く各府県に達せられた(40)。ここにおいていわゆる官祭招魂社、官修墳墓の制度は確立され、また従前官費支給の対象外とされていた京都東山霊祠も十月十日を以て「自今官費ヲ以テ修繕祭祀等執行候様」達せられた(41)。

六　東京招魂社から靖国神社へ

明治六年九月の大隈上申書に端を発した地方招魂社の国家的統制は、当然のごとく中央の招魂社たる東京招魂社の性格をも変容させざるを得なくした。明治六、七年当時、癸丑以来の幕末殉難者を祀るのは東山霊祠であり、東京招魂社は戊辰の役以降の戦死者に限られていた。そしてその東京招魂社の盛大さは霊山はじめ地方招魂社の比ではなかった。ここにおいて幕末殉難者も戊辰の役戦死者と同様に重視すべきとの論が上るのも、当然といえば当然であったろう。この旨を建言したのが時の内務大丞林友幸であり(42)、林は明治七年十一月三十日、幕末殉難者を地方招魂社において祀る「御愛憐ノ思食ニ於テ更ニ厚薄ハ」ないとしながらも、「祠宇ノ結構祀典ノ盛否差等ナキニモ非ス」として、東山配祀の霊位を遷すこと、および各旧藩殉難者を東京招魂社に合祀すべきことを建言した(43)。この建言を承けて左院内務課の歴査を経た正院庶務課は十二月二十三日、幕末殉難者の東京招魂社合祀は異存ないが、建言にある霊位を遷す云々は、あたかも東山や各地招魂社を廃するやに聞えるので、東山その他の祭祀は従前通りとするよう上陳した。この上陳により太政官は翌八年一月十二日内務省に対して戊辰以前の旧藩殉難者の姓名を調査するよう達し、但し書として「東山霊祠及ヒ各地招魂場ハ従前の通被据置候」と添えたのである。この達に対し内務省は一月十日本省だけで調査するのかと照会、十七日太政官は内務省より府県へ達せよと回答した。この結果内務省は一月二十五日、乙第六号によって姓名調査を各府県に達し、さらにその督促として四月二十五日、来る五月三十一日限りを以て至急調査するよう達したのである。しかし実際に幕末殉難者が合祀されたのはずっと後年のことであり、明治十四年五月二十七日の太政官達により武市半平太ら八〇名が合祀されたのが最初であった。それはともかくとしても、明治七年の末頃から東京招魂社が名実共に地方招魂社の総本社たるべき地位を与えられるようになったことは、確実であろう。

東京招魂社にとって転機となったのは以上述べたように明治七年であったが、その七年にはこれまた例のない事件が起った。すなわち佐賀の乱の戦死者の合祀である。これは創建時の合祀以来のことであったので、八月十八日の太政官達にも但し書としてわざわざ、「戦死有之府県ハ、本文ノ趣其親戚ヘ厚ク可申聞候事」となったほどである。この時、陸軍々人一九二名が合祀されている。

ちなみにこの佐賀の乱に触れていうが、中島三千男氏は、内務省が七年二月十五日、墳墓の官費支給を達したこと

を「突如」のことと述べ、つづけてこの地方招魂社、墳墓の官費支給および東京招魂社への幕末殉難者の合祀策に触れて、

　このように一八七四(七)〜五(八)年に突如として、維新以来体系的には手をつけてこなかった各地の招魂社及び墳墓の国家管理、及び「霊魂」の東京招魂社への集中(国家による独占＝「靖国神社」への道)が行われた意味は一体何であったのでしょうか。

　それは先に述べたようにこの一連の政策が佐賀の乱の勃発(行四《ママ》年二月四日)直後の二月一五日に始った、ということから窺われるように、これは明らかにこの乱に始り西南戦争におわる士族反乱(内乱)を直接の契機として出されたものであり、その鎮圧(勝利)のための軍事的・政治的方策であった、ということができると思います。

と述べている。(44) 氏がさかんに参照された『内務省日誌』には無論、大隈の上申など載ってはいない。中島氏は周知のように「国家のイデオロギー政策」を精力的に研究されているが、はたしてこの論は氏のいう「科学的歴史学における国家神道に関する研究」といえるであろうか。第一、明治七年二月の時点で、あの西南戦争を予期した人物がどこにいたというのだろうか。所詮、歴史は結果論として論ずるのが一番無難ではあろうが。もっとも、東京招魂社の社司・社掌が七年二月九日付を以て陸軍省の十四、十五等および等外出仕に補されているから、佐賀の乱が東京招魂社の社人を軍人並にしたとはいえるであろう。

　しかし、その出仕たる社司等も明治十年一月には新たに雇にされてしまう。社司・社掌ですらなくなったのである。村上氏がいうように別段西南戦争を機にせずとも、それ以前から社務を取扱う社番の身分は不安定であったのであり、以前のように社司を置くことを陸軍省が願ったからといって、何ら不自然ではなかろう。とはいうものの、村上氏によればこの出仕を廃したのは明治九年一月十二日のことらしい(これは『靖国神社史』に記してある)。おまけに氏によれば、「あらたに雇五名を増員」したという。七人プラス五人であるから総勢一二名という立派な社人の陣容ではない

か。もちろん事実はそうではない。

村上氏が西南戦争を機に、陸軍省内で東京招魂社の性格を再検討し、その地歩の強化、整備拡充を図る意見が有力となったと推測するのもこれまた自由であるが、そのあとで、

旧藩の意識がなお根強い当時にあっては、多くが藩設の招魂場に由来する各地の招魂社を、名実ともに政府の管轄下において、中央の招魂社である東京招魂社の地方分社につくり変えることが急務であった。そのためには、東京招魂社を完全に神社化し、国家神道の重要な一支柱として、その地歩を確立する必要があった。政府は、陸軍省の要望にこたえて、東京招魂社を神社化し、別格官幣社に列格する方針をきめた。(45)

これではまるで順序が逆である。旧藩意識が薄れて地方招魂社の維持が困難になったからこそ、国家は官費支給に乗り出したのではなかったか。地方招魂社が東京招魂社の地方分社につくりかえられたのではなく、東京招魂社を地方招魂社の総本社的立場につくりかえたのではなかったか。ましてや政府は、「国家神道の重要な一支柱」として、東京招魂社の地歩を強化し、「完全に神社化」するために、やすやすと「陸軍省の要望にこたえて、東京招魂社を神社化し、別格官幣社に列格する方針をきめた」わけではない。

西南戦争が近代日本において最大の内戦であったことはよく知られている。政府の〝征討費〟に限っても、それは四〇〇〇万円余りという巨額であり、これは国家予算の一年分にも匹敵した。多かれ少なかれ、国家・社会がこの内乱の影響を受けたことは想像に余りある。しかし西南戦争の影響はかく大きくはあっても、東京招魂社が別格官幣社靖国神社へと改称列格された直接の原因とは速断はできない。なぜならこと西南戦争に関しては、明治十年十一月一日付、海軍大輔川村純義、陸軍卿代理陸軍中将西郷従道連署による西南戦争戦死者の合祀祭執行、ならびに城山陥落の九月二十四日を大祭日に加えたき旨を伺い出た三条太政大臣宛の上申書で、一応のケリはついたのである。西南戦争を終えた陸軍省の意見は、十一月十三日から三日間戦死者の合祀祭を行ないたいこと、さらに終戦日の九月二十四

日を大祭に加えたいこと、この二点であり、まことに淡々としたものであった。太政官当局の対応もこれまた淡々としたものであった(46)。有体にいって、この最大の政治的財政的危機を前にして、東京招魂社を利用しようなどという空気は生まれるはずがないといえよう。さしあたって政府に必要なことは、征討費総理事務局を設けて、その事後処理を図り、速に秩序を回復することであった。村上氏がいうように、東京招魂社に正式の神官を設置することは陸軍省の「年来の願望」であったろうが、その願望表明も西南戦争の余波を受けて、延期せざるを得なかったのが実際であろう。陸軍省が東京招魂社に神官を置きたき旨を願い出たのが、西南戦争の影響も一段落した明治十一年十月のことであったのは、いわば当然の推移であったといえよう。すなわち、同年十月十九日、第一局よりの、東京招魂社は「永世不朽の一大社ニ候得は更ニ左の通神官を被置候様致度」との伺いを承けて、同月二十四日、陸軍卿西郷従道は、東京招魂社は「別格ノ神社」「永世不朽ノ大社」であるから、よろしく「相当ノ属官」すなわち平常社務を取扱う神官を置いてほしいと太政大臣三条実美宛に上申した。これに対し太政官法制局は十一月十一日、東京招魂社は社格もなく、また武官が祭主となり祭祀を執行するのは異例であって、祭祀は武官の執行のままとし、ただ社司・社掌を設けるのは「甚タ不都合」であり、「追テ社格祭式等総テ御定メ相成候ヰハ格別」と上陳、同二十七日付で「伺之趣難聞届候事」と指令された(『公文録』に拠る)。

しかし陸軍省はなおもこの指令に満足せず、翌十二月十七日、陸軍卿山県有朋名で右大臣岩倉具視に「招魂社々務為取扱神官被置度儀再伺」を呈出、社名のみを見るならば「其時々霊魂ヲ招キ神饌ヲ享ケシムルノ招魂場ニ過キサルカ如シ」ではあるが、「国家ノ為メ忠奮戦死セシ霊魂常ニ鎮座有之」としての永世不朽性を説いた。そうしてかように「聖旨至ラサル所ナク尽サザル所」ない社なのに、「唯其神官ヲ置カレサルヲ以テ一社ノ体裁ヲ為サヽル様」考えられていることは、「深ク遺憾ニ存候」という。ついでに結論として神官が設置できないのは、社格がないせいというのならば、「更ニ相当ノ社格御定候」と、東京招魂社に社格を付与し、名実共に永世不朽の大社たる神社にせよと迫ったのである。ところでこの伺書で今一つ注目すべき点は、「今ニ至ルマテ引続キ当省軍人死亡ノ節葬儀祭式等々モ兼テ」社司・社掌、招魂社雇に取扱わせてきたという段である。これは重大な違法行為であった。なぜなら葬儀は明治五年六月二十八日の太政官布告一九二号によって、すべて神官・僧侶が執行すべきよう命ぜられていたのであるから、太政官法制局がこの段を重視したのは当然であろう(明治七年一月二十九日、太政官布告一三号により教導職にも葬儀執行が認められた。中山勝氏の御示教によれば、これは違令の罪に問われる)。

かくして神官を置くには社格が与えられなければならなかった。この社格が決定すれば神官の設置は自ずから付帯する性格のものであった。この十二月二十七日付の陸軍省上申を承けて、太政官の法制局および書記官局は審按を重ねることになったと思われるが、いつの時点でそれが開始されたかは筆者には不明である。ただ、明治十二年三月三十一日には左に紹介する両局の達案が内務・陸軍・海軍三省に照会されていることだけは明らかである。

明治十二年三月三十一日

法　制　局

書記官局

内務海軍両省へ御照会按

別紙陸軍省伺東京招魂社社格ノ儀ハ別紙ノ通可相達内議ニ付其省ニテ意見至急可被申出此旨及照会候也

明治十二年三月三十一日

内務卿伊藤博文殿

海軍卿川村純義殿

陸軍省へ御照会按

別紙其省伺東京招魂社社格ノ儀ハ別紙ノ通可相達内議ニ付其省ニテ意見至急可被申出此旨及照会候也

明治十二年三月三十一日

陸軍卿西郷従道殿

（『公文録』）

達案

内務省
海軍省
陸軍省

東京招魂社ノ儀今般別格官幣社ニ被列候ニ付テハ該社ハ自今内務陸軍海軍三省ニ於テ管理可致此旨相達候事
但神官進退黜陟ハ例規ノ通内務省ニ於テ専任可致事

（『公文録』）

達案

内務省
海軍省
陸軍省
東京府
東京招魂社

各通

右別格官幣社ニ被列候条此旨相達候事

（朱）
陸軍省へ指令案

伺ノ趣何号達ノ通可相心得事（註・甲号）
（『公文録』）

この達案の下問に対し、まず海軍省は四月十四日に上答、この案に異存なしとした。

招魂社々格御定之義ニ付上答

陸軍省伺東京招魂社々格御定之議ニ付去月三十一日御内議按ヲ以意見御照会之趣敬承仕候右ハ於当省何等異存無之候条此段上答仕候也

明治十二年四月十四日

海軍卿　川村純義

太政大臣三条実美殿
（『公文録』）

ついで内務省も同十四日、海軍省同様に異存なしと上答した。

別紙陸軍省伺東京招魂社々格等之件御下問之旨敬承右社格ニ就テハ別段意見無之候此段上答ニ及ヒ候也

明治十二年四月十七日

内務卿　伊藤博文　［内務卿伊藤博文之印］

太政大臣　三条実美殿
（『公文録』）

だが陸軍省だけは、社格においては達案に異存なしとしながらも、内務・陸軍・海軍三省の管理とするだけでは「錯雑」であるから、その「権限」を定めるよう注文、左の四月二十一日付の上答と共に陸軍省が考案した「御達案」をも添付した。

別紙招魂社々格之義ニ付意見申出旨御照会之趣致承知候右於社格は聊異存無之候得共自今三省ニ於テ共ニ管理致候ニテは却而錯雑之儀モ可有之ト被相考候間概ネ其権限ヲ定メ取扱候様致度仍而左ニ御達按ヲ起草シ進呈仕候且

又同社神職之儀ハ他之神社ト違ヒ本給之外取得物ニテハ更ニ無之就テハ自然御定則之月俸ニ而は実際被行間敷候間当分之中当省之見込ヲ以相当之増給差遣候様致度上答旁此段申進候也

明治十二年四月廿一日

陸軍卿　西郷従道

太政大臣　三条実美殿

（『公文録』）

御達案

内務省
陸軍省
海軍省

各通

東京招魂社之儀今般別格官幣社ニ被列候ニ付テハ自今内務陸軍海軍三省ニ於テ管理可致尤祭典其他ノ常務ハ左ノ区分ニ従ヒ可取扱此旨相達候事

一祭典ハ従前之通陸軍海軍二省ニ於テ執行之事

一神官進退黜陟ハ内務卿ニ於テ専任之事

一建築修繕等及其他一切ノ経理ハ陸軍省ニ於テ専任之事

（註・三省上答共乙号）

（『公文録』）

この陸軍省の上答に対し、太政官からは十日以上経っても何らの指令がなかったので、陸軍省は五月三日、東京招魂社の社格ならびに神官設置の儀につき三度その進捗状況を問うと共に、以前から不満に思っていた社号についても、評議ありたき旨を上申した。

招魂社々号之儀ニ付上申

招魂社々格并神官之儀ニ付昨十一年十二月中再応相伺置候処于今何タル御指令無之定テ御僉議中歟ト被存候然ル

処招魂社之社号タル一時祭典ヲ挙クルノ日在天ノ霊魂ヲ招キ神饌ノ供ヲ享クシムルノ場所ヲ指シテ唱フルモノ如クニシテ永世不易之社号トハ不被存候間更ニ相当之社号之儀モ併セテ御評議相成度此段及上申候也

明治十二年五月三日　　陸軍卿　西郷従道

太政大臣三条実美殿　　（註・丙号）

（『公文録』）

ついで同六日、陸軍省は三日付の社号に関する上申を承けた太政官法制局が陸軍省に対して該省の案があれば申し出るよう照会したのに応えて次のように回答した。

本月三日附ヲ以招魂社々号之義ニ付及上申置候処右社号ニ当省ノ考案モ有之候得ハ可申出様御照会之趣致承知候

右ハ左之通御定相成可然ト存候此段及御回答候也

靖国神社《ヤスクニ》

明治十二年五月七日　　陸軍大佐　浅井道博

法制局書記官御中　　（註・丁号）

（『公文録』）

ところで、『靖国神社史』は前記五月三日付丙号上申とほぼ同じような内容の伺いを、「明治十二年五月六日第一局伺」として載せているが、「五月二日指令伺之通」とその伺書につづけて記している。六日付の伺いに対してそれより四日前の二日に指令が出ることはまず皆無であろう。省内の伺いの順序からして、まず第一局から陸軍卿宛に伺い、それをもとに陸軍卿名で太政官に上申するのであるから、この第一局伺いは六日付ではなく、恐らく五月一日か、遅くとも二日であろう。ちなみに昭和五十八年六月三十日発行の『靖国神社百年史』資料篇上には、右の第一局伺いを「陸軍省伺書」とし、「指令　伺の通。」と記してあり、「五月二日」は削除されている。いささか誤解を招く記載の仕方ではなかろうか。それはともかくとしても、ここに至って太政官は「陸百五号」として五月十九日、正院の議に付し、法制局の勘査によるところの按文を添えて決裁を乞うたのである。

陸百五号

明治十二年五月十九日
大臣　三条　岩倉　内閣書記官

陸軍省上申招魂社々格并神官等之事法制局勘査進呈ス依テ回議ニ供ス
参議　大隈　大木　寺島

法制局第 十一年 十二年 八十二 八 号　合綴

明治十二年五月十九日

法制局　参議伊藤博文

別紙陸軍省伺招魂社社務為取扱神官被置度儀審按候処嚢ニ社司社掌等設置申出ノ節聞届ラレザルハ全ク該社ハ社格無之且陸軍省所管中ニ右ノ如キ職名ヲ被設理由無之ニ因レリ然ルニ猶再応申出候案ニ於テハ軍人死亡ノ節葬儀等ヲモ兼テ取扱ハセ来リ趣右ハ教導職ニ非サル者葬儀ニ関与スヘカラサルハ律ニ明文有之以上ハ難閣儀ニ候然ルニ現地同社社職ノ者ニ於テ軍人ノ葬儀ヲ取扱候ハ又便宜不得已事ニ付此際該社ヲ以テ別格官幣社ニ被列宮司以下式ノ如ク職員ヲ設置相成候方允当ヲ可得尤モ該社ハ祭式始メ諸事他ノ神社ト同一視スヘカラサルハ言ヲ俟タサル

事ニ付其管理ノ義ニ付テハ官幣小社札幌神社国幣小社函館八幡宮等神官ノ進退ヲ内務卿ニ於テ管理シ定額金并営繕等ハ開拓使長官ニ於テ管理シ同使定額金ヲ以テ支出候例規モ有之候ニ付旁別紙甲号之通内務陸軍海軍三省ヘ御下問相成候処乙号ノ通夫々申出候ニ付猶陸軍省見込ヲ参酌シ左案之通三省ヘ御達相成可然存候其後猶又陸軍省ヨリ丙号社号之義ニ付上申有之仍テ諸案相添仰高裁候也

御達案

各通

内務省
陸軍省
海軍省
東京府

東京招魂社

右靖国神社ト改称別格官幣社ニ被列候事此旨相達候事

(朱)
明治十二年六月四日

同

各通

内務省
陸軍省
海軍省

東京招魂社ノ儀今般靖国神社ト改称、別格官幣社ニ被列候ニ付テハ、自今内務陸軍海軍三省ニ於テ管理可致尤モ

祭典其他ノ常務ハ左ノ区分ニ従ヒ可取扱此旨相達候事

一　祭式ハ神社祭式書名ニ準シ陸軍海軍二省ノ官員之ニ臨ミ執行スヘシ

一　祭式ノ外施設ノ廉并例典ハ従前ノ通

一　神官黜陟ハ内務省ノ専任タルヘシ

一　神官増員若シクハ増給ハ内務陸軍海軍三省協議ノ上具申スヘシ

一　建築修繕等及ヒ其他一切ノ経理ハ陸軍省ノ専任タルヘシ

　但本殿拝殿等ノ模様替ニ係ルハ三省ノ協議ヲ要ス

（朱）明治十二年六月四日

（『公文録』）

かくして六月二日左の通り上奏された。

一　陸軍省伺招魂社々格并神官等之事

右謹テ奏ス

明治十二年六月二日

太政大臣　三条実美㊞

右大臣　岩倉具視㊞

参議　大隈重信㊞

大木喬任㊞

寺島宗則㊞

伊藤博文㊞

黒田清隆㊞

（『公文録』）

西郷従道㊞
川村純義㊞

七　むすび

以上見てきたように、東京招魂社が別格官幣社靖国神社に改称列格されるに当って、その最大の要因は「神官」設置の一件であった。政府がもし東京招魂社を「国家神道の重要な一支柱」として利用しようと考えていたのであるならば、当然政府(太政官)自らがそのように首導したはずである。だが事実はそうではなかった。宮地正人氏もいうように「自ら予期し、あるいは全く予期しないまま到来する新たな時代の段階は、極めて多くの場合、十分なものを不十分なものへ、満足だったものを不満足なものへ急速に転化させる。ここに新たな政治がおこらざるをえない[47]」ことは、靖国神社の成立過程にも当てはまるのである。かの明治六年の火葬禁止の経緯を見るがいい。たまたま警保寮が人民の健康のため火葬の取締りを伺い出ただけのことが、教部省によっていかにイデオロギー政策として利用されたかを。靖国神社の成立も同様である。当初、陸軍省には社格など念頭になかった、ただ神官を置いて神社らしくしたいと願っただけである。しかし、その成立が果たされた後としては、もはや過去の経緯よりも事実が優先するのである。靖国神社を国家神道の重要な一支柱としたいのならば、この事実を基にしてそのように展開すれば事足りるわけである。その後の展開は筆者にとっても重要な課題であるが、他日を期さざるをえない。

最後に締めくくりとして靖国神社の神官員数と神官俸給について述べておこう。『靖国神社史』やそれを承けた村上氏著がいうように、靖国神社の神官の定員は「法令の定むる所」あるいは「別格官幣社の規則に従って」自動的に決ったわけではない。六月四日の太政官達にある「一　神官増員若シクハ増給ハ内務陸軍海軍三省協議ノ上具申スヘシ」を承けて、六月十三日、内務卿伊藤博文が三省協議の上、主典二名増員を具申し、六月二十日決裁されたものである。神官の増給も同様で、六月二十三日、三省の卿が連署して具申した結果認められたのである。

（1）　靖国神社の創設に関する主な論考として桑貞彦「東京招魂社に就いて」(『神社協会雑誌』十の四・六)、池田良八「靖国神社の創設」(『神道史研究』十五の五・六)、鳥巣通明「靖国神社の創建と志士の合祀」(『出雲神道の研究』所収)、岡田米夫「神宮・神社創建史」(『明治維新神道百年史』第二巻所収)、小林健三・照沼好文『招魂社成立史の研究』、村上重良『慰霊と招魂――靖国の思想――』等がある。

（2）　東京招魂社の創建事情については『太政類典』第一篇第一二四巻に拠った。

（3）　『大村益次郎先生事蹟』『太政類典』に拠る。

（4）（5）　『太政類典』「軍務官副知事大村益次郎建議書写」「陸軍大将大久保春野談話」、いずれも『靖國神社百年史』資料篇上(靖国神社社務所、昭和五十八年)に所収。

（6）（7）　いずれも『太政類典』に拠る。

（8）　『靖国神社百年史』資料篇下、六〇―六一頁。

（9）　村上氏は九月十二日と記している。『太政類典』参照。

（10）　『靖国神社百年史』資料篇下、三八九頁。

（11）　『太政類典』に拠る。

（12）　『太政類典』に拠る。

（13）　陸軍省は三月十八日、招魂社御用掛にこの旨布達した。

（14）　八月四日陸軍省は祭日改定をするか否かを伺い出たのに対し式部寮は十日案を示し、同十四日太政官はその旨指令した。よって陸軍省は九月五日改定届けを出し、九月七日布達したのである。

（15）　司法省は人家に害ありとして六月十三日に申し入れ、二十三日法制課が同意した。

（16）（17）（18）　『太政類典』第二編第二九七巻。

（19）　『靖国神社百年史』資料篇下、一〇〇頁。

(20)(21)(22) 『太政類典』第二編第二六〇巻。

(23) 明治十四年四月十六日陸軍省は「靖国神社御寄附金ノ儀ハ、一ヶ年金七千五百五十円宛当省定額内ニ組入御下附相成来候処、該社ノ儀ハ内務・陸・海軍三省の管理ニ有之、就テハ右御寄附金ノ儀モ十四年度以後ハ当省定額内ヲ除キ別廉ニ御下附相成候様致度、此段相伺候也」と上申している。『靖国神社百年史』資料篇下、一〇二頁。

(24) 村上『慰霊と招魂』一〇〇頁。

(25) 村上氏によれば靖国神社、護国神社は「近代天皇制の全構造を、あますところなく反映する宗教施設」であるらしい。この論からいけば、近代天皇制の歴史を研究する者は、ただ靖国を研究すればいいのである。いかに宗教学者といえどもかかる短絡的論法を平然と使用する学者は滅多にいないのではないか。

(26) 註(24)に同じ。

(27) 神宮の経費についての詳細は『神宮・明治百年史』補遺の岡田宏「神宮の財政」を参照のこと。

(28) 大江志乃夫『靖国神社』一〇八―一一二頁。

(29) 村上前掲書、九九―一〇〇頁。

(30) この間の事情に関する史料は『公文録』「明治七年陸軍省伺」「明治八年陸軍省伺」「明治八年海軍省伺」「明治九年海軍省伺」に拠った。

(31) 戦死者の親戚へ「厚ク可申聞」との但し書は七年八月十八日太政官達、十年十一月五日陸軍省達、十一年九月二十九日太政官達等に見えるが、一般人民とまでは一切いっていない。

(32) 『招魂社成立史の研究』六二頁。なお、同年には陸軍省がまず全国的な招魂場調査を行なっている。

(33) 村上氏は十六日と記す。

(34) 官費支給の定額は公達されていなかったが、内務省は各府県に対して経費の調査を命じていたようである。明治八年六月五日付の石川県伺によれば、同県は七年五月に年額一二一円一二銭四厘を計上、そのうち六〇円八四銭を招魂社の元負傷藩士番人に給している。『内務省日誌』に拠る。

(35)(36) 『太政類典』第二編第二六〇巻に拠る。

(37) 以下の記述は『太政類典』に拠った。

(38) 官費による新たな招魂社の建設は認めなかったが、私費によるものは認められた。その例として明治八年十一月七日奈良県が伺い出た十津川郷の招魂場取設けがあり、これは「書面招魂社私設ノ儀聞届候事」と指令されている。『内務省日誌』参照。

(39)　八年六月五日石川県伺に「招魂社主宰ノ者御設無之ニ付適宜ヲ以郷社祠官ニ兼務セシメ祭式ノ節ハ県官臨社官祭ニ推シ取計候儀ニ候ヤ」とあるが、内務省は「最寄郷村社祠官掌ノ内ヘ兼務為致尤祭典ノ節県官臨社ハ不及候事」と指令している。ちなみに、大分県は同年十月十九日、地方招魂社の祭日には休庁し一同参拝することは「官員率先忠魂ヲ吊祭致候得バ未開ノ人民自然観感徴兵ノ義務タルヿヲ弁知スルノ一助トモ相成可申」として、招魂社祭典を利用しようとしたが、内務省は「書面招魂祭ニ付休庁并官員一同参拝等伺ノ趣ハ不及其儀候事」と、その意図を拒否している。

(40)(41)　『太政類典』第二編第二六〇巻に拠る。

(42)　林は明治六年九月大蔵省が各地招魂場の除税を上申した時、大蔵大丞であった。

(43)　以下の記述は『太政類典』第二編第二六〇巻に拠った。

(44)　「〝明治憲法体制〟の確立と国家のイデオロギー政策―国家神道体制の確立過程―」(『日本史研究』一七六)。

(45)　村上前掲書、一〇六―一〇七頁。

(46)　史料については『公文録』参照。

(47)　宮地正人「近代史部会報告批判」(『日本史研究』一七八所収)。

補論3　神葬祭の普及と火葬禁止問題

一　はじめに

明治初期の神祇官・宣教使、教部省時代には神仏分離、廃仏毀釈、宣教使活動、神社・寺院整理、神社調査および社格制度新設、大教院設立による教導職の国民教化運動等、種々の政策が実行・展開された。これらの宗教政策に関する研究は一見多数蓄積されているかに見えるが、羽賀祥二氏もいうように「この時期(神祇官・宣教使時代―筆者註)の研究は必ずしも多くない(1)」のが現状であるし、さらに狐塚裕子氏が指摘するように「もっと個々の政策が分析されて然るべき(2)」である。そこで、これらの指摘を踏まえて本稿では個々の宗教政策分析の一つの試みとして明治初期における神葬祭奨励策を取り扱うことにする。

神葬祭はいうまでもなく神道式の死者の葬送儀礼であり、家の祖先祭祀に直結するものである。竹田聴洲、森岡清美両氏が指摘するように〝家の宗教性〟の源泉としての葬送儀礼は決して軽視さるべきではない(3)。明治維新以前の〝家の宗教性〟は、宗門改・寺請制の強固な貫徹による檀那寺(＝菩提寺)と家の仏壇による祖先祭祀(＝先祖供養)が主流であった。近世にあっては「皇神に、仕ふる友も、大かたは、仏の門に鹿自物、膝折ふせて、法師らが、弟子となりにき(4)」と岡熊臣が詠ったように、神職すらも祖先祭祀は寺院に委ねざるをえない状態であった。〝御先祖様〟は多くが仏を意味していたのであり、皇室においても〝敬神崇仏〟は明治維新まで長らく続いたのである。いうなれば、仏式の祖先祭祀こそが朝廷、支配層、被支配者を問わず、わが国の〝家の宗教性〟を代表していた。

ところが明治維新を機に、事態は徐々に転換する。〝家の宗教性〟の変容はまず皇室から始まった。明治元年十二月二十五日、先帝孝明天皇の三周忌辰は「今般御制度復古之折柄第一追孝之恩召ニテ…神祇式ヲ以テ於朝中御祭典同日山陵御参拝被仰出候事」との太政官布告によって、神式により執行された。これこそ阪本健一のいう〝敬神崇仏〟から〝敬神崇祖〟への画期的な転換であった。(5)この動きは、やがて華族、士族へと伝播し、ついには庶民の間にも波及することになる。その原動力となったのはいうまでもなく政府による神葬祭の奨励政策である。(6)あの東京・青山墓地が百官華族用の神葬墓地から一般庶民用の神葬墓地に移行した時、(7)古くからの〝家の宗教性〟はその変容過程を歩みだしたのである。

以下、本稿では明治維新後の政府による神葬祭の奨励策に焦点を当て、この政策が与えた影響・波紋を、主に葬儀・墓地・埋葬制度、あるいは戸籍簿宗旨記載制度等に触れながら見ていくことにする。(筆者はかつて「明治八年左院の教部省処分案―近代宗教史の一齣―」(『国学院雑誌八四―一一』)において、教部省時代の神葬祭奨励と火葬禁止令について若干言及したことがあるが、その行論にはいささか事実誤認があることが判明した。本稿で訂正を期したい。)

二　神葬祭の発端

神葬祭の歴史はさほど古いものではない。市村其三郎は安永二(一七七二)年の常州土浦藩の領内二八名の神職による離檀・神葬願を紹介しているが、(8)それによると神職家内までの神葬祭は許可されず、吉田家の許状を受けた当主および嫡子のみがその対象とされた。一家挙っての神葬祭への改式を望んだ神職は多かったと思われるが、宗門改・寺請制度という「天下之大法」(9)を背景に、檀那寺は特権たる檀家制度の崩壊をもたらす離檀活動にはあくまで反対、妨害したのである。

近世後期のまとまった神葬祭執行運動としては、石見国浜田、津和野両藩の例が著名である。[10] 浜田藩の場合、天保十年十月に領内の組惣代四名が連署して「方今昭代御文明之化、神職共往古之通神葬祭ニ立戻候国々も不少儀承及候御当領出神主ニ茂、兼而神葬祭御願申上度奉存居候、……諸国類例茂御座候儀ニ付、何卒御憐愍ヲ以、銘々旦寺相離、家内男女ニ至迄、唯一神道宗門ニ立戻リ、自分神葬祭ニ仕度奉願上候」と藩寺社奉行所に願い出たのであるが、檀那寺との交渉の難航もあって七年後の弘化二年十一月に至ってようやく、当人と嫡子および隠居のみの神葬祭執行が認められた。津和野藩でも城下富長山八幡宮祠官の岡熊臣[11]が中心となって文化八(一八一一)年に初めて神葬祭執行運動に着手するのであるが、途中で挫折。隣藩の浜田藩の動向を見守って弘化年間に再度神葬祭執行運動に従事した。この運動は弘化四(一八四七)年に一応の成功を見、浜田藩同様に当主と嫡子、隠居の神葬祭執行が寺社奉行所より認められた。しかしその許可の達の第二条には「妻二男已下女子召使之義は是迄之通り菩提寺結縁相願並是迄先祖之年忌弔は勿論寺納等仕来之通り相営檀寺に対し聊疎略之振舞有之間敷候」とあり、神職の家においても〃先祖之年忌弔ヨ祖先祭祀〃は寺院の関与が不可欠とされたのである。ともあれ、近世にあっては祖先祭祀に代表される〃家の宗教性〃は、どこまでも仏教色で濃密に彩られていたのである。

しかし、このような状態もやがて終りを迎える日が近づく。明治維新を目前に控えた慶応三年、津和野藩は社寺改正策を断行し、領内を神葬祭に改式すべく動き出す。そして明治維新を迎え、津和野藩主亀井茲監は慶応四年二月二十七日神祇事務局輔(議定)となり、腹心の藩士福羽美静も参与・権判事として維新政府の神祇・宗教行政の中枢に位置することになる。亀井、福羽は自藩の宗教行政の実績を基に、国家的規模での神祇・宗教行政の遂行・展開に着手する。その理念は左の二つの文案に明瞭である。[12] すなわち一つは、

一皇国内宗門復古神道ニ御定被　仰出諸国共産土之神社氏子且人数改被仰付候事

但仏道帰衣之輩ハ私ニ取用候儀者不苦候事

というものであり、あと一つは、

方今

王政復古神祇道御興起被仰出候ニ付而者人民弥奉尊敬

神社

皇国之教令堅相守邪法ニオイテハ益厳禁之旨被仰出候仍之以来諸国共産土之神社ニ誓ハセ候而邪法相糺且人数改

致シ候而人員帳神祇局ヘ相届可申候右ニ付而者向後

神州之古典ニ基キ神葬ニ御定被仰出候事

但仏道帰依之輩者私ニ取用候義者不苦候事

というものである。この二つの文案はまさに神道国教主義の宣言であるが、但し書によっても知られるように、個人の信仰としての仏教をも排斥し、すべての人民を神道信者に作り変えようとしたものではない。それはともかくとしても、神祇事務局に拠る亀井、福羽らは従前の寺院による宗門改・人別帳に代えて、神社にその機能を果たさせようとしたのである。よって当然、仏葬も神葬に変らざるをえない。神祇事務局は神葬祭を仏葬に代るものとして全国に布告しようとしたのである。

だが事態は神祇事務局の思惑通りには進展しなかった。閏四月十九日に出された神祇事務局の達は神葬祭について触れているが、それは「一神職之者家内ニ至迄以後神葬祭相改可申事」というもので、神職のみに向けられた極めて限定的なものであった。なぜ、維新政府は神葬祭の奨励・普及に消極的であったのか。その明確な理由については明らかではないが、従前の戸籍把握に大きな機能・役割を果たしていた宗門人別帳——これには寺僧の関与が不可欠であることはいうまでもない——を廃して、新たな戸籍作成に着手するにはいまだ時期尚早であり、新戸籍法の制定までは宗門人別帳の存在が必要と思慮されたことに大きな原因があろう。神祇事務局がいうように、産土神社を寺院の代りとして氏子人員帳の作成に関与させるとしても、神社そのものの整理が進まない限り実現は不可能であった。産土神社による氏子改・氏子帳作成を実現させるには、当該神社の氏子区域を明確に設定し、かつ神社の神官そのものの意識を新時代にふさわしく改変する必要があった。神官とも僧侶ともつかぬ祠職――政府はその多くを〝旧弊〟に泥んだものとして批判的であった――に戸籍把握という〝治国ノ要務〟を専管させる訳にはいかなかったのである。

次に考えられるのがキリシタン・邪宗防禦の観点であろう。周知のように、宗門改・寺請制は本来キリシタン蔓延防止を主目的として設けられたのであり、寺院・僧侶がキリシタン宗徒の増大防止、改宗に果たした役割はすこぶる大きい。維新政府も徳川幕府と同じく、キリシタンを邪宗視し、その国内蔓延を厳しく警戒して従前通りのキリシタン制禁策を踏襲した。ことキリシタン制禁の方針からするならば、檀那寺・檀家制度はやはり最も効果的な〝防禦制度〟であることに変りはなかったのである。この制度を全面的に廃止して氏子改・神葬祭を打ち出してもあまり利点はなかったのである。そしてさらに、離檀を奨励し、神葬祭を認めたとしても、当の神葬祭そのものの形式がはっきりしておらず、自葬と見分けのつかないこともあった。よって政府は、離檀＝神葬祭改式がキリシタン・邪宗徒の隠れ蓑として利用されることを恐れた。このことも神葬祭の庶民への普及を政府に躊躇させた原因であったと考えられる。たとえば、豊前香春藩は慶応四年六月十八日弁事に宛てて家中および管内百姓町人等から今後神葬祭願いが出たらいかがすべきか伺い出ているが、弁官は「邪宗門ニ無之儀、聢与見留ル上者、差免候而不苦候事　但、追而可届出事」(13)と指令している。

政府が神葬祭への改式を願う者にいささかのキリシタン宗徒の影を見たのは右のことからも知られるのであるが、その〝恐怖〟は思いの外強かったことは驚くほどである。九州地方の庶民が離檀・改式することに地域柄政府が警戒心を持つのもあながち解せぬことでもないが、京都の吉田家門人が神葬祭執行を願い出た時ですら、政府は「神道葬祭ノ儀追而御規則立候上其節御沙汰可有之夫迄ノ処申出ノ通相心得邪宗ニ無之血誓致サセ候上相改候書付京都府へ差出可申事」と指令している。[14] 要するに政府としては政府公認の神葬祭式が制定され、それに従って神職が執行しうる体制ができるまでは、神葬祭の無制限・無許可執行は到底容認できないのであった。

以上述べたように維新政府は必ずしも神葬祭を無条件に認めた訳ではなく、神葬祭に改式する者も「邪宗調ノ儀ハ役方ニテ厳重ニ為取糺」[15]ることを条件に、その都度認める方針をとったのである。しかしながら、かく述べたからといって、政府が神葬祭に無関心・消極的であったというのではない。当然政府としても神葬祭の採用に異論があろうはずはなかったのであるが、それを可能にする条件を整えるには少しく時間が必要とされたのである。

神葬祭を執行する前提としてまず専用の墓地の確保が必要となってくる。そこで神祇官は明治二年二月、弁事宛に神祇官員および府下神官用の神葬墓地を「東京城郊外」に給するよう願い出、弁事は三月五日「葬地御渡ニ可相成候間東京府へ御掛合可有之候也」として東京府と葬地選定について交渉するように指令した。[16] ついで同年七月神祇官首脳の中山忠能、白川資訓ら六名は連署して、

> 暫事ノ客居ニテモ不用意ニ不可過モノハ墓地也今供奉華族百官其設無之候仍テ申受度望ノ面々ヘハ兼テ地所賜リ候様有之度并其葬式モ古道神葬式ヲ以取計度向ハ御差免有之可然候右地所ハ先東京府ニテ取調神葬式大法ハ神祇官ニテ取調候様被　仰出度相考候此旨御評議相願候也

と、百官華族用の葬地の確保と神葬祭執行およびその祭式制定は神祇官で取調べたき旨を願い出た。かくして神葬用墓地については神祇官と東京府の間で用地の詮衡が行なわれ、十一月には神祇官は「場所ノ広狭ニヨリ東京中ニ二三ケ所」の墓地を設けたいと希望。これに対し東京府は十二月、神祇官のいう神葬墓地は「何十坪宛」かを華族等に給するのか、あるいは「何千坪宛カ数ケ所ニモ場所候儀ニ候哉」として、「其辺御達次第取計可申候」と回答している。かくして三年四月には神葬用墓地として青山百人町と渋谷・羽根沢村の約九〇〇〇坪が神祇官に引渡され、近代最初の神葬専用墓地たる青山墓地が誕生した。

こうして神葬墓地は確保されたのであるが、肝心の「神葬式大法」の取調べはなかなか進展しなかった。前述したように、神祇官が神葬祭式の取調べを行ないたき旨を明らかにしたのは明治二年七月であったが、翌三年になってもその〃祭式〃は制定されなかった。というのも、三年六月十七日付の弁官宛盛岡藩伺を見てもそれは知られるのである。すなわち同藩は、

先達テ自喪祭ノ儀相伺候処、如何様ノ祭式ニ候哉、巨細可申出旨奉畏候、早速支配者へ申越候処、右祭式ハ古川氏喪儀略ノ通、相行候旨申来候、此段申上候、以上

と弁官に届け出ている。(17) 右届けから察するに、政府は地方の神葬祭・自葬祭がいかなる形式で行なわれているかに注目したのであり、その形式が政府にとって許容しうるものであるか否かを弁別する必要があった。つまり、政府としての祭式は未制定であったが、地方で執行される形式の当否ぐらいは判断できたのである。だから『古川氏喪儀略』は政府としても許容範囲内の形式であったのである。だが、政府は『喪儀略』を公式の神葬祭式に採用しようとは考えていなかった。ゆえに、該書はあくまで一地方が独自に採用し、政府がそれを単に追認した神葬祭式にすぎない訳である。

よって、『喪儀略』等の神葬祭式書を関知しない地方にとっては、あくまで形式は政府まかせということになる。たとえば浦和県の場合がそうである。(18) 同県は三年十一月二十三日、神葬祭を平民にまで拡めたいが「神祭ノ式未タ浹洽不致、容易ニ差許、自然父兄ノ葬祭疎略可相成ヤ疑モ有之」との理由から、「神職ノ外ハ許容方見合」せているが、いつまでもそうもいかぬので早々に政府が祭式を制定するよう伺い出た。これに対し政府は「伺之儀ハ当今御取調ニ付、追テ何分ノ御沙汰可有之候事」と指令するにとどまった。祭式の制定は遅々として進展しなかったのである。この状態は翌四年に入っても同じで、七月十三日、同県はさらに左のように弁官に伺い出た。(19)

管民神葬ヲ願出候者往々有之候処、祭式等猥リニ相成、却テ皇道御興隆ノ妨可相成見込ニ付、葬祭式官授相成候

様仕度趣、旧臘言上候処、追テ可被仰出旨御附紙有之、爾来御沙汰無御座候、然ルニ今般神社御改正氏子調等ノ儀、夫々御制度被為在候上ハ、最早神葬差押置候儀、不条理ニモ相当リ候付、早々願ノ者ハ許允致シ度、就テハ旧臘言上ノ廉ヲ以、至急御授被下候様仕度、此段更ニ申上候、以上、

但近来皇学者流、私撰ノ祭式ヲ以、当今県限リ貧富ノ差等ヲ定、相授可申歟ニ候へ共、海内一般ノ御制度無之候付、不可然儀勿論ノ事候間、只今御沙汰奉待候儀ニ御座候、以上、

かくして浦和県は再度、神葬祭式の早期制定・下付を願い出たのであるが、指令は「神葬式ハ追テ一定ノ規則可被仰出、先夫迄ノ処ハ其県限私撰ノ葬祭式相用可然、猶委細取調可相伺候事」と、前回同様の指令を繰り返すだけであった。ゆえに、地方藩県にあっては、神葬祭および〝異宗門(邪宗)改〟は、その地方が選定した〝皇学者流〟の神葬祭式および地方独自の〝邪宗改仮規則〟を用いるしかなかったのが実情であった。たとえば上総大多喜藩では左のような「邪宗改仮規則」を四年三月に制定している(20)。

一此度邪宗改仮規則被相設候ニ付テハ、自今規則ノ通、三カ年一度宛、四月限人別証印、其村長ニテ取調、藩へ可届出事、

一生児有之節ハ、其上俗数日ヲ以テ、其村神社へ参詣、神社へ可相達事、

一死者有之節ハ、其神主へ相達、如式執行可申事、

第一条は村長による三ケ年毎の戸籍調、第二条は三年六月の「長崎県氏子改仮規則」の第三条の踏襲、第三条は四年七月四日公布氏子調規則第四条に類似、という性格を持っているが、いずれも簡略であり、どこまで実施可能なものであったかは疑わしい。いずれにせよ、〝異宗門改〟ならびに神葬祭式の本格的制定は、明治四年七月以前までの段階ではなしえなかったのである。ゆえに、離檀による神葬祭改式とはいっても、その本音は旧習に泥みすぎた寺院支配を脱するための〝離檀〟にあったともいえ、仏葬ではない〝自葬〟が多くなっただけのことともいえる。はっきり

とした神葬祭式の形式がない以上、寺院の手を離れた神葬形式をいささか取り入れた自葬が盛んになったということである。それは、明治五年四月の七尾県からの「自葬願」を見ても推察しうる。(21)結局、神葬祭の本格化は、明治五年の教部省設置による新たな宗教政策の展開を俟たねばならなかった。

三　戸籍制度と氏神・檀那寺

前節で述べたように、政府は従来の檀那寺から一般庶民が離脱することを制禁はしなかったが、かといって仏葬に代えて神葬祭を全面的に施行しようとは考えていなかった。しかしながら、政府が神葬祭についてまともに論議をしなかったという訳でもない。

神葬祭について政府部内で公式に論議されたのは明治二年十月のことである。この年の七月八日の官制改革で、国民教化を目的とする宣教使の設置が決まり、九月二十九日には宣教長官以下の官員を決定、ついで十月九日に神祇官附接となり、神祇官と一体になって国民教化運動——その主目的はいうまでもなくキリスト教蔓延防禦にあった——に乗りだすことになった。

そこで宣教使は、この運動の具体策＝「教導施行ノ法」に関する意見・建策を求めるべく、集議院に「一氏子改メ法則如何」「一宣教使官員撰挙ノ法如何」の二条について同院での「審論評議」を乞うた。(22)二条のうち神葬祭に関係のあるのは最初のもので、その諮問内容は、「府藩県士民共、神葬祭ニ致シ度伺出、且異教取調方等見込区々有之、教化ニ関係スル至重ノ事故、今般氏子改メ法ヲ設ケ、一定ノ規則定度候事」というものである。

これに対し各藩議員から答議があり、神葬祭については「勝手次第タルヘシ」が一九人、「宣シク改ムヘシ」が一二人、「急ニス可ラス」が一九人、「士族以上用フヘシ」が一八人、であった。これから推察するに、集議院は必ずしも神葬祭の〝全面的普及〟に積極的ではなかったようである。従来の宗門改を氏子改に代えることは大部分の議員が賛成であったが(四六人賛成、反対は三人)、氏子改と神葬祭を不可分のものとするまでには至っていない。

このことは二年十二月に外務卿沢宣嘉、外務大輔寺島宗則が右大臣三条実美に呈した「教規之大意」を見ても知ることができよう(23)。その一条から三条までは氏神神社での新生児および一般人民の氏子手形授受による人別調や氏神社への崇敬・信仰を記したものであるが、四条、五条ではがらりと趣を変えている。つまり、四条は死者の寺院での葬祭を義務づけ、みだりに宗門を変えることを戒めている。また、氏神から受けた手形すら寺に一旦渡すことを規定している。さらに五条では「追善祭式」について触れているが、これも「其寺法ニ随ひ弔ふへし」とあるように、檀那寺での仏式追善だけを認めている。このように、葬祭および追祭等の〝死および死後〟に関することは、いまだ寺院の専行とされていたのである。かかる氏子改=現在員数調べ(神社)と葬祭=死亡者数調べ(寺院)という機能分離は、森岡清美氏が指摘するようにその目的は「耶蘇教防禦のためであった(24)」といえよう。いずれにせよ、この時点では神葬祭よりも従前の仏葬の方が「耶蘇教防禦」には有効であると政府は考えたのであろう。

ところで、この外務省による「教規之大意」は従前の寺院による宗門改に新たに神社を参加させ、新生児および生存の者の〝非邪宗徒〟である証を神社に、そして死者のその証を寺院に委ねるという機能分化を図ったものであるが、実際には後者の機能は公式に明文となって施行はされなかった。というのも、徳川時代以来の宗門人別帳はいまだ廃されておらず、檀那寺制は依然として存続していたのであって、檀那寺による仏葬はいわば当然のことであったからである。ゆえに明治三年六月には、新生児および現存者を対象とする「長崎県氏子改仮規則」のみが出され、神葬・仏葬いずれに関する規程も設けられなかった。この「長崎県氏子改仮規則」が直接には長崎県のみの施行を対象に出されたものであることはその前文からも明らかであり、その目的はあくまで〝戸籍編製〟の地ならしにあった。少なくともこの時点では、戸籍編製の最大の眼目はまず現在人員の把握にあるのであり、死亡者の把握およびその宗旨の調査は二の次であったといえる。ともかく、この「氏子改仮規則」に関する限り死亡者の把握は全く欠如していたのである。

戸籍編製における死亡者の把握を重視する姿勢が認められるようになるのは、いうまでもなく明治四年四月四日に公布された戸籍法においてである。戸籍法はその前文で特に一項を立て、次のように述べている。

人生始終ヲ詳ニスルハ切要ノ事務ニ候故ニ自今人民天然ヲ以テ終リ候者又ハ非命ニ死シ候者等埋葬ノ処ニ於テ其時々其由ヲ記録シ名前書員数共毎歳十一月中其管轄方又ハ支配所へ差出サセ十二月中弁官へ可差出候事

右之通管内社寺へ可触達候事

この戸籍法＝壬申戸籍の前文に触れてであろう、森岡氏は、「けだし、毎年十一月中に埋葬名簿と人数を報告させるという具体的な任務を戸籍法によって寺僧に課したからではないだろうか(25)」と述べ、それが壬申戸籍書式に氏神・檀那寺併記が要求された理由と推察している。そしてさらに「彼ら(旧名主・庄屋が多い戸長・副戸長―筆者註)は旧宗門人別帳を台帳として戸籍法上により新戸籍を編製したものと思われるが、そのさい氏子調にかかわることになった氏神社の神官よりは、宗門人別帳の作成にかかわってきた檀那寺の僧のほうが頼りになったに違いないと思われるからである(26)」とも述べている。

壬申戸籍に氏神社・檀那寺併記――もっとも氏神某社という単記もある――が要求された理由として森岡氏は右のように推測するのであり、その結論として「以上の推論は、壬申戸籍における社寺併記のうち氏神社は新設の氏子調に、他方檀那寺は旧幕時代の宗門人別帳の伝統に由来するものであり、この二つが戸籍法制定時の政治宗教的情勢ならびに戸籍編成の事務処理の配慮によって結びつけられたとするものである」という(27)。「政治宗教的情勢」とは無論〝邪宗防禦〟のために神社・寺院(神仏二教)を動員することであり、「事務処理の配慮」とは戸長・副戸長の戸籍編製作業に檀那寺がその経験を活かして協力することをいうのであろう。

だが、前者は一応もっともであるが、後者の「戸籍編成の事務処理の配慮」に関してはいささか検討の余地があろう。なぜなら、事務処理とはいっても、それはあくまで限定されたものであり、実際には死者埋葬の報告のみであったと解すべきであり、氏はこの点を拡大解釈しているように思えるからである。寺院に死者の把握を期待したことは戸籍法前文からも知られるし、また四年十一月に山口県が管内寺院に宛てた布達――届け出制の自葬を除く外はすべて寺院が死者数を報告――によっても明らかであろう(山口県文書館蔵「山口県庁布達達書」明治四年壱)。のみならず、宗門人別帳と戸籍法では、その理念および形式からいって相当の隔りがあり、宗門人別帳作成の経験がそのまま活かせるとはとても思われない。

戸籍法の特徴は福島正夫氏が指摘するように、㈠族属別戸籍廃止による地域制戸籍の採用、㈡四民同一制、㈢戸籍区の設定、にある[28]。ところが、檀那寺関与による宗門人別改は農工商の庶民以外は「各別の制度で律され、これらは宗門人別改とは無関係であった」のであり、しかも宗門人別改には〝同一区域〟の概念、すなわち戸籍区の設定といった点が欠落している。同じ村に住んでいても、宗旨によって各家毎に檀那寺は異なっている。従って、檀那寺の把握している檀家は地域的には区々であり、戸籍法の目指す戸籍区設定による戸番毎の戸籍編製にはおよそなじまない。ゆえに、壬申戸籍書式に檀那寺名記載を要求したのは、戸籍編製上、寺僧の事務処理能力を必要とした結果である、という理解は、宗門人別帳と壬申戸籍の性格の差異をあまり重視していない論と見ざるをえない。京都戸籍仕法や二年三月の東京府戸籍編製法に残存していた「何宗何寺旦那」の項が壬申戸籍になくなったことは、福島氏もいうように「宗門改の伝統から完全に脱却したこと[29]」を示すものであり、寺院の戸籍編製関与機能の公的な廃止を意味するものといえよう。寺院に期待された残された機能は、死亡者の確実な把握と〝邪宗防禦〟であった。しかし、この機能ですら、戸籍法が本質的・本来的に要求する機能ではなく、戸籍法自身にとっては副次的な意味しか持ちえなかった。その最大の目的はあくまで「臣民一般華族士族卒祠官僧侶平民迄ヲ云以下准之其住居ノ地ニ就テ之ヲ収メ専ラ遺スナキヲ旨トス」ることにあったのである。

神社・寺院に課せられた使命・機能は、やはり〝邪宗防禦〟にあったと見るべきであり――氏子調は必ずしも〝邪宗防禦〟のみを目的に施行された訳ではない(30)――、その最も重要な任務は死亡者の取扱い＝葬儀の執行にあった。葬儀・埋葬の形式にこそ、〝家の宗教性〟および個人の宗旨は如実に表われる。葬儀・埋葬によって死亡者の確実な把握がなされ、かつその家および当人の〝宗旨〟も監視しうる。戸籍簿において予め〝家の宗教〟を把握していることは、政府にとって二重の〝邪宗防禦〟を意味したのである。壬申戸籍簿に氏神・檀那寺の記載が要求されたことは、政府の〝邪宗防禦〟政策の反映・帰結にすぎず、その政策が放棄されれば自らその記載も無用とならざるをえない。〝邪宗防禦〟の最も具体的な政策が、神官・僧侶のみに葬儀執行を認めることであった。

四　神葬墓地設置と『葬祭略式』制定

明治初期の葬儀・埋葬に関する問題として神崎一作は以下のような興味ある紹介を行なっている(31)。すなわち、明治七年八月頃、軍医長瀬時衛の妻の祖母が死去した際、その埋葬は米人宣教師タムソンによってキリスト教形式で行なわれた。しかし、当時葬儀は神官・僧侶および教導職のみが執行しうることになっており、これら以外の者の執行は厳禁されていた。従って右埋葬は違令の罪に当るとされ、東京裁判所では罰金二円五〇銭を課したという事件である。

この事件ほど、明治五年から八年前半にかけての政府の〝宗教統制〟の有様を如実に示すものはあるまい。いくら六年二月にキリシタン制禦の高札が撤去され、〝キリスト教黙許〟の時代が到来したといっても、こと葬儀に関する限り、キリスト教信者や無神論者・無宗教者はその人生の終りだけは神仏二教いずれかに委ねるしかなかったのである。しかも、神仏二教による葬儀とはいっても、政府自身は神葬祭の普及に力を入れていたのである。だから葬儀は神仏二教なら人民の信仰に任すという神仏平等の〃放任状況〃ではなく、できうれば神葬が望ましいとの考えを政府は有していた。

かかる政府の考えが明瞭に打ち出された初見は、四年七月四日公布の氏子調規則および神官守札差出心得においてである。氏子調規則の第四条には、

一死亡セシモノハ戸長ニ届ケ其戸長ヨリ神官ニ戻スヘシ
但神葬祭ヲ行フ時ハ其守札ノ裏ニ死亡ノ年月日ト其霊位トヲ記シ更ニ神官ヨリ是ヲ受ケテ神霊主トナスヘシ尤別ニ神霊主ヲ作ルモ可為勝手事

とある。だが、この文言だけでは神官が神葬祭に関与するのか否かは不明である。ゆえに神葬祭とはいっても、神官の関与しない神葬形式の〃自葬〃もあったと考えられる。それは第一節で記した五年四月三十日付の七尾県からの自葬祭伺からも明らかであろう。この伺に対する五月三十日付の指令にも「葬祭式之儀追テ御布告有之候迄ハ其県見込ヲ以相応可取計置事」とあるように、政府は神葬祭式の制定公布までは、各県の〃見込〃による自葬祭を認めるしかなかった。

しかしいつまでも神官の関与しない自葬を認める訳にはいかない。五年六月教部省は、

従来神官葬儀ニ携リ不申候処今般教導職東西部管長ヨリ願出之趣有之候ニ付此機会ヲ以神官葬儀取扱候様被仰出候方時勢人情ニモ相適シ教導ノ一助トモ存候依テ別紙御布告案相添此段相伺候条至急御指揮有之度候也

と正院に伺い出、左の二つの布告案を付した。(32)

今般神官葬儀取扱候様被　仰出候就テハ自葬不相成候条自今葬儀ハ神官僧侶ヘ相願可申候事
従来神官葬儀ニ不相授候処向後氏子等ヨリ神葬祭相願候者有之節ハ祭主ヲ助ケ諸事取扱可申事

この結果、六月二十八日太政官布告第一九二号として自葬の禁止と葬儀執行は神官・僧侶に限ることが布告され、

同一九三号で神官は氏子等の依頼に応じて神祭を執行しうることが布告された。ここに至って自葬は禁止されることになり、葬儀は必ず神仏二教の方式で執行せねばならぬことが決定したのである。

氏子等の依頼に応じて神官が神葬祭に関与できることが正式に認められたことは、氏子＝一般庶民の側からいえば以前よりも離檀しやすい状況が到来したことを意味する。今までは旦那であったことが〃非邪宗徒〃の証であったが、神官による神葬祭を営むことは被葬者および喪主・家族にとってはそれ以上の証となったのである。よって一般庶民の間から続々と離檀・神葬改式を望む者が出てくることが予想される。これに対する備えとしてまず神葬墓地の確保が急務であった。

七月九日東京府は教部省に、旧神祇官時代に設けられ、その後教部省所管となっている青山百人町続足シ山と渋谷羽根沢村にある百官華族用の両神葬墓地を東京府移管とし、「一般神葬地ニ取設度」き旨を掛合った。(33) 翌十日教部省は即座に同意。ついで東京府は十三日、左の布達を出した。(34)

今般神葬祭被仰出候ニ付テハ、差向埋葬地無之候テハ差支可申ニ付、宮方華族葬地ニ御取設有之候青山百人町続足シ山并渋谷羽根沢村両地所、先以更ニ士民一般ノ葬地ニ相定、且地所取締之儀ハ、左ノ神職共ヘ申付置候条兼テ御布告ノ旨ヲ以神葬取行、埋葬地ニ差支ノ向ハ、自今右取締ノ者共ヘ一応引合埋葬致シ候儀不苦候事、

但地所引合候上ハ、相当ノ手数料差出可申事、

麻布本村町氷川神社神職

青山久保町熊野神社神職

中渋谷村金王八幡社神職

下豊沢村氷川神社神職

壬申七月十三日

かくして東京府内において初めての一般庶民埋葬用の神葬墓地が設けられることになったのであるが、もとより敷地の広さ、地理的便利上、人情等の面からいってこれだけで事足りる訳ではない。考えられる策としては寺院墓地を神葬墓地としても利用することである。この策を発議したのは府社神明宮と同日枝神社の各祠官であった常世長胤と神田息胤の二人で、常世らは、

今般氏子之輩并諸人之タメ葬祭地一ケ所賜度奉願候得共従来寺院ニ於テ葬埋仕来候者以来神道葬祭ニ仕候共其祖先之葬所ヲ相慕候者ハ任望葬祭仕度候得共近来僧侶之輩聊之葬地ニ売渡シ高金ヲ貪候風説モ相聞候間自今右様之悪弊無之仮令神道葬祭ニテ寺院之地ニ相埋候共聊カ差支申間鋪様屹度御布令被下度奉願候以上

として、東京府に寺院内墓地での神葬式埋葬の許可を求めた[35](常世は七月十三日付、神田は同十九日付)。常世らの願い出を受けた東京府は「尤ト存候」として七月二十八日教部省に「至急御評決有之度」き旨掛合い、教部省は八月十日「神葬祭之輩寺境内へ相埋候テモ差支無之儀ニ付僧侶共ヘモ予テ其段為心得置様御取計有之此段及御答候也」と東京府に回答。ついで教部省は九月十四日、神官から神葬地の儀につき申し出があった場合は「適宜相応之地所相撰可伺出事」を府県に達し、但し書として「但寺院内へ神葬致度者ハ示談ノ上聊無差支様管内寺院へ兼テ相達候事」と付け加えた(達第一四号)。このようにして政府は神葬祭を奨励すべく、寺院墓地においてすら神式の埋葬が執行しうるように便宜を図ったのである。仏教側にとってみれば、これは重大な権益侵害と映じたに違いない。

神葬祭普及の物理的受け皿ともいうべき神葬用墓地の確保は、政府・地方庁の行政的措置によって一応のケリがついたのであるが——必ずしもそうではなかったが、これについては後述する——、肝心の神葬祭式は神官の葬儀関与が認められた五年六月二十八日の時点でもまだ制定されていなかった。

このため七月十九日京都府は「右葬儀ハ一定ノ御規則等有之候哉神官共従来不致候事ニ付如可取扱哉追々伺出候向キ有之候間至急御指揮相伺候也」と正院に伺い出たが[36](八月十四日にも再伺)、正院は八月十八日教部省へ「可伺出事」

と指令しただけであった。しかしこの指令がいまだ届いていなかったと思われる翌日の十九日付で「追テ御指揮有之候迄一社ニ於テ仮ニ葬式相定候様神官ノ者へ相達候処別紙ノ通申出候ニ付聴届置候間…」と男山八幡宮神官惣代島邨義方伺の「神葬祭仮式方次第」を添えて正院に伺い出た。かく京都府より再三にわたり神葬祭式について伺い出られた正院史官はやむなく八月二十四日教部省に対し「別紙之通京都府ヨリ伺出候間為御心得御廻申候也」と京都府伺を呈示。翌二十五日教部省は「追テ東西部管長撰定致候葬式《ママ》略式別冊ノ通各府県へ頒布致候間為御心得御廻申候也」として、既に制定されていた教導職東西部管長千家尊福・近衛忠房両大教正名による『葬祭略式』を史官に示したのである。ついで九月四日教部省は各府県に『葬祭略式』の制定なったこと、および「所望之向ハ東西部管長へ可申出事」を達した。ここに至って、ようやく神葬祭を名実共に普及しうる下地が整ったのである。

五　神葬墓地の拡大と火葬禁止令

東京府内に神葬墓地が二ケ所設置され、また政府の準公的な神葬祭式教本ともいうべき『葬祭略式』が撰定されたことによって、政府首導による神葬祭普及の動きは以後一段と拍車がかけられることになる。

前述したように東京府は五年七月に神葬墓地二ケ所（約九〇〇〇坪）を一般庶民用として設置したのであるが、これだけでは不足すると思ったらしく同年九月十八日には別の四ケ所を神葬墓地としたき旨を教部省に伺い出た。[37] この四ケ所の候補地は青山墓地に隣接する青山元郡上邸跡（小笹池、新貫属地を除く約三万五〇〇〇坪）、雑司ケ谷元鷹部屋（約七〇〇〇坪）、上駒込村元建部邸跡（約五五〇〇坪）、深川数《（矢）》屋町元三十三間堂跡（約三七〇〇坪）である。この伺を受けた教部省は九月二十二日、大蔵省に差支えの有無を照会、大蔵省は十九日差支えなしと回答、よって教部省は十月二十二日正院に「東京府ヨリ御葬地二ケ所ニテ差支候趣ヲ以別紙之通絵図面相添具状ニ付伺之通聞届度此段相伺候也」と上申、十一月二日「伺之通」と指令された。これを承けて東京府は十一月二十八日、管内に「今般左ノケ所葬祭地ニ御定相成候間、士民一般埋葬致シ度向ハ、府社并郷村社神職共へ引合、右場所の埋葬執行可致事」と布達した。(38)

かくして明治五年の末頃までに東京においては六ケ所約六万坪の神葬墓地が設けられたのであり、士民を問わず神葬を行ないたい者は府社以下の神官に依頼して神葬祭を執行、各神葬墓地に埋葬しうるようになった。ところで、神葬祭を執行する場合、『葬祭略式』の第一条に「病者命終らハ戸長に告け産土神社に達すへし凡て葬祭の式法は産土の神官に委ぬへし」とあるように、産土神社・氏神社の神官に依頼することとされていた。つまり氏神社以外に自己の信仰する神社があっても、その神社の神官に神葬祭を依頼することはできないと考えられていた。神官たちからすれば、氏子区域はいわば縄張りであったから、その縄張りを侵すような事態が発生しないためにも、この方針の堅持を望んだことはいうまでもない。

しかし教部省は必ずしもそうとは考えていなかった。このことが明確になったのは大蔵大輔井上馨の実母の死去に際してである。(39)

井上の母は神田神社の氏子となっていたが、かねてより他区域の三図稲荷社を信仰しており、その葬儀も同社神官に依頼したいと思っていた。そこで井上の方では教部大輔の宍戸璣に問合せたが、宍戸は産土神社・氏神社での神葬祭執行を原則とするが、信仰する神社のある者はこの限りではない旨回答した。これを知った神田神社神官は五年十月四日、東京府知事大久保一翁に宛てて「今日井上大蔵大輔老母葬儀例格ニモ相違致シ候」として届け出たのである。この届け出に対し大久保は十月七日、宍戸の回答は「至当ノ御儀」としながらも念のために教部省に問い合わせた。教部省は十月十三日付で「固ヨリ生死トモ其産土神社へ相届候儀ハ勿論ニ候得共葬祭ノ儀ニ於テハ喪主ノ意ニ任セ氏子地外神社等神官へ依頼候共不苦候間以後外神官ヨリ同様ノ儀中立候節者御見込之通御説諭有之度」しと大久保に回答した。以上のことから、教部省は氏子の生死に関しては産土神社に届け出るのは当然としながらも(これは四年七月四日公布の氏子調規則によって決められていた)、葬儀に関しては必ずしも産土神社の神官が執行すべき筋のものとは考えていなかったことが知られる。神葬祭は「喪主ノ意ニ任セ」るとの考えは、やがて神官・僧侶以外の教導職にも葬儀関与を認める方向へと発展する。

この方向は神葬祭の奨励・普及策の一環として、つまり「神道の宗教的発展を強く促進させる」(40)ためのものとして打ち出されたのかどうか。結果的にはそうといえようが、必ずしも教部省が自ら発表してその方向に持っていった訳ではない。

神官・僧侶以外の教導職にも葬儀執行が認められたのは明治七年一月二十九日公布の太政官布告第一三号によってである。一般教導職にも葬儀執行を認めてほしいとの意向は教導職自身から出たものであった。六年十二月十七日、三条西季知と細谷環渓の神仏両大教正は左の伺を教部省に呈した。(41)

葬祭之儀向後自葬不相成候条神官僧侶之内へ可相頼旨壬申第百九十二号御布告相成候処教導職ハ専ラ人民ノ方嚮ヲ導キ心志ヲ為定且ツ霊魂ノ安著スル所ヲ誘導シテ没後遺憾無カラシメ候ニ付テハ葬儀ニ関係不致候テハ不都合不少ニ付自今信徒ノ者ヨリ相頼候節ハ喪主ヲ助ケ諸事取扱候様致度候ニ付至急御指揮有之度此段相伺候也

この両大教正伺は教部省も「右ハ差支ノ廉モ無之事実尤ニ相聞候」として七年一月十日、太政大臣三条実美に布告案を添えて上申、正院もこれを認めて布告に至ったのである。この布告によって神道教導職が神葬祭の普及に乗り出したことはいうまでもない。そしてまた、この布告がのちの神官教導職の分離、神道教派特立の遠因であったこともいうまでもない。

教部省による神葬祭の普及・奨励策は、まず神葬墓地の確保に始まる神葬用埋葬地の拡大策がその最たるものであるが、それと密接な関係を持つのが明治六年七月十八日に出された火葬禁止令である(太政官布告第二五三号)。

わが国における火葬の淵源が必ずしも仏教渡来によるものでないことは既に網干善教氏が指摘するところであるが

(弘文堂『日本宗教事典』「火葬」)、一般的には火葬の普及は仏教の影響によるものと考えられている。明治初期においてはなおさらそう信じられていたのであり、火葬＝仏葬とする見方が支配的であった。

仏教抑圧、廃仏毀釈の一環として火葬を禁じようとした例としては、明治維新直後の佐渡がある。(42) 明治元年十二月には当時官軍参謀として越後で転戦していた奥平謙甫(二年四月越後府権判事となる)が諸宗の住職に対して「一　人の死体は土葬を用ゆべし、火葬に致すこと停止の事」等七ケ条を守るよう申し渡し、もし違反する僧侶があれば「厳科に可被処」きとした。長州出身の奥平は、恐らく長州藩が元治元年に発した火葬禁止令の前例を参考として佐渡にも同様の令を布こうとしたのであろう。

佐渡における火葬禁止がどの程度実行されたかは不明であるが、いずれにせよ地域的なものであり、それが全国的に影響を及ぼすようなことはなかったと思われる。佐渡での火葬禁止は当時の風潮である廃仏毀釈に乗じた過渡的なものであったが、明治六年の火葬禁止令は、現象的には廃仏の気運が一段落し、仏教が教部省政策の重要な柱として取り込まれた時期に発せられている。つまり政府が反仏教から親仏教的な姿勢――たとえ表面的ではあっても――へと転換したと思われる時期においてである。火葬禁止令の発令過程を見る限り、政府部内の多くは反仏教的姿勢をなおも堅持していたと見ざるを得ない。

ここで火葬禁止の太政官布告が出された経緯について見てみよう。(43)

明治六年五月二十二日、警保頭島本審次郎ら警保寮幹部三名は本省たる司法省に左の伺を呈し、初めて火葬場取設けについて言及した。

従来仏氏之遺法ニ出テ死屍ヲ火葬ニスルノ風習有之其事理ノ当否ニ至テハ当寮ノ本務ニ関ラサルヲ以テ暫ク置テ論セス然ルニ第九大区千住駅傍里俗火葬寺ト称スルノ地并第六大区深川霊岸寺浄心寺等ニ於テ火葬場取設有之死屍ヲ焚焼スル毎ニ其煙気四方ニ蔓延シ悪臭不潔ノ甚シキニ堪ヘス極テ人身ノ健康ヲ害スル者ニ有之候間右三ケ寺

ハ勿論府下内外共人家接近ノ地ニ於テ火葬取行ヒ候儀厳ニ被相禁更ニ府下ヲ距ル数里外ニ於テ悪臭ノ人家ニ及ハサルノ地ヲ測リ火葬場取設候様有之可然歟高議ノ上其筋ヘ御掛合相成度此段相伺候也

明治六年五月二十二日

丁野警保権助

阪元警保助

島本警保頭

本省御中

追而火葬之儀ハ素ヨリ浮屠教法ノ然ラシムルモノト雖モ或ハ府下墓地ノ狭隘ニヨリ不得已之レヲ行フ者モ儘有之哉ニ相聞得候此等之儀ハ於地方官篤ト評議モ可有之事ト存候此段併セテ相伺候也

すなわち警保寮は、火葬の風習が仏教の〝教法〟から出たものであるとしながらも、現実問題として市街地で火葬を行なうことは不衛生であり、然るべき場所に火葬場を設けるべきと本省に伺い出たのである。この警保寮伺を受けた司法省は五月二十五日、「右ハ追々炎暑ニ向ヒ候折柄旁人身健康之妨ケモ如何ニ存候間至急可然御評議有之度此段相伺候也」と正院に然るべき評議を乞うた。

これに対し正院庶務課は五月二十九日、「司法省申牒之趣至極尤之次第ニ相聞ヘ候ヘ共一体火葬之儀は浮屠之教法ニ出デ野蛮之陋体ヲ存シ惨刻之甚敷ものニシテ人類之忍ひ難き所百事御釐正之折柄右様之弊習依然存在いたし候は隆世之大欠典ニ而疾ニ御制禁無之候而ハ不相成筋ニモ被考然ルニ新規換地等被定候而ハ火葬之式をのづから確定之姿ニ相成往々禦ぐ可らざる場合ニ可立至候間寧ロ此際ニ膺り断然御禁止被仰出候而は如何」と積極的に火葬を全面禁止する議案を上陳、そして念のために一応は教部省の意見を聞いてから火葬禁止の布告を出すべしとした。

教部省には六月三日正院から「火葬之儀ハ自今一般禁止候而ハ如何ニ候哉其省於テ篤ト商議ノ上意見可被出候也」との下問があり、教部省は翌四日「埋葬地ノ儀ハ寺院のミならす各地方ニおゐても追々神葬地取極候向も有之今日ニ至候而ハ火葬之儀一般御禁止相成候共差支之筋も相見不申」と上答した。

よって正院庶務課は六月七日、指令案「伺之趣ハ別紙第何号布告相成事」、布告案「火葬ノ儀自今被禁止候条此旨布告候事」を正院に上陳、十日裁可された。しかし、火葬禁止令を突然布告して地方が困惑する場合を予想して正院は六月十二日、東京、京都、大阪の三府に「今般火葬禁止之儀決議之処突然御発令相成候而ハ人戸稠密之地ハ墓地狭隘等ニヨリ差支之筋モ可有之ニ付其府ニ於テ相応之墓地取調早々可申出候也　但来月中旬頃ニハ御発令可相成候右ニ付其段相心得取調可致候也」と、火葬禁止令にともなう墓地確保状況を調査するよう指令した。

この墓地調査指令に対し東京府は七月十二日、朱印内外の寺院境内地で墓地にしうる土地は百万坪を越す見込であるとし、「自今火葬御禁止相成候迚当府ニ於テハ別段墓所取設ケ不申候テモ敢テ差支候儀ハ有之間敷見込候…」と述べ、墓地確保に自信を示した。さらに同府は、寺院墓地への埋葬は宗旨を問わないこと、墓地の新設は認めないことの二つを布告するよう要望している。京都府も七月に入り（日付不明）、東京府と同様、「相応ノ地所多分有之候間何時御発令相成候テモ聊差支ノ儀無之候」と述べて墓地確保に余裕のあることを示したが、ひとり大阪府だけは異なる反応を見せた。大阪府は七月十日「当府管下ハ市在共火葬勝ニ付右御禁止相成候上ハ多分ノ地所取設ケ無之候テハ差支候」と述べ、墓地確保のためには「耕地潰地可相成就テハ府之近接ノ村々ニ是迄ノ火葬場数ケ所有之候間右へ足シ地致シ取設候積」りである旨申し出ている。この大阪府の申し出からもわかるように、堺県をも含む大阪地方では火葬が多かったようであり（堺県は八月十二日、「当県管下河泉之市村従来ヨリ火葬多ク墓地至テ狭少」と述べている。『社寺取調類纂』一八七）、火葬禁止による墓地拡大については少しく難色を示したのである。しかしながら、東京、京都が墓地確保に自信を見せたことによって政府は一応の目途はついたものとして、七月十八日太政官布告第二五三号によって火葬の禁止を全国に公布したのである。

この火葬禁止令や神葬墓地拡大策、あるいは一般教導職の葬儀関与によって、教部省や左院は神葬祭普及に拍車をかけようとしたのであったが、実際にどれほど全国的に普及したのかは不明であるが、僧侶すらも神葬祭を兼行していた事実から、かなりそれが普及したことが窺われる。だが、明治七年当時千葉県・香取神宮少宮司であった伊能頴則が「神葬祭ニ勧誘スルハ教導職ノ任ナレ𪜈、寺院ハ民トノ間ニ種々ノ事故アリテ、改メ難キ勢アル上ニ、仏葬ハ多ク神葬ハ少ナケレハ、イカニ説イサナフモ、俄ニハ改リ難シ」、「猶旧習ニ因循スルモノ、十ニシテ八・九ナリ」[44]と述べたように、元来神葬祭はほぼ無から出発したのだから、いくら普及されたとはいっても葬儀全体の絶対数から見ればわずかなものであったともいえよう(新潟県の場合も七年当時神葬はごく少なかったことが報告されている。『新潟県史』資料編一四、九三八—九五四頁)。

六　火葬禁止令解除と自葬への動き

火葬禁止令がどれほど仏教に打撃を与え、かつ神葬祭普及に関係したか、筆者はその点についてはよく知らない。しかし、火葬禁止が仏教者にとって不快な措置であったことはほぼ間違いないであろう。だが、ここで注意すべきは、火葬禁止令に批判的であった島地黙雷、大内青巒らは、火葬禁止が仏葬に影響を与えるとか、政府の仏教抑圧策として火葬が禁止されたとの理由で火葬禁止令を批判した訳ではない。島地は「強テ火葬許可ヲ得ント欲シ、鄙見ヲ陳シ、賢明ヲ証ルニ非ス」と前置きして、「蓋シ火埋二葬ノ如キニ至テハ、士俗人情望ム所ニ任シ、其各便宜ニ随ヒ、一途ニ執着セサルヲ許サハ、実ニ至レリ尽セリトセン」と述べているように、あくまで民治の上から火葬の自由を説いている。[45]

島地は火葬禁止を無条件に解除することを望んではいない。いかにも開明的仏教者らしく、「古制ニ固泥シ、公有ノ地ヲ以テ己カ有ト誤認シ、墓地ヲ鬻テ宗門ノ徒ニ与ヘ、多少其ノ財ヲ博スル」ような僧侶をなくすために次のような提案をする。すなわち、「仏葬ヲ行ヒ、或ハ火化ヲ望ム者、別ニ墳墓ヲ築カント欲セハ、従前ノ古習ヲ去リ、従前ノ墓地ヲ論スル勿ク、仮令寺院ノ墓地ト云ヘトモ、新ニ地価ノ位次ヲ定メ、授クルニ明確地券ヲ以テシ、墓地ニ至テハ神仏ヲ問ハス、共ニ区戸長ノ照管スル処トシテ可ナラン。如是墓地ノ関係ハ戸長ニ任シ、而シテ火埋二葬ハ戸長主ノ望ニ一任」せよ、というのである。

島地、大内らが火葬禁止解除について左院への建白運動を行なったのは七年後半からであり、その内容は右に述べたように決して仏教側の利のみを求めるものではなく、むしろ民治上からのものであり、政府総体としては傾聴すべき論であったはずと思われる。しかし、左院は決してこれに耳を貸そうとはしなかった。左院はあくまでも火葬を仏教の〝教法〟によるものとし、「夫レ人ノ子弟タルモノ父兄ノ遺体ヲ以テ之ヲ炎火ニ投ス豈ニ人情ノ安スル所ナランヤ若シコ、ニ安ンスルモノハ蓋シ仏説ノ其本心ヲ奪フニ由ル」(46)と述べ、火葬＝仏説＝排除という図式に凝り固まっていたのである。

だが、かかる左院・教部省ラインによる宗教政策としての火葬禁止も、やがて政府部内の〝民治〟上の観点から解除へと向う。

明治八年一月、東京府知事大久保一翁は内務卿代理の内務大丞林友幸に宛てて、管下の墓地不足および〝文明国〟での火葬便利説の盛行を理由に、「已後火葬可為勝手旨明快被仰出可然哉ニ存候」と上申(47)。すなわち、火葬禁止令布告前にあっては「府下人民凡二百年ノ葬地ヲ得ル没数年ニシテ土化スルヲヤ」と豪語して墓地確保に絶大な自信を示した東京府は、早くも一年半後には墓地不足を来たし、土葬に代えて火葬の採用を上申することを余儀なくされたのである。

この東京府上申を承けて内務省は一月十八日、「有力者予メ数歩之地ヲ占買シ候勢ニ成行現今スラ既ニ不足之趣ニ有之」との墓地不足および「火葬之儀一旦ハ御禁止相成候得共欧米諸州ニ於テモ近時ハ火葬之説追々盛ニ被行候趣旁是等ハ人民ノ望ニ被任候トモ強テ御不都合ハ有之間敷ト存候」との欧米での火葬説盛行という二つの理由を挙げて、火葬禁止解除を三条太政大臣に伺い出た。

一月二十八日、この内務省伺に対する左院内務課の議案が上陳されたが、それは左院の年来の主張の域を出ていない。すなわち、「蓋シ人民之火葬ヲ深ク信スル所以ノモノハ近来窮理ノ説ヲ信スルニアラス又葬地ノ不足ヲ憂フルニモアラス全ク浮屠之説ヲ偏信シテ以テ苦情ヲ鳴ラスノミ」と述べ、真に土葬が不便・有害であるならば土葬を禁止すべきであり、墓地が不足するというのならすべて水葬にするのが便利、というのである。もはや、感情論としか評しようがない。だが感情論だけではいかんともしがたいと左院は思ったのであろう。いつまでも成果の挙らぬ宗教政策に固執している余裕はなかったはずである。左院はあくまで自説を保持・開陳するが、その後段で現実を直視、自説の貫徹を諦めて現実的な案を述べる。

乍併葬事ノ如キハ人民ノ情ヲ強テ抑制スヘキモノニモアラス素ヨリ愚夫愚婦ノ情宜ヲ参酌シ各自ノ情願ニ任セ候共行政上差タル障碍モ有之間敷候ニ付火烟ノ禁ハ被解候方可然尤茶毘所ノ儀東京府下ハ勿論各地方共一般ノ規則ヲ立人家接近ノ場所ヲ除キ便宜ノ地ヲ定メ区戸長ヲシテ管理セシメサレハ或ハ旧来ノ弊害ヲ引起シ細民ノ難儀ヲ醸成候儀モ難計仍テ一般ノ規則相立候上解禁ノ御発令相成候方可然存候則左按取調此段上陳候也

御指令按

伺之趣火葬解禁ノ儀ハ《朱》聞届候条茶毘所《焼場(朱)》ハ旧来《従前(朱)》ノ場《所(朱)》ニ拘ラス府下ハ朱引外各地方ハ村市街ノ外ニ於テ人家遠隔ノ地ヲ定メ其所区戸長ヲシテ《ニ(朱)》《消》取締為致《被(朱)》候積リヲ以テ規則取調更ニ可伺出追テ解禁ノ旨可及布告候事

但焼場ノ義ハ臭烟ノ害ナキ様適宜ノ制法ヲ設ケ規則中ニ掲載可致事

明治八年二月十三日

このように左院も火葬禁止解除はやむを得ないものと思慮したのであった。この議案に島地黙雷の提言と類似している点があることも注目に値しよう。かくして二月十三日付で内務省に「伺之趣聞届追テ解禁之旨可及布告候条焼場ハ従前ノ場所ニ拘ラス府下ハ朱引外各地方ハ村落市街ノ外ニ於テ人家遠隔ノ地ヲ定メ其所区戸長ニ取締為政候積リヲ以テ規則取調更ニ可伺出事」と指令された。この後内務省では焼場設置について審議を重ね、その準備が大方完了した八年五月二十三日、まず火葬解禁の太政官布告第八九号が出され、ついで六月二十四日、内務省達乙第八〇号として「火葬焼場取扱方」が府県に達せられた。

火葬の解禁は葬儀の自由と大きな関連を持っているが、無論、火葬解禁だけで葬儀の自由、自葬解禁が成就された訳ではない。

葬儀の自由への前提として、まず離檀・改宗の自由が認められねばならない。この離檀・改宗の自由は神官および教導職の葬儀関与によって大きく前進した。教部省は明治七年七月二十九日、達第三四号によって離檀状がなくとも改宗は「人民ノ望ニ任セ」ることを公的に認めたが、少なくともその達の出る半年以上前から〝宗門替〟は「人民之帰依ニ任セ不苦候事」との態度を示していた。(48)これは七年一月十三日付で三潴県清水寺住職田北隆研が呈した「宗門替事件ニ付御伺」に対する教部省の指令(一月三十一日付)によって明らかである。しかし、この指令に対して三潴県当局は必ずしも同意せず、安易に「寺替」を認めたならば「悪漢相謀愚民ヲ鼓動スル者往々有之」として、「全ク其情実無拠者而已ヲ差免シ候テハ如何」と教部省に伺い出たが(六月三十日)、教部省は「書面ノ趣ハ本年当省第三十四号ニ照準シ可致処分候事」と指令、その必要を認めなかった(八月四日)。

離檀・改宗の自由は戸籍簿宗旨記載にも当然反映する。既に森岡清美氏が紹介しているように、七年八月七日には内務省が教導職の葬儀関与を根拠に、佐賀県の照会(六月七日付)に対して「書面葬儀ハ人民ノ帰依信仰ニ出候儀ニ付挙家改葬致シ候トモ不苦此ノ如ハ戸籍書式上神葬祭ト記載シ寺院ハ記載スルニ及ハズ尤戸主家族共ニ葬儀ヲ同フセザルトキハ神仏葬ノ区別相立詳細人頭ニ可致記載候事」と指令している。(49)この指令は、政府が一家一宗に必ずしもこだわらないことを示したものとして注目に値する(この内務省の七月二十日付の正院伺に対しては左院内務課も二十三日付で同意している)。

かくして葬儀・改宗の自由は大幅に認められることになり、戸籍簿の宗旨記載は、現実を反映せざるを得なくなったのである。そして現実はさらに変化する。政府は、もはや神葬・仏葬という神仏二教の範囲での離檀・改宗のみならず、新たにキリスト教への〝改宗〟をも事実上黙許せざるを得ないところへと追い込まれる。このことを端的に示したのが八年六月の高橋市右衛門一家の「耶蘇教改宗事件」であった。(50)

高橋は弟正雄の勧めにより家族挙ってキリスト教に改宗、神宮大麻や神札、位牌・仏像などを風呂ガマで焼却し、自葬を戸長に願い出た。これを戸長が東京府の社寺課へ届け出、ついで東京府から教部省へと回され、教部省が正院に然るべき処分の指令を乞うたのである。正院内務課はキリシタン高札撤去に関する外務省への指令第四条「信従シタル者ノ情況ニ就テ其時ニ談議ノ次第可有之候事」(六年六月)を援用して、「伺之趣ハ心得違無之様於地方官〔消〕篤ト説諭為致候様可致指令事」という建前論・強硬論、および「今ヤ是レヲ刑センニ其罪跡ハ不忠不孝ノ明名ヲ以テ鳴スト雖モ外人等必ス他ニ説ヲ構ヘ議ヲ興シ如何ノ紛議弊害ヲ醸成セシモ不可知」云々との外国交際上を配慮しての「伺之趣追テ何分ノ沙汰ニ可及候事」という現実論・軟化論の「甲乙両条」を取調べて上陳した。結局、正院は八月八日付で「心得違無之様篤ト説諭為致候様可致指令事」と教部省に指令したが、この指令自体が内容を欠いた空虚なものであったことはいうまでもない。正院のある者がいうように「大ナルモノヲ聞キ小ナルモノヲ論スルモ到底教法ノ処分確立ナキ間ハ是等ノ一二件ノミ御指令アリテモ無用」というのが実際の政府の雰囲気を伝えているのではないか。

高橋のキリスト教式の自葬願は、キリスト教徒の立場からする改宗・葬儀自由への公然たる訴えであり、これに対し政府はなんら確固たる措置を取ることはできなかった。一応「説諭」とはいうものの、これまで「説諭」しても「不服」であったから東京府は政府に処分方を乞うたのである。その結果が単に同じ「説諭」ということは、政府がキリスト教黙許の姿勢を公的に東京府に知らせたというに等しい。もはや六年六月外務省に指令した「信従シタル者ノ情況ニ就テ其時ニ談議」することなど不可能であり、事実上〝黙許〟の姿勢を取るしか政府に方策はなかったというべきであろう。

かくして、葬儀は神葬・仏葬のいずれかでなければならなかったところへ、キリスト教徒の現実の存在がその建前論へと強引に割り込んでくる。そして政府が、そのキリスト教徒に対して従前の浦上方式——公然たる弾圧策——を取ることは不可能な状況であることを悟るに至る。キリスト教蔓延防止を主目的とした教導職活動は明治八年五月を境に下火となり、教部省も十年一月には廃省となる。左院も既に八年四月には廃止されており、神葬祭普及を推進した政府部内の勢力は後退する。葬儀の自由を含む信教自由に対する政府の方針は大きく変換することになる。

新しく宗教行政を管掌することになった内務省は十一年三月、旧教部省が九年一月に出した離檀には承認が必要であることに改めた達を廃止、再度、離檀・改宗は檀那寺への通知とその旨管轄方へ届け出るだけでよいとした。

また神葬祭に関しても内務省は旧教部省とは違う方針を示した。すなわち神官・教導職という一家挙げての神葬祭と見られる一家にあっても、「葬祭ノ儀ハ一家内ト雖モ各自ノ随意タルヘク事」としたのである[51](十一年三月十一日付滋賀県伺に対する三月二十八日付指令)。神官や教導職の家族ですら、葬祭は各自の自由に任すということは、あれほど神葬祭普及に熱心であった左院・教部省時代の宗教行政からは考えられない変化であろう。

内務省は当初、神葬・仏葬を問わず一家族内が区々である時は、戸籍にいちいちその旨記載すべきとしたが(七年八月)、十年五月に至り戸主の信仰する宗旨のみの記載と改めた[52]。また無檀・教導職信仰の者は「其教導職ノ宗名ノミ記載」すべきとして、教導職による神葬祭の家は「教導職宗派名」(たとえば黒住、修成派)を記載するよう指令したが[53](五年五月十一日千葉県への指令)、十一年十二月十四日、三重県の「神道某派ト記載可然歟」との伺に対し、「神葬祭トノミ記載スヘシ」と改めている[54]。以上のことは、内務省が神葬祭をも含めた宗旨に関して、極めて形式的な態度で臨んだことを示している。これとは反対に、氏神社の記載は執拗に要求され、その氏神社は全く宗旨・信仰には関係しないものとされた(55)。このことは、神官と教導職の分離＝祭教分離への方向に内務省が進みつつあることを示唆するものであろう。そしてこの方向は十五年一月に至って明確となり、官国幣社神官と教導職は分離され、官社神官は葬儀に関与できなくなる。府県社以下神官は当分その限りでないとされたが、〃国家の宗祀〃たる官社の神官に神葬祭を認めないことは、政府が神葬祭に対して消極的であることを公的に示すものであった。政府は神道の宗教化を国家として促進することを断念したのである。もはや神仏の教導職を国家の制度として設置する必要もなくなった。教部省政策は完全に払拭されたのである。

明治十七年八月十一日、神仏教導職は全廃され、宗教官吏としての教導職は存在しなくなった。すなわち葬儀を依頼すべき教導職が廃された以上、葬儀は自由とならざるを得ない。十月、内務卿により自葬解禁が府県長官に口達された(56)。葬儀を前提とした戸籍簿宗旨記載も自ら意味を失なう。以後は、府県社以下神官と神道教派の教師および寺院僧侶等による「私」の葬儀関与の時代となる。青山墓地に率塔婆が立っても、政府は一切関知しない時代が来たのである。

七　むすび

明治五年六月の自葬禁止、神官・僧侶のみの葬儀関与は明らかにキリスト教防禦の目的から出たものであり、とりわけ神官の葬儀執行関与を公的に打ち出したことは、政府の神葬祭普及による〃邪宗防禦〃の姿勢を明確に示すものであった。政府はキリスト教対策として従前の仏教の役割・機能を利用しつつ、それに新たに神道を加えることによってやがては神道のみで〃防邪〃の任に耐えるようにしようとしたのである。壬申戸籍簿に氏神と檀那寺を記載させたのも、その目的は〝祖先〟を軽視する――それは日本国の祖先たる天照大神の軽視へと連がる――キリスト教を排除するために、〝祖先崇拝〟の観念を仏教的な〝家の宗教性〟として温存しつつ、やがては神道的な祖先崇拝へと転換させるための布石であった。

一家の祖先は〝仏〟ではなく、〝神〟であることを人民に観念させれば、家の祖先＝神は、産土神から伊勢神宮という〝神々の体系〟に直結することになる。「皇国ノ民ニシテ我カ　皇国ノ神トナル」という左院の観念こそ神葬祭奨励の本音であった。そこでは〝敬神〟と〝崇祖〟は同義であり、〝崇祖〟は〝敬神〟に包含されることになる。だが、〝崇祖〟の実態は依然として仏教的色彩が濃く、祖先を神とするには至らなかった。政府は神葬祭の奨励策による〝神道的崇祖〟の普及には失敗したのである。

とはいえ、神葬祭の奨励策が全く無意味であった訳ではない。それは一家族一宗旨という従前の〝家の宗教性〟を崩壊させ、各自が宗旨を自由に持つことを招来した。一家挙げての祖先祭祀は、皮肉にもそれを目的とした神葬祭奨励策によって後退する結果を生んだのである。画一的な〝家の宗旨〟は有名無実となり、戸籍簿に記載された宗旨・檀那寺、および氏神は、現実を必ずしも反映しないものとなった。戸籍簿から宗旨、氏神等の記載が削除されるのは理の当然であった。そして、葬儀、墓地、埋葬等、従前宗教と不可分とされたものも今や国家は単に行政的見地からのみ規制することになった。神葬祭普及が成果を挙げない以上、政府が宗教に干渉する必然性は存在しなくなったからに他ならない。

(1)　「神道国教制の形成―宣教使と天皇教権―」(『日本史研究』二六四)。
(2)　「一九八三年の歴史学界―回顧と展望―」(『史学雑誌』九三―五)一四三頁。
(3)　竹田『日本人の「家」と宗教』(評論社、一九七六年)、森岡『家の変貌と先祖の祭』(日本基督教団出版局、一九八四年)

参照。
(4) 加藤隆久「神葬祭復興運動の一問題―津和野藩を中心として―」(『國學院大學日本文化研究所紀要』一八)。
(5) 『明治維新と神道』(同朋舎、一九八一年)一五～二二頁および「皇室に於ける神仏分離」(『明治神道史の研究』、国書刊行会、昭和五十八年)、拙稿「春秋二季皇霊祭の制定過程」(『神道学』一一八)参照。
(6) 近代の神葬祭に関する法制史的研究として、朝山皓「府県社以下神社の神職が神葬祭を執行し得る法制上の根拠」(『神社協会雑誌』三一―一一・一二、三二―二・四)および同「明治十五年内務省達乙第七号に就いて」(同誌、三三―九)が豊富な資料を挙げて、近代神葬祭の歴史的・法制的展開について触れている。
(7) 東京・青山墓地については栗原健氏が『日本歴史』四三六号に「青山霊園案内記」で触れている。
(8) 「神葬祭問題とその発展」(『史学雑誌』四一―九)。
(9) 幕末期において社寺改正・神葬祭奨励策を強力に展開した津和野藩でさえ、寺檀制は「天下之大法・天下之掟」として建前としては遵守する姿勢をとらざるを得なかった(『於杼呂我中』参照)。
(10) 以下の記述は前掲加藤論文に拠る。
(11) 岡熊臣の神葬祭復興運動の神学的根拠たる霊魂観の問題については拙稿「岡熊臣著『霊の梁』をめぐって―解説と翻刻―」(安津素彦博士古稀祝賀会編『神道思想史研究』昭和五十八年)参照。
(12) 大正六年四月宮崎幸麿編『勤斎公奉務要書残編』に拠る。
(13)(15)(16)(17)(18)(19)(20) 『太政類典』一―一三五。
(14) 『公文録』戊辰八月神祇官伺「吉田家門人邨上丹羽ョリ霊山地所神葬祭墓地ニ御免許相成度願出ニ付上申」。
(21) 『社寺取調類纂』一五一。
(22) 『明治文化全集』第一巻、憲政篇、一八一～一八三頁。
(23) 『日本外交文書』第二巻三冊、六二八～六三七頁。
(24)(25)(26)(27) 森岡前掲書、四二頁、四三頁、四九頁。
(28)(29) 「明治四年戸籍法とその展開」(『日本近代法体制の形成』上巻、日本評論社、一九八一年)二二〇～二二一頁。
(30) 本書第五章参照。
(31) 「教派神道」(『神道講座』第一冊、神道攷究会、昭和四年)三一頁。

(32)『公文録』明治五年壬申教部省伺六月「神官葬儀取扱ノ儀ニ付伺」。
(33)(35)(39)『教部省記録』。
(34)(38)『法令類纂』。
(36)(37)『太政類典』二―二六九。
(40)宮地正人『天皇制の政治史的研究』(校倉書房、一九八一年)一一九頁。
(41)『公文録』明治七年一月教部省伺「教導職葬祭取扱ノ儀伺」。
(42)『明治維新神仏分離史料』上巻、八二一頁。
(43)以下の引用史料は『公文録』明治六年七月司法省伺二「火葬場取設ノ儀伺」および『太政類典』二―二六九に拠る。
(44)『香取群書集成』第四巻、香取神宮社務所、昭和五十九年。
(45)『島地黙雷全集』(本願寺出版協会、一九七三年)六九～七三頁参照。なお、島地、大内らの火葬禁止批判の左院宛建白は国立公文書館所蔵の『建白書明治七年甲戌自八月至九月』等に収載されている。
(46)註(45)『建白書』に同じ。
(47)以下の引用史料は『公文録』明治八年二月内務省伺六「火葬禁止ノ儀伺」および『太政類典』二―二六九に拠る。
(48)『社寺取調類纂』一九二。
(49)『太政類典』二―二六九。
(50)以下の引用は『公文録』明治八年八月教部省伺「東京府下農高橋市右衛門耶蘇教信仰ノ儀ニ付伺」に拠る。
(51)(52)(53)『内務省日誌』。
(54)(55)　外岡茂十郎編『明治前期家族法資料』第二巻二冊上(早稲田大学、昭和四十四年)一五八、二六八頁。
(56)『公文録』明治十七年内務省十月第二「教導職廃止ニヨリ自葬ノ禁解除ノ件」および「墓地及埋葬取締規則布達ノ件」参照。

あとがき

本書は、著者がこれまでに発表してきた近代日本における神社制度や神祇・宗教行政、あるいは政教問題に関する論考のなかから、主として国家神道の制度的な形成過程に係わるものを選び、それらに「序説」で述べたような構想を踏まえて多少の補筆修正を施し、一本に纏めたものである。その編集・配列にさいして意図したところは、明治初期から昭和前期にかけての国家神道形成過程の概略が歴史的に俯瞰できるものにすることであったが、もとよりその意図が実現されているかどうかは読者諸氏の判断を仰ぐしかない。なお参考のために、本書の各章と各補論のもととなった旧稿の初出を掲げておく。

第一章　原題「明治初年の神社改正問題――大小神社取調と神宮御改革――」(『神道研究紀要』七、昭和六十年)

第二章　原題「明治初期における官社と祭祀――官社祭祀の統一と区分をめぐつて――」(『國學院大學日本文化研究所紀要』六二、昭和六十三年)

第三章　原題「近代神社制度の整備過程――明治初期の神社行政をめぐつて――(上・下)」(『國學院大學日本文化研究所紀要』五四・五五、昭和五十九年・六十年)

第四章　原題「氏子調と戸籍法・民法」(『國學院雑誌』八五―八、昭和五十九年)

第五章　原題「明治初期における政教問題――左院・教部省と真宗教団――」(『宗教研究』五七―三、昭和五十八年)

第六章　「神祇官再興建議と左院」(『神道学』一一一、昭和五十六年)と「明治八年左院の教部省処分案——近代日本宗教史の一齣——」(『國學院雜誌』八四—一一、昭和五十八年)の二本に加筆訂正を施して一本としたもの。

第七章　原題「明治前期の政教関係と井上毅——キリスト教・仏教の処分をめぐって——」(『明治国家形成と井上毅』木鐸社、平成四年)

第八章　原題「明治一〇年代の宗教政策と井上毅」(『國學院雜誌』八七—一一、昭和六十一年)

第九章　原題「国家神道体制の成立と展開——神社局から神祇院へ——」(『占領と日本宗教』未來社、平成五年)

第十章　原題「神社制度調査会と神祇院の設立」(『神道史研究』三七—三、平成元年)

補論1　原題と同じ。(『神道と現代・上』神道文化会、昭和六十二年)

補論2　原題「明治国家と招魂社体制——靖国神社の成立と地方招魂社行政——」(『神道学』一二二、昭和五十九年)

補論3　原題「近代の神葬祭をめぐる問題」(『神道学』一二四、昭和六十年)

なお、注は各章末尾に収めたが、第三章のみ各節末に配した。

著者が明治維新以降の国家神道形成期における神祇・宗教行政や政教問題に関する研究に取り組むようになってから、すでに十数年の歳月がたつ。その間、この国家神道形成の基盤となった、明治維新期における国学者の神祇・宗教、あるいは教育に関する政治的動向の研究が必要と痛感し、その研究も同時平行的に進めてきた。そして今春、その乏しい研究成果を纏めた『明治維新と国学者』(大明堂)が公刊されるに及んで、ようやく本書を作成する前提と基盤が整ったと感じられた。だが、その反面、国家神道の単なる制度史的研究だけでなく、国家神道の形成・成立を促した思想的・イデオロギー的側面をも対象とした研究論文を書かないかぎり、国家神道の全体像は解明できないのではないのか、という疑問にかられたのも事実である。

しかし、結果的には、本書の内容が示しているように、著者の国家神道研究は制度史的な側面だけに限定されてしまった。本来ならば、国家神道の制度面と思想・イデオロギー面、この双方のダイナミックな絡み合いを精緻に論じた研究をめざすのが一研究者の良心なのであろうが、到底著者にはその能力も時間的余裕もなく、「序説」に記したような問題意識による枠組みの範囲で個別論文を発表せざるをえなかった。ゆえに、本書にたいしては、国家神道の単なる制度史的展開を論じた研究にすぎないとの批判もあろうが、あえていまのところその批判は甘受するしかないと考えている。

弁解がましいことはともかくとして、砂を噛むような味気ない研究だと、われながらつくづく思うような研究をこれまで続けられたのは、まず以て國學院大學日本文化研究所の方々の学恩のおかげである。とりわけ上田賢治所長や藤井貞文名誉教授、大原康男教授、井上順孝教授、武田秀章共同研究員には心から感謝申し上げたい。さらに学外の研究者、ことに一橋大学・安丸良夫、東京大学・宮地正人、神奈川大学・中島三千男、北海道大学・高木博志、立命館大学・赤澤史朗、羽賀祥二、清泉女子大学・狐塚(旧姓鈴木)裕子、皇学館大学・牟禮仁、新田均の各氏からは、研究を進めるうえで大きな刺激と反省材料になる批判や示唆を受けた。これら各氏との論文を通じての、あるいは直接の出逢いがなければ、著者の研究はより貧弱なものとなっていただろう。記して感謝の念に代える次第である。また関係史料の閲覧・複写に関しては、国立国会図書館憲政資料室、国立公文書館、宮内庁書陵部、國學院大學図書館、神宮文庫、無窮会専門図書館をはじめ多くの機関や個人所蔵者から便宜を図っていただいた。お世話になった関係各位に厚くお礼申し上げたい。

お世話になった人といえば、いまは故人となった村上重良、葦津珍彦の両氏にはぜひとも謝意を表さねばならない。

率直にいって、村上、葦津両氏の存在がなければ、著者は国家神道の研究者にはなっていなかったであろう。村上氏の著書、そして氏本人との直接の出逢いが、著者にまず以て「制度としての国家神道」の研究に向かわせ、さらには葦津氏との出逢いが国家神道を「他人事」としてではなく、自己の存在に係わる研究課題であることを決定づけてくれた。そしてその両氏との出逢いへと著者を導いてくれたのが、国家神道時代の官社宮司や地方祭務官を勤めるかたわら、近代神道史の研究にも従事していた亡父健一であった。このように、著者の拙い国家神道研究ですら数多くの方々のご厚意や学恩に多くを負うているのであるが、本書がそれらのご厚意・学恩にいささかなりとも報いることを願うのみである。

なお、末尾ながら、出版事情がますます悪化するなか、あえて本書のような市場価値に乏しい研究書の刊行を引き受けてくださった岩波書店の方々、とりわけ入江仰氏はじめ編集部の方々に衷心より感謝の意を表したい。また、本書の刊行を勧めていただいた安丸良夫、宮地正人の両氏にも深く感謝申し上げげる。

平成五年十一月十九日

郷里・熊本の正院厳島神社例祭の日に

阪本是丸

マ 行

ヤ 行

ワ 行

タ　行

ナ　行

ハ　行

カ　行

サ　行

人名索引

政治家，官僚，神道家，宗教家など本文中に記載された人名は粗方掲載したが，引用史料や文献および注記での人名は省略した．

ア　行

■岩波オンデマンドブックス■

国家神道形成過程の研究

1994年1月28日 第1刷発行
2008年6月13日 第4刷発行
2015年6月10日 オンデマンド版発行

著 者 阪本是丸《さかもとこれまる》

発行者 岡本 厚

発行所 株式会社 岩波書店
〒101-8002 東京都千代田区一ツ橋2-5-5
電話案内 03-5210-4000
http://www.iwanami.co.jp/

印刷/製本・法令印刷

ISBN 978-4-00-730204-6 Printed in Japan